やわらかアカデミズム・〈わかる〉シリーズ

よくわかる
スポーツとジェンダー

飯田貴子/熊安貴美江/來田享子
[編著]

ミネルヴァ書房

はじめに

■よくわかるスポーツとジェンダー

　今日，スポーツは私たちの日常に深く浸透し，生活と切り離せない存在になっています。教育，健康，福祉はもちろん，心理，倫理，文化，社会，経済，経営，メディアなど，どの分野においてもスポーツは欠かせないテーマです。スポーツは，人を成長させ，社会を発展させるうえで，多くのプラスの要素をもっています。一方で，多種多様な負の側面もあります。その一つが，性にかかわる人権問題です。学校は男女平等であるはずなのに，授業や部活動や行事では相変わらず性によって異なる規範が伝達されています。体育やスポーツ組織では女性のリーダーが選任されにくい現状が続いています。性別が曖昧な選手はどこで競技をするのでしょうか。たくさんの問題が解決できていません。

　本書では，スポーツにおける様々な性にかかわる人権問題を取り上げ，ジェンダーの視点から，最新の情報をもとに現在の状況を説明しています。そして，なぜそうした問題が起きるのかを考え，解決の糸口を探っています。「基礎理論」にはじまる11の大項目がありますが，大項目・小項目を横断し，相互に関連する内容があります。理解を深めるため，側注にあげた関連項目をぜひ参照してください。

　スポーツと同様に，学問の世界も，長い間，社会で恵まれた立場にある男性の視点や経験を基準に発展してきました。そこにある「あたりまえ」や「ふつう」に疑問を投げかける女性／男性の視点，性別二元制に当てはまらない人々の視点を持ち込むことで，私たちは性を取り巻く既存の概念から自由になることができます。本書を通じ，スポーツが性別二元制などの固定的な価値観から解放されていく道筋を読者のみなさんとともに辿りたいと願っています。なお，性別二元制に当てはまらない人々を性的マイノリティ（LGBT）と表記しましたが，ジェンダー研究の進展とともに，この表記もまた変わっていくかもしれません。

　本書は日本スポーツとジェンダー学会の会員の方々を中心にご執筆いただきました。編者からの度重なる要望に真摯にお応えいただいたみなさまに感謝いたします。また，企画の段階から，あらゆる編集実務に至るまでご助力いただいたミネルヴァ書房編集部の河野菜穂さんに，心よりお礼申し上げます。

飯田貴子・熊安貴美江・來田享子

もくじ

■よくわかるスポーツとジェンダー

はじめに

Ⅰ 基礎理論

1 スポーツとジェンダー・セクシュアリティ …………………2
2 ジェンダー概念の登場とその影響…4
3 スポーツにおける両性の「平等」と「公正」とは ……………6
4 エンパワーメント：その光と影…8
5 男らしさとセクシュアリティ…10

Ⅱ 歴史とジェンダー

総　論 ………………………12

A 政治・権力のはざまで

1 近代スポーツの発展とジェンダー …14
2 帝国主義とジェンダー …………16
3 戦争・スポーツ・ジェンダー：「人的資源」と体力の動員 ……18

B 競う場所を求めて

1 女子体育教員の登場 ……………20
2 女性トップアスリートの登場…22
3 欧米社会における女性とスポーツ…24
4 日本における女性とスポーツ…26

5 スポーツ組織の発展とジェンダー（欧米）………………………28
6 スポーツ組織の発展とジェンダー（日本）………………………30

Ⅲ 教育とジェンダー

総　論 ………………………32

A 教える

1 体育カリキュラムのポリティクス …34
2 保健体育教員とジェンダー ……36
3 男女共修・男女共習 ……………38
4 体育的学校行事とジェンダー …40

コラム１　「性的マイノリティ（LGBT）」への配慮 ……42

B 学ぶ

1 幼児期の運動能力とジェンダー …44
2 子どもの運動能力とジェンダー …46
3 体育授業におけるジェンダーの生成 ………………………48
4 運動部活動・女子マネージャー…50

コラム１　学童保育とジェンダー …52

C 自分らしく生きる

1 子どもの遊びとジェンダー ……54
2 スポーツ実践とジェンダー ……56

3　ママさんスポーツ ………… 58
　　4　健康とジェンダー：健康寿命へのアプローチ ………… 60
　　5　社会的格差と女性スポーツ …… 62

Ⅳ　メディアとジェンダー

　総　論 …………………………… 64

A　創られるイメージ
　　1　スポーツコマーシャリズム …… 66
　　2　スポーツマンガとジェンダー … 68
　　3　モダンガールとスポーツ ……… 70

B　読み解く力
　　1　メディア・リテラシー ………… 72
　　2　新聞報道とジェンダー ………… 74
　　3　メディアにおけるスポーツウーマンのイメージの変遷 ………… 76
　　4　映像メディア分析 ……………… 78
　　5　少女雑誌とスポーツ …………… 80
　　コラム1　語り手とジェンダー：女性のディレクターだから気づくことがある …… 82
　　コラム2　放送における性差別：元NHKプロデューサーの体験から …… 84

Ⅴ　スポーツをする権利とジェンダー

　総論：スポーツにおける権利保障 … 86

A　スポーツ政策
　　1　日　本 ………………………… 88
　　2　韓　国 ………………………… 90
　　3　オーストラリア ……………… 92
　　4　イスラーム圏 ………………… 94
　　5　ドイツ ………………………… 96
　　6　イギリス ……………………… 98
　　7　フランス ……………………… 100
　　8　フィンランド ………………… 102
　　9　カナダ ………………………… 104
　　10　アメリカ ……………………… 106

B　スポーツ組織の方策
　　1　国際オリンピック委員会（IOC）… 108
　　2　世界女性スポーツ会議 ………… 110
　　3　女性スポーツの課題に取り組む世界の組織 ………… 112
　　コラム1　日本の女性スポーツムーブメント（WSFジャパン）………… 114
　　コラム2　日本の女性スポーツムーブメント（JWS）… 116
　　コラム3　競技スポーツ組織における女性の活躍：「女性は敵にあらず」……… 118

Ⅵ　スポーツ倫理とジェンダー

　　1　暴　力 ………………………… 120

2　性暴力，セクシュアル・ハラスメント ……………………… 122
　　3　暴力・性暴力の防止指針 ……… 124
　　4　ドーピング ……………………… 126
　　5　組織のジェンダーバランス …… 128

VII　スポーツイベントとジェンダー

　　1　オリンピックとジェンダー …… 130
　　2　パラリンピックとジェンダー … 132
　　3　ゲイゲームズ・アウトゲームズ … 134
　　4　開会式にみるジェンダー ……… 136
　　5　ソチ冬季大会の同性愛問題 …… 138
　コラム1　女子800m走からマラソンまでの道 ……………… 140
　コラム2　国際大会におけるジェンダー：平等を目指した取り組みと課題 ……… 142

VIII　ジェンダー化される身体

A　制度からの抑圧

　　1　男女のルール差 ……………… 144
　　2　総合格闘技の女子用ルール … 146
　　3　スポーツウエアの変遷 ……… 148
　　4　性別確認検査 ………………… 150
　　5　スポーツする身体の商品化 … 152

B　浮遊するジェンダー・アイデンティティ

　　1　フィットネスクラブとジェンダー … 154
　　2　ヨガの女性化 ………………… 156
　　3　体力観の形成とジェンダー … 158
　　4　理想の身体をつくること …… 160
　　5　ジェンダーを"プレイ"する … 162
　　6　女子プロレスとジェンダーの変容 … 164

IX　性的マイノリティ（LGBT）とスポーツ

　総論：脱異性愛主義を目指して … 166
　　1　性を変えたアスリート ………… 168
　　2　二つの性に分けられぬ身体 … 170
　　3　ホモフォビアとトランスフォビア … 172
　　4　参加を保障するための指針 … 174
　　5　〈新〉植民地主義とスポーツ … 176
　コラム1　リオ・オリパラに見る性的マイノリティ（LGBT） …… 178

X　多様性と体育・スポーツ

　総論：価値の多様・多元化を求めて … 180
　　1　アダプテッドスポーツ ……… 182
　　2　体育教材の多様性 …………… 184
　　3　スポーツにおける男性領域・女性領域の崩壊 ………………… 186
　　4　イスラームの女性スポーツ … 188
　コラム1　ワールド・ジムナストラーダ（世界体操祭） … 190
　コラム2　柔道における実践例：柔道未経験の女子体育教員の取り組み ……… 192

XI 研究の視点と方法

1 研究の視点と枠組み 194
2 歴史学的・社会学的アプローチに必要な視点 196
3 心理学 198
4 自然科学 200
5 量的調査 202
6 質的調査 204
7 尺　度 206

さくいん 208

やわらかアカデミズム・〈わかる〉シリーズ

よくわかる
スポーツとジェンダー

Ⅰ　基礎理論

1 スポーツとジェンダー・セクシュアリティ

▷1　外観や行動だけでなく女性を性の対象とするなど，セックス，ジェンダー，セクシュアリティすべてにおいて男であること。

▷2　Ⅱ総論，Ⅱ-A-①を参照。來田享子（2004）「近代スポーツの発展とジェンダー」33-41頁および「スポーツへの女性の参入」42-50頁，飯田貴子・井谷惠子編著『スポーツ・ジェンダー学への招待』明石書店。伊藤公雄（1998）「男らしさと近代スポーツ——ジェンダー論の視点から」日本スポーツ社会学会編『変容する現代社会とスポーツ』世界思想社，83-92頁も参照のこと。

▷3　上野千鶴子（1998）『ナショナリズムとジェンダー』青土社，83-96頁。飯田貴子「スポーツのジェンダー構造を読む」『スポーツ・ジェンダー学への招待』（前掲書）11-19頁も参照のこと。

▷4　上野千鶴子（2002）「差異の政治学」『岩波講座現代社会学11　ジェンダーの社会学』において，男女間の差異とは階層性が組み込まれていること，すなわち権力的な非対称性を意味すると論じている。

▷5　江原由美子（2001）『ジェンダー秩序』勁草書房，128-143頁。

▷6　ボクシングは2012年ロンドン大会，スキージャ

1　近代スポーツへの女性の参入：「分離型」と「参加型」

　オリンピックやワールドカップに代表される近代スポーツは，19世紀，イギリスで発祥しました。パブリックスクールで展開されたこれらのスポーツは，大英帝国の覇権の確立を担う人材，つまりエリート層の若者に求められる壮健な身体・勇気・精力・忍耐・自制・規律・協同・集団精神などを涵養する教育手段として発展しました。そして，男性たちはスポーツによって「男らしさ」を身につけ，スポーツを通じて自らが「男である」ことを確認し証明したのです。もちろん，スポーツを享受したいという女性たちのムーブメントも存在しました。しかし，その活動は「女らしさ」の枠を越えない範囲に制限されていました。ですから，スポーツには発生当初から，ジェンダーが組み込まれていたのです。

　女性たちが近代スポーツへ参入してきた道程を，上野に依拠すると，次のように解説することができます。女性指導者による女性スポーツの推進のような分離型（性別隔離の戦略）をとれば，「女らしさ」や「母性」を女性の特性と認めることになり，男性用に定義されたスポーツへの参加型（性別不問の戦略）をとれば，「二流の選手」という評価を引き受けざるを得なくなります。もちろん，スポーツへの女性の参入は，ジェンダーへの挑戦の歴史でもありました。しかし，「より速く，より高く，より強く」という枠組みの中では，スポーツは男女間の差異化，つまりジェンダーを再生産し続けることになります。

2　スポーツにおけるジェンダー秩序

　江原は，このような男女間の差異化を「ジェンダー秩序」と定義し，「ジェンダー秩序」の主要構成要素は「性別分業」と「異性愛」であると指摘しました。「性別分業」では男性を「活動の主体」，女性を「他者の活動を手助けする存在」と位置づけ，「異性愛」では男性を「性的欲望の主体」，女性を「性的欲望の対象」に結びつけています。

　では，スポーツ界において，ジェンダー秩序がどのように組み込まれているかをみていきましょう。オリンピックを例にとれば，野球，ボクシング，スキージャンプは，長く男性だけの競技や種目であり続けました。一方，女性だけの競技や種目に，ソフトボール，新体操，シンクロナイズドスイミングがあ

ります。ソフトボールは，野球よりもフィールドが狭く，投球フォームやボールが異なるためボールスピードが遅く，野球とソフトボールは野球系種目における「優劣」や「主従」の関係を示しているようにみえます。また，「新体操」や「シンクロナイズドスイミング」は，女性の性的魅力に価値をおいている種目と捉えることができます。さらに「ボクシング」や「スキージャンプ」が近年ようやく女子種目として実施されるようになったのは，女性の顔に傷が残ることに対する配慮や母性機能保護を重視した結果とも受け取れます。

このように男女の競技や種目のすみわけをみると，「性別分業」と「異性愛」，ジェンダーとセクシュアリティが密接に関連していることがわかります。スポーツにおける性別分業は，主体である男性の優れた競技能力を際立たせるという意味において，女性は手助けをする存在であると捉えることができます。そして，スポーツにおけるこのような男性の優位性が，人々やメディアの関心を男性スポーツに惹きつけ，連盟やクラブや選手は巨万の富と権威を獲得し，組織の役員，監督，コーチなどの権力者を男性が占有するという構造を生みだします。このような背景がセクシュアル・ハラスメントの土壌ともなるのです。

性別分業のもっともわかりやすい例は，高校野球における男子選手と女子マネージャーです。選手たちは，女子マネージャーの下支えのうえに，主体として野球に取り組み，その能力を発揮することができるのです。しかも，女子マネージャーは選手のマスコット的存在の役割を兼ねる場合もあります。スポーツにおけるジェンダー秩序は，教育の場においても同じように蔓延しています。

3　スポーツは性別二元制社会を揺るがせるか

スポーツは，「人は男か女のいずれかである」という固定的な考え方（性別二元制）を可視化する制度です。最大のスポーツイベント，オリンピックに着目しましょう。馬術やリュージュのように身体機能以外の要素が結果に大きく関与する競技を除き，競技の平等性を守るという理由で，ほとんどの競技は男女別に実施されています。そのため，実在する多様な性の選手たちは，ありのままの性や自身が望む性での参加が困難になっています。2000年以降，国際オリンピック委員会（IOC）は，女性選手に課していた一律の性別確認検査の廃止，一定の条件下での性別変更後の参加承認，オリンピック憲章に性的指向（セクシュアリティ）による差別の禁止を追加するなど，性的マイノリティ（LGBT）への配慮を示してきました。しかし，これまで述べたように，スポーツは異性愛の男性が性による支配を可能にさせる構造になっています。

近代スポーツの成立の背景には，男性主導の近代産業社会の原理が色濃く存在しているといわれています。見方を変えれば，多様な性を認め合うインクルーシブなスポーツは，社会をも変容させる可能性を秘めています。

（飯田貴子）

ンプは2014年ソチ冬季大会から女子にも実施されるようになった。

▷7　III-B-④ を参照。
▷8　関めぐみ（2016）「近代オリンピック大会にみる男女差」日本スポーツとジェンダー学会編『データでみるスポーツとジェンダー』八千代出版，18-27頁。
▷9　VIII-A-④ および IX の各項を参照。
▷10　I-⑤ を参照。
▷11　伊藤公雄（1998）前掲書。

おすすめ文献

†飯田貴子・井谷惠子編著（2004）『スポーツ・ジェンダー学への招待』明石書店。
†西山哲郎（2006）『近代スポーツ文化とはなにか』世界思想社。
†佐藤文香（2004）『軍事組織とジェンダー――自衛隊の女性たち』慶應義塾大学出版会。
†木村涼子・伊田久美子・熊安貴美江編著（2013）『よくわかるジェンダースタディーズ』ミネルヴァ書房。

Ⅰ　基礎理論

ジェンダー概念の登場とその影響

1　ジェンダー概念の誕生と変遷

「ジェンダー」とは，そもそも（代）名詞の性別を示す文法用語でしたが，1960年代後半からの第二波フェミニズムによって「社会的・文化的に構築された性差」という概念として誕生しました。フェミニズムはこの概念を用いて，それまでの「男は仕事，女は家庭」とする性別役割分業に対して異議申し立てをしたのです。性別に割り当てられた役割が，生物学的要因だけではなく，後天的に社会の中でつくられた要因によっても規定されていることを明らかにし，社会的に劣位に置かれた女性の地位を改善するうえで，ジェンダーは有効な概念となりました。以来，「生物学的性差（sex）」に対して，これとは別に「社会的・文化的に形成される性差（gender）」があり，後者は社会の中でつくられるものだからこそ変更することができると考えられてきました。

しかし「自然かつ普遍」である生物学的性差を基盤として，その上にジェンダーという社会的性差が構築されると捉える考え方は，その後変化します。この変化には，人間の身体のすべてが男女で単純に二分されるわけではないと医学的に解明されたことが影響しています。それ以前から，上述の考え方では，男女が本来異なる性的特質をもった存在であるという生物学的決定論が自明視され，これに基づく性別二元制から逃れられなくなってしまうことが課題だとされてきました。性別二元制には，人を男女に二分し不平等に扱うことを正当化するという問題のほかに，異なる性カテゴリー（男−女）間の共通性が見えにくくなることや同一の性カテゴリー内の差異が見えにくくなること，また性的に多様な人々を社会から排除してしまうという問題がありました。

2　セックス／ジェンダー／セクシュアリティ

「生物学的性差の上に構築される社会的性差」という従来のジェンダー概念をひるがえしたのは，スコットやバトラーでした。1980年代の終盤，歴史学者スコット（1941-）は，ジェンダーを「肉体的差異に意味を付与する知」と定義しました。また，生殖機能に注目して人間集団を二つの非対称的な集団に分けようとする知のあり方や，そこに作用する権力関係を検証することが必要であると述べています。さらにバトラー（1956-）は，私たちが社会的に期待される「女／男らしさ」を日々繰り返す（ジェンダーをプレイする）ことによって，結

▷1　近代社会において女性解放を求める思想と社会運動。18〜20世紀初頭にかけての運動を第一波フェミニズムといい，女性の投票権や参政権など，近代国家における法的な権利の獲得を目指した。第二波フェミニズムは，性別役割分業に基づく性差別の撤廃を求める，市民権運動の一環として行われた。

▷2　江原由美子（2006）「ジェンダー概念の有効性について」若桑みどりほか編『「ジェンダー」の危機を超える！』青弓社，38-60頁。

▷3　Ⅰ-①　Ⅸ-②を参照。

▷4　例えば，女性の中でも国籍やエスニシティ，宗教，階級，経済的状況など，社会的位置によって置かれた状況は多様で異なること。

▷5　スコット，J. W／荻野美穂訳（1992）『ジェンダーと歴史学』テオリア叢書，平凡社，16頁。

▷6　Ⅺ-②を参照。

▷7　Ⅷ-B-⑤を参照。

果的に生物学的な性（sex）に関する解釈が生まれるのだと述べています。1990代以降，バトラーらの考え方は，従来のジェンダー概念に大きな転換をもたらしました。

ジェンダーやセックスと関連する用語として，「セクシュアリティ」という概念があります。上野はこれを「人間の性行動にかかわる心理と欲望，観念と意識，性的指向と対象選択，慣習と規範などの集合」を指すもので，「"自然"と"本能"ではなく，"文化"と"歴史"に属する」と説明します。

「セクシュアリティ」は，包括的には性にかかわるすべての現象を意味しますが，本書ではより狭義の意味である「性的指向」に着目してこの用語を用いています。性的指向とは，性愛の対象が，自分と同性（ジェンダー）の人に向かうか，異性に向かうか，双方に向かうか，どちらにも向かわないかという，性的関心の方向を表す言葉です。

重要なのは，セクシュアリティに関する様々な認識もまた，わたしたちの社会の中でつくりあげられたものだという点です。従来，女性の性を抑圧的に定義してきたセクシュアリティについての通念は，ジェンダー概念と組み合わせることによって批判的に検討され，異性愛のみを特権化する社会の権力作用が可視化されるようになりました。

❸ ジェンダーと学問の問い直し：スポーツ研究へのインパクト

1980年代以降，ジェンダー概念は学術の分野にももち込まれました。それまで学問は，客観的で中立的とみなされてきましたが，実は男性の視点からしか世界をみてこなかったことが明らかになったのです。

ジェンダー概念はスポーツ研究にも大きなインパクトを与えました。その最大の貢献は，近代スポーツが男性用に定義され，男性に支配されてきたという，男性中心主義を暴いたことでしょう。近代スポーツが，女性を劣位に置き周辺化するだけでなく，男性同性愛者を排除することによって成り立つ，典型的なホモソーシャルな領域であることも明らかになりました。不可視化されてきた性的マイノリティ（LGBT）の人々の存在とその経験も明らかにされ，スポーツが性的多様性を排除してきた文化領域であることも暴かれつつあります。また，それまでジェンダーの権力構造の中で見えない問題であったセクシュアル・ハラスメントを可視化することも可能になりました。このように「ジェンダー」という概念は，それまで普遍的価値をもつとみなされてきた近代スポーツそのものを相対化し，その意味を問い直すための重要なキー概念となったのです。

一方で，多様性の承認を求める視座は，性的な排除だけを焦点化するにとどまらず，社会における様々な差別や不平等が，いかに交差しているかを分析するインターセクショナルな視点へと拡大されています。　　　　（熊安貴美江）

▷8 バトラー，J./竹村和子訳（1999）『ジェンダー・トラブル——フェミニズムとアイデンティティの攪乱』青土社。
▷9 千田ほか（2013）22-27頁を参照。
▷10 上野千鶴子（2002）『岩波女性学事典』岩波書店，293頁。天野ほか（2009）も参照。

▷11 I-⑤を参照。
▷12 国籍やエスニシティ，性，宗教，性的指向，階級，障がいなど，社会における抑圧や差別は相互に絡み合っており，様々に交差していることに分析視点を置く理論。
▷13 本項については，XIの各項も合わせて参照されたい。

おすすめ文献

†天野正子・伊藤公雄・伊藤るり・井上輝子・上野千鶴子・江原由美子・大沢真理・加納実紀代・斎藤美奈子編（2009）『新編　日本のフェミニズム6　セクシュアリティ』岩波書店。
†千田有紀・中西祐子・青山薫（2013）『ジェンダー論をつかむ』有斐閣。
†井上俊・菊幸一編著（2012）『よくわかるスポーツ文化論』ミネルヴァ書房。

Ⅰ 基礎理論

スポーツにおける両性の「平等」と「公正」とは

① スポーツにおける平等の問題とジェンダー

　平等（equality）と公正（equity）は，哲学的および社会的な意味で「正義」とかかわるよく似た概念ですが，厳密には異なっています。ユネスコはジェンダーの観点からの平等を「すべての人が，ステレオタイプや性役割や偏見にとらわれずに，自由に個人の能力を発展させ，自らで選択できるという概念」，公正は平等を実現するための「女性，男性それぞれの必要性に応じた，偏りのない扱い」と定義していますが，何を「必要」とみなすのかが問題となります。さらにスポーツの領域では特に身体の扱いにかかわるため，平等と公正は，個人の尊厳との関係を考慮する必要があるでしょう。

　両性の平等は，現代社会のすべての領域における根本的な課題です。多くの国で，憲法をはじめとする法制度による両性の平等が定められ，その達成に向けた施策が進められています。法的な平等の考え方としては，形式的（機会的）な平等と，実質的な（結果としての）平等の2種類が存在します。身体活動（以下，スポーツ）領域においては，2種類の平等のいずれについても，何が適切な達成かについて一致した結論があるわけではありません。例えば，徒競走で走る距離が同一になるようスタートラインを調整することは，形式的平等の達成といえます。他方，障害の程度を勘案しスタートラインを変える方法は，ポジティブ・アクションの一種で，結果としての平等を達成するという考え方に立つものです。この方法は，競技スポーツ一般にはなじみがないかもしれませんが，すべての人がスポーツにアクセスする観点からは必要な考え方です。

② スポーツにおける両性の平等達成の必要性

　スポーツにおける両性の平等の達成は，両性の身体的な差異にどのように対処するかという課題のため，他の領域にはない困難さがあります。スポーツでは身体的な差異が視覚化されるため，「身体的な違い」と「（運動）能力」を結びつける傾向がみられるだけでなく，社会のジェンダー規範やジェンダー階層を鏡のように映し出します。特にハイレベルの競技者は，国の政治的・経済的・文化的システムの質を国際的に示すという役割を担わされる現状があるため，パフォーマンスにおけるジェンダーイメージは，広く社会に浸透する効果を伴います。だからこそスポーツにおいては，ジェンダーの観点からの平等の

▷1　UNESCO（2000）"Egalité et équité entre les genres," p. 5, Unité pour la promotion de la condition de la femme et de l'égalité des sexes. 英語版は，http://unesdoc.unesco.org/images/0012/001211/121145e.pdf（2017年12月25日閲覧）

▷2　個人の尊厳の一つの側面として「身体の完全性の権利（right to physical integrity）」があり，人間の身体の完全性や一体性を，自己の意思に反して傷つけられないとされている。拷問や非人道的な扱いを受けないこと，生殖に関する自己決定，同意のない医療的措置の禁止も含まれる。多くの国で，憲法（南アフリカ憲法12条，ドイツ基本法1条人間の尊厳）や法律および判例によって保護している。EU基本権憲章3条においても「すべての人は精神的，身体的完全性を尊重される権利を有している」と定められている。

▷3　社会的・構造的な差別によって不利益を被っている人に特別の措置により実質的な平等を達成すること。女子差別撤廃条約4条，男女共同参画社会基本法2条参照。

▷4　団体への公的助成金，

達成を強く求める必要があります。

さらに近年，スポーツの「公共性」が高まっていることから，スポーツにおける差別的取り扱いは憲法上の平等違反という法的問題となり得ます。例えば，オリンピック・パラリンピックのように「都市」が招致し，公的財政の支出を伴う場合には，平等や差別禁止が法的に要請されるのは明らかです。一見「中立」にみえても，結果として性による差別につながる基準は，間接的差別となる可能性があります。それは，スポーツのルールであっても，例外ではありません。さらに，競技が職業に結びついている場合，職業選択の自由や財産権の侵害等の観点から差別と判断される可能性は高くなります。スポーツは私的な活動ですが，「公的」な側面にも配慮し，検討しなければならないのです。

3 スポーツにおける公正の問題とジェンダー

興味深いことに，司法の場でよく用いられる「公正な裁判」は，英米法のfair trial に由来しますが，この語源は fair play だとされています。しかし，fair の内容は，スポーツや平等に対する考え方をどう選ぶかによって異なるでしょう。例えばスポーツ競技会は「公正らしくみえる」こと，すなわち「同じ条件の下で不正のない競技が実施されている」という外観が必要です。しかし，何を「公正」だと考えるのかには，定まった答えはありません。「公正」と「平等」あるいは「個人の尊厳」がぶつかる場面，例えば平等や公正のための「性別確認検査」では，個人の尊厳を侵害しますが，それでも公正さを選ぶのでしょうか。あるいは男女別競技は，一見平等ですが，女性は男性より競技力が劣るというステレオタイプを示すものとなっていないでしょうか。

現在では，スポーツは個人にとって，社会への参入・統合，自尊感情の育成，対等・平等な人間関係を築く場，人格の開花等，精神的・社会的にも重要な意味があると考えられるようになっています。またスポーツは，教育，健康，社会の発展，平和を促進する手段となり得ると認識され，国際社会におけるスポーツ組織の位置づけをも変化させています。例えば国際オリンピック委員会（IOC）は，国連で国際組織としての独立性が承認されると同時に，国連の人権政策の影響をこれまで以上に強く受けるようになっています。特に女性に関しては，国連 SDGs における平等の推進と女性のエンパワメント政策の実施が期待されています。

スポーツの公共性が意識されるにつれ，どのような「平等」を目指し，どのように達成するか，ジェンダーの観点からどのように考察しうるのか，などを検討する要請は増しています。スポーツにおける「平等」の考え方を多方面から広く検討することは，従来のスポーツの「公正」の観念を再考させるものにもなるでしょう。性別確認検査のような，個人の尊厳を犠牲とするような方法ならば，「過度の公正」であると判断する勇気も必要です。

（建石真公子）

選手育成に関する公的機関の関わり，公的施設使用に関する優遇措置，自治体の施策等。

▷5 Langford, I. (2009) "Fair Trial : The History of an Idea," *Journal of Human Rights*, 8(1), 37-52.

▷6 ここで「外観」と表現したのは，多くの人が一定程度納得できるレベルの「同じ条件」で選手が参加し，不正がないと考える状態になっている，という意味であり，それらは常に見直されることが前提である。

▷7 VIII-A-④を参照。

▷8 2014年第63会期国連総会では，「オリンピック・ムーブメントを推進するというIOCのミッションおよびスポーツの独立性と自律性を支援すること」および「国際的なスポーツイベントが平和や相互理解，いかなる差別も禁止するという原則に則って組織されること」が決議された。

▷9 国連で採択された2016-2030年の国際目標「持続可能な開発目標（Sustainable Development Goals）」。

▷10 2012年にIOCとUN Womanが連携協定を結んだことも強く影響すると考えられる。

おすすめ文献

†J. ロールズ『公正としての正義』1979年，木鐸社。
†守能信次『スポーツルールの論理』2007年，大修館書店。
†近藤良享「スポーツ・ルールにおける平等と公正——男女別競技からハンディキャップ競技へ」『スポーツとジェンダー研究』15, 121-133頁。

I 基礎理論

エンパワーメント：その光と影

1 エンパワーメントとは

エンパワーメント（「エンパワメント」と表記される場合もあります）は、人権運動やジェンダー問題のほかに、教育学、心理学、福祉、ビジネス、国際協力、ソーシャルワークなど、幅広い分野で使用されている用語です。エンパワーメントに関する定義は多岐にわたりますが、一般的には、「何らかの形で社会から否定的な評価を受け、本来人間がもっている能力や感性などの力が発揮できない」人たちが、自らが本来もっている力を発揮し、コミュニティへの民主的な参画と、そこでの環境に対する批判的な判断をしながら、自分たちの生活をコントロールしていく過程を意味します。したがってエンパワーメントは、自尊心、自己効力感、統制の所在といった心理学で用いられる個人的能力に関連する概念よりももっと広い意味を含んでいます。

ジェンダー平等の文脈で「女性のエンパワーメント」という場合は、女性が本来もっている力（能力、自信など）を引き出し、その力を用いて社会におけるジェンダー不平等を変革していくことを意味しています。

2 国連における「開発」とスポーツ

1979年の女性差別撤廃条約、1995年の北京宣言および行動綱領、2000年のミレニアム宣言およびミレニアム開発目標（MDGs）などを経て、国連では女性のエンパワーメントについて、開発支援の分野で強調するようになっています。その理由の一つに、それまでの開発支援の施策や事業が、「中立」的であるように見えながら、実際は女性が開発の過程で排除・周縁化され、いっこうにその地位や状況が改善されなかったことがあげられます。

2008年に「国連開発と平和のためのスポーツ局（UNOSDP）」が開設され、2011年1月に「ジェンダー平等と女性のエンパワーメントのための国連機関（UN Women）」が発足しました。ジェンダー平等の促進や女性のエンパワーメントにスポーツを活用することが奨励されるようになり、2015年の「持続可能な開発のための2030アジェンダ宣言」では、「スポーツもまた、持続可能な開発における重要な鍵となるものである。我々は、スポーツが寛容性と尊厳を促進することによる、開発および平和への寄与、また、健康、教育、社会包摂的目標への貢献と同様、女性や若者、個人やコミュニティの能力強化に寄与する

▷1 久保田真弓（2005）「エンパワーメントに見るジェンダー平等と公正――対話の実現に向けて」『国立女性教育会館研究紀要』9, 27-38頁。
▷2 そこでは(1)女性のリーダーシップと政治参画、(2)女性の経済的エンパワーメント、(3)女性と少女に対する暴力の根絶、(4)平和・安全保障と女性、(5)ガバナンス・国家計画と女性、(6)2015年以後の開発課題と女性、(7)HIV／エイズと女性が優先テーマとしてあげられている。
▷3 経済的要因や古くからの慣習のせいで、児童婚（幼児婚とも呼ばれる）を強制される子どもたちが多く存在している。ユニセフでは児童婚を「18歳未満での結婚、またはそれに相当する状態にあること」と定義しているが、15歳未満で結婚させられている子どもたちも多くいて、そこでは少年に対し少女の割合が非常に高くなっている。
▷4 2020年までに世界の500万人の女性を支援し、女性が経営に参画できるプログラムを提供している。
▷5 社会的影響力と経済力をもつ企業は、持続可能な社会づくりに対して貢献する責任があるとする概念。
▷6 Women Winは、ジェンダーにセンシティブなスポーツプログラムを通じ

ことを認識する」と謳われています。

3 スポーツ，少女，エンパワーメント

現在，「もっとも効果的に貧困を打開する手だては，少女や女性をサポートすることである」とする認識が，国連から世界銀行まで広まっています。(1)少女・女性たちが教育を受け，読み書きができることによって正しい知識を得られ，(2)望まない妊娠や暴力・病気を回避することができ，さらには(3)女性が家庭以外の領域で働く機会を得ることで家族を養っていける，と考えられています。ナイキ財団が主導する「ガール・エフェクト」（少女たちが世界を変える効果）やコカ・コーラシステムの「5by20（ファイブ・バイ・トゥウェンティ）」は，まさにこのような考えのもと，企業の社会的責任（CSR）の一環として実施されています。

スポーツや身体活動を通じて少女や女性たちのエンパワーメントを推進するプログラムも多く存在し（開発現場の「Women Win」や，開発現場以外の「Girls on the Run」「GoGirlGo!」など），健康や食に関する知識を深めるだけでなく，コミュニケーション能力や自尊心の向上が期待されています。またこれらのプログラムに少女たちが参加することで，非行や10代での妊娠を回避できるとも考えられています。

あらゆる分野で広がっている少女や女性を対象としたエンパワーメント・プログラムですが，そこでは「少女たちが自信をつけ，変わっていけば，世の中も変わっていく」という点が強調されがちです。しかし，少女たちの自己改革ばかりが強調されることによって，貧困や抑圧などの政治的，社会的，文化的な原因が見過ごされ，少女や女性たちを取り巻く環境を変えていく責任が，すべて彼女たちに転嫁されてしまうことには注意が必要です。また，経済的な成長が必ずしもジェンダー平等にはつながらないにもかかわらず，開発分野などでは，女性の経済的エンパワーメントばかりが強調されています。

エンパワーメントは，人の関心を引きやすい魅力的な言葉です。しかし，エンパワーメントをキャッチフレーズに，少女や女性たちだけが変革の責任を負わされるプログラムでは何の意味もありません。わたしたちは，貧困や抑圧の構造的原因を探り，それらを批判していくと同時に，今あるエンパワーメント・プログラムはいったい誰のためのものなのか，どのような内容を新たにつけ加え修正する必要があるのかを，絶えず精査していくことが重要です。

（山口理恵子）

▷7 Girls on the Run は，少女たちが走ることを通じて楽しさや健康を促進し，走る達成感によって自信をつけていくプログラムで，2000年にアメリカのノースカロライナ州で始まった。GoGirlGo!は，アメリカの女性スポーツ財団が2001年に始めたプログラムで，小学校から高校までの少女たちに身体を積極的に動かす機会を提供しているプログラム。

▷8 Shain, F. (2013) "'The Girl Effect': Exploring Narratives of Gendered Impacts and Opportunities in Neoliberal Development." *Sociological Research Online*, 18(2), pp. 1-11.

おすすめ文献

†森田ゆり（1998）『エンパワーメントと人権——こころの力のみなもとへ』部落解放研究所。

†山口理恵子（2014）「[エンパワメント]——その使用を思いとどまらせるものについての考察」『スポーツとジェンダー研究』12, 138-146頁。

†來田享子ほか監訳（2013）「国連文書翻訳 SDPIWG 報告書（2008），開発と平和に向けたスポーツの活用：各国政府への勧告——第4章 スポーツとジェンダー：少女／女性のエンパワーメント」『スポーツとジェンダー研究』11, 114-151頁。

I 基礎理論

 # 男らしさとセクシュアリティ

1 スポーツ＝男性文化

現在，世界中で普及している制度化されたスポーツの多くは，19世紀のイギリスにその源流をたどることができます。そもそもスポーツは，近代のイギリス社会の中で，主にジェントルマンなど上流階級の子弟を対象とした教育機関であるパブリックスクールを中心として発達してきたものであり，当初，こうした学校に入学できるのも，またそこでのエリート教育が前提としたのも男性のみでした。

こうした時代にあって，スポーツ（特にチームスポーツ）を通じて育まれるとされた責任感やリーダーシップ，チームスピリット，フェアプレイの精神，そしてこれらの総称ともいえるスポーツマンシップは，近代社会において指導的な立場となる男性が身につけるべき資質であり，女性は長らくこうした価値観からも，スポーツ活動の中心からも排除されてきたといえます。結果として，この時期に成立してきた多くのスポーツは，男性のみを前提とした男性文化の領域として発達したといえるでしょう。

これは，現代でも主流とされているスポーツ競技の多くにおいて，女性と男性が同じ条件でプレイした場合，そのほとんどで男性のパフォーマンスが上回る事実からもうかがい知ることができます。近代から現代の社会で想定される「身体能力」とは，多くの場合，筋力を中心とした概念であり，またそれが目に見える形で発揮され，序列が可視化されるのは，現代ではほぼスポーツという場を通じてのみです。これは，スポーツというものが男性の身体の特質に合わせて発達してきた，すなわちはじめから男性が有利になるようにつくられてきたことの証左でもあります。

2 ホモソーシャリティとは

男性同士が強い絆で結ばれ，仲間意識とともに自分たちが有利となる集団や組織，権利関係を形づくっていることをホモソーシャリティ，あるいはホモソーシャルな絆と表現します。これは，例えば企業の経営層や重役が男性ばかりで占められていたり，軍隊が男性中心に組織されていること，あるいは男子校など，社会の様々な場面に見ることができます（理論上は女性同士のホモソーシャリティもあり得ますが，そこに権利や権威が結びつくことは稀です）。スポーツは，

こうした例と並んで典型的にホモソーシャルな領域といえます。

しかし，ここで想定されている男性とは異性愛男性のことであり，男性同士の絆を揺るがすと考えられた同性愛者という存在は，女性とともに不純物として排除されていくことになります。こう考えると，スポーツが生み出していくと期待された男らしさの理想像とは，単にジェンダー的（身体／外見的）なものではなく，セクシュアリティという内面をも含んだ概念だといえるでしょう。つまり，近代以降の「男らしさ」の理想は，ジェンダーのうえではスポーツマン的で筋肉的な身体をもち，セクシュアリティのうえでは異性愛という，2つを含んだ概念ということになります。

これは性的マイノリティ（LGBT）の権利運動が高まりを見せる現代に至っても，スポーツ界では，特に男性同性愛者に対する差別（ホモフォビア）が強く，ほかの文化領域と比較しても，みずからが同性愛者だとカムアウトして活動する選手の例が少ないところからも理解できます。

3 スポーツとジェンダー平等の限界と未来

このように，スポーツというものが歴史的に男性優位なものとしてつくりあげられてしまっている以上，少なくとも伝統的に"主流"とされてきた競技種目（例えばサッカーやラグビー，陸上競技など）に関して，あとから女性と男性のパフォーマンスを平等にしていくことは，原理的に困難だといえます。こうした大きな制約の中では，女性のスポーツ実践は「二流」として瑣末化されるか，あるいは逆に女性化された新たな領域（例えば新体操やシンクロナイズドスイミングなど）に囲い込まれがちになります。

また，身体を用いてその能力差を可視化するような文化は，現代ではスポーツ以外にほとんど存在しておらず，結果的に，スポーツにおけるパフォーマンスの差が，男性の身体能力の優位というジェンダー上の序列を正当化するうえで，架空の根拠として参照され続けてきました。これは，スポーツがグローバル化し，好ましいものとして世界へ影響力を高めていく中で，見落とされがちな負の側面ともいえるでしょう。

さらには，特に2000年代以降の動きとして，英米を中心に同性愛男性のプロ選手によるカムアウトが増加しています。これは，スポーツにおけるホモフォビアの軽減という意味では好ましい傾向とはいえますが，もしこのままセクシュアリティの差別が減少していったとすると，結果的に残るのは男性優位ということになり，ジェンダー序列は温存されるということにもなりかねません。今後のスポーツを考える時，わたしたちはこうしたジェンダーとセクシュアリティ両側面からの視点を忘れず，その限界も含めてスポーツという文化の行く末を見守る必要があるでしょう。

（岡田　桂）

▶1　岡田桂（2010）「ジェンダーを"プレイ"する——スポーツ・身体・セクシュアリティ」『スポーツ社会学研究』18(2)，5-22頁。

おすすめ文献

†E. K. セジウィック／外岡尚美訳（1999）『クローゼットの認識論——セクシュアリティの20世紀』青土社。
†E. K. セジウィック／上原早苗・亀澤美由紀訳（2001）『男同士の絆——イギリス文学とホモソーシャルな欲望』名古屋大学出版会。
†菊幸一・清水諭・仲澤真・松村和則編（2006）『現代スポーツのパースペクティブ』大修館書店。

Ⅱ　歴史とジェンダー

総　論

① 近代以前：身体的遊び世界における「女／男らしさ」の境界の揺らぎ

　「女／男らしさ」の境界とそれに基づく性別役割分業は古代から存在しましたが，その内容や程度は，時代・社会・文化によって異なります。同様に，身体的な遊びの世界における男女の区別も様々でした。古代ギリシャでは，男女の競技会は別に開催されました。一方，同時代の中国では，男女が一緒に蹴鞠を楽しんだといわれています。

　西洋中世社会では，身体活動は総じて抑制されました。宗教的な観点から，身体を活発に動かすことは魂の不安定さにつながり，ひいては社会の秩序づくりに反するとされたのです。14～15世紀に入ると騎士道が発達し，「男らしさ」の価値がより高く評価されるようになりました。騎士道は，鍛錬を課し，倫理的な規範の重要性を強く主張することで男性たちに「男らしさ」を身につけさせようとしました。つまり，男性であれば誰もが男らしいと考えられていたわけではなかったことがわかります。

　「男らしさ」の価値が高められ，あるべき「男らしさ」イメージが醸成されていく中で，それと対比される「女らしさ」の意味づけも変化していきました。とはいえ，当時の庶民たちを描いた絵画などからは，身体的な遊びの世界における「女／男らしさの境界」が厳密ではなかったことも読み取れます。

② 近代以降：4つの時期区分で流れを理解する

　近代スポーツの発展・帝国主義・戦争は，競技を含む身体活動にジェンダー・セクシュアリティとかかわりのある様々な影響を与えました。近代以降の流れと変化の全体像はおおむね4つの時期に区別することができます。ここに示した理解は，主として19世紀の終わり頃からの注目すべき出来事を探索した，体育・スポーツの女性史的研究の成果に基づいています。

① 体育・スポーツへの女性の参加拡大の時期（1940年代中頃まで）

　この時期には，男性たちの文化として実践されてきた体育や競技的なものを含むスポーツに，女性たちが参入しようとしはじめました。この流れは，近代国家における政治・経済面での女性の権利を主張した第一波フェミニズムとも関連しています。

　女性の参加に強い抵抗が示された事例もみられますが，それでも次第に参加

▷1　池上駿一（1992）『歴史としての身体——ヨーロッパ中世の深層を読む』柏書房，北山晴一（1999）『衣服は肉体になにを与えたか——現代モードの社会学』朝日新聞社など。

▷2　Ⅺ-②を参照。
▷3　2015年までの主な出来事は，日本スポーツとジェンダー学会編（2016）『データでみるスポーツとジェンダー』八千代出版，3-16頁に年表としてまとめられている。

は拡大しました。同時に，拡大を一定程度に抑制することになる様々な論理が登場します。女性の身体の保護を主張する医・科学的な知識，ジェンダー規範を逸脱しないような「女らしい」スポーツの模索，男女の身体を峻別しようとする性別確認検査の発想などがその例です。時代が戦争に向かう中で，女性に認められる身体活動領域はさらに広がりましたが，男性のためだけのスポーツが存在する状況も残されました。

② 女性とスポーツの関わりが拡がりをみせる時期（1970年代まで）

第二次世界大戦後から1970年代の終わり頃までは，女性の参加拡大を目指す動きが継続しました。戦前と異なるのは，根拠なく女性には無理だとされてきた競技や登山などの身体活動に，女性たち自身が挑戦する姿がみられるようになったことです。このような女性たちの挑戦は，それまでの医・科学的な知識を修正する役割を果たしました。メディアを通じて女性のスポーツが「流行現象」や「流行語」を生み出し，影響が社会に広がった事例もあります。

また，社会における女性の平等な地位や身体にかかわる自己決定権などを主張した第二波フェミニズムは，学校における体育からプロスポーツ界に至るまで，幅広い影響を与えました。

③ 女性の参画が主張された時期（1990年代まで）

国内外のフェミニズム運動からやや遅れて，体育・スポーツ界でも女性の参加だけでなく参画を目指す主張が目立つようになりました。この時期以降，意思決定機関における女性割合を増加させることが特に重視されています。身体活動に単に参加するだけでなく，意思を表示し，決定にかかわることこそ，体育・スポーツ界でのジェンダー平等を目指す重要なきっかけになると認識されるようになったのです。

一方で1990年代には，教育・法律・施策におけるジェンダー平等の推進を激しく批判したり（バッシング），組織的に攻撃する動き（バックラッシュ）もみられるようになりました。

④ 女性の参画とジェンダー平等を促進する実践が進み，身体の性別やセクシュアリティをめぐる課題が浮上した時期（2000年以降）

21世紀に入ると両性の参加の平等を確かなものにしようとする動きや参画の実践がみられるようになりました。ジェンダー主流化を意識することが体育・スポーツ界でも重視され，また，結婚・出産など女性に特有のライフステージに応じた支援の必要性も認識されるようになっています。

競技的なスポーツでは性を分けて競技が実施されるため，トランスジェンダーや性分化疾患の選手のスポーツの権利をどのようにして保障するかが問題となります。これは今世紀に入ってからの大きな課題になっています。また，同性愛者に対する差別を解消する場として，スポーツ界が積極的な役割を果たすことも期待されています。

（來田享子）

▷4 日本の場合，1964年東京大会での「東洋の魔女」の活躍が報じられ，「ママさんバレー」が流行現象に，また日本女子バレーボールチームの大松監督による「おれについてこい！」が流行語になった。この流行語は，女性選手が男性指導者の強いリーダーシップで勝利する，という構図を象徴し，時代を感じさせる。

▷5 若桑みどり（2006）『「ジェンダー」の危機を超える！』青弓社，上野千鶴子・宮台真司（2006）『バックラッシュ！ なぜジェンダーフリーは叩かれたのか？』双風社。

▷6 1990年代に登場した潮流。ジェンダー平等を達成するためには，法律や政策や様々な企画がなされる場合に，女性／男性それぞれにどのような影響が及ぶかを評価する視点が必要だとされた。国連経済社会理事会が1997年に行った定義などが用いられる。

おすすめ文献

†鈴木楓太・小石原美保・來田享子（2016）「年表でみるスポーツ・女性・ジェンダー（1900-2016年）」日本スポーツとジェンダー学会編『データで見るスポーツとジェンダー』八千代出版，1-17頁。

†三成美保・小浜正子・姫岡とし子編（2014）『歴史を読み替える――ジェンダーから見た世界史』大月書店。

†久留島典子・長志珠絵・長野ひろ子編（2015）『歴史を読み替える――ジェンダーから見た日本史』大月書店。

Ⅱ　歴史とジェンダー／A　政治・権力のはざまで

近代スポーツの発展とジェンダー

 近代スポーツの発展と「男らしさ」

　わたしたちが学校で経験したり，メディアをとおして知るスポーツの多くは，18世紀末から20世紀初頭にかけて，欧米を舞台に劇的に変化したとされます。この変化はスポーツの「近代化」と呼ばれ，これを通過したスポーツは「近代スポーツ」と呼ばれます。

　近代スポーツは，種目に固有のルールが整備され，そのルールが国際的に認められて広く普及し，組織化されているなどの点で，近代化以前のスポーツと区別されています。わかりやすい例を示してみましょう。様々な国や地域から国際大会に参加する選手たちは，それぞれにトレーニングを行い，言葉や文化の異なる，見知らぬ者同士です。それにもかかわらず，大会では何の混乱もなく競技が行えることが近代スポーツの一つの特徴です。

　18世紀末頃から欧米を中心に近代産業社会へと変化したことは，スポーツの近代化に強い影響を与えました。単純に表現すれば，近代産業社会では，専門家や専門的集団が組織的に動くことによって，誰よりも速く，効率的，合理的に生産性を高め，出来高を評価するために客観的な数字を残すことが求められました。さらには，国境を越えて市場を拡げ，利益を増やすことを目指さなければなりませんでした。N.エリアスは，そのような社会で好まれた価値や思考形態がスポーツに反映されていく様子を指摘しました。

　このような経済的な側面からの社会の変化と同時に，近代国民国家の形成という政治的な側面からの変化が進行しました。この変化と「男らしさ」，それと対になる「女らしさ」，性別役割分担については，次項で詳しくみることにします。これらの社会全体の変化の影響を受け，近代スポーツは，当時の欧米社会の中心的な担い手，つまり中上流階級の男性たちが理想とする人間像に近づくための文化や教育として意味づけられ，発展していきました。この成り立ちのために，女性が近代スポーツに参加することへの抵抗は強く，男性より遅れることになりました。一方，「男らしさ」を求める社会の中で，近代以前には男性が担い手であったバレエや軍隊の舞踊などの身体表現文化と男性たちの関係は疎遠になっていきました。

▷1　エリアス，N./赤井慧爾ほか訳（1977）『文明化の過程』（上）（下），法政大学出版局。

▷2　Ⅱ-A-②を参照。

▷3　來田享子（2015）「スポーツの歴史と男／女らしさ ②変容する「女らしさ」とスポーツ」中村敏雄ほか編『21世紀スポーツ大事典』大修館書店，124-127頁。

14

2 近代スポーツの発展と「性別二元制」

女性と男性がそれぞれの違いに適した役割を担うこと（性別役割分担）によって社会が成り立つ，という考え方が主流を占める時代や社会の中では，両性は明確に区別されている必要があります。近代スポーツは，この思考形態そのものを反映し，両性の違いを際立たせる文化としても根づいていきました。その理由は，多くのスポーツが身体活動を伴っていることと関係しています。

18世紀以降，解剖学や医学によって女性と男性の身体の生物学的な違いが強調されるようになりました。この影響を受け，両性が同じ競技を行った場合でも，それぞれにとっての目的や教育的な効果の面から異なる位置づけが与えられました。男性にとっては体力とともに勇気・判断・協調性などのリーダーとしての資質をつくるための教育，女性にとっては健康な母体をつくるとともに，優雅な振る舞いや美しい姿勢を身につける礼儀作法，などと位置づけを変えたことがその例です。女性が競技において過剰に競争的であること，荒々しさや粗暴な態度，身体活動として激しすぎることなどは特に批判されました。このような異なる位置づけは，近代スポーツにおける性の二重規範（ダブルスタンダード）と呼ばれています。しかし実際には，両性の身体には違いよりも共通点のほうが多いからこそ，同じ競技を実施することができるはずです。

様々な近代スポーツを楽しむ女性が増加するとともに，1930年代には組織化された大会に出場する女性も増加していきました。これに伴い，両性は明確に区別されるという考え方やトップレベルの選手たちのパフォーマンスの性差を背景に，性を分けて実施することによって平等・公正を確保するという近代スポーツのルールが確立されていきました。性別確認検査は，このルールの維持のために必要な制度でした。さらに，両性は明確に区別することができるという思考は，生物学的性差を根拠にしながら「異性愛」を自然な性的指向であるとし，近代スポーツを異性愛主義的な文化として発展させることにもつながりました。

20世紀以降，近代スポーツは世界に広がり，オリンピック大会などに参加する国や地域も増加していきました。近代スポーツの特徴を典型的に示す国際大会の仕組みやルールは，「人間の性は2つに峻別できる」という思考を「あたりまえ」とし，それに基づいて社会の仕組みを形成する「性別二元制」と分かちがたく結びついています。近代スポーツは，発展の初期には男性のための身体文化でした。しかし，本章「競う場所を求めて」の各項に示されたとおり，近代スポーツと女性のかかわりが深まるにつれ，近代スポーツは伝統的な「女らしさ」から女性たちを開放し，ひいては「女らしさ」「男らしさ」の意味それ自体を変化させています。近代スポーツは，ジェンダー規範を変容させながら，現時点では性別二元制を温存させているといえるでしょう。 （來田享子）

▷4　ラカー，T./高井宏子・細谷等訳（1998）『セックスの発明——性差の観念史と解剖学のアポリア』工作舎や，ラセット，C. E./上野直子訳（1994）『女性を捏造した男たち——ヴィクトリア時代の性差の科学』工作舎などには，科学者や知識人が様々な学問的成果に基づき両性の違い，女性が男性より劣っていることを明らかにしようとした歴史が描かれている。
▷5　19世紀末から20世紀初頭のイギリスでは，女性は弱くて高等教育には耐えられないという医学上の性差認識に対抗し，女性に十分な体力があることを証明するためのツールになると同時に，競技中であっても伝統的な女らしさを逸脱しないことを表現するツールにもなるという，矛盾する価値が混在しながら女性へのスポーツの奨励が行われた。
▷6　Ⅷ-A-④を参照。
▷7　異性愛主義とスポーツ，性的マイノリティとスポーツについてはⅨの各項を参照。

【おすすめ文献】

†E. F. ケラー／幾島幸子・川島慶子訳（1993）『ジェンダーと科学——プラトン，ベーコンからマクリントックへ』工作舎。
†來田享子（2004）「近代スポーツの発展とジェンダー」飯田貴子・井谷惠子編著『スポーツ・ジェンダー学への招待』明石書店，33-41頁。
†富山太佳夫（1993）『空から女が降ってくる——スポーツ文化の誕生』岩波書店。

Ⅱ 歴史とジェンダー／A 政治・権力のはざまで

 帝国主義とジェンダー

1 男らしさと帝国主義：質実剛健

　性別役割分担は，植民地を獲得して領土を拡張することで資本主義経営を推し進めた帝国主義下の近代国民国家の形成とかかわって生成されました。近代国民国家形成において国防と生産力は国力の要でした。それゆえ，勤労の教説——いわゆる，マックス・ヴェーバーのいう「プロテスタンティズムの倫理」▷1 は資本主義経営にとって必要とされた新興の中流階層が生産に勤しむための時代の精神にほかなりません。地主貴族による支配が終焉を迎え，帝国主義下の植民地経営を通じて国家を繁栄させるには，かつての支配階級とは異なる生産倫理を投影した「産業革命の闘将」▷2 が必要とされました。そのためこの時代に新たに形成されたイギリスの中流階層は，自制・堅忍・周到・正直であること，質素倹約・健康志向，「謹厳実直さ」や「男らしさ」を重んじるジェントルマンを理想としました。しかも，これらの規範はイギリスの中等教育を担うエリート養成機関の中で崇拝された教育思想をとおして浸透したといわれています。すなわち，そうした教育思想が，イギリスのパブリックスクールで礼賛されたスポーツ教育思想——アスレティシズムの中心を貫き，国力の繁栄を左右する大英帝国の逞しいエリートの創出に関与したわけです▷3。スポーツ教育で培われた「男らしさ」の規範はエリート層が植民地行政官になることを通じて，近代スポーツとともに世界中に波及していきました▷4。

2 社会ダーウィニズムとジェンダー

　性別役割分担は近代国民国家の耐久力を適者生存，自然淘汰の原理から説明する社会ダーウィニズム▷5 と大きくかかわっています。西欧列強の帝国主義政策に脅威を感じた日本も富国強兵政策を推進し，近代国民国家形成を推し進め，イギリスのパブリックスクールと同様に「質実剛健」を中等教育機関の男子の理想像とする教育政策を展開します▷6。こうした帝国主義下の「男らしさ」の理想像と対になるものとして，女性の理想像が形成された近代を考える必要があります。

3 女らしさと帝国主義：良妻賢母

　深谷が述べているように男子の「質実剛健」と対になる女子の理想像は，日

▷1 ヴェーバー，M.／大塚久雄訳（1991）『プロテスタンティズムの倫理と資本主義の精神』岩波書店。

▷2 「産業革命の闘将」
封建的な社会階層からではなく，独立自営の企業家を志す，新しい理念で集約されるジェントルマンを意味し，低い社会階層から上の階層へと社会的に上昇する「成り上がり者」であった。彼らが産業を通じて社会的成功を収めるには，質素，倹約，自助の精神に基づく規範と男らしさ，すなわち，「質実剛健」をモットーとする必要があった。村岡健次（1980）『ヴィクトリア時代の政治と社会』ミネルヴァ書房参照。

▷3 村岡（1987）。

▷4 ポリー，M.／池田恵子訳（2014）「スポーツと帝国・外交——19世紀及び20世紀における英国のインターナショナルなスポーツ」『西洋史学』255，41-52頁。

▷5 入江克己（1986）『日本ファシズム下の体育思想』不昧堂出版。

▷6 深谷（1998）。

清・日露戦争後の文化ナショナリズムの下で、女子が中等教育を受ける根拠として社会に浸透しました。19世紀末から20世紀初頭において成立した良妻賢母の思想がそれにあたります。それゆえ、良妻賢母の思想は近代における「創られた伝統」であり、「質実剛健」と同様の帝国主義下のイデオロギーといえます。つまり、良妻賢母の思想は多くの近代国民国家でみられた普遍的特徴でした。近代化を推し進めた諸国にとって、性別役割分担は生産の論理と直結し、社会的分業を促進させた点で一致しています。この性別役割分担は初期のフェミニズムの特徴でもあります。帝国主義と不可分の関係にあったフェミニズムは、帝国主義政策の下で近代国民国家としての国力を維持するための「丈夫な兵士を生む健全な母」「家政を司る科学的な妻」が必要であるとの認識から、中等教育を受ける権利の獲得に向かいます。このフェミニズムは男性とは異なる女性の特権領域を確保することで、中等教育以上の女子教育の権利を獲得することにつながりました。上野はこうした女子の特権領域の確保を「性別不問型」のジェンダー戦略と区別し、「性別分離型」のジェンダー戦略と捉えて分析しています。それゆえ、良妻賢母という思想は、中・高等教育機関を通じて女性が新しい科学に触れること、国家の兵士を産む母体として健全なからだを育成することを可能にしました。重要であったことは、女性らしさを損なわないという条件の下で許容されたという点であり、それを前提に女子教育を受ける権利の獲得につながりました。

④ フェミニズムとしての良妻賢母主義とジェンダーバイアス

良妻賢母の思想の下で、西欧の体操やダンス、遊戯（スポーツ）に触れた女学校の生徒や高等教育をうけた女子学生は、やがて、良妻賢母の有するジェンダーバイアスに向き合うことになりました。『青鞜』にかかわった平塚らいてう、高村智恵子らは、日本女子大学校において成瀬仁蔵がもたらした、当時としては最先端の良妻賢母主義の女子体育に触れ、まさに西欧モダンの象徴であったテニスやバスケットボールを通じて互いの親交を深めたともいわれています。しかしながら、上野が述べているように、女性の国民化を急ぐあまり、平塚もまたファシズムと天皇制の擁護を通じて、ナショナリズムのジェンダー戦略に埋没することとなります。

⑤ 帝国主義との決別：ジェンダーフリーへ

このように帝国主義は近代国民国家の存亡をかけた戦略として性別役割分担を明確にするものでした。それゆえ、ジェンダーフリーを声高に主張する現在は、帝国主義との決別、脱植民地主義後の社会が向かう方向性と歴史的な整合性を帯びたものであるといえます。

（池田恵子）

▷7 深谷は「ナショナリズムの台頭を背景に、儒教的なものを土台としながら、民衆の女性像の規制を受けつつ、西欧の女性像を屈折して吸収した産物——歴史的複合体——とみなしうる」と述べている。深谷(1998), 145頁参照。

▷8 小山静子(1991)『良妻賢母という規範』勁草書房。

▷9 上野千鶴子(1998)『ナショナリズムとジェンダー』青土社；(2012)『新版 ナショナリズムとジェンダー』岩波書店，ともに参照。

▷10 「新しい女」研究会編(2011)日本女子大学叢書6『青鞜』と世界の「新しい女」たち』翰林書房。

▷11 上野(1998)。

おすすめ文献

†村岡健次(1987)「『アスレティシズム』とジェントルマン——十九世紀のパブリック・スクールにおける集団スポーツについて」村岡健次・鈴木利章・川北稔編『ジェントルマン——その周辺とイギリス近代』ミネルヴァ書房，1987年，228-261頁。

†深谷昌志(1998)『増補 良妻賢母主義の教育』黎明書房。

†上野千鶴子(2012)『新版 ナショナリズムとジェンダー』岩波書店。

Ⅱ　歴史とジェンダー／A　政治・権力のはざまで

戦争・スポーツ・ジェンダー：「人的資源」と体力の動員

1　戦時下の体力の動員とジェンダー

　20世紀が経験した2度の世界大戦は，前線での戦闘に投入する兵力だけでなく，生産力や経済力など国力のすべてを動員した国家総力戦でした。ここでは，国家は国民を「人的資源」とみなしてその資質の増強を目指しましたが，その際に要求された身体や体力のあり方は，きわめてジェンダー化されたものでした。本項は日中戦争以降の日本を事例として，ジェンダー化された「人的資源」の体力の動員という観点から，戦時期の体育・スポーツについて考えます。

2　オリンピックから国民体育へ

　1936年のIOC総会で，1940年のオリンピックの開催地が東京に決まりました。ベルリン大会での日本選手団の活躍も追い風となり，日本のスポーツ界は活況を呈します。しかし，翌年に始まった日中戦争が長期化する中で大会は返上され，開催地はフィンランドのヘルシンキに変更されました。さらにその後，第二次世界大戦が勃発して大会自体が中止されてしまいました。1940年，日本は東アジアを中心に東亜競技大会を開催しましたが，この大会の国別対抗競技に女性は含まれていませんでした。戦争の時代，女性のほうが男性よりも先に，国際舞台における活躍の場を失うことになったのです。

　東京大会が返上された時期には，スポーツそのものに対する批判も強まりました。例えば，スポーツでは兵士に必要な心身は鍛えられないという，軍部からの批判です。これを受けて大日本体育協会は，オリンピックのメダル獲得から，国民全体の体力向上を目指す「国民体育」へと，その方針を大きく転換しました。政府も1938年に厚生省を設立し，国民全体の体力向上に乗り出します。総力戦の遂行には，すべての国民が兵力や労働力などの「人的資源」として貢献することが不可欠であり，そのために必要な体力を獲得させる手段として，体育が重要な意味をもつようになったのです。

3　戦時期の体育・スポーツ政策が目指したもの

　戦争を遂行するために必要な「人的資源」として人々を位置づけ，体力を向上させようとした政策には，二つの軸がありました。一つは老若男女を問わず体育を習慣化させることです。その場合には，徒歩，体操，水泳など，誰もが

▷1　選手179（女性17）人を派遣し，18個のメダルを獲得した。

▷2　東亜競技大会
1940年に開催され，日本，満州国，中華民国（汪兆銘政権），フィリピン，ハワイと，在留外国人選手が参加した。1942年にも満州国で同名の大会が開催された。

▷3　大日本体育協会
1911年に設立された，全国的なスポーツの統括組織で，現在の日本体育協会。初代会長は嘉納治五郎。

▷4　厚生省は，国民精神総動員中央連盟から冊子『歩け・泳げ』を発行した（1938年）。また，すでに普及していたラジオ体操に加え，「大日本国民体操」「大日本青年体操」「大日本女子青年体操」を制定した（1939年）。

▷5　産業人
ここでは，主に工場，鉱山，運輸業などの肉体労働に従事する労働者のこと。

▷6　戦時人口政策
出生率の向上と死亡率の抑制による人口増殖と，兵力や労働力の供給源となる人的資源の資質増強を主眼と

18

表1 体力章検定の実施種目（基礎検定種目）

	実施年	年齢	種目
男子	1939年〜	15-25	100m疾走，2000m走，走幅跳，手榴弾投，懸垂屈臂，運搬
女子	1943年〜	15-21	1000m速行，縄跳，短棒投，運搬，体操

出所：筆者作成。

　日常生活の中で実践可能な運動が適当とされました。競技的なスポーツと違い，専用のコートや資金，専門的な技術を必要としないからです。

　もう一つは，特定の人々に対する方針の提示です。具体的には，青年男性，産業人，青年女性の3つのカテゴリーが対象となりました。これらは，前線で戦闘に従事する兵力（男性），国内で軍需産業などに従事する労働力（男性から男女両方に拡大），そして国民の人口増殖に寄与する「母性（女性）」の動員というう，ジェンダーの分離が明確な戦時人口政策を反映した区分でした。そして，それぞれに求められた体力のあり方に応じて，青年男性には国防競技や銃剣道が，青年女性には女子体力章検定や防空活動に類する種目が，産業人に対しては体操のほかに排球（バレーボール）や卓球，軟式野球などの球技も奨励されました。ジェンダーや年齢等によって奨励される種目の優先順位が異なるこうした状況は，全国的な競技大会である明治神宮国民体育大会や学生スポーツに対する文部省の方針にも表れており，戦時期の体育・スポーツ政策の重要な側面だったといえます。

　戦時期の代表的な体力政策の一つに体力章検定があります（表1）。これは，記録に応じて上級，中級，初級などの認定を与えるもので，男子の手榴弾投など時代を反映した種目もありました。1939年から実施された男子の検定では，兵士としての運動能力を基準に合格の標準が設定されていました。一方，遅れて実施された女子の検定では，「健康な母体」をつくることがもっとも重視され，検定種目も男子とは異なるものが選ばれました。検定の制定に携わった厚生省の官僚は，「女子にとつて妊娠こそは正に体力章の上級以上のもの」と述べましたが，21歳までとされた受検年齢は，人口政策で設定された女性の平均初婚年齢の目標値とも見事に一致していました。

　このように，戦時期の体育政策では，ジェンダーの分離が明確な兵力，労働力，「母性」という「人的資源」の区分を反映して実施方針が示されましたが，もっとも重視された政策対象は常に青年男性でした。例えば上述の体力章検定の実施には4年の差があり，文部省が示した学徒体育の方針でも中心的な対象は男子学徒でした。「人的資源」の中でも，兵力動員の対象となる男性の身体の増強がもっとも重視された一方で，女性の体育に関する議論は十分に深められなかったのです。

（鈴木楓太）

した人口政策。1941年1月にその根本方針を定めた人口政策確立要綱が閣議決定された。

▷7　国防競技
行軍競争，障碍通過競争，手榴弾投擲突撃，土嚢運搬継走，牽引競争など，戦場での戦闘に結びつくような競技が行われた。

▷8　明治神宮国民体育大会
1924年に内務省主催の明治神宮競技大会として始まり，主催者や名称の変更を経て1939年からは厚生省主催となった。1941年の大会では「性，年齢，職業等ノ別ニ対シ国家ガ奨励スル体育ヲ範示スル」という方針が示された。

▷9　1943年の3月に，「戦時学徒体育訓練実施要綱」を打ち出した文部省では，男子では大幅に制限した球技を女子には奨励する方針だった（鈴木楓太(2012)「戦時期のスポーツとジェンダー――文部省の「重点主義」政策の検討を中心に」『一橋大学スポーツ研究』33，47～54頁）。

▷10　鈴木楓太(2013)「女子体力章検定の制定過程――戦時下の体力動員に関するジェンダー視点からの分析」体育史学会『体育史研究』30，59～72頁。

おすすめ文献

†飯田貴子・井谷惠子編(2004)『スポーツ・ジェンダー学への招待』明石書店(第4章4節)。
†高嶋航(2012)『帝国日本とスポーツ』塙書房。
†藤野豊(2000)『強制された健康――日本ファシズム下の生命と身体』吉川弘文館。

Ⅱ 歴史とジェンダー／B 競う場所を求めて

1 女子体育教員の登場

1 女子教員の登場：特性論・安価な労働力・女権拡張

　1872（明治5）年の学制で近代教育制度が始まり小学校教員が必要となり，9月には師範学校が開校，次いで，女子も小学校教員にという考えが出てきました。翌年末に学監モルレーは，「女子ハ児童ヲ遇スルニ其情愛忍耐アルコト男子ニ優レリ且能ク児童ノ情ヲ酌ミ及児童ヲ扶育スルニ至テハ男子ヨリモ能ク之ヲ熟知セリ」と女子は男子よりも教員に適していると述べています。これをうけて田中文部少輔は1874（明治7）年1月に「女子教員養成に関する建白書」を提出し，翌年11月には女子師範学校が開校しました。

　女性は家庭にあって良妻賢母であるべきとされ，職業をもつことは難しい時代でも小学校女子教員は例外でした。1887（明治20）年に文部大臣森有礼は，「女子ハ其子ヲ生メハ直チニ其養育ニ従事スヘキ天然ノ教員ニシテ且幼年ノ児童ヲ教育スルニハ天然巧妙ヲ得，男子ニ比スレハ遙カニ勝ル所アリ」と述べるなど，この後も内外の多くの教育者が同様のことを述べました。一方で，1891（明治24）年に文部次官の辻新次は「男教員と女教員との給料は大変に違ひます，それ故経費の上に於ても女子の教員を盛んにすることは，国家経済の上に取て甚だ必要のことゝ思ひます」と女子教員が安上がりであると述べています。また，明治女学校の巌本善治は，女子が小学校教員になることは，児童に女子を崇敬する念を起こし女子の位置を高める最良の方法であり，「女権拡張方は即ち小学校の教員となるに在る也」などと主張もしました。

　欧米の考えを取り入れながら論じられた小学校女子教員論の背景には，女性の天職に近く女性の特性に適していること，経済上の利点があったこと，さらには，女性の地位向上すなわち女権拡張のためになることなどがありました。

2 外国人女性宣教師による女子に相応しい体育の導入

　1873（明治6）年にキリスト教禁止の高札が外されると，ミッション・スクールが各地に開校しました。女学校も多く，当初は私塾のようなものでしたが，次第に制度化されていきます。母国で高等教育や教員教育を受け体育も学んでいたアメリカ人を中心とする外国人女性宣教師が，一握りの女生徒を対象としてではありましたが，日本人女生徒に対して教育を開始しました。聖書，音楽，英語をはじめとする学科の授業に併せて，体操やダンスを指導したこと

▷1　モルレー，D.(1875)「学監米人博士ダウキッド・モルレー申報（1873.12.31)」『文部省第一年報』文部省，145頁。学監とは文部省の最高顧問のことである。

▷2　森有礼（1887）「第三地方部学事巡視中の演説（明治二十年秋）」大久保利謙編（1972）『森有礼全集』第一巻，宣文堂書店，611頁。

▷3　辻新次（1976）「明治24年2月19日予算案会議女子高等師範学校の必要なる理由」三井為友編『日本婦人問題資料集成第4巻』ドメス出版，204頁。

▷4　巌本善治（1892）『吾党之女子教育』明治女学校，19頁。

が，わが国での女子による体育指導のはじまりです。史料にみられるのは明治10年代中頃からです。校長あるいは他教科兼任の女性宣教師が正課体育としてではなく，食事や，就寝前の課外体育として指導しました。フェリス女学校では，1881（明治14）年から1886（明治19）年までミス・バラが英学，音楽との兼任で「遊戯式をオルガンに合わせて」指導し，ブリテン女学校（現・成美学園）では，明治30年代に，「夕方1日の課業を終えると先生も一緒に狭い運動場をかけ廻る，学習ではいかめしいミス・ハジスも黒い『校長ドレス』をひるがえして生徒とたわむれ」ていたとのことです。他の女学校でも「美容（柔軟）体操」などが教えられました。

▷5 山本秀煌編（1931）『フェリス和英女学校60年史』フェリス和英女学校，62頁。

▷6 成美学園（1961）『成美学園八十年史』成美学園，48頁。

③ 中等学校女子教員の誕生：体操科兼任教員

小学校女子教員の存在意義の上に立ち，中等学校の女子教員も官立の高等師範学校女子部で養成されるようになりましたが，1890（明治23）年には女子高等師範学校（女高師）として独立しました。最初は東京，後に奈良，広島にも設置されます。女高師の卒業生には当初は科目を限定しない教員免許状が，のちには専門教科と体操科の成績によって体操科も併せた教員免許状が与えられ，専門とする科目と体操科も併せて教えていました。しかし，体操を教えるために女高師を卒業したのではないと考えたり，体操が苦手な教員も多かったのです。

④ 女子体育教員の登場

のちに日本女子大学校を設立する成瀬仁蔵は，1896（明治29）年著『女子教育』で，女学校では医学と体育学を学んだ女子教員が女子の身体に注意して，女子に適する体操術を教授し，同時に生理衛生看護体操等の学理を講義し，すべての女学校に女子体操教員が必要と述べています。日本女子大学校では女子体育教員養成は実現しませんでしたが，以後の理論的裏づけとなりました。

1902（明治35）年5月に遊戯研究者高橋忠次郎によって，日本初の女子体操学校として私立東京女子体操学校が設立されました。遊戯とは現在のダンスやスポーツのことです。高橋はダンスだけでなく，球技なども研究をしながら生徒に教えました。当時の遊戯は，競うというほどのものではありませんでした。1903（明治36）年の高等女学校教授要目では，「体操ハ成ルヘク女教員ヲシテ之ヲ教授セシムヘシ」と示され，体操科の女子教員は女高師卒業生から私立女子体操学校の卒業生に次第に替わっていきました。

女学校には男女各1人の体操科教員が配置されることが多く，男女教員の分業体制となり，女子の心身を理解した女子教員は女子に相応しいとされた遊戯（ダンス）を教える立場に立たされました。戦後になって各学校の男子体育教員は増えても女子体育教員数は増えず，同じ状況が続いています。　（掛水通子）

▷7 成瀬仁蔵（1896）『女子教育』青木嵩山堂，235頁。

おすすめ文献

†掛水通子（1981）「女性初の体育教師養成機関の創設——高橋忠次郎」女性体育史研究会編『近代日本女性体育史——女性体育のパイオニアたち』日本体育社，79-102頁。

†掛水通子（2006）「日本における女子体育教師数と役割の変遷」山本徳郎・杉山重利監修『多様な身体への目覚め——身体訓練の歴史に学ぶ』アイオーエム，241-260頁。

†掛水通子（2011）「体育教師養成史」福永哲夫・山田理恵・西薗秀嗣編著『体育・スポーツ科学概論』大修館書店，90-98頁。

Ⅱ　歴史とジェンダー／B　競う場所を求めて

② 女性トップアスリートの登場

① 世界的なアスリートの登場と種目

　今日，世界最高峰の舞台での活躍が広く知られている女性トップアスリートが数多く存在しています。彼女たちは，スポーツを志す子どもたちの憧れの的でもあります。しかし，女性トップアスリートたちが歩んできた道のりは，決して平たんなものではありませんでした。

　国際レベルの競技大会での突出した活躍で名前を知られるような女性が登場するのは，1920年代になってからのことです。早くから，女性のスポーツは健康や上流階級の社交の観点から意義を認められていたものの，競技会で激しく競い合うことに対しては，身体への負荷や「女らしさ」を理由に根強い批判が存在しました。現在ではでこうした「常識」の多くは過去のものとなりましたが，それは常識を覆すような偉業を成しとげた女性たちの，長い挑戦の結果でもあります。例えば，1926年に女性で初めてドーバー海峡横断泳に成功したアメリカのガートルード・エダール（1905-2003）は，男性の最高記録を1時間54分も短縮して人々を驚かせました。また，同じアメリカのベイブ・ディドリクソン（1911-1956）は，1932年ロサンゼルスオリンピック大会の陸上競技で2つの金メダルを獲得した後に挑戦したゴルフでも傑出した成績を残し，アスリートとしての地位を確立しました。

　ただし，当時女性のトップアスリートが活躍した競技は，テニス，ゴルフ，水泳，陸上競技などの個人種目が中心で，オリンピックへの参加も小規模でした。オリンピックで女性のチームスポーツが初めて採用されたのは1964年東京大会のバレーボールであり，参加選手の女性比率が初めて30％を超えたのは，1996年アトランタ大会です。

② 活躍の場：国際組織と国際大会

　世界的に有名な女性のアスリートが出現しはじめた時期は，第一次世界大戦後に欧米各国で女性参政権が獲得されていった時代でした。女性参政権を希求する人々は，男性のものであるとみなされてきたスポーツへの参加もまた，女性に認められるべき権利であると考えました。フランスのアリス・ミリアは，1921年に国際女子スポーツ連盟を設立し，翌年にパリで第1回世界女子オリンピック大会を開催します。この大会では陸上競技13種目に7か国から約300人

▷1　一方で，収入や知名度の男女差は大きい。アメリカのスポーツ専門チャンネルのESPNが発表した「ワールド・フェイム100（世界でもっとも有名なアスリート100人）」2017年版に選出された女性は8人のみ。同ランキングは，広告収入，SNSフォロワー数，インターネットの検索数などに基づいている。
▷2　飯田貴子・井谷惠子編（2004）『スポーツ・ジェンダー学への招待』明石書店（第1章）。

▷3　1920年アントワープ大会の全23競技中，女性が参加可能なのは2競技のみであった（日本スポーツとジェンダー学会編（2016）『データで見るスポーツとジェンダー』八千代出版，19頁）。
▷4　Ⅱ-B-⑤を参照。
▷5　世界女子オリンピック大会
1922年から1934年まで，4年おきに開催された。IOCが「オリンピック」という名称の使用を禁じたため，第2回大会以降の名称は国際女子競技大会となった。日本からは第2回以降毎回代表選手が参加した。

が参加し，1930年の第3回大会（プラハ）では参加国は19まで増加しました。ミリアは，当時女性には負担が大きいという批判が根強かった陸上競技で卓越したパフォーマンスを発揮することで，女性の競技には消極的だったIOCに対しても強力にアピールしたのでした。この大会から，ドイツのリナ・ラトケ（1903-1983）（800m走），ポーランドのハリナ・コノパッカ（1900-1989）（円盤投げ），イギリスのミュリエル・ガン（1906-1996）（走り幅跳び），そして日本の人見絹枝（1907-1931）など，黎明期の女子陸上競技のレベルを向上させたアスリートたちが世界に羽ばたきました。IOCがオリンピック大会の女子種目として陸上競技を採用したのは1928年アムステルダム大会からでした。

❸ 黎明期の女性スポーツとアスリートへのまなざし

　日本でも，1920年代に入るとスポーツでその名が知られた女性たちが登場します。当時の中心選手は高等女学校の生徒でしたが，進学率の上昇とともに運動部のスポーツ活動が活発になりました。さらに，統括組織の設立やメディアの支援を追い風にして，全国規模の大会にも活躍の場が広がりました。その中で，アイドル的な扱いを受ける選手も登場します。1923年に大阪で開催された第6回極東選手権競技大会のテニス（女子はオープン種目）で優勝した田村富美子・梶川久子や，1927年の明治神宮競技大会で活躍した短距離走の寺尾正・寺尾文姉妹です。ただし，彼女たちは同時代の欧米の女性トップアスリートとは違い，女学校を卒業すると結婚して家庭に入り，競技からは引退しました。女性がスポーツをすることは，あくまでも母としての「健康な母体」をつくるという観点から意義づけられていたからです。

　この時代，世界を舞台に活躍したのが人見絹枝でした。人見は，1926年にスウェーデンのヨーテボリで行われた第2回国際女子競技大会に日本からただ一人参加すると，4つのメダルを獲得して個人総合優勝に輝きました。さらに，アムステルダム五輪の800m走で銀メダルを獲得し，世界に対して日本の国威を発揚したことが称賛されました。一方で，競技での圧倒的なパフォーマンスを生み出す長身で筋肉質の身体は，女性の範疇に収まらないものとして好奇の目に晒されました。そのうえ新聞記者として自活し，結婚せずに競技を続ける姿が，人見のセクシュアリティと結びつけて詮索されました。この時代，「健康な母体」の枠に収まらないトップアスリートが女性のロールモデルとなることはなかったのです。女性スポーツの発展のために孤軍奮闘した人見は，結核のため24歳で亡くなりました。今日，マラソンやサッカー女子日本代表の活躍によって，女性トップアスリートの先駆けとしての人見絹枝が再び脚光を浴びるようになりました。今後，たくさんの女性アスリートが，人見の拓いた世界のさらに先へと羽ばたいてゆくことでしょう。

（鈴木楓太）

▷6　高等女学校の進学率は，1905年の約5％から1920年に9％，1925年には15％近くに上昇した（稲垣恭子（2007）『女学校と女学生――教養・たしなみ・モダン文化』中央公論新社）。

▷7　極東選手権競技大会
1913年から34年まで開催された，フィリピン，中国，日本による総合的な競技大会。1917年の第3回大会は日本で開催された初めての国際的な競技大会となった。

▷8　明治神宮競技大会
1924年から43年まで14回にわたって開催された，現在の国民体育大会の前身とされる大会。大会の名称は，26年から明治神宮体育大会，39年から明治神宮国民体育大会，42年から明治神宮国民錬成大会となった。

▷9　人見の逝去を伝える東京朝日新聞の記事では，競技での功績とともに，「浅黒い巨体」「『貴女は本当に女性ですか』ととてもぶしつけな質問を浴びせられて」「普通の女子とは一寸けたの違った巨人」「男性的エピソード」「後進の一女性を愛しまるで夫婦生活」といった描写が散りばめられていた（『東京朝日新聞』1931年8月3日）。

おすすめ文献

†井上俊・亀山佳明編（1999）『スポーツ文化を学ぶ人のために』世界思想社（第7章）。

†小原敏彦（2007）『KINUEは走る――忘れられた孤高のメダリスト』健康ジャーナル社。

†谷口雅子（2007）『スポーツする身体とジェンダー』青弓社。

Ⅱ　歴史とジェンダー／B　競う場所を求めて

3　欧米社会における女性とスポーツ

▷1 Wingfield, M. A. (1988) *Sport and the Artist*, vol. 1 : Ball Games, Woodbridge, Suffolk : the Antique Collectors' Club Ltd., pp. 97-98.
▷2 池田 (2015)。
▷3 池田恵子 (1998)「イギリスにおけるスポーツ気分の変遷」奈良女子大学スポーツ科学教室編『やわらかいスポーツへの招待』道和書院, 29-45頁。
▷4 アメリカの女性が考案し, 女性解放家のアメリア・ブルーマー (Amelia Bloomer) によって広まった。日本では井口阿くりが1906年に運動服として紹介している。体操遊戯取調委員会編 (1906)『體育之理論及實踐』國光社, 403-405頁；輿水はる海 (1981)「最初の女子体育留学生6　井口阿くり」女性体育史研究会編『近代日本女性体育史──女性体育のパイオニアたち』日本体育社, 103-132頁。
▷5 'The Countess of Derby and other Ladies at the Oaks, Surrey' signed T. H. and dated 1779. MCC Collection. In : Wingfield, M. A. (1988), *Sport and the Artist*, vol. 1 : Ball Games, Woodbridge, Suffolk : the Antique Collectors' Club Ltd., p. 97.
▷6 Anon. (1816) *Popular Pastimes or the Cus-*

1　前近代における西欧の女性とスポーツ

　欧米の女性スポーツは社会階層ごとに異なる段階を経て発展しました。例えばイギリスの18世紀の絵画には特権階級の女性がクリケットに興じる姿が描かれており（図1），試合の記録も残されています。また，19世紀のはじめには地主階級の女性が競馬の騎手として偉業をなし，民衆の中ではボクサーの妻がセコンドを務めたという記事や手記が残されています。村祭りの中で楽しまれた民衆のシフトドレス競争（スモック・レースともいう。女性の下着が勝者に与えられた徒競走, 図2）やその他の民衆娯楽，フォークダンスは女性が時節に応じて楽しむことのできた身体活動でした。中流階級の女性たちは広い邸宅の敷地内のガーデンでクローケーの遊びに耽っていました。これらのことは近代以前の女性がスポーツ活動から排除されていたわけではなかったことを示しています。

2　近代社会の到来と欧米の女性スポーツ

　19世紀の後半になると，中流階級の女性は健全で姿勢正しくあると同時に女性らしさが求められるようになります。その背景には健全な兵士を産む母体と家政を司る科学的な女性の奨励という近代社会が求めた女性の理想像が関与していました。イギリスのヴィクトリア時代において，中流階級の女性としての品位を保ちつつ，自転車，テニス，ゴルフ，陸上ホッケーといったスポーツが郊外の社交の場で楽しまれていました。その際も，女性らしさを損なわぬよう，ロングドレスが着用され，後にブルーマーズの普及により，より活動的な衣服で行われるようになります。当時の健康と医学に対する考え方が教育に浸透す

図1　サリー州オークスにてクリケットに興じるダービー伯爵夫人とレディたち（1779年）

図2　村祭りのスポーツ「スモック・レース」（1816年）

ると，これらのスポーツは学校スポーツとして課外体育にも影響を与えました。

20世紀のはじめの欧米の正課体育ではスウェーデン体操，リズム・ダンスが女子の運動として奨励されました。正課体育は健全な母体への配慮という医学的見地に基づくものであり，女子のために開発された女子バスケットボール，ネットボールを含め，女性らしさを損なわないと考えられたその他のボールゲームが正課体育と課外活動の中で実践されました。イギリスの特権階級の女子は寄宿制のエリート・スクールで，例外的にクリケットを楽しむ機会がありましたが，これは女子のエリート教育が先例をもたなかったために男子のエリート・スクールのカリキュラムを模倣したことに起因していたといわれています。正課体育に採用されたスポーツは欧米のみならず日本にも影響を与えました。

③ 労働者階級の女性とスポーツ

女子サッカーの発展は異なっていました。19世紀の末に義務教育が制度化されると，労働者階級にも近代的な健康の観念が浸透するようになります。初等教育を通じて，健康のための体操・ダンスといった合理的な運動が女子に奨励されていましたが，労働者階級の女子の身体活動の発展は教育を通じた近代の健康観念の普及によるものだけではありませんでした。例えば，イギリスの女性のサッカークラブは19世紀の末にすでに地域試合を開始しています。第一次世界大戦の頃になると，戦争による男性不在の社会の中でオルタナティブの役割を果たし，チャリティ試合に関与するなど，女性の社会参画に貢献したといわれています。軍需工場に勤める職業人であった労働者階級の女性たちは工場が運営するクラブのサッカープレイヤーとして活躍しました。しかし，1921年にFootball Associationは「サッカーは女性には不向き」であるとして，女子サッカーを禁じました（1971年まで）。このことはサッカー界における女性の抑圧を意味しています。しかし，この時期の女子サッカーは世界大戦後の混乱期において，女性が男性の代わりを担える存在であることを社会に印象づけました。

このように欧米社会における女性スポーツの発展のあり様には，中流階層による女性らしいスポーツの発展，義務教育の浸透による健康の観念の普及，前近代の民衆娯楽，20世紀の労働者階級のスポーツ参与といくつかの要因が関与しています。とりわけ，20世紀におけるフェミニズムの進展を待たずして，早い時期から民衆や労働者階級の女性が性役割分担にとらわれることなく様々なスポーツに参与していた事実は今日の性差にとらわれないスポーツの広がりを考えるうえで重要です。

(池田恵子)

toms & Amusements of Great Britain, in Ancient and Modern Times, London : Sherwood, Neely and Jones, p. 120.

▷7　池田 (2016)。

▷8　Williams, J. (2003) A Game for Rough Girls?: A history of women's football in Britain, London & New York : Routledge.

おすすめ文献

†J. Hargreaves, (1994) Sporting Females : Critical issues in the history and sociology of women's sports, Routledge, London and New York.
†池田恵子 (2015)「英国における女性スポーツと日本」『現代スポーツ評論』33, 創文企画, 48-59頁。
†池田恵子 (2016)「英国女性スポーツ史研究にみるジェンダー空間の分析」『スポーツとジェンダー研究』14号, 1-12頁。

Ⅱ　歴史とジェンダー／B　競う場所を求めて

日本における女性とスポーツ

1 人見絹枝が拓いた世界の舞台

　女性がスポーツで競う場所として，オリンピックに注目してみます。日本の女性アスリートのパイオニア・人見絹枝（1907-1931）は，陸上競技で10代前半から非凡な資質をもつ選手として注目されていました。中等学校陸上競技会の走り幅跳びで日本新記録（非公認），二階堂体操塾▷1では三段跳びに10m33（世界記録）の記録を樹立しました。

　その後，大阪毎日新聞社で運動部記者のかたわら，各地の大会で記録を出しました。1926年に初の日本女子選手として出場した第2回国際女子競技大会▷3（ヨーテボリ）では個人優勝を果たしました。2年後のアムステルダム五輪では，得意の短距離で結果を出せず，急遽エントリーした800m走でリナ・ラトケ（1903-1983）と激しい首位争いの末，2位に入りました。ゴールイン後に人見が意識を失い，国際オリンピック委員会（IOC）は「やはり女性には無理」と判断して，復活したのは32年後の1960年ローマ大会でした。▷4

　彼女は自分の体験から，後に続く若い女子選手たちにとっての国際経験の大切さを痛感し，1930年の第3回国際女子競技大会（プラハ）には，5人の後輩を連れて行きます。

　不況の中，全国800の女学校に「10銭募金」を呼びかけて，必死に渡航費を捻出しました。大会開催都市のプラハへの遠征では，監督兼コーチとして各地を転戦したため心身の疲労が重なり，大会成績は18か国中4位，自身も個人総合2位の成績でした。帰国後はお礼の講演などで全国を回りましたが，翌年，乾酪性肺炎▷5のため24歳7か月で早逝しました。

2 世界に競う場を求めた日本女性

　世界の舞台に挑戦したのは，人見だけではありません。前畑秀子（1914-1995）は，水泳の200m平泳ぎで1932年ロサンゼルス大会に出場して銀メダル，続く1936年ベルリン大会で日本女性初の金メダルを獲得しました。

　同年，同じドイツのガルミッシュ・パルテンキルヘン冬季大会では，フィギュアスケートの全日本選手権で優勝した稲田悦子（1924-2003）が史上最年少の12歳で出場し，欧米のトップ選手に交じって10位に入りました。その後，戦争による中断を挟み1951年には全日本選手権で7度目の優勝を飾り，引退後は

▷1　日本女子体育大学の前身。1912年から4年間，イギリスで女子の体育教育を学んだ二階堂トクヨが1922年に創立した。東京女子体育大学と並び，日本でもっとも初期の女子体育教育の高等教育機関の一つ。
▷2　オリンピック大会の女子種目として採用されたのは1996年で，長い間，女性の身体には負担をかけすぎる不向きな種目だとされてきた。しかし，国内外で女子の陸上競技が盛んになりはじめた時期には実施され，例えば日本女子オリンピック大会第1回（1924年）〜第5回（1928年）には正式種目であった。
▷3　Ⅱ-B-②　Ⅱ-B-⑤ を参照。
▷4　Ⅶ コラム1を参照。
▷5　結核性肺炎の一種。

選手育成にも尽力しました。

　1954年の世界体操選手権（ローマ）では池田敬子（旧姓田中，1933-）は平均台で優勝し，「ローマの恋人」と呼ばれ人気を集めました。この他，多くの日本女性に勇気を与えたのは，オリンピックの1964年東京大会で優勝した女子バレーボールでした。これは日本女性初の団体スポーツ世界一でもありました。

3　先行していた男性の力を借りる

　こうした女性たちの活躍の裏には，彼女たちの才能を評価する男性の存在もありました。人見の背中を押したのは，日本初の女性スポーツ組織を設立した木下東作です。体育教員を希望していた彼女に翻意を促し，木下が部長を務めていた大阪毎日新聞運動部に迎えました。人見にとって初の海外遠征となった第2回国際女子競技大会でも，新聞社が派遣費用を負担しました。

　近年についても同様のことがいえます。ここでは日本で人気のあるマラソン，柔道，レスリングについてみてみましょう。

　マラソンが女性スポーツでもあると認めさせたのは，キャサリン・スウィッツァーです。1967年に，女性の長距離走が可能であることを証明するため，男性しか参加できなかったボストンマラソンに，自ら「K．スウィッツァー」の名で登録して完走しました。この大会に女子種目ができたのは5年後のことです。さらに1979年の第1回東京国際女子マラソンで選手たちのデータを取り，オリンピックの1984年ロサンゼルス大会で正式採用を実現させました。

　柔道は1992年バルセロナ大会で正式種目になりました。これはラスティ・カノコギ（1935-2009）が運動した結果です。ほとんど自力で1980年の第1回世界女子柔道選手権（ニューヨーク）を開催したことが，今日の隆盛につながりました。彼女を支えたのは，同じ柔道家で夫の鹿子木量平です。

　レスリングが正式種目入りしたのは2004年アテネ大会です。この大会で日本女子選手のメダルラッシュを呼び込んだのは，かつて「レスリング王国・日本」といわれた男子選手の指導ノウハウでした。牽引したのは世界選手権優勝の経験をもつ福田富昭（日本レスリング協会会長）です。

　日本では典型的な男子スポーツと思われていましたが，フランスを中心にしたヨーロッパでは一般の女性が親しむ健康スポーツでもあり，大会も開かれていました。福田は1980年代初めにブームだった女子プロレスなども視野に入れてゼロから育成したといいます。その後，新潟県十日町市に個人として合宿所をつくり，女子選手たちが競う場を整備しました。

　夏季オリンピックの全種目で女子選手の出場が可能になったのは，2012年ロンドン大会です。多くの女性たちが自分の能力を試すための場所をもてるようになったのは，こうした人たちの様々な戦いや努力があったからです。

（三ツ谷洋子）

▷6　Ⅴ-Bコラム1を参照。

おすすめ文献

†小倉孝保（2012）『柔の恩人――「女子柔道の母」ラスティ・カノコギが夢見た世界』小学館。
†高木まさき監修（2015）『人見絹枝，時代を切り開いた世界の10人』レジェンド・ストーリー第7巻，学研教育出版。
†秋山訓子（2017）『女子プロレスラー小畑千代――闘う女の戦後史』岩波書店。

Ⅱ　歴史とジェンダー／B　競う場所を求めて

スポーツ組織の発展とジェンダー（欧米）

1　スポーツ組織とは

　近代スポーツが発展・普及した場所では，複数のクラブが加盟する国内スポーツ組織が発展していきました。比較的早く組織化が進んだイギリスの場合，18世紀後半から設立事例がみられます。クラブや地域ごとに自由にルールを決めて楽しんでいた人々が集まって，一緒に大会を開催しようとすれば，ルールの統一，施設や用具の規格化，参加資格に関する取り決めなどが必要でした。つまりスポーツ組織は，統括するスポーツを「誰が，どのように楽しむか」を決定する権限をもつことになりました。指導者や審判を育成したり，技術を合理化するための取り組みは，この延長として発生したスポーツ組織の機能です。

　現在のスポーツ組織には，国際サッカー連盟や国際陸上競技連盟などのように，国内競技団体（National Federation：NF）が加盟し，単一の競技を統括する国際競技団体（International Federation：IF），国際オリンピック委員会（IOC）のようにオリンピック・ムーブメントを推進する目的でIFや各国のオリンピック委員会（NOC）の両方が加盟して構成されたもの，複数のIFが加盟してワールドゲームズを開催することを目的とする国際ワールドゲームズ協会などがあります。日本国内で複数の競技にかかわりながら特定地域のスポーツ組織を統括する例には，日本体育協会などがあります。

　スポーツ組織の根本的な性格に「スポーツを誰が，どのように楽しむか」を決める権限が含まれるならば，組織にジェンダーバイアスが存在したり，そこから排除される人が存在することは，大きな問題だといえるでしょう。ここでは，そのような視点から，IFやNFを主な事例としながらスポーツ組織の発展とジェンダーについて考えます。

2　初期のスポーツ組織では女性たちはどのように位置づけられたか

　近代スポーツは，主に白人の中上流階級以上の男性を中心に発達しました。そのためNFやIFの組織化とその運営も彼らを中心に展開しました。

　競技性の高い近代スポーツとしてだけでなく，医療・健康づくりや美容を目的に女性にも奨励されていた水泳や体操など一部の競技では，他の競技に比べ比較的早い時期にNFやIFが女性の競技を承認しています。例えば水泳では，1890年代からイギリスやアメリカでは女性のクラブが設立され，観客を制限す

▷1　田原淳子（2015）「近代スポーツの組織化」および「国際スポーツ組織の設立と国際競技大会の展開」木村吉次編『体育・スポーツ史概論（改訂3版）』市村出版，108-111頁。

るなどの条件下で競技会を開催していました。このような女性の競技について国際水上競技連盟（FINA）が設立された1908年時点では，この連盟は反対の意向を示していました。しかし1912年ストックホルム大会には，100m自由形，4×100mリレー，高飛び込みの3種目が採用されました。4年間でFINAが変化したことがわかります。体操では，いわゆる競技ではない体操が盛んだったデンマークの場合，1896年デンマークスポーツ連盟設立当初から，男女両性が役員に選出される権利をもつ会員として認められていました。ただし，国際大会での競技に関しては，男子用の平行棒を段違い平行棒に改変したり，男女で異なる種目を実施するなど「女子向き」の競技方法が確立されるまでは，根強い抵抗がありました。

このように，国や地域，競技によって，女性たちの位置づけは様々でした。

3 女性のためのスポーツ組織：設立の背景と意義

女性のためのスポーツ組織が結成された事例も存在します。こうした事例は，男性のスポーツ組織が大会への女性の参加を承認しなかった競技や国でみられます。1921年には，世界初の女性のためのスポーツ組織として国際女子スポーツ連盟（FSFI）が設立されました。この連盟は，女子の陸上競技やバスケットボールの統括団体として国際女子競技大会の開催，世界記録の公認，国際ルールの決定などを行いました。連盟が設立された背景には，IOCや国際陸上競技連盟がオリンピック大会プログラムへの女子陸上競技の採用を認めなかったことがありました。10年におよぶ働きかけにより，1928年アムステルダム大会で初めて女子陸上競技が実施されました。しかし，種目数や女性役員の採用等に関する要求が十分には認められなかったことから，FSFIはこの後も約10年間，抵抗を続けましたが，要求は満たされないまま内部分裂によって解散・消滅し，女子陸上競技は国際陸上競技連盟によって統括されることになりました。

FSFIには30か国を超える国のスポーツ組織が加盟していました。その中には，ドイツのように男女両性を統括する国内組織を運営している国もあれば，日本やイギリスのように男女が別組織として運営されている国もありました。後者の場合，FSFIの消滅によって上部団体を失うことになりました。イギリスでは，国際大会の派遣に関してのみ合同委員会を結成し，それ以外は別組織として活動する状況が1991年まで継続しました。

スポーツ組織の意思決定機関におけるジェンダーバランスの偏りは，現在も未解決とされる課題です。この課題を解決するためには，それぞれのスポーツ組織が設立された時期からの長い歴史を踏まえ，その組織やスポーツに適する戦略を考える必要があります。

（來田享子）

▷2 Terret, T. (2001) "Swimming, Speed", Karen Christensen Allen Guttman and Getrud Pfister, eds. *International encyclopedia of women and sports*, Macmillan Reference USA, pp. 1139-1144.

▷3 Trangbæk, E. (2001) "Denmark", Karen Christensen Allen Guttman and Getrud Pfister, eds. *International encyclopedia of women and sports*, Macmillan Reference USA, pp. 318-321.

▷4 Frederick, A. B. (2001) "Gymnastics", Karen Christensen Allen Guttman and Getrud Pfister, eds. *International encyclopedia of women and sports*, Macmillan Reference USA, pp. 481-489.

▷5 II-B-⑥ を参照。

おすすめ文献

†R. A. スミス／白石義郎・岩田弘三監訳（2001）『カレッジスポーツの誕生』玉川大学出版部。

†來田享子（2007）「1920-30年代における『オリンピック・ファミリー』の成立──近代オリンピック大会における女子陸上競技の採用をめぐる議論再考」三井悦子・池田恵子編『今奏でよう，身体のシンフォニー』叢文社。

†來田享子（2004）「オーガスタは大混乱──ゴルフクラブと女性差別を考える」近藤良享編『スポーツ倫理の探求』大修館書店。

II 歴史とジェンダー／B 競う場所を求めて

6 スポーツ組織の発展とジェンダー（日本）

表1　各種競技団体の設立年

団体名	設立年
日本漕艇協会	1920
大日本蹴球協会	1921
大日本卓球協会	1921
日本庭球協会	1922
日本乗馬協会	1922
大日本ホッケー協会	1923
日本軟球協会（軟式庭球）	1924
大日本水上競技連盟	1924
全日本スキー連盟	1925
全日本陸上競技連盟	1925
全日本アマチュア拳闘連盟	1926
日本ラグビー蹴球協会	1926
大日本排球協会	1927
大日本スケート競技連盟	1929
全日本体操連盟	1930
大日本バスケットボール協会	1930

出典：『日本体育協会・日本オリンピック委員会100年史』より作成。

▷1　來田享子（2000）「国際女子スポーツ連盟の消滅と女子陸上競技組織の改編――日本とイギリスの場合」『体育史研究』17, 45-59頁を参照。

▷2　木村華織（2015）「日本の女性スポーツ黎明期における女子水泳の組織化」『スポーツとジェンダー研究』13, 39-55頁を参照。

▷3　Ⅱ-B-②および Ⅱ-B-④を参照。

▷4　日本女子スポーツ連盟（JWSF）
大毎新聞社運動部顧問の木下東作が中心となり、1926年4月に設立された日本初の女性スポーツ組織である。

▷5　來田享子（2004）「スポーツへの女性の参入」飯田貴子・井谷惠子編著

1 日本におけるスポーツ組織の誕生

　1911（明治44）年，国民への体育振興とオリンピック大会への日本代表選手団の派遣を目的に，日本初の全国規模のスポーツ組織となる大日本体育協会が設立されました。1920年代に入ると各種競技団体が次々に誕生し（表1），それまで大日本体育協会が主催していた全日本選手権や国際大会の代表選考会は，競技団体が中心となって行うようになるなど，各種競技の組織化が進みました。
　ところが，競技団体が主催する競技会は，そのほとんどが男性を対象にしたものでした。現在，わたしたちは男女にかかわらずほとんどのスポーツに参加することができます。しかし，当時の女性たちには参加の機会すらなく，スポーツをするには組織づくりから始めなければなりませんでした。
　ここでは，日本におけるスポーツ組織の発展と女性スポーツ組織のかかわりについて，体育史領域で明らかにされている陸上競技▷1と水泳▷2を事例にみていきましょう。

2 女性のためのスポーツ組織の誕生：日本の場合

　日本の女性選手として初めて海外に遠征したのは，陸上競技の人見絹枝▷3です。当時の日本には，海外で行われる国際大会に女性選手を派遣する手段はなく，人見を派遣するには派遣機関となる組織そのものをつくる必要がありました。この時設立されたのが日本女子スポーツ連盟（JWSF）▷4でした。
　JWSF設立の背景には国際的な動向も影響していました。前項に示されているように，陸上競技の場合，国際オリンピック委員会（IOC）と国際陸上競技連盟（IAAF）は，女性の競技への参加に否定的でした。これに対し，国際女子スポーツ連盟（FSFI）は，女性だけの国際競技会を開催するなど，オリンピック大会をはじめとするスポーツへの女性の参加・参画を求めたムーブメント▷5を展開していました。国際的に男女が対立している状況において，全日本陸上競技連盟（JAAF）もまた，女性の競技参加には前向きではありませんでした。そのため，FSFIが主催する国際大会に日本から選手を派遣するには，FSFIに加盟する国内組織を設立しなければなりませんでした。こうした状況下でJWSFが設立されたのです。JWSFは女子陸上競技選手の代表権や記録公認権をもつほか，女子用ルールの制定，競技会の開催，実技講習や講演会を

含む普及活動を行っていました。JAAFの統括下になかった女子陸上競技は，JWSFが国内を代表する組織としての役割を担うことで発展を進めていきました。

　水泳の場合には，1929年に女性の水泳組織として日本女子水上競技連盟（女子水連）が設立されました。しかし，この時すでに，日本水上競技連盟（水連）は，男女選手の代表権や記録公認権をもつ国内の水泳統括団体としての機能を備えていました。とはいえ，女性を対象にした強化・普及活動が，水連の事業として男性と同等に位置づけられているとはいえませんでした。女性を対象とする競技会はなく，全日本選手権への出場が数種目のみ認められている程度でした。この状況を変えようと設立されたのが女子水連だったのです。

　この組織の特徴は，女性への水泳普及を第一義の目的として複数の競技会を開催するとともに，競技役員や指導者に元選手である女性たちを据えることで，女性たちが選手引退後も水泳や組織にかかわる環境を準備した点にあります。JWSFが男性指導者中心だったのに対し，女子水連は元選手である女性たちで運営されていたことも注目すべきです。水泳の場合，元選手たちによる草の根レベルの活動が，男性主導の競技団体を動かすきっかけとなり，組織としての発展を進めていきました。

　このように，同時期に存在していた女性スポーツ組織とはいえ，陸上競技と水泳では，組織を担う人材や備えていた機能・役割が異なっていたのです。

❸ 男女の組織統合による女子委員会の設置と今日的役割

　各国の代表組織を，一競技につき一組織にすることが国際的な原則になりはじめていた当時において，男女の独立組織を存続することは陸上競技，水泳ともに困難でした。それゆえ，男性を中心とする競技団体が女性の組織を吸収するかたちで，組織統合がなされました。陸上競技の場合にはJWSFがもっていた女子の代表権をJAAFに委譲し，それまでの活動は部分的にJAAFの女子委員会に引き継がれました。水泳の場合は，女子水連の委員をほぼそのまま水連の女子委員会に登用することで，女性たちの活動の場を水連内に準備しました。独立組織での存続はかないませんでしたが，競技団体が専門委員会の一つに女子委員会を設置し，女性の競技活動を事業に加えた点で，JWSFや女子水連が女性スポーツの組織化に果たした役割は大きかったといえます。

　他方，上述の組織統合をジェンダー視点から見ると，女子委員会の活動が女性にかかわる実務の範囲に限定されていることがわかります。一時的にこうした委員会が設置されることは，ポジティブ・アクションという点で効果的に作用すると考えられますが，あくまで発展の一つのプロセスに過ぎません。女性のスポーツ参加が可能になったいま，競技団体や女性にかかわる委員会が，女性の指導者や組織者を育成する場として機能することが，ジェンダーバランスの改善を含めた今後の日本のスポーツ組織の発展には必要でしょう。（木村華織）

『スポーツ・ジェンダー学への招待』42-50頁，明石書店。
▷6　**日本水上競技連盟**
現在の日本水泳連盟。
▷7　**女子委員会**
女性委員会の任務については，1934年のJAAF規約では「女子競技者委員会は各機関と連絡をとり女子陸上競技に関する実務を掌る」とあり，1932年の水連規約では「女子部委員会は本連盟の女子に関する実務を担当する」と規定されている。
▷8　**ポジティブ・アクション**
男女共同参画基本法では「積極的改善措置」と規定され，「機会に係わる男女間の格差を改善するため必要な範囲内において，男女のいずれか一方に対し，当該機会を積極的に提供すること」と定義される。
▷9　木村華織ほか（2016）「リーダーシップとジェンダー」日本スポーツとジェンダー学会編『データでみるスポーツとジェンダー』67-83頁，八千代出版。

おすすめ文献
†成田十次郎編著（1988）『スポーツと教育の歴史』（第7章，第9章）不昧堂出版。
†三井悦子・池田恵子編（2007）『今奏でよう，身体のシンフォニー』（第4楽章　來田享子，功刀俊雄論文）叢文社。
†田村哲樹・金井篤子編著（2007）『ポジティブアクションの可能性——男女共同参画社会の制度デザインのために』（第2部第5章　金井篤子論文）ナカニシヤ出版。

Ⅲ　教育とジェンダー

総　論

1　ジェンダー視点から体育を見直す意味

　日本の学校体育は，第二次世界大戦後，戦時中の体錬科から体育科に改められ，民主的な教育内容へと変容を遂げました。その際，「学習者の興味を尊重し，民主的・社会的態度を育成するため，徒手体操・器械運動中心の内容から遊戯・スポーツ中心の内容へ大きく転換した」とされています[1]。しかし，男女で異なるカリキュラムや単位数は，女性差別撤廃条約の批准に伴う学習指導要領の改訂（1989年）まで残存しました。このことは，男女平等を謳う教育基本法の下であっても，男女の体格や体力の差異，男らしさ・女らしさは自明のものとされ，問い直す姿勢は弱かったことを示しています。また，スポーツ中心のカリキュラムは，民主的な学習内容であるとして，肯定的に，疑われることなく受け入れられ，批判的検討の俎上に載せられることはありませんでした。

　体育カリキュラムの中心的内容となっている近代スポーツは，中世のイギリス社会において，ジェントルマンと称される支配階級の男性の教育手段として発祥しています[2]。資本主義と植民地主義の進展を担うための新しい支配のモデルとして，「非暴力の競争」を具現化する近代スポーツに価値を見出したのです[3]。近代スポーツの発展に伴って装備されてきた競技化，記録化，組織化などの特性が，社会や教育にどのような影響を与えるのか，また，すべての人々に平等な価値をもつものかどうか検証される必要があるでしょう。競技的なスポーツを実践する中であらわになる体格・体力の差異やパフォーマンスが繰り返し視覚化され，経験されることは，社会のジェンダー形成とどのように結びつくのか，逆に揺さぶり解体する可能性をもつのか，研究，実践上の課題は山積しています。

2　価値や知識を問う

　教科としての「体育」は「スポーツ科」と呼んでもよいのではないかという主張があるほど，スポーツは体育科教育の中心的内容として浸透してきました。それは，スポーツが人格形成や身体形成に有益であるという言説と一体となって，幅広い支持を得てきたことを示しています。スポーツが時には暴力や健康阻害を起こす場となっても，体育や保健体育は安定した位置を保っています。運動部活動が教員の長時間労働を引き起こしているという批判をよそに，運動

---

[1]　学制百年史編集委員会（1981）『学制百年史』文部科学省 HP。http://www.mext.go.jp/b_menu/hakusho/html/others/detail/1317552.htm（2017年12月25日閲覧）

[2]　多木（1995）。

[3]　エリアス，N.・ダニング，E.／大平章訳（1980）『スポーツと文明化——興奮の探求』法政大学出版局。

部活動は縮小する気配はありません。

　このような交錯した状況を読み解くためには，教育という制度には大小様々な権力作用が働いているという理論が有効です。学校という制度は自律的な学習を保障するのではなく，他律的な教育を強制する装置であるという考え方や，「規律・訓練」を通して「従順な身体」を主体的に身につける新しい統治の技術であるという理論にも目を向ける必要があります。つまり，わたしたちが良きものと信じているもの，当たり前と考える知識を疑うことを示唆しています。

　この視点から男女差の最たるものとして語られる体力・運動能力を再考してみましょう。学校で毎年実施される「体力・運動能力テスト」の項目は，近代スポーツの遂行に必要な能力，つまり，男らしさを競うスポーツのパフォーマンスに反映される能力が大半です。スピードや筋力などエネルギー出力の大きさを中心に測定し，それらを元に「体力がある・ない，高い・低い」と評価し続けていることになります。リズム感や平衡性など神経系の能力を測る項目は少なく，健康という観点からの項目も貧弱であることがわかります。

　男女を比較する際にも，平均値を用いることが多く，これを根拠に「女子には危険」「男子は女子よりも高い目標」を一律に適用しがちです。男女のカテゴリーそれぞれの中の差異が大きいことに目を向けた制度づくりや実践が不可欠です。

③ 体育とジェンダーにかかわる研究課題

　学校で営まれる体育・保健体育という教科や体育行事，運動部活動などをジェンダー研究の視点や方法から再検討する試みは緒についたばかりです。

　カリキュラムでは，近代スポーツとは異なるオルタナティブ・カリキュラムの開発や新学習指導要領で示された新しい学力をコアにした教育内容・方法に可能性があります。ホモソーシャリティの観点からの教師研究は，暴力やハラスメントの問題などへの新たな切り口として期待できます。教師の多忙化の原因となっている運動部活動の問題や体育行事についても，誰の視点から構築されてきたか問うことによって，新たな視界が開かれるでしょう。

　また，授業研究や授業づくりなどの実践的な研究では，数量的な分析や平均的な学習者像からは見えにくい周縁化された学習者やその声に耳を傾ける研究が求められます。量的データ，質的データ双方の必要性と限界を理解し，研究方法として使い分けることが必要です。フェミニズムが示してきた女性の中の差異，つまり「女性」というカテゴリーでひとくくりにされる典型的な女性は存在せず，民族や階級，宗教，経済状況，性的指向など多様な側面から特徴づけられる個々の女性が存在するのが事実です。このインターセクショナルな分析視点は，男性や性的マイノリティというカテゴリー自体を問う視点でもあります。

（井谷惠子）

▷4　イリイチ, I.／東洋・小澤周三訳（1977）『脱学校の社会』東京創元社。
▷5　フーコー, M.／田村俶訳（1977）『監獄の誕生——監視と処罰』新潮社。
▷6　文部科学省HP「全国体力・運動能力，運動習慣等調査」。http://www.mext.go.jp/a_menu/sports/kodomo/zencyo/1266482.htm（2017年12月25日閲覧）
▷7　井谷惠子（2005）『体力つくりからフィットネス教育へ』明石書店。

▷8　セジウィック, E. K.／上原早苗・亀澤美由紀訳（2001）『男同士の絆——イギリス文学とホモソーシャルな欲望』名古屋大学出版会。

おすすめ文献
†多木浩二（1995）『スポーツを考える——身体・資本・ナショナリズム』筑摩書房。
†中山元（1996）『フーコー入門』筑摩書房。
†L. シービンガー／小川眞里子・東川佐枝美・外山浩明訳（2002）『ジェンダーは科学を変える!?——医学・霊長類学から物理学・数学まで』工作舎。

Ⅲ　教育とジェンダー／A　教える

1 体育カリキュラムのポリティクス

1 カリキュラム・ポリティクスとは

　女性差別撤廃条約の批准（1985年）に伴う男女平等カリキュラムの導入（1989年）から30年近くが経過しているにもかかわらず，体育の学習経験についての調査では，ダンス，武道をはじめとしたカリキュラム上の男女差が報告されています。この背景として，制度上のカリキュラムと実際に計画され実行されるカリキュラム，経験されるカリキュラムには差異があるということが推測できます。

　ポリティクスは，政策や法律，制度のような明示的な強い権力だけを意味するものではなく，社会全体に深く広く根を張り，人々の意識や態度，行動に影響を与える権力の総和として把握できます。この意味で，カリキュラム・ポリティクスとは，学習指導要領など明示化された教育課程だけではなく，教育委員会や学校の方針，教師の働きかけ，学習集団の相互作用など多様な作用を含むものです。例えば，ジェンダー形成は，男女平等を掲げた公的なカリキュラムの下で潜在的に機能する教育作用です。学校は男女平等の原則が徹底された場ではなく，隠れたカリキュラムとして進路選択をはじめとして，運動・スポーツへの意識やかかわり方の男女差に影響を及ぼします。

2 体育とジェンダー・ポリティクス

　日本の体育カリキュラムは，体つくり運動や表現・ダンスを除くと，近代スポーツを中心に構成されています。現行の学習指導要領（2008年改訂）では，小学校でもその傾向が強まり，スポーツへとつながる系統性が重視されるようになりました。体育授業をはじめ学校体育で扱われるサッカーや陸上競技などの近代スポーツには，19世紀後半から男性の教育機能と近代社会の発展を主導した男性的原理が内包されています。その中心原理は競争であり，勝者となること，序列の上位にあることが「男らしさ」の証明として機能します。種目特性によって多少の差異はあるものの，パフォーマンスは体格や筋肉量に強く支配され，逆に脂肪は余分な荷物となります。一般的に，筋肉と脂肪は性ホルモンに影響され，ことに第二次性徴期以降，個人差はあるものの男女差が顕著に現れる特徴があります。近代スポーツ中心に構成された体育カリキュラムでは，生活に根ざした運動やレジャー，ダンスよりも競技スポーツの価値が高まり，

▷1　日本スポーツとジェンダー学会編（2016）『データでみるスポーツとジェンダー』八千代出版。

▷2　田中統治（2000）「カリキュラムと教育実践」藤田英典・志水宏吉編『変動社会のなかの教育・知識・権力』新曜社，386-408頁。

▷3　木村涼子（1999）『学校文化とジェンダー』勁草書房。

▷4　なお，新たな学習指導要領が2017年に告示されている。

▷5　多賀太（2005）「教育における『男性』研究の視点と課題——『男というジェンダー』の可視化」『教育学研究』72(2)，174-185頁。

▷6　井谷惠子（2004）「女性のスポーツ嫌いとスポーツ離れ」飯田貴子・井谷惠子編著『スポーツ・

男女の差異と男性の優位性を際立たせることになります。国内外の学校でのフィールド研究からも，授業や体育・スポーツ活動が男女を二分し，男女差を際立たせ，男子生徒に男らしさを身につけさせる機能があることが明らかにされています。

③ 周辺化される人々

体育において男女差が際立つ状況の基礎には，体格や体力の差異に加えて，幼い頃から蓄積されてきた運動への動機づけやその結果としての運動経験の男女差があります。「女性の運動・スポーツ離れ」という現象を見ると，運動時間が少ない生徒も「好き・できそうな種目があれば」「友達と一緒にできたら」「自分のペースでできたら」もっと運動やスポーツをするようになると答えており，より高いパフォーマンスや競争とは異なる価値を求めていることが理解できます。また，体力テストで評価される体力は，健康に生きるための要素よりもスポーツパフォーマンスを向上させる体力要素を主な内容としており，体育における男性優位に影響を与えているといえるでしょう。

一方，男らしさの証明，男性優位な文化として発展してきた近代スポーツゆえに，性別二元制や異性愛主義の呪縛から逃れられない宿命をもちます。例えば，文部科学省は性同一性障害を含めた性的マイノリティ（LGBT）への配慮を求める通知を出し，「性同一性障害や性的指向・性自認に係る，児童生徒に対するきめ細かな対応等の実施について」という教職員向けの資料を公表しています。その中で支援の事例として，水泳では「上半身が隠れる水着の着用を認める」，運動部活動では「自認する性別に係る活動への参加を認める」などをあげています。近代スポーツをカリキュラムの中心に据えた体育では，女性だけでなく，運動・スポーツの弱者や性的マイノリティの人々にとって，安心して学習し活動できる空間になっているかどうかに繊細な配慮が求められます。

④ オルタナティブな体育に向けて

学校体育におけるジェンダー形成や周辺化され不可視化される人々についての研究蓄積を勘案すると，新たなパラダイムによる体育カリキュラムへの展望が見出せます。つまり，競技スポーツよりも生涯を通じた実践に，スポーツ技能よりも命を守り，レクリエーション的な運動・遊びに，競争よりも協同に，スポーツのための体力向上よりも，健康や心地よさを実感するフィットネスに，男女二元化ルールよりも，性・年齢・障がい・体格などを包含するルールや組織の発案など，体育カリキュラムの重心をシフトする糸口は多様にあります。体育カリキュラムが「誰の」目線から「誰に」価値のある教育として構築されてきたのかというポリティクスを問い，ポリティクスを解体する試みが必要です。

（井谷恵子）

ジェンダー学への招待』明石書店．
▷7　片田孫朝日（2008）「体育指導における性別カテゴリーの使用――高校体育の持久走授業の場面記述から」『スポーツとジェンダー研究』6，30-41頁．
▷8　アスキュー，S.・ロス，C.／堀内かおる訳（1997）『男の子は泣かない――学校でつくられる男らしさとジェンダー差別解消プログラム』金子書房．
▷9　文部科学省HP（2013）「平成25年度全国体力・運動能力，運動習慣等調査結果」．http://www.mext.go.jp/a_menu/sports/kodomo/zencyo/1342657.htm（2017年12月25日閲覧）
▷10　井谷恵子（2005）『体力つくりからフィットネス教育へ』明石書店．
▷11　文部科学省HP（2016）「性同一性障害や性的指向・性自認に係る，児童生徒に対するきめ細かな対応等の実施について（教職員向け）周知資料」．http://www.mext.go.jp/b_menu/houdou/27/04/1357468.htm（2017年12月25日閲覧）

おすすめ文献

†井谷恵子ほか（2004）「ジェンダーを生産する体育・スポーツ」飯田貴子・井谷恵子編著（2004）『スポーツ・ジェンダー学への招待』明石書店．
†木村涼子（1999）『学校文化とジェンダー』勁草書房．
†藤田英典・志水宏吉編（2000）『変動社会のなかの教育・知識・権力』新曜社，386-408頁．

Ⅲ 教育とジェンダー／A 教える

保健体育教員とジェンダー

1 教員の男女比率

　学校は社会に先んじて男女平等を達成してきた領域という一般的な認識とは裏腹に，ジェンダー研究では進路における男女差など学校でのジェンダー再生産を明らかにしてきました。学校教員は授業だけではなく，クラス運営や学校行事，部活動指導などあらゆる場面を通じて，ジェンダーメッセージを発し，生徒たちに影響を与える存在です。

　表1は，幼稚園から大学までの教員の男女比率を示したものです。幼稚園，小学校，特別支援学校など，対象者へのケア的役割の強い学校種では女性比率が高く，教科や研究の専門性が高まる高校や大学では低くなっています。教科別に見ると，中学校，高等学校ともに，社会，理科，数学，保健体育の領域については男性比率が高く，国語，英語，音楽では女性比率が高くなっています。保健体育教員の女性割合は漸増傾向ですが，中学校は28.6％，高等学校は18.3％と，平均値よりもかなり低いことがわかります。

2 教員の不均衡とジェンダー形成

　教員はそこで学ぶ人にとってロールモデルになります。ダンスの指導者が常に女性であれば，ダンスの指導は女性の世界であることを知らずしらずのうちに浸透させることになる一方，柔道の指導者が女性であれば，女性が指導者として活躍できることを現実に示す励ましのメッセージになります。

　健康・体育・スポーツに関連した大学を対象とした調査では，コーチングや栄養など学科や専攻の特徴によって学生の男女比に差がみられますが，在籍者全体ではおおむね「女：男＝2：3」の割合であることが報告されています。文部科学省の公表（2015年4月）では，全国268大学で中学校・高等学校の保健

表1　女性教員の割合

学校種	全体	幼稚園	小学校	中学校	高等学校	特別支援学校	短期大学	大学
女性比率	51.4%	93.5%	62.3%	43.0%	31.7%	61.2%	52.2%	23.7%

注：「全体」には，幼稚園，小学校，中学校，高等学校，特別支援学校，短期大学，大学の他，幼保連携型認定こども園，義務教育学校，中等教育学校，高等専門学校の教員を含む。
出所：「平成28年度学校基本調査　結果の概要」より作成。

▷1　木村涼子・古久保さくら編著（2008）『ジェンダーで考える教育の現在——フェミニズム教育学をめざして』解放出版社。
▷2　天野正子・木村涼子（2003）『ジェンダーで学ぶ教育』世界思想社。
▷3　文部科学省HP（2016）「学校基本調査——平成28年度結果の概要」。http://www.mext.go.jp/b_menu/toukei/chousa01/kihon/kekka/k_detail/1375036.htm（2017年12月25日閲覧）
▷4　佐々京香・入口豊ほか（2010）「女性の職業としての体育教師に関する事例的研究（Ⅰ）」『大阪教育大学紀要第Ⅳ部門』59(1)，13-26頁。
▷5　日本スポーツとジェンダー学会編（2016）『データでみるスポーツとジェンダー』八千代出版。
▷6　日本スポーツとジェンダー学会編（2010）『スポーツ・ジェンダー データブック2010』日本スポーツとジェンダー学会。
▷7　門屋貴久・後藤彰ほか（2016）「保健体育科教

体育教員免許状の取得が可能であり，前述の調査対象大学も取得可能と推測できます。それでは，なぜ中学校・高等学校の保健体育教員の女性比率が「女：男＝２：３」よりも相当に低く，中学校で30％弱，高等学校で20％弱と低い比率になるのでしょうか。

理由の一つは，保健体育カリキュラムが男性優位な近代スポーツを中心に構成されており，スポーツパフォーマンスを優位にする体格や体力の高い男性が適しているというジェンダー・ステレオタイプに支配されていると考えられます。その上，現実の保健体育教員の男女比に偏りがあり，生徒指導や運動部活動など教科の専門性とは異なる役割期待があれば，ジェンダーの再生産はさらに強固になります。1999年の改正男女雇用機会均等法の施行から20年近く経過し，様々な職業分野への女性進出は格段に進みつつあるにもかかわらず，保健体育教員の世界ではまだまだ強固なステレオタイプが残っているといえます。

一方，保健体育教員の教師行動をジェンダーの視点から検討した研究から，ジェンダーの再生産にかかわる成果が見出せます。海外の研究ではイギリスの学校における教育実践研究から，学校が男子生徒に男らしさを身につけさせる機能があることを明らかにしています。日本の研究においても，体育授業では多様なねらいや授業展開が可能であるにもかかわらず，より高い記録やたくましさなどを追求することによって男性優位を強化していることが指摘されています。

3 保健体育教員とジェンダーをめぐる問題

2013年に実施された国際教員指導環境調査（TALIS）では，34の参加国の中で，日本の教員の１週間当たりの勤務時間は参加国中最長であり，課外活動（スポーツ・文化活動）の指導時間がその大きな要因になっていることが示されています。過剰な部活動については「ブラックな部活」と表現され，教員だけでなく，生徒，保護者まで巻き込む状況が問題になっています。

2015年には女性活躍推進法が成立し，ワーク・ライフ・バランスが重要な課題になっているにもかかわらず，保健体育教員は休日返上の部活指導を当然のように行っており，家庭と部活指導の間で引き裂かれるような状況に追い込まれていることが推測できます。

また，学校でのスポーツ指導場面での暴力についての調査では，加害者の性別は男性が70〜80％と女性に比べて高いことが報告されていますが，教員自体の比率を勘案するなど研究の進展が期待されるところです。セクシュアル・ハラスメントについても男性指導者だけではなく選手の認識の甘さが指摘されており，運動部活動指導に携わる教員の意識啓発活動とともに，倫理規定やガイドラインの制定など対策が急務です。

(井谷惠子)

論の職務における期待認知に関する研究——A地域中学校保健体育科教諭に着目して」『日本体育大学紀要』45(2)，105-112頁。
▷8 アスキュー，S.・ロス，C.／堀内かおる訳(1997)『男の子は泣かない——学校でつくられる男らしさとジェンダー差別解消プログラム』金子書房。
▷9 井谷惠子・片田孫朝日・若林順子(2006)「体育授業におけるジェンダー体制の生成——高等学校の持久走授業を事例に」『スポーツとジェンダー研究』4，4-15頁。
▷10 国立教育政策研究所編(2014)『教員環境の国際比較——OECD国際教員指導環境調査(TALIS)2013年調査結果報告書』明石書店。
▷11 内田(2015)。
▷12 井谷惠子(2009)「ジェンダーロールに引き裂かれた存在——男の職場から退去する女性体育教師の語り」『スポーツとジェンダー研究』7，29-35頁。
▷13 高峰修・熊安貴美江(2016)「暴力とセクシュアル・ハラスメント」日本スポーツとジェンダー学会編，130-149頁。

おすすめ文献
†内田良(2015)『教育という病——子どもと先生を苦しめる「教育リスク」』光文社新書。
†浅井春夫ほか(2006)『ジェンダー／セクシュアリティの教育を創る』明石書店。
†志水宏吉編著(1998)『教育のエスノグラフィー』嵯峨野書院。

Ⅲ　教育とジェンダー／A　教える

男女共修・男女共習

1 男女共修・男女共習とは

わが国においては，学習指導要領上，長らく保健体育は中学校から男女別修・男女別習で実施されてきました。しかし，近年では男女共修となり，男女共習（混合）での実施も珍しいものではありません。

なお，男女共修とは，男女が同じカリキュラムを履修することです。一方，男女共習（混合）とは，男女が同じ時間に同じ場所で，基本的に同じ教師から同じ学習内容を履修することです。

2 男女共修のメリット・デメリット

男女共修のメリットとしては，子どもたち一人ひとりがその性別にかかわらず，学習指導要領上規定されているすべての種目を履修する機会を得て，男女で同じ時間量の授業を受けることができることです。

男女共修で性別にかかわらず，様々な運動・スポーツを体験することにより，顕在的な運動・スポーツ能力だけでなく，潜在的な運動・スポーツ能力を発現・伸長することを可能とすることができるでしょう。

男女共修のデメリットは，評価のあり方とかかわってきます。それは，多くの学校で筋力に評価の基準を置いているからです。平均的にみて現状では，運動・スポーツ能力は多くの種目で男子が女子を上回っています。それならば，平均して筋力に勝る男子に評価は有利に働くでしょう。このような同一基準にしてしまえば，女子生徒が不利益を得ることが目に見えています。評価についてはこれまでどおりのあり方でよいのか，その基準をどこに置くかを熟考し，評価においてもジェンダーバイアスを薄めることが必要となりましょう。

3 男女共習のメリット・デメリット

男女共習のメリットとしては，必ずしも常に男子が女子より勝るわけではなく，男子の運動・スポーツ能力より優れている女子も存在する，という当たり前のことを子どもたちが可視化することができます。平均的にみられる運動・スポーツ能力の男女差は遺伝的なものだけでなく，経験差によるところも多いと考えられます。履修条件が男女で同一になれば，運動・スポーツ能力の男女差は縮まることが十分に予想できます。

▷1　Ⅲ-A-①を参照。

男女共習のデメリットとしては，一部の男子が女子に遠慮したり，一部の女子が男子に恐怖を感じたりしてしまい，運動・スポーツ能力を十分に伸ばすことができないことがあげられます。また，特に男子で，運動・スポーツ能力が低い場合，それを異性である女子にみられてしまうことになり，運動・スポーツが苦手という恥ずかしさがより高まり，授業を苦痛に感じる者も発現しています。このようなデメリットを排除した男女共習授業の実践が望まれます。

　なお，男女共習であってもグループ活動の際に男女別グループで活動させたり，評価や課題を男女別にするならば，それは「男女共習」の本来の理念とは乖離するものとなるでしょう。あくまでも「男女」という性別を基準に子どもたちが分けられることなく，いかにして個性を伸ばす授業を展開するかを教員は考える必要があるでしょう。

④ 西洋的スポーツ重視から東洋的スポーツへの眼差しも

　さらには，学校体育の学習内容も見直す必要があります。現在，学校体育で実施されている種目のほとんどは，オリンピックを頂点とする近代西洋スポーツです。それらで求められる体力は，「より速く，より高く，より強く」といったものです。これらのスポーツは「男性」の身体に有利です。一方，「よりゆっくりと，より重心を落として，より力を抜いて」といったスポーツもあります。それらの多くは東洋に端を発する東洋的スポーツです。そこでの男女の平均的な体力差は西洋的スポーツの平均的な男女差よりは小さいことが想像できます。これらの種目がたくさんの男女共習授業で実施されたならば，男女の体力差はより小さいことが身をもって子どもたちに伝わっていくでしょう。

⑤ 「男女差重視」の視点から「個人差」の視点へ

　以上，男女共修，男女共習について様々みてきましたが，そこには未だ子どもたちを「男性」か「女性」かでみる視点が残っています。教員や保護者のもつ男女差重視の視点が知らずしらずのうちに子どもたちのもつ男女の壁をより高いものとしています。その結果，運動・スポーツが苦手である場合，学校体育の時間や遊び時間に周囲の子どもたちから揶揄される確率は断然男子のほうが高いです。また，学校体育において，男女の平均値の差よりも同性間での平均値の差の方が広いことは，周知の事実です。それゆえ，子どもたち一人ひとりの能力を伸ばすためには，性別からではなく，その子を一人の個人として捉え，適切な指導をする必要があります。男女共修，男女共習の理念を今一度振り返り，「男女差重視」の視点から「個人差」の視点へのシフトが求められましょう。このような視点が，現在必要とされている「性的マイノリティ（LGBT）」への教育に関しても必要とされている，と考えられます。

（佐野信子）

▷2　佐野信子（2003）「体育の男女共習に関する中学生の意識」『弘前大学教育学部紀要』89，131-139頁。

▷3　木村・古久保編著（2008）。

▷4　例えば，弓道，太極拳，ヨガなど。

▷5　佐野信子（2016）「大学体育授業における東洋的スポーツの意義について──『太極拳』をてがかりに」『まなびあい9号』立教大学コミュニティ福祉学会運営委員会事務局，179-183頁。

▷6　飯田貴子（2013）「身体能力の性差再考」『よくわかるジェンダー・スタディーズ』ミネルヴァ書房，168-169頁。

（おすすめ文献）
†亀田温子・舘かおる編著（2000）『学校をジェンダー・フリーに』明石書店。
†木村涼子，古久保さくら編著（2008）『ジェンダーで考える教育の現在──フェミニズム教育学をめざして』解放出版社。
†直井道子・村松泰子（2009）『学校教育の中のジェンダー──子どもと教師の調査から』日本評論社。

Ⅲ 教育とジェンダー／A 教える

4 体育的学校行事とジェンダー

1 運動会の種目（2003年調べ）

▷1 「運動会」「体育祭」と、呼称は地域や学校によって異なるが、呼称による内容の違いは認められない。そこで、本項では「運動会」という呼称を使用した。

▷2 学校教育において体育的学校行事は特別活動に位置づけられ、運動に親しむ態度の育成、責任感や連帯感の涵養、体力の向上などをねらいにしている。体

本項では（体育）授業で男女別習がみられる中学校に焦点をあてて、体育的学校行事の中の運動会を取り上げ、ジェンダーの視点から考えてみます。

表1は運動会で行われている男女別の種目数について2003年に調査した結果です。男子に限定した種目を開設している学校は65.3％、女子に限定した種目を開設している学校は63.1％でした。男女別種目を1～2種目開設している学校は50％でしたが、中には5種目以上を性別によって限定している学校もありました。

種目の内容をみてみると（図1・図2）、男子は一人200mを走る800mリレーであるのに対し、女子は一人100mを走る400mリレーとなっており、長距離種目では男子は2000m走や1500m走に対し、女子は1000m走や800m走というように、いずれも走距離は女子よりも男子が長く設定されています。また、男子の種目にある「騎馬戦」や「棒倒し」は相手と身体接触しながら争う競技といえますが、伝統的に女子にはこうした種目はみられません。演技種目としては男子の「組立体操・組体操」、女子の「ダンス・リズムダンス・創作ダンス」の実施数が多く、これまでの運動会種目の定番ともいえる種目です。こうしたグラウンドで繰り広げられる男女別集団演技は、容易に一つの隠れたカリキュ

表1 男女別種目の開設状況

（％）
	女子	男子
5種目以上	0.5	0.5
4種目	1.6	1.9
3種目	8.5	10.6
2種目	21	21.6
1種目	31.4	30.8
0種目	36.9	34.7

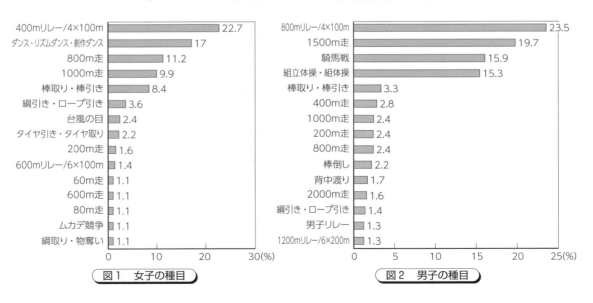

図1 女子の種目

図2 男子の種目

ラム（hidden-curriculum）として機能し，演技する生徒にも参観する保護者にも「たくましい男子」「優しい，美しい女子」というジェンダー意識が無意識のうちに刷り込まれ，内面化されていくという現実があります。

2 運動会の種目（2016年調べ）

図3は，2016年に調査した体育的学校行事の中で，実施率が100％であった，運動会の種目を示しています。2003年と調査規模は異なりますが，2つの調査から運動会種目について3つの特徴が明らかになりました。

1つめは男女別の種目が減少し，男女一緒に競技・演技する種目が増加したことです。「混成・混合リレー」「全校体操」「縄跳び」「綱引き」「学年企画種目」など実施数が多い種目は，男女一緒に行われています。一方，男子種目といえる「騎馬戦」は実施数が減少し，「組立体操」などは姿を消していました。また，これまで女子だけが行っていたダンス種目は男女で行う「フォークダンス」になり，「リズムダンス」や"ソーラン"なども女子だけでなく男女一緒に行われるようになっています。2つめは「混成・混合リレー」の競技方法です。男女が競走しないように男女の走順を決めている例もありますが，クラス全員が参加する「学級対抗リレー」などでは，走順は学級による競技上の作戦の一部となるため男女が競走する場面も少なくありません。3つめは地域による違いです。体育授業の男女共習化が提唱されて20年以上が経過しますが，地域によっては依然として男女別習の授業も存在します。例えば，市内全中学校で男女別に行う運動会種目がなくなり，プログラムに男子・女子の記載がなくなった地域がある一方で，陸上競技種目をそのまま取り入れている地域では男女別種目が少なからず存在しています。

以上のように，この10年余りの間に男女別の競技・演技が中心だった運動会種目は，男女が一緒に行う種目へと転換されつつあることが確認されますが，体育授業の男女共習化とともに運動会種目についても，なおいっそうの男女の協同・共習を図る学習形態の工夫や教材開発が求められるといえるでしょう。（芹澤康子）

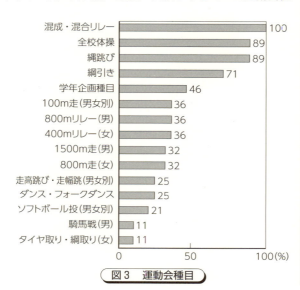

図3 運動会種目

育的学校行事の内容は運動会，競技会，球技会などがある（文部科学省，2008）。
▷3 公立中学校を対象に中学校体育の実態調査を実施し，634校（愛知県228校 神奈川県185校 岡山県101校 広島県120校）から回答を得た（2003年）（芹澤・田原，2005）。
▷4 「教育する側が意図する，しないに関わらず，学校生活を営むなかで，児童生徒自らが学びとっていく全ての事柄」。文部科学省人権教育の指導方法等に関する調査研究会議（2006）「人権教育の指導方法等の在り方について［第二次とりまとめ］」参照。
▷5 公立中学校28校（愛知県18校，神奈川県10校）を対象に体育的学校行事の実施状況および運動会種目調査を実施（2016年）。
▷6 運動会100％，球技大会39％，縄跳大会29％，陸上記録会およびマラソン大会4％，水泳大会0％の実施状況であった。

　おすすめ文献　
†文部科学省（2017）「中学校学習指導要領解説　特別活動編」
†芹澤康子・田原淳子（2005）「ジェンダーの視点からみた中学校保健体育科教員の性別と運動会（体育祭）の実施種目」『スポーツとジェンダー研究』3，18-25頁。

Column 1

「性的マイノリティ（LGBT）」への配慮

教育現場における配慮

　東京都渋谷区や世田谷区をはじめとした，一部の自治体による同性パートナーシップ条例の制定や，企業によるサービスの提供や福利厚生を通じたLGBT支援の取り組みなど，性的マイノリティを取り巻く環境は，2010年代に入って大きく変化しているといえます。教育の場面でも例外ではなく，教育現場における性的マイノリティ当事者への対応は，重要な課題となっています。

　では，教育の場における「性的マイノリティへの配慮」とは，具体的にはどのようなことなのでしょうか。文部科学省が作成した学校向けの資料には，実際の取り組み事例として「体育又は保健体育において別メニューを設定する」「修学旅行で入浴時間をずらす」などが示されています。特にトイレや更衣室の使用，体育の授業など，男性・女性で分けられていることの多い施設やルールの運用，修学旅行など宿泊や入浴を伴う活動の実施に際しては，当事者のニーズを把握しながら，学ぶ権利，学校生活を送る権利が縮小されないように配慮する必要があるでしょう。ここで大事なのは，当事者がどのようにしたいのかというニーズを的確に把握することです。そのうえで，学校としてできることは何か，それが過剰な負担にならないかどうかを検討しながら，当事者の不利益にならないためにはどうすればよいか，相互に合意を形成していくことが必要となります。

　教育現場においては，この他にも大切な課題が存在します。「いのちリスペクト。ホワイトリボン・キャンペーン」が2013年に当事者を対象として実施したWebアンケートによれば，全回答者の68%は学校生活において「身体的暴力」「言葉による暴力」「性的な暴力」「無視・仲間はずれ」のいずれかを経験していたということです。また，学校においては，当事者への直接的な暴力ではなくとも，性的マイノリティについてのからかいや冗談などが少なからず見受けられるといいます。したがって，教育現場においては，当事者に配慮した取り組みを実施するとともに，性的マイノリティへの偏見や誤解を原因とした暴力やいじめなどが生じないようにすることも重要になります。

　そのために必要なのは，何よりも性的マイノリティについての知識と情報の収集と提供です。日本においては，2002年に検定を受けた高等学校の家庭科の教科書2点で，初めて性的マイノリティに関する記述が登場しました。2016年には，検定を受けた高等学校の教科書のうち，地理歴史，公民，家庭科の教科書計31点に，性的マイノリティや多様な家族についての記述があり，そのうち家庭科の4点で初めて「LGBT」の語が用いられました。徐々にではありますが，日本の教育現場でも，性的マイノリティに関する知識は「伝えられるべき知識」として認識されつつあります。また，「いのちリスペクト。ホワイトリボン・キャンペーン」(2014年)は，「同級生がLGBTについてどのような情報やメッセージをこれまで受け取ってきたかにより，受容の中身は大きく変化する」として，「教育行政および学校現場は，日頃からLGBTに関する正しい情報や，肯定的なメッセージを発信する必要があるだろう」と述べています。こうしたことからも，教育の場においては，日頃から教職員が性的マイノリティに関する知識と情報を収集し，児童・生徒・保護者に向けて発信することが，より一層求められているといえます。

体育・スポーツの場における配慮

　体育の授業や運動部の活動においては，身体が密接にかかわる分野だけに，いっそうの配慮が必要とされています。これまでに行われた，性的マイノリティ当事者の学校体育や部活動，日常的なスポーツ活動の経験をたずねたいくつかの研究からも，ホモフォビックなからかいの存在や男女別に分けられた施設の利用しにくさ，男女で異なるユニフォームや体操服がもたらす心理的障壁など，性的マイノリティ当事者が日常的な場面において，スポーツに参加しにくい状況が理解されます。また，日常的なスポーツの場においても，例えば2015年に，フィットネスクラブの利用者であるMtFトランスジェンダーの当事者が，フィットネスクラブの運営者から戸籍上の性別である男性として施設を使うよう求められたとして，訴訟を起こすという出来事がありました。こうしたことから，「性的マイノリティへの配慮」は教育の場だけではなく，広くスポーツにかかわる現場においても重要なことが理解されます。

　以上のことから，教育現場および体育・スポーツの場面における「性的マイノリティへの配慮」とは，当事者のニーズを把握し，できること・できないことを明確に示したうえで当事者とともに対策を考え，実施することに加え，正確な知識や情報の収集・提供により，安全・安心な環境や，当事者が相談しやすい環境を整えることだといえるでしょう。

（藤山　新）

▷1　文部科学省HP（2016）「性同一性障害や性的指向・性自認に係る，児童生徒に対するきめ細かな対応等の実施について（教職員向け）」。（2017年12月25日閲覧）
▷2　いのちリスペクト。ホワイトリボン・キャンペーンHP（2014）「LGBTの学校生活に関する実態調査（2013）結果報告書」6-7頁。（2017年12月25日閲覧）
▷3　いのちリスペクト。ホワイトリボン・キャンペーン（2014），13頁。
▷4　ホモフォビアとは「同性愛嫌悪」と訳され，同性愛者に対する嫌悪やそれに基づく差別的，侮蔑的な言動，嘲笑，暴行，無視などをいう。
▷5　風間孝ほか（2011）「性的マイノリティのスポーツ参加――学校におけるスポーツ経験についての調査から」『スポーツとジェンダー研究』9，42-52頁。
▷6　Itani, S. (2015) Japanese Female and 'Trans' Athletes: Negotiating Subjectivity and Media Constructions of Gender, Sexuality, and Nation, Ph.D. diss., University of Tront.
▷7　Male to Femaleの略で，外性器など身体の性は男性で，アイデンティティが女性であるトランスジェンダーのこと。

おすすめ文献

†遠藤まめた（2016）『先生と親のためのLGBTガイド』合同出版。
†「体育科教育」編集部（2016）『体育科教育　八月号　特集1 保健体育とLGBTを考える』大修館書店。
†渡辺大輔監修（2016）『だれもが楽しくすごせる学校』ポプラ社。

Ⅲ　教育とジェンダー／B　学　ぶ

幼児期の運動能力とジェンダー

▷1　ここでは，社会・文化・歴史的に構築された「男」と「女」の差を含意している。Ⅷ-B-③を参照。

▷2　森司朗ほか(2010)「2008年の全国調査からみた幼児の運動能力」『体育の科学』60(1), 56-66頁。

▷3　中村和彦ほか(2011)「観察的評価法による幼児の基本的動作様式の発達」『発育発達研究』51, 1-18頁。

1　幼児期の運動能力にみられる男女差

　幼児体育の研究分野では，体力・運動能力，運動技能の男女差に関する研究が数多く行われ，基礎的な運動技能の発達においては男児の優位性が明らかとなっています。1966年から継続実施されている4〜6歳児を対象とした全国規模の運動能力調査によると，25m走，ボール投げ，立ち幅跳び，捕球ではすべての年齢で男女差がみられ，男児のほうが女児より優れていました。特に，ボール投げは年齢が上がるにつれて男女差が大きくなる傾向がみられています。
　また，中村ら(2011)によると，現代の幼児の「走る」「投げる」「まりつき」などの7つの基本的動作の発達を，1985年の幼児の動作発達状況と比較したところ，「走る」「投げる」では1985年と同様に男児優位が認められています。「投げる」は経験によって獲得される動作であるため，女児にとって，ボールを投げて遊ぶ経験が乏しい状況が推測されます。一方，1985年の幼児にみられた「まりつき」の女児優位は確認できなかったと報告しています。この結果は，これまで女児の伝統的な遊びの中に存在していた「まりつき遊び」が消失した状況を示しており，幼児の運動能力に関する男女差は文化的な変化による影響が大きいといえます。

2　幼児が行っている運動・スポーツ，運動遊び

　現代の幼児がよく行っている運動・スポーツや遊びをみると，男女ともに「自転車あそび」「おにごっこ」「かけっこ」「ぶらんこ」などがいずれの年齢でも人気のある種目となっています（表1）。しかし，男児では「サッカー」がすべての年齢で，また4歳ではサッカーに加えて「キャッチボール」といったボールを使った種目がよく行われていますが，女児ではボール種目は6歳の「ドッジボール」のみとなっています。女児は男児に比べて，ボールを使った遊びの経験が少ない状況がうかがえます。このような普段行っている運動・スポーツ，遊びの男女差が運動発達の差異につながっているといえます。

▷4　笹川スポーツ財団(2015)。

▷5　吉田伊津美ほか(2004)「家庭環境が幼児の運動能力発達に与える影響」『体育の科学』54(3), 243-249頁。

▷6　笹川スポーツ財団(2010)『子どものスポーツライフ・データ2010』笹川スポーツ財団，52頁。

▷7　笹川スポーツ財団(2015)『子どものスポーツ

3　幼児の運動能力と心理的・社会的環境要因との関連

　幼児の運動能力の発達には，直接的には家庭と幼稚園・保育園での運動経験が関与しており，さらには家庭や園の様々な環境要因が間接的に関係している

Ⅲ-B-① 幼児期の運動能力とジェンダー

表1　過去1年間に「よく行った」運動・スポーツ種目（4～6歳：複数回答）

	順位	4歳（n＝48）実施種目	実施率(%)	5歳（n＝76）実施種目	実施率(%)	6歳（n＝93）実施種目	実施率(%)
男児	1	自転車あそび	52.1	おにごっこ	48.7	おにごっこ	51.6
	2	かくれんぼ	43.8	自転車あそび	43.4	自転車あそび	45.2
	2	かけっこ	43.8	サッカー	39.5	サッカー	40.9
	2	ぶらんこ	43.8	かくれんぼ	30.3	水泳（スイミング）	39.8
	5	おにごっこ	41.7	かけっこ	30.3	なわとび（長なわとびを含む）	23.7
	6	サッカー	27.1	ぶらんこ	30.3	かけっこ	22.6
	7	水泳（スイミング）	20.8	水泳（スイミング）	26.3	かくれんぼ	21.5
	7	鉄棒	20.8	なわとび（長なわとびを含む）	18.4	ドッジボール	21.5
	9	キャッチボール	18.8	鉄棒	17.1	ぶらんこ	21.5
	10	体操（軽い体操・ラジオ体操など）	14.6	体操（軽い体操・ラジオ体操など）	13.2	鉄棒	16.1
	順位	4歳（n＝49）実施種目	実施率(%)	5歳（n＝59）実施種目	実施率(%)	6歳（n＝85）実施種目	実施率(%)
女児	1	ぶらんこ	55.1	ぶらんこ	57.6	ぶらんこ	50.6
	2	おにごっこ	53.1	おにごっこ	54.2	なわとび（長なわとびを含む）	44.7
	3	自転車あそび	44.9	自転車あそび	47.5	おにごっこ	41.2
	4	かけっこ	32.7	かくれんぼ	35.6	水泳（スイミング）	41.2
	4	鉄棒	32.7	かけっこ	33.9	自転車あそび	37.6
	6	かくれんぼ	26.5	なわとび（長なわとびを含む）	32.2	鉄棒	37.6
	7	水泳（スイミング）	20.4	鉄棒	25.4	かけっこ	22.4
	8	なわとび（長なわとびを含む）	18.4	水泳（スイミング）	18.6	ドッジボール	12.9
	9	フィールドアスレチック	14.3	体操（軽い体操・ラジオ体操など）	8.5	かくれんぼ	11.8
	10	体操（軽い体操・ラジオ体操など）	12.2	ウォーキング	6.8	体操（軽い体操・ラジオ体操など）	10.6
				キックボード	6.8		
				バドミントン	6.8		
				フィールドアスレチック	6.8		

注：「よく行った」運動・スポーツ種目：過去1年間に行った運動・スポーツのうち，実施回数の多い種目。
出所：笹川スポーツ財団（2015）。

と考えられます。吉田ら（2004）によると，戸外遊びの時間が長く，運動遊びの頻度が高い子どものほうが運動能力は高いという結果が示されており，女児に比べて男児のほうがそれらの影響を大きく受けていました。加えて，男児はよく遊ぶ友だちの数，家庭にあるボールや自転車，なわなどの運動遊具の数が多い子どもほど運動能力は高い結果が示されています。一方，女児は集合住宅に比べて一戸建てに住んでいる子どものほうが，また家族構成が核家族に比べて3世代以上である子どものほうが運動能力は高く，運動能力に影響を及ぼす要因には男女差がみられます。

このように，家族・保護者の意識や養育態度といった心理社会的な環境要因が子どもの運動能力に与える影響は大きく，男女差を生み出していると考えられます。保護者にとって運動・スポーツへの期待は女子に比べて男子に対するもののほうが高く，女子よりも男子のほうが家族から運動・スポーツをよく勧められているというデータがあります。女性のスポーツ参加が増加している今日においても，男子にはスポーツ活動，女子には芸術活動をといった保護者の意識は未だ根強い状況がうかがえます。

（武長理栄）

ライフ・データ2015』笹川スポーツ財団，83-84頁。
▷8　Benesse教育研究開発センター（2009）『子どものスポーツ・芸術・学習活動データブック』Benesse教育研究開発センター，8頁。
▷9　Ⅲ-C-①を参照。

おすすめ文献

†宮丸凱史（2011）『子どもの運動・遊び・発達――運動のできる子どもに育てる』学研教育みらい。
†浅見俊雄・福永哲夫編著（2015）『子どもの遊び・運動・スポーツ』市村出版。
†笹川スポーツ財団（2015）『子どものスポーツライフ・データ2015』笹川スポーツ財団。

Ⅲ 教育とジェンダー／B 学ぶ

2 子どもの運動能力とジェンダー

1 子どもの運動能力にみられる男女差

スポーツ庁「体力・運動能力調査」(2015)によると、青少年(6～19歳)の運動能力は、長座体前屈を除くすべての項目で男子が女子を上回っています。図1に加齢に伴う走・跳・投能力の変化を示しました。50m走と立ち幅とびは、11歳くらいまでは男女差は小さく、男女ともに年齢が上がるにつれて著しい向上傾向を示しますが、12歳頃から女子の向上傾向が緩やかになるため男女差は大きくなります。一方、ボール投げは6歳の時点で男子が女子を大きく上回っており、男女差がみられます。11歳までは男女ともに向上傾向を示していますが、男子の向上傾向が著しいため年齢が上がるにつれて男女差はますます拡大していきます。投げる動作の発達は、幼児期からすでに男女差がみられており、ボールを使って遊ぶ経験の違いが小学校期以降の男女の運動能力の差につながっていると推察されます。

2 現代の子どもの運動能力・運動時間と意識とのかかわり

近年、子どもの体力・運動能力の低下が社会問題となっています。その背景として運動をする子どもとしない子どもといった運動実施状況の二極化の問題が指摘されており、中学生女子にその傾向が顕著となっています。小学5年生と中学2年生を対象とした「全国体力・運動能力、運動習慣等調査」(スポーツ

▷1 ここでは、社会・文化・歴史的に構築された「男」と「女」の差を含意している。Ⅷ-B-③を参照。

▷2 テスト項目：握力、上体起こし、長座体前屈、反復横跳び、20mシャトルラン（往復持久走）、立ち幅とび、50m走、ボール投げ（ソフトボール投げ：6～11歳、ハンドボール投げ：12～19歳）、持久走（12～19歳のみ）。

▷3 Ⅲ-B-①を参照。

▷4 文部科学省(2012)『子どもの体力向上のための取組ハンドブック』全国体力・運動能力、運動習慣等調査検討委員会編。

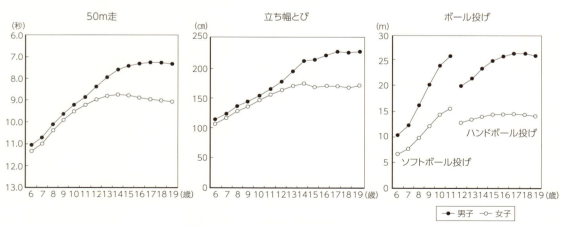

図1 加齢に伴う走・跳・投能力の変化

出所：スポーツ庁(2015)。

庁，2015）によると，1週間の総運動時間が60分未満の児童生徒は小学生では男子6.6％，女子13.0％，中学生では男子7.1％，女子21.0％であり，小学生では2倍，中学生では3倍，女子が男子を上回っています。

また，運動・スポーツが「好き」「得意」「今後も続けたい」などの運動・スポーツに対する意識が高い児童生徒ほど体力・運動能力が高く，運動時間も長い傾向がみられます。中学生になると意識の違いによる体力・運動能力の差は拡大し，運動やスポーツに対する肯定感は低下する傾向にあります。男子に比べて女子は運動・スポーツに対する肯定感が低く，特に中学生女子においては「運動やスポーツが苦手」「運動やスポーツが嫌い」「保健体育の授業が楽しくない」という意識と体力・運動能力との間に強い関連がみられています。

小学校高学年頃にあたる児童期後期は，初歩的スポーツ技能の習得が可能になる段階であり，スポーツを始めるのに最適な条件を備えている時期です。運動・スポーツの楽しさを感じ，生涯にわたって豊かなスポーツライフを実現するための基礎を培う重要な時期となりますが，実際には学校体育や運動部活動，スポーツ少年団などの地域のクラブにおける運動・スポーツのあり方は上手くできることや競争，勝敗に価値をおいたものが多く，女子や運動が苦手な子どもに対していっそう苦手意識や疎外感を抱かせてしまっているといえます。

中学生女子がもっと運動やスポーツをするようになる条件として「好き・できそうな種目があれば」「友達と一緒にできたら」「自分のペースでできれば」「自由な時間があれば」といった回答が上位を占めています。「苦手」「嫌い」「楽しくない」という意識がどのように形成され，結果としてスポーツ離れを引き起こすのか，その要因を検討するとともに，運動・スポーツによって伝えられるべき価値を，ジェンダー視点からもあらためて見直す必要があります。

3 スポーツクラブ・運動部活動の加入状況にみられる男女差

10代の青少年における地域や民間のスポーツクラブ，運動部活動などへの加入状況をみると，男子は小学校期と中学校期では8割がスポーツクラブや運動部に加入していますが，女子では小学校期と中学校期は6割台となっており，男女で20ポイント近くの差がみられます（表1）。また，加入したいクラブ・運動部のタイプは，男子では「専門指導」や「競技力向上」などが多いのに比べて，女子では「勝敗なし」「スポーツ以外もできる」などの割合が高く，クラブ・運動部に求める内容にも男女差がみられています。

今後は，男子・女子，体力・運動能力の高低，障がいのある・なしにかかわらず，多様な子どもたちが参加できる運動・スポーツ活動を促進していくことが望まれます。　　　（武長理栄）

▷5　小学生：「中学校に進んだら，授業以外でも自主的に運動やスポーツをする時間を持ちたい」，中学生：「中学校を卒業した後，自主的に運動やスポーツをする時間を持ちたい」。

▷6　マイネル，K.／金子明友訳（1981）『マイネルスポーツ運動学』大修館書店。

▷7　井谷惠子（2004）「学校体育とジェンダー」飯田貴子・井谷惠子編著『スポーツ・ジェンダー学への招待』明石書店，175-184頁。

▷8　笹川スポーツ財団（2012）『青少年のスポーツライフ・データ2012』笹川スポーツ財団。

おすすめ文献

†スポーツ庁（2015）「全国体力・運動能力，運動習慣等調査」。

†笹川スポーツ財団（2015）『青少年のスポーツライフ・データ2015』笹川スポーツ財団。

表1　スポーツクラブ・運動部への加入状況（性別×学校期別）

(%)

	学校期	加入者	未加入者
男子	小学校期（n＝157）	81.5	18.5
	中学校期（n＝281）	82.9	17.1
	高校期（n＝274）	60.2	39.8
女子	小学校期（n＝154）	62.3	37.7
	中学校期（n＝233）	64.4	35.6
	高校期（n＝259）	41.7	58.3

注：小学校期は小学5・6年生をさす。
出所：笹川スポーツ財団（2015）。

Ⅲ　教育とジェンダー／B　学ぶ

体育授業におけるジェンダーの生成

1 体育で学習する領域・種目の問題から考える：学べる領域・種目の差

　1989年告示の学習指導要領では，種目による男女の区別が一切記載されなくなりました。男女ともにダンスも武道も学習することができるようになったかにみえる改訂でしたが，同時にそれまですべてが必修で進んできた学習に選択の枠組みが入り，「武道・ダンスのどちらかを選択」と示されました。これまで多くの学校が男女別習（実際の学習場面で，男女が別々に授業を受けること）で種目を分けていたところですから，そのまま男子が武道，女子がダンスしか履修できないという実態はほとんど変わることがありませんでした。その後2008年告示の学習指導要領により，中学校1，2年生ですべての領域が必修と示されたため，もともと男性教員の多かった体育科ではそれまで教えてこなかったダンスの指導について困難を感じているという報告があります。また，高等学校では選択カリキュラムが中心となりますので，男女ではなく個人で選択できるという趣旨を十分に実現する努力をしない限り，これまでと変わらず男女別選択カリキュラムが継続し，種目に男子向き，女子向きがあるというジェンダーが解消されにくい状況が続く危険があります。

2 体育の教え方から考える：個性あるいはジェンダー

　同じ種目を同時に学ぶことができた場合でも，何を目的にどのような方法で授業を作っていくかによって，ジェンダー格差を生む授業となる危険があります。
　走り高跳びの授業とバスケットボールの授業を例に考えてみましょう。
授業A：高跳びで，男子は男子の平均記録を越すことが，女子は女子の平均記録を越すことが目標として決められ，その達成度を評価される授業。
授業B：身長と50m走タイムに基づいた目標記録を個人個人に設定し，チームの中で観察し声かけをしてみんなで上手になっていく授業。
授業A：バスケットボールで，単元前半はドリブルとシュートの技能練習に時間をかけ，カットインプレーの数例をチームで練習し，単元中盤から行うミニゲームでは，シュートは男子一律1点，女子2点とする。
授業B：いかに空間を意図的に作りだして攻めるかを追求する授業。技能差の大きい単元序盤は，ハーフコートでパスのみゲームなどでパス後にどう動くと得点できるかを考える。技能の上達に応じて進化するゲームの中

▷1　1985年に女性差別撤廃条約を批准した後，初めての学習指導要領改訂。ほかにも家庭科の男女共修などが盛り込まれた。
▷2　「武道・ダンスのどちらかを選択」は，学校の実情に応じて学校が裁量する場合が多かった。つまりこれまでどおり男性教員が武道を教える裏で女性教員がダンスを教えるということで，必然的に生徒の自由な選択とはならなかったのである。
▷3　中村なおみほか（2014）「中学・高等学校におけるダンス教育推進に向けての調査及び取り組みについての研究」『笹川スポーツ政策研究』3(1)，230-239頁。
▷4　松宮智生（2016）「体育授業で経験したスポーツ種目」『データで見るスポーツとジェンダー』八千代出版，88-92頁。
▷5　目標記録の計算式については，藤田らが提案している。「目標記録（cm）＝身長（cm）×0.5－50m走タイム（sec）×10＋110（cm）」。
藤田育郎・池田延行（2011）「体育授業における目標設定の手法に関する研究——小学校高学年の走り高跳びを対象として」『国士舘大学体育・スポーツ科学研究』11，35-39頁。

48

で技能を高め個々の力を生かし合って戦術を立てる授業。
　AとB，どちらの授業が一人ひとりのモチベーションを高めることができるでしょうか。ジェンダーにセンシティブになるということは，違いを男女でくくってしまわず，一人ひとりの個性として捉え直すことです。記録や勝敗を求めるスポーツでも，協働的に学ぶ体育の中では，むしろ筋力の差や技能の差は，生徒たちの思考・判断力，技能の向上に生かされていくのです。

図1　グループで協働して個人のペースを作るペースランニング

③ 教員の言動行動から考える：隠れたカリキュラム

　男女別の平均で物事を見るようになっていないかを，教員は自分に問いかけなければなりません。ある中学校の持久走の授業で，タイムトライアルをする際に，男子と女子がトラックをはさんで反対側からスタートしました。ちょうど半周走った時に，女子の先頭が男子の先頭よりも早く半周に達した途端，「女子に負けているよー」という教員の大声が響きました（心の声……速男：女に負けるなんて悔しい。速女：男のほうが速いのが当たり前なのね。遅男：男は女より遅くちゃだめなのか。遅女：女だしこんなもんでいいかな）。教員にもちろん悪気はなく皆を励ましているのです。タイムトライアルの前までは個人で目標タイムを決めさせペースを探すという授業が行われていたのに。

　競い合いよりも表現力やコミュニケーション力の向上が期待されるダンスの授業でも同様のことがあります。教員は，ついつい女子よりも男子に「もっとダイナミックにジャンプして」と声をかけ，発表の時も，ダイナミックに踊った男子に「さすが男子！」と評価していないでしょうか。それよりは，全員に「もっとダイナミックに！」と声をかけ，「さすが○○さん！」と個人をほめたいものです。男女でくくらず個性を生かして表現を引きだそうとすれば，教員の言葉かけが変わり，柔らかでユニークな動きをしている男子の素敵な表現や気迫ある鋭いジャンプをしている女子を見逃さずに伸ばしていけるということです。

④ 今，保健体育科教員に求められること

　保健体育科教員の多くは，中学・高校時代に体育が大好きで得意だったでしょう。その頃，種目は男女で違って当たり前で，評価は個人技能などに偏っていた可能性もあります。その中で自分を発揮してきた経験から，現在自分が創る授業にジェンダーバイアスが潜んでいることに気づきにくい場合があるのかもしれません。「共通の目標に基づき，技能を獲得させる20世紀型の伝統的な教育方法」を考え直し，生徒一人ひとりが運動文化の主人公になれる「能動的・協働的・創造的に学び合う」授業を作ろうとする営みは，きっとジェンダー格差の解消にもつながります。

（宮本乙女）

▷6　TGfU（Teaching Games for Understanding：戦術的な学習）とは，種目に特有とされる面白さに触れながらパフォーマンスが高まっていくという考え方。伝統的な，スキルを身につけていくことが中心の球技指導に対して強い影響を与えた。鈴木直樹（2016）「戦術的な学習の授業作り」鈴木直樹・梅澤秋久・宮本乙女編著『学び手の視点から創る　中学校・高等学校の保健体育授業〈体育編〉』大学教育出版，85-91頁参照。

▷7　日本の学校におけるジェンダーの隠れたカリキュラムについては，以下を参照するとよい。宮崎あゆみ（2016）「文化とジェンダー　かくれたカリキュラム」木村涼子・伊田久美子・熊安貴美江編『よくわかるジェンダー・スタディーズ』ミネルヴァ書房，24-25頁。

▷8　宮本乙女（2015）「教師としての実践を踏まえたジェンダー観」猪崎弥生・酒向治子・米谷淳編『ダンスとジェンダー──多様性ある身体性』一二三書房，212-227頁。

▷9　梅澤秋久（2016）『体育における「学び合い」の理論と実践』大修館書店，3-17, 30-44頁。

Ⅲ　教育とジェンダー／B　学　ぶ

運動部活動・女子マネージャー

女子マネージャーの歴史およびメディアへの登場

　日本の学校運動部（男子）に女子マネージャー（以下，「女子マネ」と表記する）が登場したのは，1960年代頃です。高度成長期をとおして，女子マネは「女人禁制」とされていた男性スポーツ集団に参入し，その数をどんどん増加させていきました。1970年代には，「運動部マネージャーといえば女子」を指すことが多くなり，学校運動部の文化にしっかりと根づいていきます。メディアに目を移せば，女子マネは新聞のスポーツ面などでもしばしば取り上げられ，テレビの「青春ドラマ」や少女マンガ・少年マンガにも登場するようになったのです。さらに，1990年代半ばには野球部の女子マネが甲子園のベンチに入ることも許されるようになりました。

▷1　そのような状況に至った詳しい社会背景に関しては，高井（2005）を参照。

「社会の問題」か？「個人の問題」か？

　さて，1980年代以降，女子マネの存在やその役割について「女性差別ではないか」という批判が生まれ，新聞や雑誌の読者欄，あるいはSNSなど様々な媒体の中で，長きにわたって論争が続いてきました。しかし，論争の基本的な構図はさほど変化しません。まず，女子マネ（という制度）への批判は，教育現場や社会におけるジェンダーの再生産や，女子マネの働きぶりを多大に美化するメディア報道などへ向けられます。要するに，性別役割分業（に近いもの）や，メディアに蔓延するジェンダー観（男子選手に奉仕する女子マネたちのけなげな姿が美しい）といった「社会的なもの」に焦点を当てるわけです。ですが，女子マネたち本人や彼女らを擁護する人々は，それを女子マネ個人に対する攻撃として捉えます。したがって，「女子マネ本人の意思を尊重すべきだ」あるいは「批判される女子マネがかわいそうだ」といった反論が生じるわけです。女子マネの存在を「社会の問題」として議論するか，「個人の問題」として考えるのか。この問題設定の違いによって，議論はつねにむなしい空回りをみせてきました。そのような堂々巡りの中で，女子マネという制度は生き続けてきたわけです。ジェンダーにかかわる他の問題にも共通することですが，このような「議論の嚙み合わなさ」は，女子マネ論争においてもかなり根深いといえます。

▷2　澁谷知美も，ほぼ同様の指摘をしている。澁谷知美（2014）「『女子マネ』報道はなぜ批判されたか」『週刊金曜日』22(37)，16-17頁。

3 甲子園の「話題」としての女子マネ

一方で，高校野球についていえば，選手やチームとともに，女子マネには「甲子園の話題」という側面もあります。例えば，「チームのため献身的に仕事にはげむ女子マネ」という美談調の報道は，マスメディアでは頻繁に登場しています。1996年，女子マネは「記録員」として甲子園でのベンチ入りが可能になりました。これは高校野球ファンや世間で大きなニュースになりました。また，マネージャーではありませんが，女子であるために選手として甲子園に出場できない「女子選手」の話題も頻繁にあがります。2014年には，某スポーツ新聞で「選手のためにおにぎりを，2年間で2万個つくった」という女子マネが紹介されました。その記事では，学校名や本人の実名・顔写真（カラー）までが入っていたのです。その報道についての賛否はさておき，事実としてSNSやネット掲示板，週刊誌などを中心に賞讃と批判の嵐が沸き起こり，一大論争に発展しました。さらに2015年には，甲子園練習を補助していた女子マネが，「規定違反」を理由に球場練習から追い出されるという事件が起き，世間には高野連への批判や，「女子が練習参加するのは危険だ」といった高野連への擁護論など，様々な問題提起が起きました。2017年の春の大会から，女子マネの甲子園練習への参加（補助）が認められましたが，このように，女子マネは甲子園大会というメディアイベントを盛り上げるため，結果的にではありますが，一つの「ネタ」としても存在し続けてきたわけです。

4 「男性差別」という視点

さらに，「男性差別」や「学校教育」という視点から女子マネを考えることも可能でしょう。例えば，「女子マネ 実はスゴイ」（『読売新聞』（大阪）2016年12月10日夕刊3面）という記事をとりあげてみましょう。記事の中では，「マネージャーの主な仕事」（野球部の場合）として次のようなものがあげられています。「ノックのときのボール渡し」「練習試合のスコアブックの記入」「選手のドリンクの準備」「道具の用意と片づけ」「来校者やOBへの対応」などです。言うまでもありませんが，これらはすべて男子部員ができることでもあります。ということは，この高校は教育機関でありながら，「男子生徒は自分のことは自分自身でできる能力を身につけるべきだが，そのための機会をうばっている」と考えることもできます。すなわち，教育機関の中で差別を受けているのは男子生徒でもあるという解釈が成り立つわけです。

スポーツの世界では，男子のプロ野球やプロサッカーなどが注目されますが，「彼らが学生時代にどれほど女子マネの恩恵を受けてきたか」，あるいは逆に「どれほど『見えない差別』を受けてきたのか」という視点で考えれば，スポーツの見方がかわるかもしれませんね。

（高井昌吏）

おすすめ文献

†高井昌吏（2005）『女子マネージャーの誕生とメディア——スポーツ文化におけるジェンダー形成』ミネルヴァ書房。

†関めぐみ（2018）『〈女子マネ〉のエスノグラフィー——大学運動部における男同士の絆と性差別』晃洋書房。

†松谷創一郎（2014）「『おにぎりマネージャー』の生きる道」。http://bylines.news.yahoo.co.jp/soichiromatsutani/20140814-00038232/（2017年12月25日閲覧）

Column 1

学童保育とジェンダー

学童保育の自由遊びの観察

2015年現在，小学校低学年の子どものうちおよそ4人に1人が学童保育を利用しています。学童保育（厚生労働省による名称は「放課後児童クラブ」）は，保護者が仕事などにより昼間は家庭にいない，主に小学校低学年の児童を対象とする保育施設です。学校や児童館・公民館の中に設置されています。

わたしは，子ども自身が子ども間でつくり出すジェンダーの文化について研究したいと思い，近畿地方のA学童保育（児童館内，児童数40名）で長期の参与観察を行いました。そして，スポーツの「強さ」を中心的な価値とする男子文化と，男子間・男女間の権力関係の構築をエスノグラフィーにまとめました。

子どもを主体とするジェンダーと権力関係の研究は，「男らしさ／女らしさ」の伝達・学習を論じる社会化研究とは異なる知見を提供します。

例えば，社会化研究は，保育者が名簿などで子どもを性別に分け，男子を前におき，「男子は野球が好き」のように性別のステレオタイプを伝達することに注目してきました。確かに，A学童保育にも，このような現実がみられました。しかし，学童クラブの自由遊びを観察すれば，保育者よりも子どものほうが性別にこだわり，性別の現実を創り出しているようにみえます。

男女の分離と保育者の公共的な役割

表1は，A学童保育での子ども全員の遊びを10分ごとに記録した1週間分のデータをもとに作成したものです。男子が複数人で遊んでいる場合，男子だけの集団で遊んでいた割合は，全体で70%になっています。また，2・3年生をみると，3・4人くらいの少人数で男女一緒に遊んでいた割合は，男子の集団遊びの5%未満です。しかも，こうした少人数の男女混合遊びでは，そのほとんどで保育者が一緒に遊んでいました。このことは，ドッジボールなど大人数の男女混合遊びについても同じでした。保育者がいるほうが子どもは男女混合で遊ぶのです。なぜでしょうか。

欧米の多くの調査研究でもわたしの観察でも，小学校2・3年生は，1年生に比べても性別の境界を強く意識するようになっています。この時期，子どもたちは言語能力を発達させ，「男らしさ」「女らしさ」の知識も動員して，「男子対女子」の枠組みで特有のからかいや競争のやりとりを作り出します。例えば，男子たちは，女子の荒っぽい言葉遣いに出合うと，「やくざや」「ヤンキー」などとからかい，挑発し，追いかけあいを作り出します。また，異性との身体接触に，「エロ」のようなセクシュアルな意味あいを付与するからかいも始めます。このため，特定の男女が性別の境界

表1　男子参加の遊び集団の性別構成

(10月15-21日，単位：回)

	男子全体		1年		2年		3年	
男子だけの集団	282	70.0%	102	63.4%	145	74.7%	35	72.9%
男女混合　小集団	35	8.7%	27	16.8%	7	3.6%	1	2.1%
大集団	86	21.3%	32	19.9%	42	21.6%	12	25.0%
計	403		161		194		48	

出所：片田（2014）。

線を越えて，一緒に遊ぶことは危険な行動になるのです。

　これに対して，保育者は子どもが安心できる環境を作ろうとして，子どものからかいや攻撃行動を注意する傾向があります。また，個々の子どもの遊びに参加したいという意向を尊重する志向をもっています。このため，保育者が一緒に遊んでいる場合，子どもは保育者に話しかけるなどして，より気軽に性別の境界を越え，遊びに参加することがみられるのです。表1の調査では，自由参加であったにもかかわらず，2・3年生の女子のほとんどが，保育者が同伴する男女混合のドッヂボールに参加していました。普段の自由遊びでは女子だけでスポーツをすることはほとんどみられませんでしたが，保育者が積極的に機会を提供すれば，女子もスポーツを楽しむのです。

　したがって，女子・男子が生きる現実から始め，保育者が子どもの個性尊重と協同性の育成のためにすでに行っていることを前向きに評価し，さらに子どものエンパワーのために取り組むべきことを伝えていくという研究がもっと行われてよいと思われます。

男子のスポーツ遊び

　A学童保育で2・3年生の主流の男子たちは，ドッジボールや卓球などのスポーツを好んで行っていました。そして，その遊びの中で「強い／弱い」や「本気／弱気」「恥」などの特有の語彙を用いて，互いに自分の能力を示そうとする競争的な文化を作り上げていました。

　興味深いことに，この年齢の男子たちはゴフマンのいう「思いやりの原理」をまだ十分に身につけていないために，形式的に他人を誉めその面目を維持しようとする志向が弱かったのです。その結果，お互いに自分の能力を上手く誉めてもらえず，「オレのサーブは速いだろう」のように自慢したり，一緒に遊んでいる者を「ださい」「弱い」のように公然とけなしたりすることになっていました。

　こうした中，2年生男子の中でよく能力をけなされ，罵られていた男子が，1年生の男子に対して同様のおとしめをくり返し行っていました。また彼は，他の男子以上に女子の遊びに積極的に口を出し，指導をしたがるということがみられました。「思いやり」のコミュニケーション技術を欠いた男子間で，心の傷が不必要につくり出され，権力関係が上から下へと連鎖的に構築されることがみられました。その一方，男子の中には下位学年への気遣いを積極的に示し，他の者の罵りに介入する者もいました。

　保育者が男子間の能力競争と攻撃の文化をよく観察し，その問題点を理解すれば，目の前の子どもの力になり一緒に問題解決に取り組むことができます。未来に向けた社会化という観点だけでなく，「いま－ここ」の子どもたちの個性尊重と協同性（人権と公共性）の観点から，男女間の協力や男子の権力を問題にしてくことが重要です。そのために，研究者や行政が果たすべき役割があります。

〔片田孫朝日〕

▷ 1　片田孫朝日（2014）『男子の権力』京都大学学術出版会。
▷ 2　Goffman, E. (1967) *Interactional Ritual*, Doubleday（=2001, 浅野敏夫訳『儀礼としての相互行為〈新訳版〉』法政大学出版局).

Ⅲ　教育とジェンダー／C　自分らしく生きる

子どもの遊びとジェンダー

おもちゃにみられる「女の子向け」「男の子向け」

　1970年代のアメリカで，赤ちゃんと玩具のかかわりをジェンダーの視点から考察した「ベビーX」と呼ばれる研究が実施されました。被験者は，おもちゃを使って生後間もない乳児の世話をするように頼まれます。赤ちゃんは黄色のベビー服を着せられ，性別が見分けにくくなっています。与えられるおもちゃは，3種類。「男の子」を連想させるフットボール型の小さなボール，「女の子」を連想させる可愛らしいお人形，性別と無関係なおしゃぶりでした。

　調査結果をみますと，赤ちゃんが「男の子」であると教えられた被験者の多くは，おしゃぶりを与えました。調査者によれば，フットボールは赤ちゃんには早すぎる，と考えられたためだろうとのことです。一方，「女の子」であると教えられた被験者の多くは，人形を与えました。そして，性別を教えられなかった被験者は，自分がその赤ちゃんをどちらの性別で認識しているかによって，与えるおもちゃが異なりました。[1]

　以上の結果からわかるとおり，わたしたちは生み出されてからすぐに性別（ジェンダー）のレッテル付けが始まり，そこにおもちゃが大きく関与しています。

　一般的に「男児用おもちゃ」は将来の運動・スポーツ実施につながるような空間を大きく使う躍動的なものが多く，「女児用おもちゃ」は家事・育児を連想させるようなものが多いのは周知のとおりです。しかし，高校生を対象に回想記述により幼年期になされたジェンダーの社会化を分析した調査では，女子では「『女の子の遊びは好きではなかった』という記述もみられるものの，男子の『男の子の遊びは好きではない』という記述は」ありませんでした。女子が自分のジェンダー受容について，男子よりは困難を抱えていることがうかがい知れます。[2]

2 「テファリキ（Te Whāriki）」に学ぶ

　テファリキとは，1996年に制定されたニュージーランドの幼児教育カリキュラムです。子どもたちの個性を伸ばす役割を果たしていると世界から注目されています。かつて，日本のテレビ番組で子どもたちの遊ぶ姿が紹介されました。

　ある幼稚園での一風景です。鋸を使って木を切る女の子もいます。スカート

▷1　青野 ほか（2004）65-85頁。

▷2　笹原恵（2008）「幼年期におけるジェンダーの社会化に関する一考察──静岡県における高校生調査の分析より」『静岡大学情報学研究』14, 33-59頁。

を履いて遊ぶ男の子もいます。子どもたちは誰もおかしなことと思っていません。

しかし，特に父親はスカートを履いた息子の姿を受け入れにくいこともある，と保育園スタッフはいいます。その場合，スタッフは男の子について，彼は「妖精」になりたい感性を膨らませているのであり，決してその想像力を潰してはいけない，と説明するのだそうです。また，ある家庭における男女一組の双子の父親は，子育てについてのインタビューに，2人を同じように育てていると答えます。しかし，同時に「正直なところ男の子にはスポーツが上手になってほしい」との夢ももっている，と本音も吐露しています。

非常に充実した教育カリキュラムが準備され，男女平等意識が高い社会であっても，遊びにみられるジェンダーバイアスはまったくなくなるというわけではないようです。保護者のジェンダー観が，子どもの遊びにも大きく影響を与えうることを物語っています。

▷3 佐野信子（2004）「子どもの遊びとジェンダー」『スポーツ・ジェンダー学への招待』明石書店，185-192頁。

❸ 「子どもの遊びとジェンダー」を越えて

乳幼児期から，遊びをとおして子どもたちはジェンダーバイアスの洗礼を受けています。誤解をまねかないように付け加えますと，それらの遊びの存在を否定するものではありません。しかし，女の子でも「男の子向きの遊び」が好きな者もおり，また，そこから得られる知識や技術もあることを忘れてはならないということです。男の子にもまた同様のことがいえます。

ニュージーランドの例でみたように，子どもがその子の性別向きと思われていない遊びに興味や関心を覚えた際に，それを否定するのではなく，子どもの可能性が広がっていく過程の一つであると捉え，その子の感性がより豊かになった証拠であると，前向きに受け止めることは望ましいことです。特に，「男の子向き」と思われている遊びを幼少時から女児も親しむことにより，運動・スポーツ能力の向上につながるのではないでしょうか。そのことにより，外遊びや学校体育の場面でも，今以上に男女差が小さくなり，女児も男児と一緒に遊ぶ素地を作ることが可能となります。同時に，その状況を反映して，男児で運動・スポーツが好きではない者，苦手な者たちが「女の子向き」と思われている遊びで遊んだり，運動・スポーツでよいパフォーマンスが出せなくとも，「男のくせに」という彼を傷つける言葉がけを受けずに済む環境づくりが可能となります。

無垢で生まれてきた子どもたちは，生育環境の中で，様々な色に染まっていきます。その際に，ジェンダーにより子どもたちが個性を伸ばすことを許されず，ジェンダーの枠にはめられてしまい，生まれもった可能性を潰してしまうことがないように，保護者や周囲の大人たちはジェンダーバイアスを植えつけないような意識をもって養育していくべきでしょう。

（佐野信子）

おすすめ文献

†恒吉僚子・S. ブーコック編著（1997）『育児の国際比較――子どもと社会と親たち』日本放送出版協会。
†青野篤子・森永康子・土肥伊都子（2004）『ジェンダーの心理学〔改訂版〕』ミネルヴァ書房。
†藤田由美子（2015）『子どものジェンダー構築――幼稚園・保育園のエスノグラフィ』ハーベスト社。

Ⅲ 教育とジェンダー／C 自分らしく生きる

スポーツ実践とジェンダー

① 運動・スポーツ実施率の男女差

　一般成人の運動・スポーツ実施率の男女差から，スポーツ実践とジェンダーについて確認してみたいと思います。図1は，近年は「体力・スポーツに関する世論調査」の名で実施されている全国調査の結果です。1976年までは当時の総理府が調査主体となり「スポーツに関する世論調査」の名で実施しており，過去1年間に何らかの運動やスポーツを1回以上実施した者の割合を，男女別に50年間の推移を把握することが可能です。約50年前の1965年の状況をみると，男性の実施率58.8％に対して，女性は36.7％と男女間で22ポイントの差がみられます。また，当時の成人女性の6割以上が1年間に全く運動・スポーツを行わない「非実施者」であったことも確認できます。以降20年間程，男女のスポーツ実施率は15ポイント前後の開きで推移しており，1994年にようやくその差は10ポイントに縮まります。男女差がさらに10ポイントを下回るのは2004年調査で，最近の2回の調査では，男女差が5ポイント前後にまで縮まったことが確認できます。この結果をみると，21世紀に入りようやく運動・スポーツ実施率の男女差がなくなってきているという状況が確認できます。

② 運動・スポーツ実施率の世代別確認

　男女差がなくなりつつあるようにみえる運動・スポーツ実施率ですが，実際

▷1　笹川スポーツ財団（1996），38頁。

▷2　内閣府（2004）（2006）（2009）「体力・スポーツに関する世論調査」。

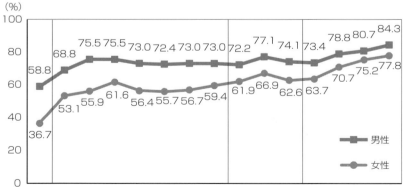

図1　成人の運動・スポーツ実施率（性別，年1回以上）

出所：内閣府（2004）（2006）（2009），文部科学省（2013），笹川スポーツ財団（1996）をもとに作成。

の状況を20歳未満も対象に含め、最新の調査結果で確認してみたいと思います。笹川スポーツ財団が実施する成人、10代、4～9歳を対象にした全国調査「スポーツライフに関する調査」から、年1回以上、週1回以上の運動・スポーツ実施率をまとめてみました（表1）。成人では、年1回以上の実施率の男女差は6.7ポイントと、図1の「体力・スポーツに関する世論調査」と同様の結果がみられました。さらに、週1回以上の定期的な実施状況をみると、男性54.9％に対し、女性が56.6％と、女性が男性をわずかながら上回っていることがわかります。これは、30～50代の定期的実施率が男性より女性が上回っていることに起因しています。

一方、10代をみると、年1回以上の実施率は男性90.1％に対して女性が83.4％と6.7ポイントの差がみられ、週1回以上の定期的な実施では、男女差は11.5ポイントとさらに開いています。ところが、4～9歳では年1回以上、週1回以上の実施ともに男女差はなく、わずかながら、どちらも女子の実施率の高い特徴がみられます。4～9歳の女子の実施率の高さは、いわゆるスポーツではなく、運動あそび（おにごっこ、ぶらんこ、自転車あそび、なわとびなど）が主となっていることがあわせて確認できていますが、身体を動かしている割合が男女で差がないことは事実で、その実施率が10代に継続していないことが女性の運動・スポーツ実施の課題といえます。

3 スポーツ実践のジェンダー視点

今回は、運動・スポーツ実施率の状況を性別と世代別に確認してきました。運動・スポーツ実施率の男女差の要因の一つに、実施種目が関係しているのではないかと推察しています。特に10代の女子に対して、彼女らのニーズにあった種目が提供できているのでしょうか。また、10代以前の幼少期から男子にみられるサッカーのように、スポーツ系の種目に親しみ継続できる環境があまりないことも課題としてあげられます。10代の女子にもっとも実施されているスポーツ系の種目はバドミントン、次いでバレーボールですが、現状では10代以前の幼少期から実施・継続できる機会は少ないのです。さらに、身近に女性のスポーツ指導者がいる環境で、スポーツを実施できているでしょうか。また、指導者からは男女問わず、正しい言葉がけを受けてきたでしょうか。今回ご紹介したデータからは、推察できることがたくさんありますが、一つひとつその関係性を紐解いていく努力を続けていくことが、必要であると考えています。

（工藤保子）

表1　運動・スポーツ実施率（世代別）

(%)

実施頻度	性別	成人 n＝2,926 (2016年)	10代 n＝1,712 (2015年)	4～9歳 n＝1,123 (2015年)
年1回以上	全体	72.1	86.8	96.3
	男性	75.5	90.1	96.1
	女性	68.8	83.4	96.5
週1回以上	全体	55.7	75.3	93.9
	男性	54.9	81.0	93.7
	女性	56.6	69.5	94.2

出所：笹川スポーツ財団（2015a）（2015b）（2016）をもとに作成。

▶3　笹川スポーツ財団（2015a）「10代のスポーツライフに関する調査」笹川スポーツ財団。
▶4　笹川スポーツ財団（2015b）「4～9歳のスポーツライフに関する調査」笹川スポーツ財団。

▶5　子どもの遊びについては、Ⅲ-C-①を参照。

おすすめ文献

†文部科学省（2013）「体力・スポーツに関する世論調査」文部科学省。
†笹川スポーツ財団（1996）「スポーツ白書」笹川スポーツ財団。
†笹川スポーツ財団（2016）「スポーツライフに関する調査」笹川スポーツ財団。

III 教育とジェンダー／C 自分らしく生きる

3 ママさんスポーツ

1 ママさんスポーツ（家庭婦人スポーツ）の誕生

　1964年に東京で開催された第18回オリンピック大会で金メダルを獲得した女子バレーボールは，東洋の魔女と呼ばれて一世を風靡し，これをきっかけにバレーボールは，漫画，映画，テレビドラマなどで取り上げられて大人気となりました。このようなバレーボール熱の中で，主婦たちもPTAや婦人会などでバレーボールを楽しむようになり，それらは「ママさんバレー」と呼ばれて全国的に広まっていきました。当時は，結婚した女性のほとんどが専業主婦として，家事・育児を担当するという性別役割分業が社会的規範とされており，また主婦が家庭を離れて集団的なスポーツを楽しむ機会も発想もありませんでしたので，このような主婦たちのスポーツ活動は，男女同権につながる画期的なこととして社会から注目されました。[1] ママさんバレーの刺激を受けて他の種目でも主婦たちが仲間を作って活動を始め，主婦によるスポーツは，ホッケー，バドミントン，バスケットボールなど十数種目に広がっていき，それらは「家庭婦人スポーツ」と呼ばれるようになります。[2] 正式な連盟名称や大会名称などには「家庭婦人」や「レディース」が冠されましたが，愛称として「ママさん」が使用され，ママさんバレー，ママさんバスケットなどと呼ばれて親しまれていました。家庭婦人スポーツの競技特性としては，チャンピオンシップに特化するのではなく，交歓性を重視するルール設定などによって，健康志向や仲間づくりに目標を置くよう配慮されました。

2 ママさんスポーツの時代背景

　1960年代の日本は高度経済成長下にあり，社会は活気を帯びていたものの，1970年代以降は経済成長の維持と，経済成長がもたらした地域崩壊の再建などが，政治課題となっていきます。[3] そのような社会事情を反映して閣議決定された「経済社会基本計画」（1973年）に基づく施策により，[4] 体育施設が数多く建設され，また文部省（現文部科学省）は社会体育を振興させるためには地域の婦人会やPTAを核とする活動が必要であるとの考えから，地方自治体をとおして，女性を対象としたスポーツ教室などの開催を促していきました。

　このように行政からの支援を受けながら，主婦たちはスポーツ活動をとおして日常から解放されつつ，家庭では夫を労働力として社会に送り出す役割を遂

▷1　大橋美勝・島崎仁（1971）「家庭婦人のスポーツに関する社会学的研究」『東京教育大学体育学部紀要』10，37頁。
▷2　前田博子（1998）「中年期女性のスポーツ活動に関する研究──『家庭婦人』競技大会に着目して」『日本体育学会大会号』49，195頁に詳細が記されている。

▷3　佐伯年詩雄（2006）「スポーツ政策の歴史と現在」『現代スポーツ評論』15，創文企画，41頁。
▷4　国民福祉の充実のための方策として，地域の生活に密着している文化・厚生・スポーツなどの施設や街づくりなどに地域の独自性が生かされることを提示している。

行していきました。このような観点から，1970年代のママさんスポーツは，2つの政治課題に対応していたと考えられます。1つは，家事育児を担当して夫を支えるという主婦役割によって高度経済成長の維持に貢献したこと，もう1つは地域でのスポーツ活動を通して地域の活性化に寄与したということです。

3 ママさんスポーツとジェンダー的視点

　ママさんバレーの第1回全国大会は1970年に開催されました。日本バレーボール協会と朝日新聞社が共催し，文部省他が後援，さらに協賛各社から相当額の協賛（参加チームの旅費交通費全額支給や大会参加費無料など）を受けての事業でした。このように1970年代のママさんスポーツは，社会的に非常に関心をもたれ各方面から支援を受けて展開されましたが，このスポーツ活動は参与者たちに解放の場を提供するのと同時に，社会が要望する主婦役割を受容させるという構造が無意図的に構築されていたとの見解が示されています。このことから，ママさんスポーツは女性をフェミニズム的な意味で解放したのではなく，むしろジェンダー秩序を維持させる方向に機能していたのではないかと考えられます。

　1980年代になると，男女平等を目指す世界的なムーブメントの中で，家庭婦人という括りや名称に対して，社会から疑問が投げかけられるようになります。そのような中で，多くのママさんスポーツの種目は既婚者という括りを超えて，年齢や競技キャリアによるカテゴリー分けによって大会を開催するようになります。それでもチームスポーツであるバレーボールとバスケットボールは，2010年代でも，基本的に参加資格を既婚者とするという規定を固持していました。その理由を推測すると，これらは個人競技種目とは異なり，競技の特性上，同一の時間帯と場での活動が求められる，いわゆるチーム活動が望ましいため，「主婦」であるという同一意識がスポーツ参与者の自己アイデンティティとしてより強く存在していることがあげられます。

　ママさんスポーツの中でも先駆者的存在であり，大規模な活動をしているママさんバレーは1979年に全国組織を設立し，女性だけによる運営を目指してそのエンパワーメントを発揮してきました。活動者の年齢層は拡大し，2016年には70歳以上を対象とした全国おふく大会も開催されています。また，2014年には親組織である日本バレーボール協会の傘下を離れ，一般社団法人「全国ママさんバレーボール連盟」として独立し，会員数約12万人を擁して，経済面でも運営面でも自立した組織となりました。それは家庭内の存在であった主婦がスポーツをとおして人間力を高め，「ママさん」という名称を掲げて社会的な存在へと変化した現象であり，ジェンダー秩序克服への一つの足がかりであるとも捉えられるので，今後の展開が注目されます。

（髙岡治子）

▷5　日本バレーボール協会1969年12月8日定例常任理事会の議事録に記載されている。

▷6　髙岡治子（2008）「家庭婦人スポーツ活動における『主婦性』の再生産——ママさんバレーボールの発展過程と制度特性を中心に」『体育学研究』53，391-407頁。

▷7　日本家庭婦人バスケットボール連盟が行った会員への実態調査によると，30代を含めて会員の60％以上が「家庭婦人」を自分になじみがある言葉だと回答している（日本家庭婦人バスケットボール連盟活動実態調査報告書2012年度，19頁）。

おすすめ文献
†江刺正吾（1992）『女性スポーツの社会学』不昧堂出版。
†内海和雄（2001）「『ママさんバレー』の実態と意義」『一橋論叢』125(2)，115-131頁。
†髙岡治子（2010）「主宰者機構からみた家庭婦人スポーツ活動における『主婦性』の再生産——ママさんバレーボールを事例として」『体育学研究』55，525-538頁。

Ⅲ 教育とジェンダー／C 自分らしく生きる

健康とジェンダー：健康寿命へのアプローチ

① 寿命とジェンダー

　性差には，生物学的に決定される性別「セックス」と，社会的・文化的に決定される性別「ジェンダー」に基づくものがあります。現在の日本人の平均寿命は，男性80.98歳，女性87.14歳で，戦後の約50年の間に30年伸びています。女性の寿命が長いのは日本だけではなく世界的な傾向です。死因の上位を占める心筋梗塞や脳血管疾患の主要因は動脈硬化ですが，女性ホルモンのエストロゲンは血圧を下げたり悪玉コレステロールの血中濃度を下げたりして動脈硬化には抑制的に働きます。エストロゲンはセックスにより決定されますが，実は，動脈硬化には，食事・運動・喫煙・ストレスなどのいわゆる生活習慣の影響のほうが強く，生活習慣は，教育，職業階層，所得，環境や社会制度を含む多様なレベルの社会的・文化的（ジェンダー的）影響を受けています。

　セックスの健康への影響としてもっとも頻繁に取り上げられてきたのは，生殖システム（リプロダクティブ・ヘルス）で，具体的には，妊産婦死亡や妊娠・出産に伴う健康障害の発症です。妊産婦死亡は今でも深刻な健康問題であることには変わりありませんが，妊産婦死亡率の減少は明らかに女性の平均寿命延伸に寄与してきました。ただし，2016年の平均寿命が50歳のシエラレオネなどの西部・中部アフリカ諸国は，現在でも妊産婦死亡率が高く，数年前までは女性は男性より短命でした（現在は男女差なし）。1人当たり国内総生産（GDP）は寿命にも関連しますが，生涯妊産婦死亡率とも強固な関連を示します。1人当たりGDPの低い国では，約10〜20人に1人が生涯に妊娠・出産で死亡しています（ちなみに日本の生涯妊産婦死亡率は1万3400人に1人）。妊産婦死亡には女性という生物学的要因に加え，貧困や女性差別のように女性をとりまく社会的・文化的（ジェンダー的）要因が強く影響しています。

　教育の機会，経済資源，就業の機会などにおける男女間の不平等により，女性の様々な資源へのアクセスや自ら健康を守る機会や能力が限定され，結果的に健康にも悪影響が及んでいることが指摘されています。また性（ジェンダー）に起因した不平等は，女性ばかりでなく男性の健康にも影響を与えています。アメリカでは，州別にみた女性の平均的な社会的地位（政治参加，経済的自立，職業や収入によって測定される）は，女性だけでなく男女両方の健康度と相関し，女性の社会的地位の低い州では女性の死亡率とともに男性の死亡率も高いこと

◁1　健康寿命
寿命から日常生活に制限のある期間を差し引いた期間をさす。

◁2　1990年代以降，「生物学的性（セックス）」に対するわたしたちの認識の仕方も含めて「ジェンダー」と捉える考え方も広がった。

◁3　2017年簡易生命表による。

◁4　Unicef（2016）「世界子供白書（表8 女性指標：146-149）」より。

◁5　Unicef（2016）。

◁6　本庄かおり・神林博史（2015）「ジェンダーと健康」川上憲人・橋本英樹・近藤尚己編『社会と健康――健康格差解消に向けた総合科学的アプローチ』東京大学出版会。

◁7　WHO（2010）"Women and Health" より。

◁8　Kawachi, I., et al. (1999) "Women's status and the health of women and men: a view from the States." Social science and medicine, 48, pp. 21-32.

◁9　Lillard L. A. and Waite L. J. (1995) "Til death do us part: Marital disruption and mortality." American Journal of Sociology, 100, pp. 1131-1156.

が認められています。

一方，健康にとって，男女で異なる意味をもつのが婚姻と死亡リスクの関連です。1万1112人の男女を1968年から17年間追跡した研究において，既婚者は非婚者（未婚・離婚・死別）に比べ男女ともに死亡リスクが低いこと，健康への影響は女性では世帯収入が関係しますが男性ではそのような影響はみられないこと，男性では配偶者の死亡により死亡リスクが高まりますが女性ではそのような関連が認められないことなどが報告されています。婚姻の恩恵の一つに女性では経済的安定，男性では情緒的・社会的サポートの供給があって，これらが健康に影響を及ぼしていると推察されています。

2 高齢者の健康寿命の延伸

不老長寿は人類の長年の夢でした。近年になり長寿が達成された地域においては，"健康寿命の延伸"が新たな目標として掲げられています。わが国では寿命と同様，健康寿命も世界のトップですが，両者間には，2016年で男性9.02年，女性12.40年の差があります。一般にはこの間に，健康上の理由で日常生活に何らかの制限を感じることが多くなり（これを老年学の分野では「フレイル」といいます），次第に自立した生活ができなくなって要介護に陥る過程があると推察されています。女性の介護給付費受給者は男性の約3倍です。自分らしく生きる（自己実現，幸福）ためにはできるだけ寿命と健康寿命の差を縮めること，すなわちフレイルを予防し，健康寿命を延伸させることが重要です。健康寿命延伸には，幼少期からの対策が必要ですが，高齢期であっても十分間に合います。わたしたちは，生活の中に運動を取り入れることで，筋量・体力を維持し，要介護認定や医療費・要介護給付費を抑制できること，このような運動は，うつや閉じこもりを改善・予防し，社会関係資本（ソーシャル・キャピタル）の豊かさにつながることを明らかにしています。

社会的・文化的不平等は，高齢者においても健康に影響を及ぼしますが，影響の仕方は男女で異なります。例えば，男性では貧困となっただけで死亡リスクが高まりますが，女性では社会的孤立（友人・知人がいない）が加わると死亡リスクがあがります。「愚痴を聞いてくれる人がいる」は情緒的サポートですが，受領（聞いてもらう）・提供（聞いてあげる）とも「ない」割合は，男性は女性の2倍と報告されています。このような男女の特性は，後天的に構築された結果と考えられますが，特性を踏まえた対策も必要です。従来は参加者の多くが女性であった介護予防事業に，「体力強化」や「地域貢献」を前面に出したプログラムを展開することで男性参加者が増えたという例もあります。

健康寿命延伸のためには，すべての人が幼児期から運動に親しむことのできる社会，ソーシャル・キャピタルの豊かな地域づくりがきわめて重要といえます。

（木村みさか）

Ⅲ-C-④ 健康とジェンダー

▷10 国民健康基礎調査，2015年による。

▷11 日本老年医学会HPより。

▷12 渡邊裕也他5名（2014）「幅広い高齢者に適応可能なサルコペニア予防法（地域の介護予防現場で使える実践的方法の確立）」『デサントスポーツ科学』35，78-86頁。

▷13▷14 いずれも未発表資料。

▷15 人々同士・組織同士のつながり，つまり「社会関係」を資源としてとらえる概念。つながりが「地域の力」となり，様々な課題の解決に役立つ，という考え方で，健康づくり対策にも重要な視点として注目されている。

▷16 三宅基子ほか（2015）「地域高齢者における散歩の現状と散歩行動に影響を及ぼすソーシャルキャピタル要因に関する研究」『レジャーレクリエーション研究』76，5-13頁。

▷17 近藤尚己（2016）「健康格差の何が問題か」『健康格差対策の進め方——効果をもたらす5つの視点』医学書院。

▷18 斎藤嘉孝（2007）「社会的サポート」近藤克則編『検証「健康格差社会」』医学書院。

おすすめ文献

†川上憲人・橋本英樹・近藤尚己編（2015）『社会と健康——健康格差解消に向けた総合科学的アプローチ』東京大学出版会。

†近藤尚己（2016）『健康格差対策の進め方——効果をもたらす5つの視点』医学書院。

III 教育とジェンダー／C 自分らしく生きる

5 社会的格差と女性スポーツ

1 世帯収入の格差と女性の運動・スポーツ実施率

社会的格差とは，ある社会的基準をもって人々を分けた場合に階層間格差が大きく，その階層間の移動も少ない状態が存続することを指しており，わが国では収入格差や性別格差，教育格差，地域格差，企業格差など様々な社会的格差が存在するといわれています。▷1

ここでは，家族の世帯収入（税込）と性別による運動・スポーツ実施率の関係をみてみます。図1は，世帯年収を4つのグループに分け，男女別に運動・スポーツ実施率の割合を示したものです。統計的な手法で検定した結果，世帯収入と運動・スポーツ実施には男女ともに有意な関係が認められました。男女別にその傾向をみると，女性のほうが男性よりも世帯収入が運動・スポーツ実施の有無や実施状況に影響を与えていることがわかりました。▷2

詳細をみると，男性は世帯収入が低いほど，非実施者の割合が高くなる一方で，週2回以上の定期的実施者，さらにアクティブスポーツ人口も「300万円未満」での割合が他の世帯収入グループよりも高くなっています。男性の世帯収入「700万円以上」グループをみると，非実施者の割合は16.5％ともっとも低いものの，週2回以上の定期的実施者とアクティブスポーツ人口を合わせた割合ももっとも低く，男性の場合は世帯収入が運動・スポーツ実施の有無には▷3

▷1 武内清（2016）「社会的格差と教育（資料A）」。

▷2 笹川スポーツ財団（2016）が18歳以上を対象に実施した「スポーツライフに関する調査」から，二次分析の結果を紹介する。

▷3 アクティブスポーツ人口
週2回以上，1回30分以上，運動強度「ややきつい」以上の条件を満たしている者。

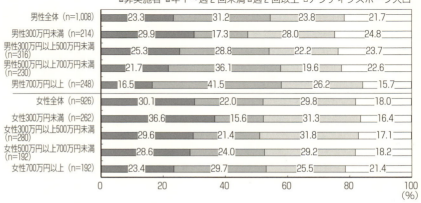

図1 18歳以上の運動・スポーツ実施率（世帯年収別）

出所：笹川スポーツ財団（2016）をもとに筆者作成。（$\chi^2=43.811$, df = 9, $p<0.001$）

影響するものの，活動の頻度や時間等には影響していないことがわかります。

女性は，世帯収入が「300万円未満」のグループでは非実施者が36.6％と，3人に1人の割合となっています。一方，アクティブスポーツ人口は「700万円以上」のグループで21.4％ともっとも高く，女性は世帯収入が運動・スポーツ実施の有無や実施状況に影響を与えていることがわかり，世帯収入が高いほど，積極的に運動・スポーツを実施していることが確認できました。

② 教育の格差と女性の運動・スポーツ実施率

最終学歴と性別による運動・スポーツ実施率の関係を，図2に示しました。統計的な手法で検定した結果，最終学歴と運動・スポーツ実施には男女ともに有意な関係が認められ，女性よりも男性のほうが，最終学歴が運動・スポーツ実施の有無や実施状況に影響を与えていることがわかりました。

特に，アクティブスポーツ人口の割合をみると，男性では「中学校」グループの割合がもっとも低いが，女性ではどのグループもあまり差がないことがわかります。

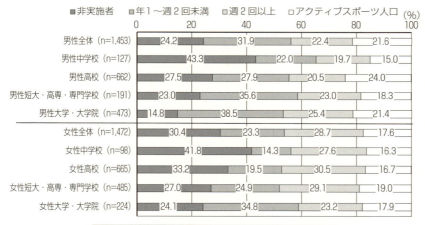

図2　18歳以上の運動・スポーツ実施率（学歴別）

出所：笹川スポーツ財団（2016）をもとに筆者作成。（$\chi^2=62.616$, df＝9，$p<0.001$）

③ 社会的格差と女性スポーツの視点

今回は，収入格差と教育格差の視点で運動・スポーツ実施の現状を報告してきました。しかし，収入に関しては，個人収入の観点からの調査も必要です。今後は，さらに女性間での差異や家庭内での役割分業の負担状況，地域格差などの視点でも注視していく必要があるでしょう。

（工藤保子）

おすすめ文献

†武内清編（2014）『子どもと学校（子ども社会シリーズ）』学文社。

†笹川スポーツ財団（2016）「平成27年度　スポーツ庁委託調査『地域における障害者スポーツ普及促進事業（障害者のスポーツ参加促進に関する調査研究）』報告書」笹川スポーツ財団。

†橘木俊詔編著（2012）『格差社会（福祉編）』ミネルヴァ書房。

Ⅳ　メディアとジェンダー

総　論

1　メディアに向けたフェミニズムからの発信

　ジェンダー視点によるメディア批評は，フェミニストアプローチから始まりました。それは，メディアに描かれる女性像が性役割分担を助長し，女性を性の対象物やポルノグラフィ[1]として扱う表現が多く，性差別的であったからです。そして，フェミニストアプローチは，このような女性像が，あるべき女性の姿として規範化され，無意識に人々の心に浸透していくことを指摘しました。新聞，雑誌，テレビ番組／CMにおける性差別的表現や送り手のジェンダーバイアス，分析・批評のための理論など，メディアに向けたフェミニズムの主張の成果は，1980年代初頭から相次いで刊行されました[2]。

　また，世界規模の女性運動においても，メディアの重要性が指摘され，第4回世界女性会議行動綱領（1995）では，重点問題領域の一つにメディアが取り上げられました。ここでは，女性の固定観念化および表現や意思決定およびアクセスへの参加の不平等が注目されました。この動きは，国際的女性スポーツムーブメントおよび日本の男女平等運動にも大きく影響しています[3]。

　男女共同参画社会基本法（1999）に基づいて策定された「男女共同参画基本計画」（2000）では「メディアにおける女性の人権の尊重」が盛り込まれ，メディア・リテラシーについて言及されました。こうして，メディアとジェンダーをめぐる問題は認識され，論議されるようになり，その具体策として政府は「男女共同参画の視点からの公的広報の手引」（2005）[4]を作成，配布しました。

2　スポーツメディアを対象としたジェンダー分析

　メディアに登場する女性像は，時代とともに変遷し，時代を先取りしているかに見える一方，現在でもメディアはジェンダーを増幅する装置であり続けています。中でも，スポーツメディアはその最たるものです。それは，スポーツとメディア各々に内包された男性中心主義的構造が相乗した結果でしょう。

　スポーツメディア分析の重要性は，スポーツ観戦のほとんどがテレビを媒介としていること，さらに，スポーツ中継番組が高視聴率を稼ぐことから，各局が競って国際的スポーツメガイベントの放映権を獲得し，そこで活躍するアスリートをCMに起用している現状からうかがい知ることができます。

　メディア研究には，生産・制作，テクスト，オーディエンスの3つの領域が

▷1　性的興奮を起こさせることを目的としたエロティックな表現，あるいはリアルな性的行為の表現であって，フェミニズムでは女性に対する暴力ととらえている。

▷2　井上輝子（2009）「メディアが女性をつくる？　女性がメディアをつくる？」『新編　日本のフェミニズム7　表現とメディア』岩波書店，1-38頁．

▷3　Ⅳ-B-②を参照．

▷4　内閣府男女共同参画局「平成17年版男女共同参画白書」第2-10-1表「男女共同参画の視点からの公的広報の手引」の概要．（2017年12月25日閲覧）

▷5　飯田貴子（2005）「オーディエンスの多声性とジェンダー対抗的自己形成」『スポーツとジェンダー研究』3，4-17頁．
飯田貴子（2008）「スポーツジャーナリズムにおける「女性」の不在」『スポーツとジェンダー研究』6，15-29頁．

▷6　ホール，S. の「エンコーディング／デコーディング」モデルについては，吉見俊哉（2000）「抗争の場としてのメディア」『思考のフロンティア――カルチュラル・スタディーズ』岩波書店を参照．

▷7　來田享子（2017）「『日テレ動画問題』JSSGS検証ワーキンググループ中

あります。スポーツメディアでは，テクスト分析は比較的多く見られますが，他の2領域における広範囲な調査・分析はほとんどありません。テクストが生産され，流通，消費される過程において，どのようにジェンダーが組み込まれ，解釈されていくのか，丁寧に読み解いていく必要があります。

表1は，生産・制作過程におけるジェンダーバランスについてみたものです。マスメディアにおける意思決定機関が，きわめて不均衡なジェンダーバランスであることがわかります。これでは，ジェンダーに敏感で多様な視点を反映した表現や報道を期待することはできません。2015年ラグビーW杯の放送前に，日本テレビが公開した動画「セクシー・ラグビールール」が，インターネット上で話題になりました。関連学会も公開質問状を日本テレビに送り，ワーキンググループを立ち上げ，問題点を検証しました。カナダの公共放送局（CBC）では，雇用平等法に従い，女性，先住民，障がい者などマイノリティを積極的に雇用する方針を明らかにしています。フェミニズムの先例に学び，市民運動と研究が車の両輪となり，厳格な雇用平等法の成立を促すことも視野にいれたいものです。

また，オーディエンス研究にも力を注ぐ必要があります。この研究は，オーディエンスがテクスト解釈をする時，送り手が付与した価値をそのまま受け取る支配的読みをするのか，その価値を批判し抵抗する対抗的読みをするのか，あるいは双方織り交ざった折衝的読みをするのかを分析し，それぞれの読みに至る経緯や背景を検討するものです。メディアが伝達する権力者寄りの思考に惑わされず，批判できる力を養うには「何が必要なのか」が明らかになるはずです。

3 抹消されているスポーツ身体

テレビCMに起用されている男女のアスリートの描かれ方をジェンダー視点から分析すると，最近の傾向と課題を探ることができます。描かれ方は，6類型に分けることができました。表2は，その分析からCMに登場しないスポーツ身体の類型化を試みたものです。障がいがある身体，性的マイノリティの身体，それらに年齢や民族などを交差させた多様な身体も抹消されています。抹消されているスポーツ身体をメディアに登場させること，そのための方策を考えると，スポーツメディアの課題がみえてきます。

（飯田貴子）

表1 メディアにおける団体別役員，管理職の女性比率

（％）

	役員	管理職
日本新聞協会	0.0	5.6
日本放送協会	0.0	7.0
日本民間放送連盟	0.0	13.7

出所：内閣府HP（2017）「女性の政策・方針決定過程への参画状況の推移（総括表）」平成28年度女性の政策・方針決定参画状況調べ。（2017年12月25日閲覧）

表2 CMにおいて抹消されているスポーツ身体

男性	女性
美しい・きれい（日常場面での描写）	力強い（ホモソーシャルな描写）
力強い	弱い（笑い，ユーモア，風刺をともなう描写）
少年	成人女性
しなやかで美しい・きれい（フィギュアスケート以外における描写）	
多様なスポーツ身体	
弱くて力強い，美しくきれいで力強い，様々な障がい等	
LGBTのスポーツ身体	

出所：飯田（2017）68頁をもとに作成。

間報告」『スポーツとジェンダー研究』15, 53-62頁。
▷8 CBC/Radio-Canada, "Policy 2.2.2: Employment."（2017年12月25日閲覧）
▷9 飯田（2005）あるいは吉見（2000）を参照。
▷10 飯田貴子（2017）「競技者のジェンダー化」『スポーツとジェンダー研究』15巻, 63-69頁。

おすすめ文献

†北九州市立男女共同参画センター"ムーブ"編（2005）『ジェンダー白書3 女性とメディア』明石書店。
†中村桃子編（2010）『ジェンダーで学ぶ言語学』世界思想社。
†飯田貴子（2015）「メディアの中のスポーツとジェンダー」中村敏雄ほか編『21世紀スポーツ大事典』大修館書店, 137-140頁。

Ⅳ　メディアとジェンダー／A　創られるイメージ

スポーツコマーシャリズム

1 スポーツとメディア

　コマーシャリズム（商業主義）とは営利をもっとも重視する立場であり，行き過ぎたコマーシャリズムは批判の対象となります。スポーツに関してはとりわけメディアとの関連で問題となってきました。スポーツにとって，メディアに取り上げられることは幅広い視聴者やファンを獲得するために必要であり，またメディアにとってもスポーツは重要なコンテンツとなっています。例えばビデオリサーチの調査によると，2016年の世帯視聴率トップ30番組のうち10番組はスポーツ番組で，その中の4番組はオリンピック関連のものでした。オリンピックは世界規模のメディアイベントであり，大会期間中は試合の中継だけでなくニュースやドキュメンタリー，そして大会後にはメダリストが登場するバラエティ番組などが数多く放送されます。

　オリンピックを放送するには国際オリンピック委員会（IOC）から放送権を獲得する必要があります。表1は1960年ローマ大会から2012年ロンドン大会までの夏季オリンピックの放送権料ですが，ここで示されているとおり放送権料は高騰し続けています。オリンピックが商業化に舵を切ったといわれる1984年ロサンゼルス大会で各国のテレビ局が支払った放送権料は計2億8690万ドルでしたが，2012年ロンドン大会では計25億6900万ドルに達しています。日本ではNHKと日本民間放送連盟（民放連）で組織する「ジャパン・コンソーシアム」（JC）が，2018年から24年のオリンピック4大会の国内向け放送権を獲得し，その総額は1100億円と発表されています。

2 コマーシャリズムによるスポーツへの影響

　オリンピックの商業的な側面は，スポーツ競技のあり方にも影響を与えてきました。例えばバレーボールは，サーブ権をもつチームがラリーに勝った場合のみ点数が入るサイドアウト制からラリーポイント制に変更され，その結果，試合展開が早く時間も短縮され，テレビ中継に収まりやすくなりました。また，柔道でもカラー柔道着が取り入れられるなど，オーディエンスにとっての見やすさが重視され，「メディア受け」するスポーツへと変容してきました。

▷1　ビデオリサーチHP「2016年の年間高世帯視聴率番組30（関東地区）」。https://www.videor.co.jp/tvrating/past-tvrating/top30/201630.html（2017年12月25日閲覧）

表1　夏季オリンピック放送権料

（百万USドル）

大会	放送権料
1960ローマ	1.2
1964東京	1.6
1968メキシコシティ	9.8
1972ミュンヘン	17.8
1976モントリオール	34.9
1980モスクワ	88.0
1984ロサンゼルス	286.9
1988ソウル	402.6
1992バルセロナ	636.1
1996アトランタ	898.3
2000シドニー	1331.6
2004アテネ	1494.0
2008北京	1739.0
2012ロンドン	2569.0

出所："Olympic Marketing Fact File"より抜粋。

▷2　International Olympic Committee HP（2014）*Olympic Marketing Fact File*, p. 24. https://stillmed.olympic.org/Documents/IOC_Marketing/olympic_marketing_fact_file_2016.pdf（2017年12月25日閲覧）

③ 有名人としてのスポーツ選手

一方，オリンピックやサッカーワールドカップなどで活躍したスポーツ選手は一躍有名になり，大会後にテレビをはじめとするメディアへの露出を高める選手も多くいます。メディアに登場すればするほど認知度も高まり，ますます人気を得る傾向にあります。表2は中央調査社による「最も好きなスポーツ選手」（2016年7月実施）の上位10名です。野球選手・元野球選手が3名ともっとも多く，フィギュアスケート選手が2名，力士が2名と続きます。また，10名のうち男性が9名と圧倒的に多く，女性は3位の浅田真央選手のみで，男女の偏りが著しい結果となっています。これは野球や相撲など男性のスポーツがプロ化され，テレビなどのメディアで頻繁に取り上げられていることとも関連しているでしょう。

また，「2016年男性タレントCM起用社数ランキング[3]」によれば，テニスの錦織圭選手（表2では2位）は12社のCMに起用されており，タレントの相葉雅紀さんと並びもっとも多くの会社と契約しています。さらに，ラグビーの五郎丸歩選手のCM契約社数は2015年に0社でしたが2016年には7社と急増しています。これは，2015年9月にラグビー日本代表が当時世界ランキング3位の南アフリカ代表を破るという快挙を達成して注目を浴びた結果と考えられます。

さらに一部のスポーツ選手は，トーク番組やバラエティ番組などで交際や結婚，妊娠などの私生活が大きく取り上げられ，有名人・セレブリティとしても扱われています[4]。また近年では，本人がネットやSNSで自身の競技生活やプライベートについて積極的に発信する傾向にもあります。

ところが，メディアへの露出を高めて影響力をもつことができるスポーツ選手はごく一部です。実際にはなかなかスポンサーを獲得できず，競技継続のための資金を得ることが困難な選手も数多くいます。オリンピックを目指すスポーツ選手が資金集めのためにヌードカレンダーを発売したり，女性選手が雑誌のグラビアに登場したりもしています。行き過ぎたコマーシャリズムは批判されるものの，その線引きは難しいところです。

④ スポーツをどう報じ，どう読むか

冒頭で述べたとおりメディアにとってスポーツ，特にオリンピックのようなメディアイベントは重要なコンテンツです。オリンピックのスポンサーはメディアにとってもスポンサーである場合が多く，そうした中でジャーナリズムの立場からスポーツをどう報じるか，またスポーツとメディアのあり方をオーディエンスが吟味できるかどうかなどの課題があげられます。　（登丸あすか）

表2　最も好きなスポーツ選手（上位10位）

順位	選手	競技
1位	イチロー	野球
2位	錦織圭	テニス
3位	浅田真央	フィギュアスケート
4位	大谷翔平	野球
5位	長嶋茂雄	野球
6位	羽生結弦	フィギュアスケート
6位	白鵬	相撲
8位	稀勢の里	相撲
9位	内村航平	体操
10位	松山英樹	ゴルフ

出所：中央調査社『第24回『人気スポーツ』調査』より抜粋。

▷3　ニホンモニターHP「2016タレントCM起用社数ランキング」。http://www.n-monitor.co.jp/pressreiease/2016/1208.html（2017年12月25日閲覧）

▷4　メディアが構成する「スポーツ・ヒロイン」については，河原和枝（1999）「スポーツ・ヒロイン――女性近代スポーツの一〇〇年」井上俊他編『スポーツ文化を学ぶ人のために』世界思想社，132-149頁。また，「スター」の特性については，マーシャル，P.D.／石田佐恵子訳（2002）『有名人と権力――現代文化における名声』勁草書房を参照。

おすすめ文献

†石田佐恵子（1998）『有名性という文化装置』勁草書房。

†黒田勇編（2012）『メディアスポーツへの招待』ミネルヴァ書房。

†酒井隆史（2016）「メガ・イヴェントはメディアの祝福をうけながら空転する」小笠原博毅・山本敦久編『反東京オリンピック宣言』航思社，80-93頁。

Ⅳ　メディアとジェンダー／A　創られるイメージ

2　スポーツマンガとジェンダー

▷1　斎藤宣彦（2008）「スポーツマンガ」『マンガの昭和史昭和20年～55年』ランダムハウス講談社，98頁。

図1　「バット君」

▷2　米沢（2002），26頁。
▷3　村上知彦（1994）『［縮刷版］大衆文化事典』弘文堂，416-417頁。
▷4　米沢（2002），204頁。
▷5　米沢（2002），149頁。
▷6　「週刊少年マガジン」の元編集長工富保は，インタビューで少年マンガとスポーツの親和性に言及している。工富保（2004）「スポーツマンガは少年マンガの代表選手」『Web&Publishing 編集会議』宣伝会議，34，72-73頁。
▷7　当時の少女マンガ誌の読者投稿欄には，スポーツする女性主人公へのファンレターが多くみられる。
▷8　60～70年代の少女マンガ主要12誌を調査したところ，題材となるスポーツはテニス，バレーボール，陸上が，常に上位3位を占

1　スポーツマンガの歴史

　スポーツマンガの「最初のヒット作」は，井上一雄「バット君」（『漫画少年』1948年創刊号～1949年3月号，図1）といわれています。この作品について，米沢嘉博は「子供たちは『バット君』を読むことによって野球について学んでいったし，単に野球好きな少年が，頑張って補欠となり，やがて正選手となって初陣に出るまでを，シミュレーションしたものとして楽しんでいた」と述べています。「バット君」のヒットは，戦後間もない頃の少年たちにとって二大娯楽であった野球とマンガ，双方の人気の相乗効果であったといえるでしょう。
　「バット君」のようにスポーツの人気がマンガに波及した例として，1964年の東京五輪開催を受けて60年代後半から70年代にかけて隆盛した，「スポ根」マンガがあります。スポ根とは「スポーツ根性もの」の略称で，村上知彦は「努力型の主人公が血のにじむ特訓を重ね，超人的な必殺技をあみだして天才型のライバルに勝利するといった図式化されたストーリーが，高度経済成長期の価値観に一致するエンタテインメントとして支持された」と記述しています。スポ根の登場以降，少年マンガでは現在に至るまでほぼ切れ目なくスポーツもののヒット作が続き（表1），最近では古舘春一「ハイキュー!!」（『週刊少年ジャンプ』2012年12号～）が話題を集めています。スポーツマンガは，少年マンガの人気ジャンルとして確実に定着しましたが，少女マンガに目を移すと，その数は1970年をピークに減り続け，現在ではほとんど描かれなくなりました。

2　スポーツをとおした自己確立：男性・女性主人公のあり方

　スポ根は，上昇志向旺盛な高度経済成長期という時代が求めた理想的な「ヒーローの誕生を描くマンガ」，つまり，男性主人公の自己確立の物語として強く支持されました。「友情・努力・勝利」は「少年マンガの永遠のテーマ」となり，スポーツは今もなお，男性主人公のアイデンティティ形成を可能にする有効なツールとして機能しています。
　おおむね70年代までは，スポーツは女性主人公にも読者の理想像を体現させ得るツールであったといえるでしょう。世界選手権でMVPに選ばれる「アタックNo.1」の鮎原こずえ，国際大会で優勝する「エースをねらえ！」の岡ひろみなど，スポーツに全身全霊を捧げて自他ともに認める強さを獲得し，頂

Ⅳ-A-② スポーツマンガとジェンダー

点を極めるスポ根少女たちのサクセスストーリーは，かつては読者の少女たちにとって自己実現の可能性を垣間見せてくれる魅力的な物語だったのです。スポ根少女マンガの題材は，敵陣に侵入せず，身体接触のない，特定の競技に偏りがちであり，勝敗以上に自己表現に重きが置かれやすく，主人公は男性指導者へ依存しがちで，プロになる，すなわちスポーツによって経済的に自立する姿は求め

表1 60〜90年代の主なスポーツマンガ

作者名	作品名	掲載誌	連載期間
梶原一騎・川崎のぼる	巨人の星	週刊少年マガジン	1966〜71
高森朝雄・ちばてつや	あしたのジョー	週刊少年マガジン	1968〜73
浦野千賀子	アタックNo.1	週刊マーガレット	1968〜70
神保史郎・望月あきら	サインはV！	週刊少女フレンド	1968〜70
水島新司	ドカベン	週刊少年チャンピオン	1972〜81
山本鈴美香	エースをねらえ！	週刊マーガレット	1973〜80
槇村さとる	愛のアランフェス	別冊マーガレット	1978〜80
あだち充	タッチ	週刊少年サンデー	1981〜86
高橋陽一	キャプテン翼	週刊少年ジャンプ	1981〜88
小泉志津男・牧村ジュン	アタッカーYOU！	なかよし	1984〜85
麻生いずみ	光の伝説	週刊マーガレット	1985〜88
森川ジョージ	はじめの一歩	週刊少年マガジン	1989〜連載中
藤田和子	真コール！	週刊少女コミック	1990〜92
井上雄彦	スラムダンク	週刊少年ジャンプ	1990〜96
許斐剛	テニスの王子様	週刊少年ジャンプ	1999〜2008

られないなど，男性主人公を描くスポ根少年マンガに比べ制約の多いものでした。しかし，試合という戦いを制して勝ち上がる女性主人公は，それまでの典型的な少女マンガのヒロイン像である「やさしく美しくおとなしいだけの少女に強さとたくましさを加え」た点で画期的でした。70年代後半には，女子プロレスをテーマにした作品（志賀公江「青春ファイター」）が登場したり，男性依存から脱し，表現者としてパートナーと対等に並び立つ女性主人公を描いたペアスケートのマンガが現れたり（槇村さとる「愛のアランフェス」）と，スポーツする女性の描写は，より強く，自立的な存在へと変化していきました。性格や人間関係のみならず，その身体描写も筋肉を表す線が手足に描き込まれるなど，丸みを帯びた曲線や，皺や傷のないつるりとした痩身といった従来の女性身体の特徴から乖離するものへと変化したことも重要です。スポーツする女性をアスリートとしてリアリティのある姿で描出しようとする意識の高まりが，70年代後半のスポーツ少女マンガには顕著にみられました。

80年代以降，スポーツ一筋に打ち込み，栄光を摑むような女性主人公は，少女マンガの中で影を潜めていきました。女性主人公の自己確立における重要性は，異性との恋愛関係の比重が増大し，スポーツはその意味合いを失いました。スポーツ少女マンガは衰退しましたが，近年，引込思案の女性主人公がスポーツをとおして周囲と関係を築く，コミュニケーション・ツールとしてスポーツを描いた作品がみられます。今後の動向が注目されるところです。

（押山美知子）

めていた。
▷9 米沢嘉博（2007）『戦後少女マンガ史』筑摩書房，188頁。
▷10 『少女コミック』1977年11月13日号から1978年4月23日号にかけて連載。
▷11 例えば，フィギュアスケートが題材の田中雅子「虹色のトレース」（『ひとみ』1978年9月号〜1981年1月号）では，競技ではなく，主人公と離別した恋人との再会がクライマックスとなっている。
▷12 引きこもりの女性が馬術を始める，筒井旭「Jumping」（『Cocohana』2015年12月号〜2017年6月号，図2）があげられる。

おすすめ文献
†夏目房之介（1991）『消えた魔球――熱血スポーツ漫画はいかにして燃えつきたか』双葉社。
†米沢嘉博（2002）『戦後野球マンガ史――手塚治虫のいない風景』平凡社。
†高井昌吏（2005）『女子マネージャーの誕生とメディア――スポーツ文化におけるジェンダー形成』ミネルヴァ書房。

図2 「Jumping」

Ⅳ　メディアとジェンダー／A　創られるイメージ

3　モダンガールとスポーツ

1　モダンガールの定義

　モダンガールは，1920年代半ばから1930年代にかけて，家庭文化から独立した新しい女性文化が形成される中登場した，デパートや電話局で働く職業婦人やカフェーの女給，女学生などの新時代の女性を総称する概念です。断髪（ボブカットの短髪）に洋装で街を闊歩する女性は，モダンガールの典型として新しい風俗と時代の先端をいく女性像を社会に鮮烈に印象づけました。

　モダンが「近代」という意味をもつとおり，モダンガールの行動様式は，近代的価値観に裏打ちされ，進取の気質をもって旧来の伝統を打破する革新的，進歩的なものでした。モダンガールは，職業をもつこと，学問を修めること，スポーツをすることなど，それまで男性だけに認められていた，あるいは，男性に独占されてきた領域に進出し始めた，いわば伝統的ジェンダー区分の境界線を果敢に越えようとする女性たちでもありました。

▶1　稲垣恭子（2007）『女学校と女学生──教養・たしなみ・モダン文化』中公新書，145頁。

2　モダンガールとしての女学生

　近代教育制度のもと，女学校という西欧モダンを受け入れる場で，数学や理科，地理などの科目を男子と同じように学ぶようになった女学生たちもまた，モダンガールであったといえます。もちろん，女学校では裁縫や家事など家庭生活に直結した実用的技術を習得する科目も重視されましたが，それらの伝統的女性役割を教授する科目においても，西欧近代に由来する合理的な考え方は女学生たちに徐々に浸透していきました。

　女学生たちは，女学校で週3回ないし4回の体育の授業を受け，課外活動としてスポーツをする機会にも恵まれました。当時課外活動として人気があったテニス，水泳，陸上競技などに熱心に取り組み，学校代表選手になる女学生や，新しい移動手段として登場した自転車に颯爽と乗る女学生も現れました。活動的な女学生の身体は，モダンガールの象徴的イメージに重なるものでした。

▶2　吉田文（2000）「高等女学校と女子学生──西欧モダンと近代日本」青木保・川本三郎・筒井清忠・御厨貴・山村哲雄編『近代日本文化論8　女の文化』岩波書店，123-140頁を参照。

3　モダンガールの身体

　モダンガールとしてスポーツする女学生を捉える時，注目しておきたいのは，彼女たちの身体が身体運動の実践主体となっている点です。彼女たちは，もはやスポーツフィールドの外から男性たちがスポーツするのを眺めるだけの存在

ではなく，自らがスポーツをする存在になっています。このスポーツ実践のフィールドに引かれた境界線を越える主体となっていることに，モダンガールの身体の本質があるといえるでしょう。

女学生たちのスポーツへの参入を加速させたのは，動きやすい運動着でした。彼女たちは，身体運動を制限する和装から解放され，足を交互に動かし大きな歩幅で歩くことのできるブルマーをはじめとする洋装の運動着を手にしました。肌を露出することへのためらいと，セクシュアルなまなざしを向けられる脅威，伝統的規範への従属意識は，多くの女学生の中でせめぎあうものでしたが，彼女たちの自己抑制を社会全体の風俗，慣習の近代化の波が凌駕していきました。女性の身体活動は健康の概念の普及に伴って肯定され，実際，身体を動かすことは爽快感や開放感をもたらしました。モダンなスポーツコスチュームは，ファッションの謳歌という新しい快楽も彼女たちに発見させました。和装から洋装へのモードの転換に貢献し，快活に運動を楽しむモダンガールの身体は，「欧米女性のスポーツ参加を手本にする日本女性のスポーツ参加の流れが，次第に妥当なものとして感知されるようになった」ことで，社会的にも認知されていったのです。

❹ スポーティングガールとしてのモダンガール：創られたイメージの実相

欧米から移入し，それ自体モダンの象徴であったスポーツという身体運動文化に参入した女学生たちは，比較的経済的に余裕のある，社会的に中・上位階層の家庭の子女でした。女学生のスポーツ活動を，モダンを可視化する装置として捉えるなら，スポーティングガールという表象をまとった彼女たちのイメージ創出の背景には，当時の社会階層差が存在することにも留意する必要があります。モダンガールは，社会階層差を内包する概念でもあるのです。

近代スポーツの登場によって，モダンガールの身体は，スポーツ実践の主体となる一方，「美」や「健康」の表象として社会的視線が注がれる対象にもなりました。見られる身体として，男性のスポーツ活動では「強さ」が称賛されるのに対し，女性のスポーツ活動では「美」が重視され，それは常に「女らしさ」の概念と不可分に結びつけられました。その実相において，モダンガールの身体活動は，男女の身体的・精神的な差異を強調する当時の医学的・科学的見地の束縛から逃れることはできず，女性にふさわしいスポーツを女性に適した強度で行うという制限がつけられたものでした。スポーツする主体として女性が自らの身体能力を発揮する際には，伝統的「女らしさ」の規範を逸脱しない「奥ゆかしさ」が求められたのです。

日本の女性スポーツ黎明期にスポーツ参入という越境行為を牽引したモダンガールたちにとって，境界線の向こう側にはジェンダー規範というさらなる境界線がひかれていたともいえるでしょう。

(小石原美保)

▷3 ブルマーは，19世紀半ばのアメリカの女性運動の中で，女性をより活動的にするための服装として考案されたものであり，この服装改良運動を主導したブルーマー夫人の名前に由来する。高橋一郎 (2005)「女性の身体イメージの近代化――大正期のブルマー普及」『ブルマーの社会史――女子体育へのまなざし』青弓社，93-139頁を参照。

▷4 谷口雅子 (2007)『スポーツする身体とジェンダー』青弓社，84頁。

▷5 杉田 (2009) を参照。

おすすめ文献

†斎藤美奈子 (2003)『モダンガール論』文春文庫。
†高橋一郎・萩原美代子・谷口雅子・掛水通子・角田聡美 (2005)『ブルマーの社会史――女子体育へのまなざし』青弓社。
†杉田智美 (2009)「水際のモダン――身体と欲望の劇場へ」疋田雅昭・日高佳紀・日比嘉高編著『スポーツする文学――1920-30年代の文化詩学』青弓社，227-255頁。

Ⅳ　メディアとジェンダー／B　読み解く力

メディア・リテラシー

1　メディア・リテラシーとは

　リテラシーとは，識字，読み書き能力のことを指し，メディア・リテラシーとはクリティカルな思考でメディアを分析し読み解く能力およびコミュニケーションを創る能力の双方を意味しています。日本にメディア・リテラシーの概念を紹介した鈴木は，その定義を「市民がメディアを社会的文脈でクリティカルに分析し，評価し，メディアにアクセスし，多様な形態でコミュニケーションを創りだす力を指す。また，そのような力の獲得を目指す取り組みもメディア・リテラシーという」[1]としています。日本では1970年代からの市民活動としてメディア・リテラシーが発展してきた経緯があり，定義にもこうした流れが反映されています[2]。具体的には，メディア問題に関心のある市民，研究者や教員，子どもの教育にかかわる者，メディア現場で働く人々のネットワークが構築されつつ，メディア・リテラシーの研究および活動が展開されてきました[3]。

2　ジェンダーとメディア

　メディア・リテラシーは人権やマイノリティの立場を重視しており，その一つにジェンダーも含まれています。メディアとジェンダーの研究および市民活動はフェミニズム運動の流れの中で1970年代から活発化していきます。それは主に，メディアが提示するジェンダー表象，具体的には男女の役割を固定化する表現や性差別的なもの，そしてメディアで働く女性の少なさなど，ジェンダーに関する不平等な関係を問題視するものでした。一方で国連は1975年を国際女性（婦人）年とし，同年にメキシコシティで国際女性（婦人）年世界会議を開催しました。そこで採択された「世界行動計画」においてもマスメディアの影響力の大きさは指摘されており，その後の世界会議でもジェンダーとメディアの課題が提起されています。とりわけ1995年の第4回世界女性会議で採択された「北京行動綱領」では，「女性とメディア」が12の重大問題領域の一つとして大きく取り上げられました。1990年代にはメディア・リテラシーの重要性も認識されるようになり，ジェンダーの視点でクリティカルにメディアをモニター（分析調査）する活動も積極的に行われました[4]。また，日本でもこうした世界的な流れを受けて，国や地方自治体の男女共同参画センターなどでメディア・リテラシーの講座が開講され，市民の学びの場となってきました。

▷1　鈴木みどり（1997）『メディア・リテラシーを学ぶ人のために』世界思想社，8頁。
▷2　例えば鈴木は，FCT子どものテレビの会（1977年設立。現在，FCTメディア・リテラシー研究所）の創設メンバーであり，市民活動としてテレビ番組の分析調査やシンポジウムなどを実施してきた。
▷3　具体例をあげると，1999年からの日本民間放送連盟によるメディア・リテラシーの取り組みや2001年に東京大学大学院情報学環を拠点としてスタートしたメルプロジェクト（Media Expression, Learning and Literacy Project）がある。詳細は，東京大学情報学環メルプロジェクト・日本民間放送連盟編（2005）『メディア・リテラシーの道具箱——テレビを見る・つくる・読む』東京大学出版会を参照。
▷4　世界のメディアをモニター（分析調査）する活動として，1995年より5年ごとに実施されているGlobal Media Monitoring Projectがある。詳細は「Who Makes the News」のHP, http://whomakesthenews.org（2017年12月25日閲覧）を参照。
▷5　"Grunwald Declaration on Media Education."

3 子ども・若い人たちの教育として

一方，次世代を担う「子ども・若い人たち」を対象とするメディア教育も重要な分野とされています。日本では，カナダ・オンタリオ州教育省によるメディア・リテラシーのリソースガイド『メディア・リテラシー――マス・メディアを読み解く』が1992年に刊行されたことを契機に，「メディア・リテラシー」という言葉が広まりました。オンタリオ州は世界に先駆けてメディア・リテラシーを教育のカリキュラムに位置づけたため，カナダの教科書や実践例が日本でも数多く紹介されています。また，イギリスのメディア・リテラシー研究の第一人者であるレン・マスターマンがメディア・リテラシーの教育や活動における理論的支柱を成してきたといえます。日本ではこれらの国とは異なり，メディア・リテラシーがカリキュラムとして明確に導入されてはいませんが，関心をもつ小中学校や高校の教員らによって国語や英語，情報の授業などで実践されてきました。そして，大学では「メディア・リテラシー」の授業が開講されているところも数多くあります。

4 ユネスコを中心とする世界的取り組み

こうした経緯を振り返ると，メディア・リテラシーの概念や重要性は世界で共有されながらも，各国の文脈に沿った形で研究や活動が展開されてきたといえるでしょう。ユネスコは1982年に「メディア教育に関するグリュンバルト宣言」[5]を発表するなど，早い段階から中心的な役割を果たしてきました。近年では，グローバルな流れの中で異文化間の衝突などが大きな問題となる中，2005年に「文明の同盟（United Nations Alliance of Civilizations）」を設立し，メディア・リテラシーの発展と普及に取り組んでいます。[6]

5 デジタル時代のメディア・リテラシー

ラジオ，新聞，テレビなどのマスメディアが主流であった時代とは異なり，インターネットやSNSなど新しいメディアの登場によって，オーディエンス[7]は誰でも手軽に情報発信ができるようになりました。子どもたちは幼少期からこれらのデジタルメディアを使いこなし，若い人たちは新聞やテレビよりも，スマートフォンを使ってニュースを入手します。インターネット上でもテレビのニュース映像が流れていますが，そこにはユーザーのコメントが並び，そうしたニュースに関連あるいは反応した人のHPが炎上することもあります。また，インターネット上ではフェイクニュースが流れることも問題となっています。今後は，こうしたメディア環境の変化に応じたメディア・リテラシーの発展が喫緊の課題といえるでしょう。

（登丸あすか）

---

http://www.unesco.org/education/pdf/MEDIA_E.PDF（2017年12月25日閲覧）

▷6 世界のメディア教育に関する資料は和訳されている。文明の同盟・ユネスコ・欧州委員会・グルーポコミュニカ／坂本旬・村上郷子・高橋恵美子監訳（2009）『世界のメディア教育政策』https://milunesco.unaoc.org/wp-content/uploads/2012/10/Mapping_final.pdf（2017年12月25日閲覧）を参照。

▷7 オーディエンスとは，メディアを読み，利用する人，具体的にはテレビの視聴者やインターネットの利用者などを指す。メディア研究においては長らく，新聞紙面やテレビ番組などメディア内容を対象とするテクスト分析が主流を成していた。その後，カルチュラル・スタディーズの影響を受け，メディアの「受け手」と見做されていたオーディエンスが能動的な「読み手」として認識され，テクストよりもむしろその読みに焦点をあてたオーディエンス研究に注目が集まるようになった。

おすすめ文献

†鈴木みどり編（2001）『メディア・リテラシーの現在と未来』世界思想社。
†L. マスターマン／宮崎寿子訳（2010）『メディアを教える――クリティカルなアプローチへ』世界思想社。
†鈴木みどり編（2013）『最新 Study Guide メディア・リテラシー入門編』リベルタ出版。

Ⅳ　メディアとジェンダー／B　読み解く力

② 新聞報道とジェンダー

① 日本における新聞報道とスポーツ

　日本の新聞におけるスポーツに関係する記事は，1870年頃から確認することができます。当時の記事は，その日に行われた試合の様子や結果を伝えるものがほとんどでしたが，1900年代に入ると，新聞社はスポーツに関する記事を掲載するだけでなく，独自にスポーツイベントを主催するようになりました。これらは自社の新聞の販売促進を企図すると同時に，スポーツの健全なる発展を掲げて開催されたものです。スポーツイベントの様子は新聞を通じて広く市民に知られることになり，新聞報道はスポーツの普及に大きな役割を果たしました。また，高校野球や駅伝など当時新聞社によって開催されたイベントには現在まで続いているものも数多く，その意味でも新聞メディアは日本のスポーツの振興と発展に大きく寄与してきたといえるでしょう。

② 新聞報道におけるアスリートの描かれ方

　新聞報道がスポーツの振興と発展に寄与してきたのは前述のとおりですが，記事の中では男女が必ずしも平等に扱われてきたわけではありません。森田は新聞などのメディアによる女性アスリートの描き方をめぐる批判を，次の3点にまとめています。

　1つ目は，女性アスリートは男性アスリートに比べて姓よりも名で呼ばれる頻度が高いこと，外見やセクシーさに注目されることが多いことを指摘した「幼児化・性愛化」です。例えば，女子のビーチバレーやゴルフに関する記事は，女性アスリートの身体に注意を引く写真入りで構成されることが多く，男性読者の異性愛的な関心に取り入った写真が選ばれていると批判されています。

　2つ目は，女性アスリートは男性アスリートに比べて報道される量・時間が少ないこと，大きく報道される種目は「女性に適した」ものに偏っていることを指摘した「周縁化」です。今日の新聞は，野球やサッカーなど男性によって実施される競技が紙面の中心に据えられています。女性によるスポーツが大きく取り上げられるのは，女性に適していると考えられてきたフィギュアスケートやゴルフのほか，陸上，競泳などの一部の競技に偏っています。その他の競技についてはほとんど報じられることはなく，まるで女性によるスポーツが実施されていないかのような印象を抱かせます。

▷1　寳學淳郎（2002）「スポーツとメディア——その歴史・社会的理解」橋本純一編『現代メディアスポーツ論』世界思想社，5-7頁。
▷2　寳學（2002）15頁。

▷3　森田（2009）95-99頁。

▷4　波多野圭吾・田原淳子（2016）「新聞報道における男女の競技者の表象——2012年ロンドン五輪男女サッカー日本代表に着目して」日本スポーツとジェンダー学会第15回記念大会プログラム＆発表抄録集，19頁。
▷5　藤山新（2016）「7　スポーツメディアとジェン

そして3つ目が，女性アスリートの業績を様々な形で小さく見せる「矮小化」です。例えば，女性アスリートの成功が周囲の男性の支えなしでは実現し得なかったように伝えられることがあります。こうした内容の記事では，女性アスリートを「か弱さ」や「周囲への依存」といったステレオタイプ的な女らしさに結びつけて表現されることが多く，女性がアスリートとしては不十分な存在であるかのように扱われます。

一方，男性アスリートには，多くの場合「力強さ」や「たくましさ」といったステレオタイプ的な男らしさを想起させる表現が多用されています。しかし，2012年ロンドン五輪に出場した男子サッカー日本代表に関する新聞報道では，選手の容姿や現実的で高望みしないといった内面を取り上げた記事が確認され，強さを強調した従来の男性像とは異なる描写がみられました。こうした新たな男性像が表出した背景には，当時の代表チームが同競技に出場する他国の男子チームや日本の女子チームに比べて良い結果を残す可能性が低い，弱い存在としてみなされていたことが影響していると考えられます。

③ 新聞報道とジェンダーの平等・公正

新聞報道においてジェンダーによる不平等な表現が繰り返される理由の一つに，新聞社・通信社の記者に女性の割合が低いことがあげられます。ある調査の結果によれば，スポーツ記者における女性の割合は9.0%であり，スポーツに関係する記事の多くが男性記者によって書かれていることがわかります。つまり，今日の新聞報道におけるスポーツは，その多くが「男の眼差し」のもとで女性アスリートが「見られる性」として描かれているのです。

1998年の第2回世界女性スポーツ会議において採択された「ウィンドホーク行動要請」では，こうしたメディアへの対策として「女性のスポーツ参加の意義と重要性を描写するようにメディアに要請する」と述べられています。日本の各新聞メディアも，このような世界的な動きのもとで自社の記者向けにガイドラインや用語の手引きを作成するなどしてジェンダーの平等・公正に配慮した記事を掲載するよう留意しています。また，新聞社・通信社の全記者に占める女性の割合はここ15年ほど緩やかに上昇を続けており，今後は女性記者による記事や新たな眼差しのもとで描かれる記事が増えていくことが予測されます。

しかし，批判の対象となるような記事はすぐにはなくならないでしょう。新聞報道におけるジェンダーの平等・公正を実現するうえでもっとも重要なのは，新聞の読み手であるわたしたち自身がメディアを読み解く力（メディア・リテラシー）を身につけることです。差別や偏見について正しく理解し，ジェンダーの視点から記事が適切かどうかを判断することができる，そうした態度が今後よりいっそう求められていきます。

（波多野圭吾・田原淳子）

▷5 ダー 4) スポーツメディアの送り手」日本スポーツとジェンダー学会編『データでみるスポーツとジェンダー』八千代出版，126-127頁。
▷6 飯田貴子（2004）「メディアスポーツとフェミニズム」橋本純一編『現代メディアスポーツ論』世界思想社，82頁。
▷7 Ⅴ-B-② を参照。なお，下記のHPにてウィンドホーク行動要請の日本語版全文が閲覧できる。順天堂大学「女性スポーツデータサーチ」。http://www.womensport.jp/search/document/detail.html?id=1913（2017年12月25日閲覧）
▷8 例えば，朝日新聞社では，2002年に社内向けに「ジェンダーガイドブック」を作成し，ジェンダーの定義やジェンダー視点の必要性に触れ，具体事例や考え方を示している。『朝日新聞』2017年7月30日朝刊9面「フォーラム ジェンダーとメディア」によるとガイドブックは，2017年に改訂されている。
▷9 藤山（2016）。
▷10 Ⅳ-B-① を参照。

おすすめ文献

†阿部潔（2008）『スポーツの魅惑とメディアの誘惑——身体／国家のカルチュラル・スタディーズ』世界思想社。
†橋本純一編（2002）『現代メディアスポーツ論』世界思想社。
†森田浩之（2009）『メディアスポーツ解体——〈見えない権力〉をあぶり出す』日本放送出版協会。

Ⅳ　メディアとジェンダー／B　読み解く力

メディアにおける スポーツウーマンのイメージの変遷

1 スポーツウーマンのメディア表象に見る15のルール

本項では，既存の研究から抽出したスポーツウーマンに関するメディアの報道パターンを，フェミニスト・カルチュラル・スタディーズの理論に基づいて分析し，15の「表象のルール」として紹介します（表1）。

表1　スポーツウーマンに対するメディア表象のルール

	ルール	場	視点	ルール作成の主体
1	商品価値を低めた報道	過去	差異	男性
2	ジェンダー冠詞			
3	子ども扱い			
4	スポーツと無関係な側面			
5	男性スポーツとの比較			
6	スポーツウーマンは重要ではない	継続		
7	異性愛の強制／あるべき女らしさ			
8	性的存在化			
9	両面性			
10	活動するアスリート	現在	同一性	
11	本物のアスリート			
12	市民のモデル			
13	わたしたちと彼ら			
14	わたしたちの声（代弁）	新出	差異	女性
15	きれい，かつパワフル	ネットワーク上	同一性	両性

出所：ブルース（2017）43頁。

2 男女の報道の差異に着目した9つのルール

まず，今日ではあまりみられないものとして5つのルールがあります。男性に比べて女性のスポーツ試合が重要ではなく，面白くないものとして表象される**商品価値を低めた報道**，サッカーに対して女子サッカーというような，女性の種目のみに付けられる**ジェンダー冠詞**，スポーツマンと肯定的な形で比較することにより（例えば「女版香川真司」），男性スポーツを基準として比較判断されるべきものとしてスポーツウーマンを描く，**男性スポーツとの比較**などです。また，成人の女性選手を「ちゃん付け」などの呼び方で**子ども扱い**するというよくある習慣は，日本ではいまだに継続してみられます。スポーツパフォーマンスよりも，見た目や個人生活，家族といった**スポーツと無関係な側面**を描く報道は，主流メディアにおいては世界的に減少しつつありますが，女性をターゲットにしたメディアではいまだに顕著にみられ，多くの批判にもかかわらず変化させることが難しいものです。

▷1　本項は，Bruce, T. (2016)とブルース，T.(2017)より，著者トニ・ブルース氏の許可を得て，編者がまとめたもの。

▷2　メディアが報じたストーリーがジェンダー・アイデンティティに関するどのような考え方をわたしたちに悟らせようとするか，その意味づけに関する分析に焦点をあてるもの。本文中の太字は表1のルール1～15に対応している。

▷3　ブルース，T.(2017)「邦訳　メディアの中のスポーツウーマン：オリンピック報道と日常的報道の国際的動向についての分析」『スポーツとジェンダー研究』15, 40-52頁。

▷4　異文化間の研究プロジェクトでも一貫して，日常の新聞報道における女性選手の取り扱いが10％程度であることを示している。

▷5　異性愛主義については，Ⅸ総論を参照。

▷6　日本の研究は，スポーツウーマンが，異性との婚姻や母親といった，文化的に期待されている役割を果たすことを強調する側面もあることを報告している。

▷7　このような報道は，スポーツ言説の中で重要とされる身体的スキル，競技

今なお継続する４つのルールのうちもっとも根強いのは，主流スポーツメディア全般においてスポーツウーマンが不可視化され，象徴的に抹消（symbolic annihilation）されるというものです（**スポーツウーマンは重要ではない**）。スポーツウーマンと男性との性的あるいは感情的に親密な関係性に焦点を当てる**異性愛の強制**，また，サイズの小ささや身体的・心理的弱さ，他者への配慮などの傷つきやすい女らしさに関連づけられる特徴を強調する**あるべき女らしさ**，アスレチックスキルよりも，性的存在としての彼女らの魅力に注目する**性的存在化**も，今なお継続してみられます。日本では，表１の３，４，７，８が同時に作用するケースも報告されています。

　しかしながら特にオリンピック報道において，女らしさを強調するこれらのルールがスポーツの言説と混在する時，イメージとテクストが相反するストーリーを語るというアンビバレントな報道（**両面性**）として顕著に現れます。

③ 男女の報道の同一性に着目した４つのルールと，新時代の新しいルール

　新聞の画像は，主に競技中のアスリートを想定しており，国際競技会では男性と女性の総画像数がほぼ同じくらいになることが多いと報告されています（**活動するアスリート**）。またすべてのメディアの形式で，スポーツウーマンが次第に**本物のアスリート**として描かれるようになってきました。しかしそれは，彼女らが国際舞台で勝利する場合にみられる傾向であり，こうした特徴は，活躍するスポーツウーマンが女性アスリートとしてよりも成功した国民として表象される**市民のモデル**と共通しています。つまり，ジャーナリズムの言説は，国家の成功を主張するナショナリズムによってジェンダーをぬぐい消す傾向があるのです。またいくつかの国では，自国のアスリート（わたしたち）は市民のモデルであり本物のアスリートであるとして表現される一方で，他国のスポーツウーマン（彼ら）は性的存在化されるか女性化されるというパターンがあることが明らかになりました（**わたしたちと彼ら**）。

　きれい，かつパワフルは，スポーツのすぐれた力量と理想的な女性的美しさを相入れないものとする従来の考えを覆し，これらを相互に補完的なものとして表象する新しいパターンです。**わたしたちの声**は，主にオンライン空間での対話が盛んになる中で可視化されるようになりました。ウェブテクノロジーの変化により，わたしたちが単なるメディアの消費者ではなく，生産者に変わったことで，女性スポーツについてのオルタナティブな声が現れる空間が生まれ，主流メディアの注目を集めるまでになりました。そこでは，女性が自らのジェンダー・アイデンティティやネットワークを表象し，また女性たちにとってもスポーツの意味を共有することが可能になりました。

　これらの新しいルールは，日本においても現時点で出現しているといえるでしょうか。

（Toni Bruce，編者まとめ）

成績，強さに注目すると同時に，**子ども扱いや性的存在化，異性愛の強制**につながる特性にも注目する。結果として，女性選手は矛盾した形で表象され，スポーツの「規範」の外側に置かれ続ける。

▷8　特にオリンピックなどの地球規模の大会に関する報道でよくみられるように，紙面制約のため，彼らの成功やメダルの獲得は，**異性愛の強制，あるべき女らしさ**の言説に優先するルールとなったと考えられる。

▷9　加えて，オリンピック報道は，国家のために勝利するアスリートに積極的に注目する傾向があり，この傾向は日本にもみられる。

▷10　このルールはイメージとテクストが「エンパワリングにも抑圧的にもなりうる」もので，ヌードや露骨なセクシュアリティであるかどうかよりも，そういったイメージが表れるコンテキスト（文脈）が問題となる。

おすすめ文献

†T. Iida (2010) "Japanese case study : The gender difference highlighted in coverage of foreign athletes." In T. Bruce, J. Hovden & P. Markula (Eds.), *Sportswomen at the Olympics : A global content analysis of newspaper coverage*. Rotterdam : Sense Publishers, pp. 225-236.

†T. Bruce (2016) "New Rules for New Times: Sportswomen and Media Representation in the Third Wave," *Sex Roles : A Journal of Research*, 74 (7-8), pp. 361-376.

Ⅳ　メディアとジェンダー／B　読み解く力

映像メディア分析

1　映像メディアにおけるスポーツとジェンダー

　映像メディアにおけるスポーツには，ジェンダーによる偏りがあることが指摘されています。日本スポーツとジェンダー学会がまとめたデータによれば，2014年の1年間にテレビで報道されたアスリートの報道時間上位30人中，女性はわずか6人でした。また，テレビ番組，特に地上波放送において，男性のスポーツが多く放送されていることや，女性のスポーツ競技の種目が男性に比べて少ないことも指摘されています。▼1

　この傾向は，2015年においても同様でした。▼2 例えば，アスリートの報道量（時間）上位40人のうち女性は9人で，もっとも多く報道された女性アスリートの年間報道量（55時間35分）はもっとも多く報道された男性アスリート（107時間4分）の約半分でした。

　以上より，映像メディアによるスポーツ報道における，ジェンダーバイアスの問題が浮かび上がります。

2　映像メディアに描かれたスポーツとジェンダー

　それでは，映像メディアによるスポーツとジェンダーについて，分析研究は何を明らかにしたのでしょうか。

　まず，テレビのスポーツ報道の力点は，アスリートの性によって異なっていることが明らかにされています。すなわち，映像で示されるアスリートの表情や発言をとおして，男性アスリートには競技そのものへの取り組みが強調され，女性アスリートには競技以外の個人的属性や情緒面が強調されるというように，ジェンダーの非対称性の存在が明らかにされています。

　神原（2009）は，バレーボール中継の分析を行い，女性の試合ではチームプレイや選手が強調されている一方で，男性の試合では個人の力量や競技性が強調されていることを明らかにしました。登丸（2010）▼3 は，アテネ大会と北京大会の開会式を分析した結果，アイドル化され笑顔を絶やさない女性アスリートの強調や，男性アスリートの競技への意気込みのコメントに対比される女性アスリートの感情的なコメントの強調など，オリンピック報道におけるジェンダー・ステレオタイプを明らかにしました。▼4

　太田（2009）は，北京大会中継における競技終了直後のインタビューの翻訳

▼1　日本スポーツとジェンダー学会編（2016）「7　スポーツメディアとジェンダー」『データでみるスポーツとジェンダー』八千代出版，115-129頁。
▼2　ニホンモニター株式会社（2016）『テレビスポーツデータ年鑑2016』ニホンモニター株式会社。

▼3　神原直幸（2009）「バレー中継映像におけるジェンダー表象」『順天堂スポーツ健康科学研究』1(2)，173-183頁。
▼4　登丸あすか（2010）「ジェンダーの視点によるオリンピック開会式分析――メディアのガイドラインに照らして」『文京学院大学人間学部研究紀要』12，141-150頁。

テロップを分析した結果，アスリートの性別やイメージによって異なる言葉遣い（役割語）が当てられていることを明らかにしました。例えば，男性アスリートの発言は，記録が注目されるアスリートは「ぼく」，男性性が強調されるアスリートは「おれ」と訳されること，女性役割語「～わ」「～よ」は，優れた女性アスリートについては"女王"であることを，他の女性アスリートについては競技者としての"弱さ"を強調しています。

女性アスリートについては競技能力よりも本人の個人的属性やジェンダー役割が注目されがちであることについては，活字メディアの分析結果と類似しています。一方，テレビ番組の翻訳テロップに示される役割語の使用については，例えば競技終了後であるかどうかなど映像の場面に左右される点で，新聞などの活字メディアとは異なる特質を有しています。

なお，近年では，過去の映像メディア作品を分析した研究も行われています。中川（2004）は，歴史社会学の手法による分析をとおして，ソニヤ・ヘニーが「銀盤の女王」として君臨したことによって男性ジャッジの視線を意識する女性競技者の戦いが助長されたこと，またソニヤ・ヘニーの出演映画における「銀盤の女王」の表象が若さや男性による求愛の対象であることを提示し，女性フィギュアスケート選手へのまなざしにおける男性中心性を明らかにしています。

③ 今後の課題

映像メディアは，言語（文字・音声）情報と画像・映像情報の双方を有していることが特徴であるため，分析作業においては，非常に多くの情報を扱うことになります。したがって，映像メディア分析にあたっては，その特質を踏まえ，量的分析と質的分析のバランスを考慮した分析手法を選ぶ必要があります。②で紹介した先行研究では，量的分析にとどまらず，映像内容の解釈（質的分析）が行われています。

近年，ジェンダー研究においては，身体表象の非対称性をとおして女性と男性の社会的関係性の非対称性を描き出すことが行われています。このことを踏まえると，映像メディアのジェンダー分析においても，服装など身体描写（髪型，手足など）や言語の差異を明らかにするにとどまらず，それがいかなる意味を有するのかについても，明らかにする必要があります。

さらに，近年，性別二元論を超えたジェンダー論の再考という状況を踏まえると，スポーツ界における性的マイノリティへの配慮は必須となっています。スポーツ報道などの映像メディア分析研究においても，報道をとおしていかに性別二元論が自明のものとして構築されているのか，そして変化の兆しはみられるのか，今後も地道な内容分析と考察が求められます。

（藤田由美子）

▷5　太田眞希恵（2009）「ウサイン・ボルトの"I"は，なぜ『オレ』と訳されるのか──スポーツ放送の役割語」『放送研究と調査』59(3)，56-73頁。
▷6　飯田貴子（2003）「新聞報道における女性競技者のジェンダー化──菅原教子から楢崎教子へ」『スポーツとジェンダー研究』1，4-14頁。
▷7　太田（2009）。
▷8　中川敏子（2004）「ソニヤ・ヘニーに見る女子選手の表象──アメリカにおける『銀盤の女王』の誕生をめぐって」『スポーツ社会学研究』12，81-89頁。

おすすめ文献

†飯田貴子（2004）「スポーツ・メディアの現状──テレビスポーツのジェンダー分析」飯田貴子・井谷惠子編著『スポーツジェンダー学への招待』明石書店，80-90頁。
†神原直幸（2001）『メディアスポーツの視点』学文社。
†日本スポーツとジェンダー学会編（2016）『データでみるスポーツとジェンダー』八千代出版。

Ⅳ　メディアとジェンダー／B　読み解く力

少女雑誌とスポーツ

1　少女雑誌の登場

　少年少女向けの雑誌が登場したのは，明治時代後半です。明治期に西欧近代の教育制度が導入され，子どもから大人へと成長する時期が，幼年，少年，青年と概念区分されるとともに，男女の性が区分され，雑誌もこれに沿って読者対象を分けて発行されるようになりました。「少女」や「少女期」という概念は，1899（明治32）年の高等女学校令を機に全国各地に女子中等教育機関が設置され，これらの学校で近代的な教育を受ける女学生が増える中登場したものです。10代の多感な時期を送る彼女たちが，雑誌の読者であり，読者投稿欄に自ら書き手として文章を寄せる少女たちでもありました。大正，昭和戦前期にあたる1920年代から1930年代にかけて，少女向け雑誌（以下，少女雑誌）は全盛期を迎えます。当時人気を二分していたのは，実業之日本社発行の『少女の友』と大日本雄辯會講談社発行の『少女倶楽部』でした。これらの雑誌には，連載小説，海外文学翻訳，報道記事，実話美談，生活実用記事など，多彩な活字言説が掲載されるだけでなく，表紙絵をはじめ，挿絵，口絵，写真，各種商品広告などの視覚的イメージも豊富で，懸賞や付録企画，読者投稿欄も設けられるなど，バラエティに富む紙面構成が多くの読者を惹きつけました。少女雑誌は，この時代の少女たちの生活空間の支配的メディアであったともいえます。やがて，1960年代からの漫画専門誌の台頭や，テレビという新しいメディアの登場により，少女雑誌は衰退していくことになりました。

2　少女雑誌のスポーツ関連言説

　少女雑誌全盛期の1920年代から1930年代は，日本の女性スポーツ黎明期に重なります。この時期の少女雑誌には，当時の女性スポーツや女子体育の実態がうかがえる各種スポーツ関連読み物や写真付き報道記事がみられます。
　例えば，女学生たちが学校の課外活動でスポーツに取り組み，対抗戦や大会に出場するようになると，試合結果や選手へのインタビュー記事が掲載されています。また，当時の女学生の課外スポーツ活動としてもっとも人気があったテニスは，運動小説と呼ばれる創作読み物に取り上げられ，主人公たちがテニスを通じて友情を育み，ゲームの面白さを発見し，競技に真摯に取り組む様子は，その身体感覚や試合の臨場感を伴って描写されました。陸上競技の人見絹

▷1　高等女学校令公布直後の1900年に52校だった学校数は，1912年には299校となり，1万2000人足らずだった学生数は7万5000人を超えるまでに増加した。高等女学校の学校数と学生数の推移については，稲垣恭子（2007）『女学校と女学生——教養・たしなみ・モダン文化』中公新書，184頁参照。
▷2　『少女の友』は，抒情性や洗練された教養性が特徴であり，読者層は主に都市部に住む女学生が中心であった。『少女倶楽部』は，大衆的な娯楽性や生真面目な教育性が特徴で，読者層は地方在住を含めた小学校上級生から女学校下級生が中心であった。久米依子（2013）『「少女小説」の生成——ジェンダー・ポリティクスの世紀』青弓社，208-209頁を参照。

Ⅳ-B-⑤　少女雑誌とスポーツ

図1　『少女倶楽部』
出所：1930年6月号表紙。

図2　「女子スポーツ選手グラフ」
出所：『少女倶楽部』1934年6月号。

枝（1907-1931）や水泳の前畑秀子（1914-1995）のようにオリンピックに出場する選手が現れ、日本人女子選手の国際舞台での活躍や奮闘は、写真付き大会報道記事や運動美談で読者に紹介されました。雑誌の表紙にしばしばスポーツする少女のイメージが登場し（図1）、この時代の少女雑誌は、欧米から移入したスポーツ活動が女学生たちに浸透し始め、女子の運動熱が高まりをみせていたことを映し出しているといえます。

3　スポーツ少女のジェンダー規範

少女雑誌は、少女に期待されるジェンダー役割を提示する、つまり伝統的な女らしさの規範を身につけ、将来の「良妻賢母」になる準備をするよう、暗黙のうちに読者を教化する一種の教育メディアでもありました。

少女たちの課外活動や学校体育におけるスポーツ実践は、次代の子どもを産み育てる健康強壮な身体づくりのうえでも奨励されましたが、それはあくまで伝統的ジェンダー規範を逸脱しない範囲で取り組むべきものとされました。国際大会に日本代表として出場する女子選手を紹介した『少女倶楽部』の写真付き記事（図2）は、女学生である彼女たちが、高い身体能力をもつ逸材であると同時に、ふだんは学業や家事手伝いに勤しむまじめで慎ましやかな「大和撫子」であることを強調しています。ここでは、女性がスポーツで勝つことに執着したり、身体を過度に鍛え上げたりすることは、暗に戒められています。

一方、運動を通じて均整のとれた身体がつくられることや、「スポーツ精神」に基づく上品で礼儀正しい行動規範が内面化されることを、女性のスポーツ実践の意義として重視する言説もみられます。スポーツが伝統的「男らしさ」の規範に沿って発展してきた文化であるという歴史を考慮すると、スポーツする少女たちのジェンダー規範は、「女らしさ」に依拠しつつ、「男らしさ」の内面規範を一部取り込む形で書き換えられていると読み解くこともできます。少女雑誌は、スポーツ少女のジェンダー規範を再編、措定する場となり、これを社会に浸透させる遠隔教育的役割を担っていたともいえるでしょう。

（小石原美保）

▷3　今田（2007），111-116頁を参照。

▷4　小山静子（1991）『良妻賢母という規範』勁草書房，136-139頁参照。

▷5　「スポーツ相談会」『少女倶楽部』1935年5月号，264-274頁。

おすすめ文献
†今田絵里香（2007）『「少女」の社会史』勁草書房。
†中川裕美（2013）『少女雑誌に見る「少女」像の変遷』出版メディアパル。
†小石原美保（2014）「1920-30年代の少女向け雑誌における『スポーツ少女』の表象とジェンダー規範」『スポーツとジェンダー研究』12, 4-18頁。

Column 1

語り手とジェンダー：女性のディレクターだから気づくことがある

　アナウンサーとして40年，ディレクターとしてテレビの番組でスポーツを伝えるようになって35年が経ちます。当初，取り上げるスポーツや選手で，男性女性をそれほど意識はしていませんでした。選手たちがどのような特徴をもっていて，スポーツをとおしてどのように成長し，世界に挑んでいくかというテーマが多かったように思います。

　ある時，わたしの中で大きく意識が変わったことがあります。スピードスケートの橋本聖子さんを取材していた時のことです。高校時代から日本のトップ選手だった橋本さんは高校卒業と同時に北海道を出て，山梨県の富士急行に就職をし，実業団選手として活躍していました。23歳で迎えた1988年のカルガリー冬季五輪では500mから5000mまでの5種目すべてに入賞。メダルこそなかったものの，156センチの小さな体で大柄な外国選手と対等に闘う姿は見る者に感動を与えてくれました。さらにその夏，ソウル五輪で自転車競技に出場し，日本選手で初めての冬と夏の五輪に出場を果たしました。女性アスリートの代表ともいうべき存在となった橋本聖子さんが25歳になった時にぽつりとつぶやいたのです。「最近，もうそろそろ辞めたらと家族に言われるんですよね」と。

　当時は普通の会社勤めの女性も，25歳ぐらいになるといわゆる「肩たたき」にあい，「そろそろ辞めてもいいんじゃない？」とささやかれた時代です。そろそろ独身時代のお楽しみを辞めて，結婚して子どもをつくるのが女性の仕事とされていたのでしょう。他の選手にも聞いてみると，企業から肩をたたかれはじめる25歳の壁というのがアスリートにもあるようでした。

　橋本さんのスケートでの成績は世界のトップに徐々に近づき，彼女自身はやる気に満ち溢れ，目標をしっかりもって日々のトレーニングを重ねていました。辞める？　辞める理由などないじゃないか。そばで取材をしていると，なぜ家族が辞めろというのか理解できませんでした。本人が好きでやっていることです。本人の意思を尊重できないのでしょうか。

　この頃から，アスリート自身に注目する番組づくりから，選手を取り巻く環境や世間の考え方を意識した番組づくりに変わっていったように思います。女子選手の特集をつくるたびに，少しでも選手が生きやすい環境に変わっていくことを願いながら番組を制作するようになっていきました。

　結局橋本さんは27歳で銅メダルを獲得し，自身7度目の五輪である1996年アトランタ大会に31歳で自転車競技に出場して競技生活にピリオドを打ちました。当時としては30代まで続けること自体がとても珍しかったのです。しかし，橋本さんの後を追った同じ富士急行のスピードスケート部に所属する岡崎朋美さんは5度の五輪に出場した後，39歳で第一子を出産し，42歳でソチ五輪出場を目指しました。残念ながら岡崎さんの出場はかないませんでしたが，女性の選手たちの意識が社会の常識を次々に変えていることが実感できる出来事でした。

　選手たちの意識は変化してきました。しかし，女子選手を取り巻く環境はまったく追いついていません。岡崎さんの妊娠出産の過程でも，産婦人科のスポーツ医師からは「まだ日本には何のデータもない。産後のトレーニングの仕方すらわからない」といわれてしまったのです。この時はわが耳を疑いました。日本の産婦人科医の第一人者と言われる医師の言葉に，めまいを覚えたほどです。取材過程でこうしたコメントを聞くと，ディレクターとしての意識は大いに刺激されます。欧米諸国では当たり前になっている女性選手の出産と産後のトレーニング環境を何とか日本でもつくれ

ように環境を変えていきたいと，わたしの思いは強くなる一方でした。

「保育園落ちた日本死ね!!!」という状況は女性アスリートも同じです。岡崎さんは託児に困り，結局は自らの母親の力を借りざるをえませんでしたが，それと前後するようにナショナルトレーニングセンターに保育所ができ，ここに子を預けてリオデジャネイロ五輪で6位入賞を果たしたのがフェンシングの伊藤希望さんでした。ママさん選手たちは，出産後のほうが強くなったような気がすると口をそろえます。伊藤さんは現在第二子を妊娠中で，このことをきっかけに2020年の東京にも挑戦する気持ちになったといいます。ただ，ナショナルトレーニングセンターで練習ができる選手は限られています。遠征が多い競技で子どもを抱え悩むママアスリートは少なくありません。子どもも自分の夢もあきらめたくないと，もがき苦しむ女性アスリートは増える一方です。

ディレクターのわたしが，自分自身が女性であることを強く意識し始めたのは，この10年ほどのことです。女性のスポーツ選手を取り巻く日本の環境の劣悪さは，わたし自身が女性であるからこそひしひしと感じられることも確かでしょう。役員もコーチも男性の中で，女性については真剣に考えられていないのではないかと思うようになりました。

東京国際女子マラソンが行われたことを契機に，1984年のロサンゼルス五輪から女子マラソンが正式種目となり，日本では女子の長距離ブームが起こりました。中高校生の駅伝も盛んになり，部活動の段階で，本来10代の女子が行うべきではない過度なトレーニングも課されるようになってきました。さらに体重を軽くして走ることで記録が伸びることから，食事を十分にとらない中高生アスリートが増え始めました。スポーツ界では「女子アスリートの3主徴」として知られていますが，消費エネルギーよりも摂取するカロリーが少ない場合に，月経が止まり，ホルモンバランスが崩れ，骨粗しょう症になっていくというサイクルです。多くの指導者は「生理なんてなくていいんだ。あるうちはまだ練習が足りない」と平然と言い放つのです。競技から遠ざかった段階で，ホルモン注射をしても月経が戻ることなく，一生涯，女性として未熟な体のままに終わってしまうケースもあるそうです。さらには，過度なトレーニングと栄養不足で鉄分が足りなくなった選手に，医師と結託をして鉄剤の注射を恒常的に打つように仕向ける教員の指導者も少なくありません。一般では貯蔵鉄といわれる肝臓のフェリチンの値は30ほどですが，日本陸上連盟が検査したジュニア女子アスリートの中には800という数値を示す者もいたそうです。フェリチン濃度が高いことは内臓不全を引き起こし，その選手の選手生命のみならず，普通の生活すら奪う危険があります。いったい指導者は何を考えているのでしょう。選手の人生を破壊してまで勝つことを求めるエゴ以外の何物でもないと怒りさえ感じます。

2013年に起きた女子柔道強化選手による暴力告発問題や，それに先立つ柔道男子メダリストによる強姦問題など，目を覆いたくなるほどの事件もありました。男性中心で長い間展開してきたスポーツ界に女性が入ってきたことで起きたことですが，これは一般社会でのありようがスポーツ界で顕在化してきたとみるべきでしょう。男女平等ランキング114位が日本の順位です。性別，年齢差，人種，宗教など多様性を大切にしていくダイバーシティーが叫ばれているものの，他民族を排除しようとする風潮もみられる昨今です。はたして意識改革は2020年までに可能なのでしょうか。

わたしの仕事はスポーツをとおして今の世界や社会を覗くことです。女性を取り巻く理不尽な情報をきちんと伝えることで彼女たちの環境が変わっていくことを望んでやみません。　（宮嶋泰子）

Column 2

放送における性差別：元 NHK プロデューサーの体験から

国谷裕子という存在の大きさ

　テレビキャスターとして地平を切り開いた人として，『クローズアップ現代』の国谷裕子の名前をあげることに異を唱える人は少ないと思います。2017年夏に発行された『週刊現代』の中に，「日本で一番信頼できる100人」という記事がありました。第１位は北野武。第２位が国谷裕子でした。キャスターを辞めて１年以上。それでも存在感は消えていませんでした。国谷の信頼の源泉はどこから来るのでしょう。一つは，圧倒的な男社会であるNHKにあって，職員ではないフリーの女性が毎日研鑽に励み，自身で道を切り開いたことがあげられます。卓越した英語力も大きな武器になりました。国谷は，働く女性としての目線を大事にし，それをNHKのスタッフも全力で支えました。国谷のもとに，NHKのネットワークを駆使したあらゆるエネルギーを結集させたのです。わたしもプロデューサーとして支える人間の一人でしたが，スタッフにはNHKという組織のしがらみを彼女なら壊してくれるのではないかという「期待」がありました。今から思えば，こうした期待はテレビ界における長い長い女性差別の裏返しだったのかもしれません。

　国谷が因習を打ち破ったことで，今や『シブ５時』や深夜のニュース番組など，女性がリードする番組が急増する時代となりました。いまはむしろ男性アナウンサーの処遇に苦慮する事態です。だからといって，女性アナウンサーが十分に活躍できているかというと，それは疑問です。

　国谷に代わって登場した７人の女性アナウンサーのそろい踏みの形式はわずか１年しかもたず，その後は『ニュース７』の看板アナウンサーが仕切るという，時代が元に戻ったような番組に変わってしまいました。女性の活躍と簡単に言いますが現場でもちこたえるのは簡単ではありません。

時代とともに変わるガイドライン

　さて，NHKには，放送における人権のガイドラインがあります。かつてわたしも作成にかかわったことがありますが，近年劇的にその内容が変わりました。特筆すべきは，LGBT問題にいっそう敏感でなければならないと，頻繁に指示が出されていることでしょうか。こんなことがありました。『スタジオパーク』という生番組で，ゲストのタレントが，「わたしはそっちの趣味はありませんから」と発言。司会者はその場で不適切な発言があったとしてすぐにお詫びをしました。

　現在の『ハートネットTV』や歴代の福祉番組は，LGBT問題を先駆的に取り上げてきました。その中で，マツコ・デラックスと加賀美幸子との対談も生まれました。マツコは，先人アナウンサー，とりわけ加賀美への敬愛の念が強いと語っています。

　思えば，放送で使う用語は折々に変わってきました。中でも男女の呼称の変化は劇的なものがあります。「主人」「奥さん」「嫁・舅」，そうした言葉を放送からなくそうという試みもありました。わたしも90年代にそうした番組をつくったことがあります。「ご主人」ではなく，「おっとさん」「お連れ合い」「パートナー」と呼んではどうだろうかという提案もしました。

　「ちゃん」や「さん」は，呼ばれる側の本人が選ぶのだという改革もありました。しかし，フェミニズムや男女共同参画の運動をしてきた世代が高齢化し，「格闘」の体験が継承されない中で，「ご主人」「奥さん」を使っても問題ないと感じる人々が増えている気がします。

「おまんこ」の何が悪い？

　ここで，わたしの体験をお伝えしたいと思います。『ナイトジャーナル』という番組の編集長の時，「女性器の名前」という番組を放送しました。90年代半ば，埼玉県で，男性も女性もどちらも「おちんちん」と呼ぼうという試みが始まりました。でもそれってどこかおかしい，からだの部位を普通に呼べない，恥ずかしいと感じることは，人権にかかわる問題ではないかと思ったわたしたちは，本格的な取材を始めました。最初に行ったのは職場での調査です。わたしが直接，一人ひとり丁寧に聞き取りを行い，それをみんなで共有しました（小部屋で，対面式で行いましたが，あやしいものではありません）。作業の中でわかったことがあります。女性器の名前について語り合うことは，職場でモノが言いやすくなることに役に立つということです。何が正解かということより，何に抵抗感があり，それはどのような理由なのかをともに語り合うことに意味があるように思いました。

　放送では「おまんこ」という名前も紹介しました。放送後，編集長のわたしに週刊誌の取材が殺到しました。わたしは「おまんこ」となぜ呼びにくいのかを，詳しく語りましたが，発売された週刊誌には，「お〇〇こ」と伏字になっていました。わたしが番組をつくるにあたって気にしたのは，「おまんこ」を使うことで，傷つく人がいるのであれば，慎重でなければならないということでした。しかし放送後の苦情や意見はなく，よくやってくれたというものでした。

　NHKの人権ガイドラインの親規定にあたるものが放送ガイドラインです。最新の放送ガイドラインは2015年版でしょうか。作成にあたっては，公共放送の大先輩イギリスBBCのエディトリアル（編集）ガイドラインも参考にされました。そこに書かれていたのは，ガイドラインはその時代の社会の経験値や認識の集大成であるということでした。言葉のよしあしや苦情がこないための危機管理の手引書ではなく，市民とBBCが対話する中で，何を不快に感じ，何を害悪とするかを明らかにしていきました。かつてBBCは，イラク攻撃の根拠とされた大量破壊兵器の存在をめぐる報道で，放送後に自殺者が出る事態となり，会長は辞任に追い込まれました。議論の中で放送の使命は何か，改めて確認されたのは，調査報道とアジェンダセッティングでした。人々が知らない事実を掘り起こし伝える。それと同時に議題を提供し語り合う場を育てていくことが必要だとされました。そうした使命のもとで，放送が不快感をもたらすことがあります。社会的な弱者を保護しなければならないのは言うまでもありませんが，革新的，先端的なコンテンツは時として不快だとして物議をかもすことがあります。BBCはその場合，こう考えようと決めました。健全な批評精神があるものは，たとえ差しさわりがあっても紹介していこう。新しいものはとかく受け入れがたいものなのだと。さすが批評の国イギリスの公共放送だと思います。

　放送局というものは，それ自体が社会の縮図です。放送の中に差別や偏見があるのは，現実の社会にそうしたものが存在するからです。だからこそ，そうした課題を延命させるか，改めるかを放送自体が厳しく問わなくてはなりませんし，それが主たるミッションでもあります。差別解消の先導役になるのか，自身が加害者になってしまうかは，大きな違いです。放送には落とし穴がいっぱい開いています。いつ差別事件の当事者になるとも限りません。しかし，そうした時にただ謝り，訂正するだけではなく，なぜそのようなことが起きたのか，そこから何をくみ取り，過ちをくりかえさないようにできるかが大切です。そのためには，平素からの視聴者・市民との絶え間ない対話と，放送に携わる人間の時代感覚と人権感覚を磨くことが必要だと考えます。

（永田浩三）

V　スポーツをする権利とジェンダー

総論：スポーツにおける権利保障

　スポーツは，広く社会に普及しているため，何が大切かという価値を社会に伝える影響力が非常に大きいという特徴をもっています。そのため，国は法制度によって，国・人種・民族・宗教・性・性的指向・言語・文化などの様々な違いにかかわらず，すべての人に平等に「スポーツに参加する権利」と「個人の尊厳」を保障することが重要です。そのような法制度に基づき，国やスポーツ組織はスポーツ政策を策定し，方針や目的達成に向けた手段を明確にしたうえで，実現に向けた取り組みを進めることになります。

❶　スポーツ政策に影響を与える国際的な動向

　各国のスポーツ政策に影響を与える国際的な動向の一つに，ユネスコが主催する体育・スポーツ担当大臣等国際会議（MINEPS[1]）があります。2017年の同会議では「体育・身体活動・スポーツに関する国際憲章」[2]やオリンピック憲章に記された理念を実現し，過去の会議の成果を実行するために「カザン行動計画」を承認しました。この計画では，7つの主要政策領域の1つが「スポーツ界におけるジェンダー平等の実行と女性の地位向上」とされました。

　このほか，国連が2015年9月に設定した国際目標「持続可能な開発目標（SDGs）」[3]の一つにもジェンダー平等の実現が含まれ，国連開発と平和のためのスポーツ局（UNOSDP）の活動もこれと連動しています。また，2010年にWHOが刊行した「健康のための身体活動に関する国際勧告」[4]は，健康の側面から国や自治体のスポーツ政策に影響を与えています。競技的なスポーツ界の政策に影響を与える動向としては，IOCが2014年に採択した「アジェンダ2020」があります。この提言には，40項目からなるオリンピック・ムーブメントの将来戦略が示されており，ジェンダー平等の達成やスポーツ界の多様性促進が含まれています。

❷　ヨーロッパ評議会のスポーツ政策における権利保障

　ヨーロッパでは，ヨーロッパ連合（EU）の専門委員会がスポーツに関する行動計画（EU Work Plan for Sport）を2011〜2014期および2014〜2017期に策定し，WHOヨーロッパ委員会がPhysical activity strategy for the WHO European Region 2016-2025を策定しています。EU加盟国はこれらに則りながら，各国の状況に応じたスポーツ政策を進めています。こうした取り組みは，

▷1　第1回は1976年にパリで開催。2017年には第6回が開催された。

▷2　1978年採択，1991年小改定を経て，2015年全面改定。この改定では従来の憲章名「体育・スポーツ」に「身体活動」を含めて対象領域を拡大し，ジェンダー平等の達成を明記した。

▷3　2001年に策定されたミレニアム開発目標（MDGs）の後継として採択。17のゴール・169のターゲットから構成されている。

▷4　Global Recommendations on Physical Activity for Healthは宮地元彦ら（国立健康・栄養研究所）による日本語版がある。http://www.nibiohn.go.jp/files/kenzo20120306.pdf（2017年12月25日閲覧）

▷5　ヨーロッパ評議会（Council of Europe）は，

一つのモデルになります。

　また，ヨーロッパ評議会（Council of Europe：CE）にはヨーロッパ人権条約があり，スポーツにおける権利保障に関しても学ぶべき点があります。

　1975年には世界に先駆けて「ヨーロッパ・スポーツ・フォー・オール憲章」を採択し，スポーツが人間性を開花させる文化であることを明記しました。以来，各国のスポーツ大臣による公式・非公式の会議を継続的に開催し，スポーツにおける観客の暴力，アンチ・ドーピングなどの分野で条約の採択や委員会の設置を進めてきました。1992年には「新ヨーロッパ・スポーツ憲章」「ヨーロッパ・スポーツ倫理綱領」が採択され，スポーツが人々の権利であることとともに，個人と社会にどのような役割を果たすかについても示されました。近年では，2014年に「スポーツにおける八百長防止条約」を採択するなど，新しい社会的課題にも対応しています。

　スポーツにおけるジェンダー・セクシュアリティの観点からの権利保障に関係する重要な動きの一つは，2007年に採択された「スポーツに関する拡大部分協定（EPAS）」を採択したことです。この協定では，多様性の促進，スポーツへの平等な参加などを方針として，国とスポーツ組織，NGO間の政策調整などが行われています。2016年1月には"Balance in Sport（BIS）：Tools to implement Gender Equality"プロジェクトの立ち上げイベントを開催しました。背景には，スポーツ界におけるジェンダー平等の実現が十分ではない現状があります。2018年のプロジェクトの主な内容は，(1)リーダーシップ，コーチング，参加，ジェンダー不平等に基づく暴力，メディアなどの分野における関連データを幅広く収集すること，(2)公的機関やスポーツ組織に対し，根拠に基づいた企画，実現に向けた政策，戦略づくりを支援することです。

③ スポーツ政策に基づくジェンダー平等に向けた実践事例

　CEが公開しているハンドブックには，スポーツにおけるジェンダー平等政策を推進するための実践事例が紹介されています。例えば，ハンドブック"Gender equality in sports"では，スポーツにおけるジェンダーやそのほかの差別の現状を簡単に示したうえで，子どもや若者に身体活動への参加を促すためのスポーツ施設公開プロジェクト（スイス），地方のスポーツ政策におけるジェンダー主流化の具体例（スペイン）などが紹介されています。ハンドブック"LGBT inclusion in sport"では，11～19歳のサッカーを行っている若者をターゲットにした「同性愛嫌悪と闘う」キャンペーンや16～21歳のLGBT当事者の若者による「プライド・ユース・ゲームズ」の開催（イギリス），同性愛者である大人の選手と若い選手が交流し，ともに競技することで偏見を取り除くことをめざす水泳競技会（オランダ）などが紹介されています。

（來田享子）

▷5　28か国が加盟するEUとは異なる機関で，1949年に民主主義と人権を保障する目的で設立。1950年採択のヨーロッパ人権条約は現在の加盟国47か国，8億人の人権保障を担う。1954年「ヨーロッパ文化条約」にはじめてスポーツ領域に関する規定を設け，近年ではスポーツは社会統合や寛容，相互理解の重要な推進力とされている。

▷6　Enlarged Partial Agreement on Sportの略。38の加盟国の公的機関がスポーツに関する政府間協力を行い，スポーツが直面する課題に取り組むための基盤を提供。

▷7　Talleu, C.（2011）"Gender equality in sports, Access for Girls and Women to Sport Practices," *Good practices Handbooks*, No. 2., Council of Europe.

▷8　Englefield, L.（2012）"LGBT inclusion in sport," *Good practice handbooks*, No. 4., Council of Europe.

おすすめ文献

†菊幸一・真山達志・横山勝彦・齋藤健司編（2011）『スポーツ政策論』成文堂。
†N. ストロンキスト／結城貴子訳（2015）『教育におけるジェンダー平等（ユネスコ国際教育政策叢書）』東信堂。
†辻村みよ子・西谷祐子・戸澤英典編（2008）『世界のジェンダー平等――理論と政策の架橋をめざして（東北大学21世紀COEプログラム ジェンダー法・政策研究叢書）』東北大学出版会。

Ⅴ　スポーツをする権利とジェンダー／A　スポーツ政策

日　本

1　学習指導要領の変遷

　1963年から実施された高等学校学習指導要領をみると，体育の授業内容について，「女子については，女子向きの運動を選ぶ」「女子の持久走は，競走的な取り扱いを避け，体力に応じた指導の方法をくふうし，漸次持久力を高めるようにする」などと男子とは別の定めをしています。1966年，中央教育審議会の答申「後期中等教育の拡充・整備について」も，「高等学校においては，普通科目についても，女子が将来多くの場合家庭生活において独特の役割をになうことを考え，その特性を生かすような履修の方法を考慮する」など，女子に対する教育的配慮を強調していました。

　1970年代には，女性に対する不平等を解消しようとする国際的な動きが高まります。例えば，1979年，国連「女性に対するあらゆる形態の差別の撤廃に関する条約」（発効は1981年，日本が批准したのは1985年）では，「スポーツ及び体育に積極的に参加する同一の機会」（第8条），「レクリエーション，スポーツ及びあらゆる側面における文化的活動に参加する権利」を認める適当な措置をとることを締約国に求めていました。この背景の下に，1989年の改訂学習指導要領では，別修であった中学，高等学校の体育授業が共修となり，男女が同じ授業を受けることができるとされました。ただ，器械運動やダンス等については，「地域や学校の実態及び生徒の特性や選択履修の状況等を踏まえる」との記述が残り，男女の特性論がなくなったとはいえません。2012年より中学校で実施された学習指導要領では，男女ともに武道とダンスが必修になりました。

2　女性とスポーツの関係を向上させるための決議文の採択

　1994年，第1回世界女性スポーツ会議が開催され，「ブライトン宣言」が採択されました。国内の女性スポーツ組織としては，日本女子体育連盟とNPO法人ジュース（Japanese Association for Women in Sport）はもっとも早い段階でこれに署名しました。採択から7年後の2001年5月には，日本オリンピック委員会が署名しています。この署名は，2001年6月に，大阪市で第1回アジア女性スポーツ会議が開催されることが契機となって実現しました。第1回アジア女性スポーツ会議では，「おおさかアクションプラン2001」が採択されています。これにより，女性の参加，スポーツ分野での女性の活躍，女性スポーツ促

▷1　Ⅲ-A-③を参照。北田和美（2001）「教育課程の変遷にみる男女差」，「戦前・戦中の教育課程における『女子の特性』のとらえ方」井谷惠子ほか編著『目でみる女性スポーツ白書』大修館書店，194-197頁。
▷2　Ⅴ-B-②を参照。
▷3　順天堂大学女性スポーツ研究センターHP「ブライトン宣言」参照。
▷4　Ⅴ-Bコラム2を参照。
▷5　http://www.jws.or.jp/aj/（2017年12月25日閲覧）
▷6　体育指導委員は，「スポーツ振興法」の規定に従い，市町村教育委員会が地域のスポーツ普及・振興の推進役として委嘱する委員である。ほぼボランティアでの活動であるが，非常勤公務員としての位置

進のための連携構築，様々なスポーツ関係組織の意思決定機関に女性の割合を増やすことについて，アジア全体で進めていこうとする方針が公表されたことになります。しかし「ブライトン宣言」や「おおさかアクションプラン2001」等に示された目標を達成するためには，スポーツ組織や民間での取り組みだけでは十分とはいえず，国の政策等として具体的に示されていく必要がありました。

③ 男女共同参画基本計画およびスポーツ基本法／計画

2000年，政府は「スポーツ振興法」に基づき，今後10年間で取り組むべき主要な課題，政策目標，具体的な施策（スポーツ振興基本計画）を定め，2006年に改定しました。この計画では，子どもや地域におけるスポーツ環境の充実等が課題とされました。この課題に向けて，女子のスポーツ参加促進，女性のスポーツ指導者の養成・資質の向上，女性・高齢者・障害者等がスポーツに参加しやすい環境をつくる方針が示され，スポーツ振興の推進役として，女性を体育指導委員に積極的に任命する等の具体的な目標も示されました。

2010年，政府は第3次男女共同参画基本計画を策定しました。この計画は，2020年までに，あらゆる分野の指導的地位に女性が占める割合が少なくとも30％になるよう期待した2005年の第2次の取り組みを推進するものです。特に注目すべきは，積極的改善措置（ポジティブ・アクション）に自主的に取り組むことを奨励していることでした。2015年12月には，第4次基本計画が閣議決定され，スポーツ分野における男女共同参画の推進が掲げられています。第3次計画以降も実現できていない課題により積極的に取り組むことに加え，女性アスリートに対するセクシュアル・ハラスメント防止の取り組みも含まれました。

2011年，1964年東京大会開催前に制定されたスポーツ振興法（1961年）が全面的に改正され，スポーツ基本法が成立しました。この基本法は「スポーツ権」に関する定めを設けていますが，抽象的なうえ，ジェンダー視点に欠けているという批判があります。

2016年，政府は男女共同参画社会の形成の促進に関する施策の一つとして，スポーツ分野における男女共同参画の推進を掲げています。ただし，この計画は，2020年東京大会に向けた女性アスリートの国際競技力向上を目的とした国家戦略の色彩が強いものになっています。そのため，計画が影響を与える範囲が狭くなってしまうことが懸念されます。

2017年には，第2次スポーツ基本計画が策定されました。この計画では，幼少期から高齢期まで女性たちがニーズや意欲に合ったスポーツに参加できる機会を提供すること，指導的地位にある女性の割合の目標を30％とすることなど，男女共同基本計画と連動した施策が示されています。ただし，スポーツにおけるセクシュアル・ハラスメントの防止に向けた内容は含まれていません。

（白井久明）

づけである。「スポーツ基本法」においては，名称がスポーツ推進委員と変更された。

▷7　社会的・構造的な差別によって不利益を被っている者に対して，一定の範囲で特別の機会を提供することなどにより，実質的な機会均等を実現することを目的として講じる暫定的な措置のこと。なぜ必要なのか，どのような方法があるのかについては，内閣府男女共同参画局のHP「ポジティブ・アクション」がわかりやすい。

▷8　日本スポーツとジェンダー学会編「データでみるスポーツとジェンダー」八千代出版，69-70頁によると，2016年1月現在，日本の中央競技団体（61団体）の女性役員の割合は8.1％，障がい者スポーツ競技団体（43団体）の女性役員の割合は14.9％と，目標値にはほど遠い状態にある。

▷9　スポーツ法学会編（2011）。飯田貴子（2013）「日本のスポーツ政策とジェンダー――第2次スポーツ基本計画に向けて」『帝塚山学院大学人間科学部年報』15号，36-50頁。

▷10　男女共同参画会議（2017）「女性活躍加速のための重点方針2017」。

おすすめ文献

†スポーツ法学会編（2011）『詳解　スポーツ基本法』成文堂。

†内閣府男女共同参画局（2017）「男女共同白書　平成29年版」。

†清水諭編（2015）『現代スポーツ評論33　特集：女性スポーツの現在』創文企画。

Ⅴ　スポーツをする権利とジェンダー／A　スポーツ政策

　韓　国

1　韓国のスポーツ行政システム（組織，法律，予算）

　韓国における体育・スポーツに関する行政業務は「文化体育観光部」が担当しています。2013年以降，文化体育観光部内の組織改編が頻繁に行われており，2015年1月には第二副大臣のもとに体育政策室が設けられました。体育政策室は体育政策官と体育協力官の2つの官と，体育政策課，体育振興課，スポーツ産業課，国際体育課，障がい者体育課，平昌オリンピック支援課の6つの課から構成されています。また2014年8月には大臣のもとに冬季オリンピック特別区企画チームが設置されましたが，現在では独立した部局として第二副大臣の管轄下に位置づけられています。

　韓国のスポーツ振興のための財源は，文化体育観光部体育局の予算，地方自治団体の地方費，国民体育振興公団で管理・運用する国民体育振興基金，大韓体育会と国民生活体育会などの民間体育団体で自主的に調達する独自の財源などで構成されています。2014年度の体育振興財政の規模は4兆8290億ウォン（4829億円）で，過去5年以上にわたって増加しています。2014年度の財政を財源別にみると，地方費が73.5％ともっとも高い割合を占めており，次いで国民体育振興基金が19.1％，各種体育団体の収入が4.23％を占め，文化体育観光部体育局の予算はわずか3.08％です。

　韓国におけるスポーツ関連法としては，国民体育振興法（1962年），体育施設の設置および利用に関する法律（1987年），スポーツ産業振興法（2007年），伝統武芸振興法（2008年），学校体育振興法（2012年）があります。このうち国民体育振興法には，スポーツ振興における国や地方自治体の責務，国民体育振興基金に関する事項，スポーツ関連団体に関する諸規定，ドーピング防止に関する事項，国や地方自治体からスポーツ関連団体に対する補助金についての事項など，幅広い事項が定められています。

2　韓国のスポーツ政策

　韓国のスポーツにかかわる近年の政策としては「文化ビジョン」と「スポーツビジョン」があります。文化ビジョン2008～2012ではスポーツ体育に関する実践計画は7領域に分けられていますが，その一つとして「体育親和的教育環境・教育親和的体育環境」があります。これは学校教育とスポーツ活動とのバ

▷1　「部」は日本の「省」に該当。また韓国において体育という用語はスポーツを意味するものとして使われている。

▷2　韓国文化体育観光部HP「文化体育観光部の紹介」。https://www.mcst.go.kr/japanese/ministry/organization/orgChart.jsp（2017年12月25日閲覧）

▷3　10ウォン＝1円で計算。

▷4　文化体育観光部（2014）*2014 Sport White Paper*.

▷5　イ（2015）。

▷6　金はこの韓国の国民体育振興法と日本のスポーツ基本法のガバナンス体系を比較し，日本ではスポーツ基本法においてスポーツ統括組織の自主的なガバナンスを原則としているのに対して，韓国の国民体育振興法はスポーツ統括団体の自律や自治ではなく行政による統治を構想していると指摘している。金永聖（2012）「韓国国民体育振興法の体系と構造に関する一考察――日本のスポーツ基本法との比較を中心にして」『日本スポーツ法学会年報』19, 129-152頁を参照。

ランスの良い関係構築を目標にしていますが、そこで推進する内容として「学生選手の人権保護体系の構築」「学生選手の学業と運動の両立のための環境の創造」があげられています。

スポーツビジョンに関しては、2013年以降のスポーツ基本計画として「スポーツビジョン2018」があります。そこでは政策執行の手順が「推進体系」「推進戦略と課題」「目標」と、具体的な課題や数値目標を掲げながら積み重ねられており、最終的に「百歳時代、『スポーツで大韓民国を変えます』」というビジョンが達成されるという構造になっています。

▷7 笹川スポーツ財団(2011)。

3 韓国スポーツ界における権利・人権問題への対応

韓国スポーツ界では、2000年頃からプロ選手の労使契約や学生アスリートの学習権、代表選手に対する暴力行為など、アスリートの権利や人権にかかわる問題が相次いで社会問題化しました。こうした動向の中で、「韓国国家人権委員会」がアスリートの学習権や人権の侵害に関する実態調査にかかわることになります。国家人権委員会は2001年に設立された組織で、国家が人権問題で間違った措置をした場合は改善するよう発言権をもちます。スポーツに関しては暴力と性暴力、学習権という人権問題について関与します。上述の実態調査の成果として、韓国国家人権委員会は2011年に"Guidelines Human Rights in Sports"を発表しました。このガイドラインは「宣誓文」「暴力の予防」「性暴力の予防」「学生選手の学習権」の4つの章から構成されています。

他方、上述のある事件で行われた署名運動の流れで、2002年に「体育市民連帯」というNPO組織がつくられました。これは体育教員や大学の教員、マスコミ、問題意識をもつ指導者などが自発的に結成した組織です。活動目標としては(1)学校生活とスポーツ活動の両立、(2)スポーツ界の人権と健康的なスポーツ文化の定着、(3)勉強する学生のイメージづくりと学校教育の正常化、(4)スポーツ団体の合理的運営のための監視と批判、の4つがあります。またこうした活動の成果として、現在では国家のスポーツ政策をつくる場に、体育市民連帯のメンバーが諮問委員としてかかわるようになっています。

以上のように韓国では、スポーツ界の権利・人権問題に、国家人権委員会という非スポーツ統括組織であり、ある意味で権威をもつ組織がかかわっているところに特徴があるといえます。またNPO組織がスポーツ統括組織に対して監視機能をもち始めていることは注目に値します。スポーツ統括組織の諸活動を監視する役割は、メディアに加えて、こうした市民団体やその運動によっても果たされることを示す事例だといえます。

(高峰 修)

▷8 高峰(2015)。

おすすめ文献

†イ・ヨンシク(2015)「韓国のスポーツ政策——スポーツビジョン2018に向けて」土佐昌樹編著『東アジアのスポーツ・ナショナリズム』ミネルヴァ書房, 145-172頁。

†笹川スポーツ財団(2011)『文部科学省委託調査「スポーツ政策調査研究」報告書』。

†高峰修(2015)「海外におけるスポーツ環境の倫理問題への取り組みに関する研究(2)——韓国を事例として」『明治大学教養論集』504, 85-105頁。

Ⅴ　スポーツをする権利とジェンダー／A　スポーツ政策

　オーストラリア

1　オーストラリアのスポーツ行政システム（組織，法律，予算）

　2017年2月現在，オーストラリアにおけるスポーツの所管省庁は保健省ですが，スポーツ行政に関する実質的な権限をもっているのは保健省の所管のもとにある Australian Sports Commission（以下，ASC）です[1]。保健省の主な役割は ASC をはじめとするスポーツ関連機関に必要な予算を確保することであり，ASC はスポーツ政策の策定やスポーツ関連予算の配分を行います。ASC のそうした権限の法的根拠は1989年に施行された the Australian Sports Commission Act 1989にあります[2]。ASC の2016～17年度予算は3億4498万豪ドル（275億9840万円）[3]，うち政府からの補助金は2億5046万豪ドル（200億3680万円）であり，いずれも過去4年間にわたってわずかながら減少しています[4]。

2　オーストラリアのスポーツ政策

　オーストラリアの現在の長期的なスポーツ政策は「オーストラリアスポーツ：成功への道」（以下，「成功への道」）[5]と「国家スポーツおよび活動的レクリエーション政策の枠組み」[6]に基づいています[7]。「成功への道」は，「スポーツ実施者数を増やすこと」「スポーツへの道を強化すること」「成功に向けて努力すること」の3点を柱としていますが，このうちの「スポーツ実施者数を増やすこと」では，「女性や女子によるスポーツ実施の障害物を打破する」と題して一つの節が設けられており，いくつかの実証データに基づき，以下の具体策を打ち出しています。

・メディアにおける女性のスポーツ報道を増やすための財源や方策を強化すること。
・スポーツ組織における意思決定集団の女性メンバーを増やしたり登用を促進するために登録制度を新設すること。
・プレーヤー，指導者，団体職員や審判として女性がスポーツにかかわることを支援するために，女性スポーツ賞を設けること。
・女性や女子のスポーツ実施に影響を及ぼす身体イメージの問題を改善するために，ASC に関連団体との結びつきを強化するよう求めること。

▶1　笹川スポーツ財団（2011）『文部科学省委託調査「スポーツ政策調査研究」報告書』。

▶2　Shilbury and Kellett（2011）.

▶3　1豪ドル＝80円で計算。

▶4　Australian Sports Commission（2016）*ASC Portfolio Budget Statement 2016-2017.*

▶5　Australian Sport : The Pathway to Success. 2010年5月に連邦政府が公表した。

▶6　National Sport and Active Recreation Policy Framework. 2010年6月に連邦政府および州／準政府のスポーツ・レクリエーション担当大臣らによって構成される審議会が同意した。

▶7　WIP ジャパン株式会社（2013）『文部科学省平成25年度委託調査「スポーツ政策調査研究（海外のスポーツ基本計画に関する調査研究）」』。

③ 安全・公正・包括的なスポーツ環境を保障するための施策

　1985年の設立当初からASC内部には女性スポーツを取り扱う部署が設けられ，まずはセクシュアル・ハラスメントに対する取り組みが始まりました。その後，その取り組みは障がい者スポーツ，先住民たちのスポーツ，青少年スポーツなどにおけるスポーツ環境の適正化に広がっていくことになります。

　2000年に起こったセクシュアル・ハラスメント事件をきっかけに，ASCは連邦政府からガイドラインを開発するよう求められ「ハラスメントフリースポーツ戦略（harassment free sport strategy）」を始めました。この戦略は，同性愛に対する嘲笑，同性愛主義の役員や指導者と比べた場合の異性愛主義の役員・指導者への好意的な（ひいき的な）対処，望まない性的な口説き，口汚い言葉の頻繁な使用，トランスジェンダーへの差別などを含む差別的・ハラスメント的言動を網羅しています[8]。さらにASCは2002年にそれを「メンバー保護プログラム（Member Protection Program）」に統合しました[9]。

④ 政策の成果としての具体的なプログラムやツール

　メンバー保護プログラムは，競技者や指導者だけではなく，審判，役員などスポーツ活動にかかわる人々が安全で快適に，楽しめる環境を享受する権利を与えられるべきという理念に基づいています。具体的な内容は2つの構成要素からなり，1つ目はスポーツ関連団体のメンバーをハラスメントや差別，中傷などから保護することであり，もう1つはスクリーニングと警察のチェックを受けることで，不適切な人物が権威ある地位につくことを避けることです。こうしたことから，メンバー保護プログラムは組織がそのメンバーのために準備すべきものであることがわかります。スポーツ関連団体がASCから補助金を受けるためには，メンバー保護プログラムを整備している必要があります。

　次に，各スポーツクラブがそのメンバーに求めるものとして，行動規範（code of behavior）の遵守があります。行動規範は，各スポーツクラブがスポーツ活動に際して受け入れられる言動の基準をそのメンバーに示したものです。特にクラブに所属する指導者は，オーストラリアにおいてスポーツ指導の講習を受けて正式な資格を得るためには，クラブが用意した行動規範に署名しなければなりません。

　最後に，プレーヤーや指導者だけではなく組織役員，審判，保護者，観客などを対象とした教育プログラムとして"Play by the Rules"[10]があります。これはASCをはじめとする関連団体がオンラインで提供している映像プログラムです。プログラムは，各スポーツクラブで起こり得る倫理的な問題を扱ったシナリオに沿ってつくられており，それぞれの状況でどのように行動すべきかを視聴者に問いかけるような内容になっています。

（高峰　修）

▷8　高峰（2014）。

▷9　Stewart, Nicholson, Smith and Westerbeek (2004).

▷10　Play by the Rules HP. https://www.playbytherules.net.au/（2017年12月25日閲覧）

おすすめ文献

†D. Shilbury and P. Kelleti (2011) *Sport Management in Australia* (4th edition), Allen & Unwin.

†高峰修（2014）「海外におけるスポーツ環境の倫理的問題への取り組みに関する研究(1)――オーストラリアを事例として」『明治大学教養論集』502, 117-134頁。

†B. Stewart, M. Nicholson, A. Smith and H. Westerbeek (2004) *Australian Sport : Better by Design?*, Routledge.

V スポーツをする権利とジェンダー／A スポーツ政策

イスラーム圏

1 イスラーム圏の拡がりと多様なヴェール着用

イスラーム圏とは，イスラーム（Islam＝イスラーム教）を国教としている国々，あるいは国民の大多数がムスリム（Muslim：神に服従するもの＝イスラーム信徒のこと）である国々と解釈することができます。また，「イスラーム協力機構（Organization of Islamic Cooperation：OIC）」に加盟している国（2002年，57か国）[1]もイスラーム国家と呼ばれています。しかし，宗教人口を国別に把握することは難しく，世界のムスリム人口は13億人とも15億人とも推計され，「イスラーム圏」は，国単位だけでなく個々の信仰者の人口も含め，イスラームの発祥地であるアラビア地域から北アフリカ，南アジア，東南アジアへと拡がっています。

そのイスラーム圏の中で，特に厳格にイスラームの教えを遵守している国がイラン・イスラーム共和国（以下，イラン）とサウジアラビアです。イスラームの根本聖典『クルアーン』に基づいた憲法や法律をもち，『クルアーン』に則った「イスラーム法」によって女性が親族以外の男性の前で顔と手以外の肌を見せてはならないとされているため，女性にヴェール着用が義務づけられています[2]。その他の国々では個人の信仰心の度合いや考え方によってヴェールを被るか被らないかを選択できる場合があります。あるいは法的な義務はなくとも地域の文化によって被ることが習慣となっている場合もあるでしょう。さらにイスラーム圏においてもヴェールをまったく被らない女性もいます。イスラーム圏における女性とヴェールとの間には多様な関係がみられます。

そこで，本項では，厳格なイスラーム国家として知られ，1979年のイラン・イスラーム革命以降ヴェール着用が法的義務でありながらも，国際的なスポーツ大会に積極的に参加するイランの女性たちに注目します。

2 現代イランの女子教育と女性の社会進出

女性スポーツ政策の背景として，イランにおける女子教育の変化とイスラーム体制を維持しようとする政治的な動きが影響していると考えられます。女子の教育機会は，イラン・イスラーム革命後の「男女隔離政策」において，よりイスラーム化が推進され，女子生徒のヴェール着用の強化，男女別学，女子校への女子教員の派遣などが進められることによって拡大しました。この政策は，イスラームの教えを厳格に守る人々にとっては自分の娘が男性に見られること

▷1 片倉もとこ・加賀谷寛・後藤明・内藤正典・中村光男編（2002）『イスラーム世界事典』明石書店，108頁。2011年に「イスラーム諸国会議機構（OIC：Organization of the Islamic Conference）」が現名称に変更されたが加盟国数は2002年現在のものである。

▷2 本項ではイスラーム圏の被り物を総称してヴェールと表記。イランでは女性の被り物をヘジャーブという。黒いチャードル（テントの意味）が伝統的で宗教的で正式な場での装いであるが，日常的にはコートとスカーフ（ルーサリー）によって身体を覆う女性が多い。

への不安が取り除かれたため，女子の進学に対して積極的になったといわれています。その結果，卒業後の就業率が向上し社会進出が拡大され専門職につく女性の数も増えています。他方，現代の女性たちはヴェールを被ることを義務とする現イスラーム体制に必ずしも賛同しているとはいえないという指摘があります。なぜなら，あらゆる選挙において女性たちは改革派に投票する傾向にあるからです。政府は，女性たちの改革的な動向の抑制策として，ヴェール着用の緩和（しかし外してはならない），女性の年金制度や育児休暇の拡充，女性関連立法の成立などの女性の生活環境の整備に努めています。

そのような政治的な動向と女性のスポーツ政策との関連は明らかではありませんが，近年のイラン・オリンピック委員会の取り組みは，「女性スポーツ委員会（Women & Sports Commission）」を設置して女性スポーツの推進に力を注いでいます。イスラーム圏の女性スポーツ政策の一つの事例として，この委員会に着目しイランにおける女性の「スポーツ政策」を垣間見ることとします。

3 イラン・オリンピック委員会から発信する女性スポーツ政策

ヴェールを被ることが義務づけられているイランの女性たちには，肌の露出をしなければならない国際大会への出場は長い間不可能なことでした。そのため，1993年から2005年までの間に4回にわたり首都テヘランにおいて，男性の眼を遮断して女性たちだけで「イスラーム諸国女性スポーツ大会」が開催されてきました。当時は「イラン女性スポーツ委員会（Iran Women Sports Committee）」が組織されており，「イスラーム女性スポーツ連盟（Islamic Federation of Women Sport：IFWS）」が上記大会を運営し報告書を発行していましたが，いずれの女性スポーツ組織も大会終了後解散しています。

現在では，イラン・オリンピック委員会がスポーツ政策の要となりオリンピック・ムーブメントを進めるべく6部門の委員会（commission）を設けており，その一部門が「女性スポーツ委員会」です。「スポーツ・フォー・オール」の考え方に基づき，また「生涯スポーツ」を目標に掲げて，トップ・アスリート以外の一般の女性たちのスポーツ機会を増やすことについて努力を続けています。「女性スポーツ委員会」では，一般の女性のスポーツ人口が増えればトップ・アスリートのレベルも高まってくると期待しています。2012年ロンドン大会には8名，2016年リオデジャネイロ大会には9名の女子選手が参加しています。リオ大会開会式において旗手を務めたザハラ・ネマティー選手（アーチェリー）は，パラリンピック・ロンドン大会においてイラン女性初の金メダリストとなり，パラリンピック・リオ大会において2連覇を果たしました。

（荒井啓子）

▷3 桜井啓子「女性パワーの源」(2004) 岡田恵美子・北原圭一・鈴木珠理編著『イランを知るための65章』明石書店，300-303頁。

▷4 中西久枝「ヘジャーブにみるイスラーム革命」(2004) 岡田恵美子・北原圭一・鈴木珠理編著『イランを知るための65章』明石書店，274-277頁。

▷5 イラン・オリンピック委員会の委員会構成や内容については筆者の現地聞き取り調査によるものである。

▷6 具体的な内容はⅩ-④で詳述。

おすすめ文献

†寒川恒夫編（2004）『教養としてのスポーツ人類学』大修館書店。
†片倉もとこ（1995）『イスラームの日常世界』岩波書店。
†井筒俊彦（1995）『コーラン（中）』岩波書店。

Ⅴ　スポーツをする権利とジェンダー／A　スポーツ政策

ドイツ

1　ドイツのスポーツ政策とドイツオリンピックスポーツ連盟（DOSB）

　ドイツでは，スポーツに関する個別の法律はありますが，日本のスポーツ基本法に相当するような総合的なスポーツの法律は制定されていません。そのため，スポーツの権利に関する拠り所となっているのは，「ドイツ連邦共和国基本法」（1949年）であり，ドイツにおけるスポーツの社会的位置づけは高いとされています。行政面では，主に連邦内務省がスポーツ政策を担当し，ジェンダーに関しては連邦家庭・高齢者・女性・青少年省が部分的に関与しています。

　ドイツ最大のスポーツ組織は，ドイツオリンピックスポーツ連盟（DOSB）で，2006年5月にドイツスポーツ連盟とドイツオリンピック委員会が合併して設立されました。合併の後押しをしたのは，特に行政に対して，スポーツ界が一つの声としてまとまり，向き合うことの必要性が認識されたためであるといわれています。DOSBには，16の地域スポーツ連盟や63のトップ協会など99組織が加盟し，その傘下には9万以上のスポーツクラブに2700万人以上の会員を擁しています。創設時の会長はトーマス・バッハで，彼はIOC会長に選任された2013年9月までDOSBの会長を務めました。DOSBの5人の副会長のうち，一人は女性とジェンダー平等の担当です（それ以外は，競技スポーツ，みんなのスポーツ／スポーツ開発，経済と財政，教育）。

2　DOSBにおける取り組み

　DOSBは，2014年12月の第10回総会において新たな規約を設け，すべての委員会，個々の選挙，役員において女性と男性をそれぞれ少なくとも30％にするという数値目標を決定しました。それでも，DOSB男女共同参画報告書（2016年）によれば，会員組織の理事会ないし役員会における女性は依然として少なく，管理職

▷1　笹川スポーツ財団（2011）。
▷2　高橋範子（2016）「ドイツオリンピックスポーツ連盟（DOSB）創立10周年」笹川スポーツ財団HP．（2017年12月25日閲覧）
▷3　DOSB HP "Kurzporträt des Deutschen Olympischen Sportbundes."（2017年12月25日閲覧）
▷4　DOSB HP. "DOSB-Organigramm."（2017年12月25日閲覧）
▷5　Project SCORE（Sport COnnect and REspect）HP．（2017年12月25日閲覧）
▷6　Tzschoppe, P. (2016) "Strategische Eckpunkte Zum Themenfeld Gleichstellung Im DOSB bis 2020," Präsentation anlässlich der 11.

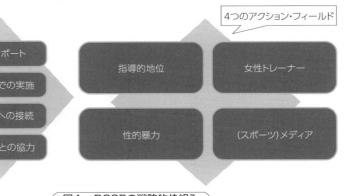

図1　DOSBの戦略的枠組み

V-A-⑤ ドイツ

表1　DOSBが取り組んでいるトピックの概要

(1) **メンタリング・プログラム**：女性の元トップアスリートを対象に1年間スポーツ部門のメンターに同行し，運営組織の規則や行動を観察し，多数のイベントでネットワークを拡大。
(2) **リーダーシップの能力開発キャンプ**：ボランティアと常勤の女性を対象に，リーダーシップスキルを発見・強化し，チーム作りとやり遂げる能力を養い，ネットワークを拡大する機会を提供（合宿形式）。
(3) **組織のコンサルティング**：DOSB 会員組織が DOSB の専門家に相談し，状況分析の評価から目標の再設定，対策の実施に至るまでアドバイスを受け，ジェンダー平等と機会均等を促進するために独自の概念と方法を開発。
(4) **暴力に対する行動**：暴力防止のための舞台を提供し，毎年，スポーツクラブが自己主張と自己防衛の分野で行動に参加するよう呼びかけている。ここでの行動は連邦レベルでネットワーク化され，スポーツクラブやパートナー組織が地域で実施。
(5) **多様性の尊重**：スポーツの潜在的可能性を高めるためには，多様性を尊重・評価し，スポーツにおけるすべての活動分野において確実に公正な協力を行う文化が必要である。DOSB は多様性へのゲートウェイを DOSB 宣言に書き込み，2015年に3回のオリンピック・サミットを異なる地域で開催。
(6) **国際協力**：ヨーロッパ及び世界のスポーツにおける女子と女性のより均等な機会の提供や EU 専門家グループ「グッドガバナンス」のサブワーキンググループ「スポーツにおけるジェンダー平等」に積極的に関与。プロジェクト SCORE（平等を高めることを目的としたコーチング強化）のパートナー団体であり，トレーナーの男女平等に責任をもって関与。
(7) **移住女性の参画**：移住女性を取り巻く様々な側面について検討し，彼女らが身体活動と健康にアクセスできる情報と洞察を提供するネットワークプロジェクトを実施。連邦保健省による資金提供，DOSB の指導のもと，若者たちが現地パートナーと協力して働いた。70の組み合せ提案を含む21の異なるサブプロジェクトを全国的に実施。
(8) **女性総会の開催**：定期的に女性総会を開催し，プロジェクトの進捗状況の報告や情報を共有。

出所：DOSB, Überblick über unsere Themen より作成。

の女性割合は平均で20％以下でした。また，会員組織の常勤の執行部に女性不在の団体が約3分の2を占めていました。

DOSB は，スポーツにおける多様性の文化を促進するために，次の3つの主要目標の達成を掲げています。(1)女性と男性の平等な機会の保証，(2)男女共同参画の潜在力の強調，(3)性別に基づく差別の撲滅。

これらの目標を達成する戦略的枠組みとして，4つのアクション・フィールド（指導的地位，女性トレーナー，性的暴力，（スポーツ）メディア）を設定し，4つのアプローチ（会員組織のサポート，DOSB オフィスでの実施，既存のトピックへの接続，パートナー組織との協力）を行っています（図1）。ここでいう既存のトピックは，DOSB が取り組んでいる表1に示すような活動をさしています。

取り組みのプロセスにおいては，(1)専門家を配置し会員組織の協力を得てワーキンググループを形成し，(2)各ワーキンググループは DOSB の広報担当者と専任職員のサポートを受け，(3)アクション・フィールドの DOSB オフィスに対応する作業領域との緊密な協力のもとで実施されています。

3　欧州連合（EU）におけるドイツの状況

DOSB は，ヨーロッパのジェンダー平等政策に基づいて活動を展開しています。その中で「ジェンダーに基づく暴力との闘い」の項目では高い評価を得ています。2010年に DOSB のすべての加盟組織が，スポーツにおける性暴力の防止対策の実施に取り組む宣言に署名をし，DOSB は，2011年に自らの規約に性暴力の防止を組み入れました。また，ドイツスポーツ少年団は，2012年にスポーツクラブで使用できる適格性確認のモジュールを発行しています。

（田原淳子）

Frauen-Vollversammlung am 9. Oktober 2016 in Hannover.
▷7　Tzschoppe, P. (2016) および DOSB HP．(2017年12月25日閲覧)
▷8　European Commission (2014) "Gender Equality in Sport：Proposal for Strategic Actions 2014-2020." pp. 28-29．(2017年12月25日閲覧)

おすすめ文献

†G. Pfister (2001) "Germany", K. Christensen, A. Guttmann and G. Pfister (Eds.), *International Encyclopedia of Women and Sports*, Volume 1, Macmillan Reference, pp. 451-457.
†DOSB HP "Gleichstellung im Sport." http://www.dosb.de/en/gleichstellung-im-sport/unsere-themen/（2017年12月25日閲覧）
†笹川スポーツ財団（2011）「ドイツ」文部科学省委託調査『スポーツ政策調査研究』報告書。

Ⅴ　スポーツをする権利とジェンダー／A　スポーツ政策

イギリス

1　社会階級とスポーツ

　イギリスは、サッカー、ラグビー、テニスなど多くの近代スポーツの発祥地として知られていますが、歴史的に中産階級以上の白人の男性によってスポーツは支配されてきました。特に高等教育機関では、男らしさを追求する紳士たる人格を形成するうえで、スポーツは有効とされてきました。一部の社会階級の高い息女を除いて、女性はスポーツにおいても周辺に追いやられていたのです。

2　戦後の政策

　第二次世界大戦後、イギリスでは、ベヴァレッジ報告書（1942年）により福祉国家政策が推し進められました。

　このような福祉国家を目指す中でのスポーツ政策は、1960年のウォルフェンデン委員会報告書に示されたスポーツ振興カウンシル創設の推奨を契機に進められていきます。そもそもこのウォルフェンデン委員会報告書は、社会政策に対する提案事項をまとめたものであり、住宅、労働、教育など幅広い領域について示されたものでした。スポーツはその一つの項目に過ぎませんでした。この報告書が示された社会背景には、深刻化する青年問題対策（主に労働者階級の男性）がありました。

3　1975年性差別禁止法から2010年平等法の施行に至るまで

　1970年代に入り、1975年の性差別禁止法、1976年の人種関連法などが施行されます。人権を尊重する施策やそれを主張する機関の設立がなされた背景には、経済の低迷による労働市場の崩壊、移民人口の増加などが起き、多文化社会に対するマイノリティの権利尊重への動きが教育現場から活発化したことがあげられます。

　イギリスの男女平等運動の歴史を辿ると、中産階級の女性たちがフェミニズム運動の中核にいます▶1。産業革命後、働く必要のなかった中産階級の女性たちが、教養と余暇を享受することにより、貧困層の救済活動やスポーツを含む様々な社会活動に参画していきます。こうした人権を訴える教育学の女性研究者とスポーツ界を独占する中産階級の男性との間に、新たな対立構造が生み出されたのです。

▶1　財団法人自治体国際化協会 HP（2002）「英国におけるジェンダー・ギャップ政策」。(2017年12月25日閲覧)

1980年代に入ると、教育者らにより「平等なアクセスだけでは機会均等にはならない」などの、平等性に関する議論がさらに活発化していきます。そして1988年の教育改革法により、イギリスの教育政策の中央集権化と市場原理の導入、さらにはナショナルカリキュラムが定められました。特に、1992年の体育科教育におけるナショナルカリキュラムは、ジェンダー、社会階級や人種、障害の有無を超えた児童の体育科教育の保障に影響を及ぼしました。

▷2 イギリスにおける学習指導要領にあたる。

4 差別から平等への概念転換

1990年代以降、スポーツに係る政策文書が立て続けに打ち出されます。中でも2002年の『ゲームプラン』は、当時の労働党政権が提唱したアクティブなコミュニティの構築、地域活性化、社会的排除といった政策課題をも巻き込みながら、スポーツを様々な政策課題を解決する有効な手段として捉えました。それだけに、政府はスポーツ実施率を活動回数、性別、年齢別、階級別、人種別、宗教別、障害の有無別、地域別などと細かに分析し、スポーツ実施率の低い対象を浮き彫りにするだけでなく、不参加である理由についても調査を行っています。また、これらの政策文書の中でアスリート委員会の発足や国際大会の誘致なども戦略として打ち出されます。こうした戦略に基づき、2005年、イギリスは2012年ロンドン大会の招致に成功します。しかしながら招致の余韻が残る翌日に、ロンドン同時爆破事件が起きます。この事件は、テロが脅かす国家危機によるイギリスの多元主義社会のあり方にも一石を投じただけでなく、イギリス政府が平等な機会の提供と格差の是正という政策課題に改めて取り組む必要性があることを示唆しました（田中、2013）。北アイルランド問題、健康格差、立て続けに起こる政府に不満をもつ市民らによる暴動など、イギリス政府は共同体の統合性向上のためには社会的成功度の均一化が重要であると考え、「機会の均等、社会の強化」といった戦略計画として強調するようになりました。

そして2010年には、先にも述べた1975年の性差別禁止法、1976年の人種関連法、1995年の障害者差別禁止法などの関連法を統合した、平等法が施行されます。この法には、年齢、障害、性別変更、結婚（同性婚）、妊娠（出産）、人種、宗教、性別、性指向に関係する9つの保護特性があります。この法は、2012年ロンドン大会組織委員会の考え方、オリンピックでは男性に等しく（Equal）なるよう女性の参加を推進する、パラリンピックではオリンピックと同等の（Equal）運営をするといった考え方にも反映されていきました。

2015年、スポーツイングランドは「This Girl Can-what about you?」というビデオを配信します。美しく引き締まったモデル体型の女性ではなく、年齢、人種、障害の有無を超え、ぽっちゃりした体型の女性が次々とスポーツを楽しむ姿が映し出されます。女性の描き方も変わりつつあるといえるでしょう。

（田中暢子）

▷3 田中暢子（2013）「2012ロンドンパラリンピック大会の成功がもたらしたもの」『現代スポーツ評論』29、91-100頁、創文企画。
▷4 イングランド地域のスポーツ推進事業を統轄するスポーツ・カウンシル。

おすすめ文献

†内海和雄（2003）『イギリスのスポーツ・フォー・オール――福祉国家のスポーツ政策』不昧堂出版。
†大嶽秀夫（2017）『フェミニストたちの政治史――参政権、リブ、平等法』東京大学出版会。

Ⅴ　スポーツをする権利とジェンダー／A　スポーツ政策

 フランス

▷1　Vie Publique, "Evolution des modes d'intervention de l'Etat dans une économie du sport mondialisée." http://www.vie-publique.fr/politiques-publiques/politique-sportive/index/（2017年12月25日閲覧）
▷2　Callede, J. P. (2002) "Les plolitiques du sport en France," *L'Année sociologique*, pp. 437-440.
▷3　Gasti, J. (2000) *Le droit du sport*, PUF, p. 4.
▷4　スポーツ法典(Code du sport)は、スポーツに関する基本的な法律である1975年法と1984年法を統合し、2004年に法典化された。
▷5　建石真公子(2009)「性差別撤廃諸条約の国内実施──カナダとフランスにおける性差別撤廃諸条約の実効性・人権・デモクラシー」『ジェンダーと法』6、83頁。
▷6　2004年の差別禁止法は性別や性的指向に基づく差別を刑法によって処罰している。鈴木尊紘(2009)「フランスにおける差別禁止法及び差別防止機構法制」『外国の立法』242、44-70頁。
▷7　Ministère des Sports, HP. /Sport-au-feminin-11071/（2017年12月25日閲覧）
▷8　メディア高等評議会(Conseil Supérieur de l'audiovisuel)は、1989年

1　フランスのスポーツ政策の特徴

　フランスにおけるスポーツ政策は、第二次世界大戦以前から、国が常に重要な役割を果たしてきたという特徴があります。公教育における体育や軍隊および公衆衛生などは、国民国家を形成するうえで重要だと考えられてきたためです。このような特徴は「フランスモデル」と呼ばれ、法的な基盤づくりや財政の面から、国がスポーツの発展を牽引してきました。

　しかし、1980年代以降には、スポーツ政策を伝統的に担ってきた国やスポーツ関連組織と、新たな担い手としての地方自治体やメディア、企業との間で役割の見直しが進み、フランスモデルに変化がみられます。この背景には、分権化や国際化、財政的な緊縮政策の影響があります。現在では、フランスのスポーツ政策は、スポーツ省に代表されるような、法制度に基づいて活動や資金を確保する国の組織と、公的サービスの役割を実際に担っているスポーツ関連組織との協力関係によって実施されています。

　こうした変化により、今日ではスポーツの重要性は、国家利益の観点ではなく、人々の生活に密着した社会的な側面に見出されています。法的にも、スポーツ法典に統合された「スポーツ組織及び身体・スポーツ活動の促進に関する1984年7月16日法」は、そのL100-1条で「身体的およびスポーツ活動は、教育、文化、統合、社会生活を構成する重要な要素である。とりわけ学業不振の防止、社会的・文化的不平等の減少や健康に寄与する。すべての人、とりわけ障害者に対する身体的・スポーツ活動の促進は、一般的利益である。すべての形態におけるスポーツ活動への女性と男性の平等なアクセスは、一般的利益である」と定められています。スポーツ関連組織が主要な役割を果たす機関であると認めると同時に、個人およびスポーツ関連組織が一般的利益の保護のために法規に従う義務があることも明確にされました。

　さらに2008年北京大会以後は、スポーツ活動へのすべての人の参加という新たな側面が加味されました。これにより、学生、女性、障がい者など、スポーツへの参加に困難を抱えるすべての人の平等な参加という人権保護の色彩が強調されるようになっています。

❷ スポーツ省における女性の権利保護政策

　フランスにおける女性の権利は，1990年代以降，ヨーロッパ評議会やEU法などの影響を受け，改善されてきました。スポーツ省は，2012年以降，特にスポーツにおける女性の権利保護——スポーツの女性化政策（féminisation）を掲げ，スポーツにおける女性と男性の実質的な平等を達成するため，スポーツ実践に対する女性の参加の条件整備を進めています。具体的には(1)メディアにおける女性スポーツの報道の増加，(2)スポーツ組織における女性化政策の促進やスポーツ指導者および管理職への女性の参入，(3)ステレオタイプや性差別主義に基づく暴力の防止などが重点目標とされています。

　(1)に関しては，放送メディア高等評議会の報告書によれば，スポーツのテレビ報道の85％が男性スポーツ競技に当てられているため，2014年に「女性スポーツの24時間」という政策が開始されました。これは1日＝24時間すべてを女性スポーツの放映にあてるプログラムで，この結果，テレビスポーツ番組における女性スポーツの割合は，2012年の7％から2014年には14％へと倍増しました。このプログラムは，2016年以降「女性スポーツの四季」として，1年に4回実施されています。スポーツ組織，プロスポーツクラブ，地方自治体，企業，メディア，女性の権利省，スポーツ省，フランスオリンピック委員会などがプログラムに参加しています。

　(2)については，現状では主なスポーツ組織における女性役員・職員の割合は4％，スポーツ人口に占める女性の割合は，男性の半分です。この状況を改善するために，2006年以降，4つのスポーツ組織（ハンドボール，バスケットボール，自転車，サッカー）が女性化政策を取り入れました。また2014～2017年度には，国との協約により，すべてのスポーツ組織はスポーツ実践，職員採用，職業教育，運営において女性化政策を取り入れることが義務づけられました。

　(3)に関しては，刑法において性的・身体的暴力（場合によっては言葉による暴力）は，人の完全性に対する侵害であり処罰の対象となります。フランスの刑法における性的暴力や差別に対する処罰は日本の刑法に比べて厳格で，スポーツ分野で適用された場合においても，被害者保護の実効性は高いといえます。またスポーツにおけるヘイトスピーチは，法律によって処罰されます。

　近年，スポーツ省は，従来の「スポーツと市民」という枠で捉えた人権保障政策に加え「スポーツの価値」として人権を捉え直しており，例えば『スポーツの倫理と価値』というタイトルの暴力防止の冊子を学校やスポーツ組織に配布するなどの啓発活動を行っています。こうした「市民育成」から「価値の共有」へという変化は，スポーツの有する人権保護的な価値に注目すると同時に，「国主導」のスポーツ政策から，すべての人の尊厳を基盤とした「市民社会のため」のスポーツ政策へと転換しつつあるといえるでしょう。（建石真公子）

にラジオとテレビ放送に関するコミュニケーションの自由を保護する独立した公的機関として，特に政治的多元性の尊重の保護を目的に設立された。現在では，多様な人々の人権保護，未成年者の保護，政治的多元性，人間の尊厳の尊重，法律に基づく言語や文化の維持なども目的となっている。
▷9　Ministère du Sport, HP. /Médiatiser-le-sport-au-féminin/（2017年12月25日閲覧）
▷10　"13 question-réponses: Comment définer une incivilité et une violence dans le sport?" http://sports.gouv.fr/GuideJuridique/Fiche2.pdf（2017年12月25日閲覧）
▷11　1881年7月29日法24条。またスポーツ法典L332-6，L332-7条。
▷12　"Cahier technique éthique et valeurs du sport." http://doc.semc.sports.gouv.fr/documents/Public/CT3.pdf（2017年12月25日閲覧）

おすすめ文献
†山口泰雄（2014）「21世紀におけるスポーツ・フォー・オールの国際動向を探る」『生涯スポーツ学研究』11(1)，1-12頁。
†石田久仁子・井上たか子・神尾真知子・中嶋公子編（2013）『フランスのワーク・ライフ・バランス男女平等政策入門——EU，フランスから日本へ』パド・ウイメンズオフィス。
†建石真公子編（2009）『男女平等参画社会へ——女性のエンパワメントと自治体』公人社。

Ⅴ　スポーツをする権利とジェンダー／A　スポーツ政策

フィンランド

▷1　2016オリンピックのメダル獲得は日本の41個に対しフィンランドは銅1個，スポーツ実施率週1回以上は日本の59％に対し66％，ボランティア活動は日本の7.7％に対し13％が参加している（日本の数値は文部科学省（2015）「地域スポーツに関する基礎データ集」，フィンランドの数値はEuropean Commission（2014）"Sport and Physical Activity Report"）。
▷2　学校期に対しては「School on the Move」，40歳以上には「Fit for Life」，60歳以上には「The National Strength in Old Age Health Exercise Programme（2005-2014）」等がある。
▷3　山口泰雄（2009）「フィンランドのスポーツ・健康政策の一考察」日本スポーツ社会学会第18回大会抄録集。
▷4　Finnish Sports Confederation, Finnish Sports Federation, Young Finland Association, Finnish Sport for All Association, が合体。
▷5　経済，政治，教育，健康の4分野における男女格差から算出。
▷6　WHO（2010）"Global recommendations on physical activities for health."（2017年12月25日閲覧）
▷7　European Commission and WHO "Finland: Physical Activity Factsheet."

1　スポーツ政策・指針の柱

　スポーツ行政は教育文化省が所轄し，政策の方針はスポーツ・身体活動促進法に定められています。目的の項には，身体活動とトップスポーツの促進とともにクラブやボランティアの普及，活動における高潔性と倫理性，広範囲な平等の促進があげられています。また，これらの目的の達成には社会的統合，多文化主義，環境と持続可能な開発の尊重が基礎となると記載されています。

　教育文化省と社会保健省が連携して進めている「健康と福祉に向けての身体活動促進計画 On the Move 2020」は，幼児期から高齢期に至るすべてのライフコースに対して，不活発なライフスタイルを改善するためのマルチプログラムを提供しています。また，科学的見地からの調査，ツールの提供，モニターや評価が並行して実施され，それらを複数の省や組織，中央と地方が連携して促進しています。2013年には新組織フィンランドスポーツ連合（Valo）が設立され，2017年にはフィンランドオリンピック委員会（FOC）と統合したことにより，スポーツ・フォー・オールに向けた新たな活動が展開されています。

2　ジェンダー平等からインクルーシブな平等へ／男女平等から包括的平等へ

　国連の女性差別撤廃条約を批准したのは日本に1年遅れた1986年ですが，同年に男女平等法が成立，数度の修正を経て，現在では性的マイノリティ（LGBT）に関する言及もされています。ジェンダー平等促進の主たる管轄は社会保健省で，平等課，オンブズマン監察委員会，評議会，審議会の4組織で構成されています。また，2004年には年齢，出自，国籍，言語，宗教，信念，意見，政治的活動，家族関係，健康，障害，労働組合活動，性的指向，個人の特徴に基づく差別を禁止する非差別法が成立しました。同性婚の合法化は2014年です。2017年男女平等（ジェンダー・ギャップ）指数ランキングは世界第3位でした。では，身体活動やスポーツの領域はどうでしょうか。

　健康のための身体活動の国際勧告に到達する割合は，2013～14年においては，18～64歳では男性32％，女性36％ですが，65歳以上では男性25％，女性17％，11～15歳では23％，17％，7～12歳では60％，42％と女性や少女のほうが低くなっています。意思決定機関をみると，2017年におけるFOCの理事会では42％が女性ですが，各スポーツ連盟（National sports federations）では，男性が

表1　FSFの活動概要

- 国内ネットワークの組織
- 女性の地位を検証するためのスパイク委員会の設置
- ジェンダー平等研究の開始
- 各組織の委員会に両性を少なくとも40％ずつ含むCommon Goalの設定
- 指導者養成プログラムの開始
- セクシュアル・ハラスメント防止ガイドブックの発行
- ジェンダー平等を国家助成金採択基準の要件化
- 広範な視点からの平等達成をめざす
- ジェンダーインパクト（影響）評価ツールの開発着手
- 一般的倫理原則を含めた性的マイノリティのためのガイドブック発行

68％を占めており，5つの連盟では女性の理事がまったくいません。FOCは40％クオーター制を新ガイドラインに盛り込むことを目標にしています。

ジェンダー平等推進の契機は，1994年の第1回世界女性スポーツ会議および成果文書ブライトン宣言でした。国内ではフィンランドスポーツ連盟（FSF）が果たした役割は大きく，設立時（1993年）からの活動を表1に概観します。

現在はFOCが活動を引き継いでおり，その方針は，後述の第5回世界女性スポーツ会議成果文書および「欧州委員会スポーツにおけるジェンダー平等戦略的行動のための提案2014-2020」に則しています。また，2015年に改訂されたスポーツ・身体活動促進法は各スポーツ組織に対して平等に関するプランを2017年初頭までに提出するよう求めています。

過去30年間におけるジェンダーからインクルーシブな平等に向けた様々な取り組みがうまく実施された背景には，ジェンダー主流化やジェンダー影響評価，オンブズマン制度がいきわたっていたことがあげられます。

3　世界をリードする国際会議・大会の開催

特筆すべきは，ジェンダーならびにインクルーシブな平等を目指す国際会議や大会を開催することにより，リーダーを育てネットワークを構築し，成果文書をまとめ，その宣言や勧告に従って，自国だけではなく世界をリードしてきたことです。表2は，これらの出来事をまとめたものです。

（飯田貴子）

表2　フィンランド（人）が貢献した国際的な出来事

1998年	ヨーロッパ女性スポーツ（EWS）の議長国となる
2000年	第4回EWS会議開催　勧告"Helsinki Spirit 2000"を採択
2006年	第5回世界女性スポーツ（IWG）会議の共同議長に選出される
2007年	EWS議長がヨーロッパNGOスポーツ機構の会長に就任
2010年	第5回IWG会議シドニー大会の共同議長を務める
2014年	第6回IWG会議ヘルシンキ大会開催，成果文書「女性とスポーツに関するブライトン＋ヘルシンキ2014宣言」および結論と勧告を採択
2015年	一般体操の祭典「ワールド・ジムナストラーダ」開催
2016年	LGBTのスポーツ大会ユーロゲームズとヘルシンキプライドを開催

（2017年12月25日閲覧）
▷8 Turpeinen, S. and Hakamäki, M. (eds.), (2018) "Sport and Equality; A report on the current state on gender equality in the Sports sector," Publications of The Ministry of Education and Culture.
▷9 以降，世界女性スポーツ会議に関しては，V-B-②を参照。
▷10 吉川・飯田（2006）。
▷11 European Commission "Gender Equality in Sport: Proposals for Strategic Actions 2014-2020." (2017年12月25日閲覧)
▷12 内閣府男女共同参画局（2011）「北欧諸国における立法過程や予算策定過程等への男女共同参画視点の導入状況等に関する調査報告書」を参照。
▷13 Recommendations of the Helsinki European Women and Sport Conference（2000.6.10）.
▷14 Xコラム1を参照。

おすすめ文献

†吉川康夫・飯田貴子（2006）「フィンランドの女性スポーツ政策──フィンランドスポーツ連盟の活動を中心に」『スポーツとジェンダー研究』6，63-71頁。
†S. Turpeinen et al.(eds.) (2012) "Sport and Equality 2011: Current state and changes of gender equality in Finland," Publications of the Ministry of Education and Culture 2012：13.
†橋本紀子（2006）『フィンランドのジェンダー・セクシュアリティと教育』明石書店。

Ⅴ　スポーツをする権利とジェンダー／A　スポーツ政策

 カナダ

1　カナダのスポーツ行政機関，予算，補助金

　現在のカナダのスポーツ所管行政機関は，連邦政府民族遺産省（Canadian Heritage）のスポーツ担当部局 Sport Canada です。Sport Canada は，国家レベルのスポーツ参加促進と競技力向上に関する予算を執行するとともに，競技統括団体の認定，監督を行っています。

　Sport Canada の2015～16年度予算は，1億9678万カナダドルです。3つの補助金システムがあり，「大会主催プログラム（HP）」に約10％，「スポーツ支援プログラム（SSP）」に約71％，トップレベルの競技者に対する「競技者支援プログラム（AAP）」に約13％が，それぞれ年間に支給されます。

　SSP からの補助金交付を受けようとする競技団体は，申請段階で一定の基準を満たさなければなりません。例えば，「とりわけ女性や少女，障がい者，アボリジナルピープル（先住民）が，参加者，競技者，コーチ，審判および指導者として，平等・公正に参加する機会に関する方針がある」ことや，「差別やハラスメントおよび虐待に関する方針（報告および告発調査のための手続きを含む）がある」ことが一般基準として求められています。こうした仕組みによって，これまで過小評価され／あるいは差別を受けてきた集団に焦点をあてることも政策の優先事項の一つとしてあげられています。

2　スポーツ政策と具体的なプログラムや行動計画など

　2002年，カナダで初めて，政府間政策として国レベルのスポーツ政策となる「カナダスポーツ政策（Canadian Sport Policy：CSP）」が策定されました。これは10年ごとのスポーツ振興指針を定めた長期計画であり，現在は2012年以降の10年間を対象とする CSP2012 が実施されています。

　カナダの政策決定プロセスの特徴は徹底したボトムアップ方式にあります。CSP2012策定のすべての過程において，政府，スポーツ関係者だけでなく，地域や特定集団，一般市民など，幅広い利害関係者を巻き込み，意見聴取しながら協働して作業が進められました。

　CSP2012の主たる政策目標は次の5つです。(1)初歩的スポーツの推進，(2)レクリエーションスポーツの推進，(3)競技スポーツのレベル向上，(4)最高レベルの競技達成，(5)社会的・経済的発展のためのスポーツ推進。

▷1　Sport Canada HP. (2017年12月25日閲覧)
▷2　笹川スポーツ財団（2011）「文部科学省委託調査『スポーツ政策調査研究』報告書カナダ（CANADA）」。（2017年12月25日閲覧）
▷3　Sport Canada HP, "The Sport Funding and Accountability Framework (SFAF Ⅴ：2013-2017)." (2017年12月25日閲覧)
▷4　連邦国家であるカナダの政策決定プロセスには2つのレベルがあり，国レベルの政策（政府間政策）には，連邦政府と州―準州政府双方の合意が必要。
▷5　出雲輝彦（2012）「カナダにおける連邦スポーツ政策の策定過程に関する研究」『SSFスポーツ政策研究』3(1)，18-27頁。
▷6　Sport Canada HP, "Objectives of the Canadian Sport Policy."（2017年12月25日閲覧）
▷7　笹川スポーツ財団（2011）参照。
▷8　Sport Canada とカナダ女性スポーツ振興協会（CAAWS），およびカナダ

生涯スポーツ政策の中心は，2004年にSport Canadaの特別施策として位置付けられた「カナディアン・スポーツ・フォー・ライフ（Canadian Sport for Life：CS4L）」です。これは，スポーツ（身体活動）の質を改善することにより，健康増進，コミュニティ強化，競技力向上およびナショナルアイデンティティ強化を目指したムーブメントであり，そのスローガンでもあります。パティシパクション（ParticipACTION）も，健康づくりに関する意識啓発を目的として1970年代から取り組まれた活動の一つです。このように，政策実現のため，様々な補完的な行動計画やプログラムが策定されています。

倫理的課題への取り組みは，90年代から始まりました。カナダのもっともポピュラーなスポーツであるアイスホッケーにおいて，男性コーチから性的虐待を受けた少年選手がのちにその経験を告白したことがきっかけになり，Sport Canadaと国内の多様なスポーツ組織が連帯して大きな取り組みを行いました。カナダスポーツ倫理センター（CCES）は，1988年ソウルオリンピックでのドーピング事件をきっかけに，1995年に設立された組織です。以後，ドーピングを中心とした倫理問題の対策は，この組織によって推進されています。

3 女性や少数者のスポーツにかかわる権利と方策

少数者のスポーツ参加の権利を保障するための政策として，「障がい者のためのスポーツ方策」（2006）や，「アボリジナルピープル（先住民）のスポーツ参加のための方策（2005）」があります。

女性とスポーツにかかわる政策は，州政府との合意を要しない，連邦政府のみの政策です。1986年の後継政策として，あらゆるレベルの少女や女性のスポーツ参加を促すための「積極的な参加：女性と少女のスポーツにかかるカナダ戦略」が2009年に策定されました。カナダの女性スポーツ政策は，1990年代に，「平等（equality）」から「公正（equity）」にシフトしています。「平等」がすべての人に同じスタートラインを用意することに対し，「公正」とはすべての人に同じフィニッシュラインを提供することであり，スポーツや身体活動への参加から得られる社会的，心理的，身体的恩恵を，すべての人が受けられる機会を保障することとされます。スポーツにおけるエクイティ政策には，1960年代以降のフェミニズム運動が関係しており，「カナダ女性スポーツ振興協会（CAAWS）」（1981年設立）が重要な役割を果たしました。

性の多様性への配慮としては，性的指向や性自認に基づく差別を解消するための方策や具体的なガイドラインが，非政府・非営利組織によってつくられています。例えば，CAAWSは性別移行選手の参加問題に関するガイドライン（2009）や，スポーツにおける同性愛嫌悪に関する声明（2012）を出しています。また，カナダオリンピック委員会も性的マイノリティ（LGBT）のインクルージョンのためにガイドラインを作成しています。　　　　　　（熊安貴美江）

スポーツ倫理センター（CCES）が中心になって国内40のスポーツ組織をまとめ，1997年に「スポーツにおけるハラスメントと虐待合同協議会を立ち上げた。
▶9　CAAWS HP "What is Gender Equity?"（2017年12月25日閲覧）
▶10　詳しくは，ホール，A.／飯田貴子・吉川康夫監訳（2001）『フェミニズム・スポーツ・身体』世界思想社を参照。
▶11　CAAWS HP（2009）"Including Transitioning and Transitioned Athletes in Sport：Issues, Facts and Perspectives."（2017年12月25日閲覧）およびCAAWS HP（2012）"'Seeing the Invisible, Speaking about the Unspoken' A Positon Paper On Homophobia In Sport."（2017年12月25日閲覧）
▶12　日本スポーツとジェンダー学会（2016）155頁参照。

おすすめ文献

†WIP ジャパン（2013）「文部科学省　平成25年度委託調査　スポーツ政策調査研究（海外のスポーツ基本計画に関する調査研究）第5章　カナダ」167-208頁。（2017年12月12日閲覧）
†高峰修・熊安貴美江（2016）「海外におけるスポーツ環境の倫理的問題への取組に関する研究(3)――カナダを事例として」『明治大学教養論集』通巻512号，183-214頁。
†日本スポーツジェンダー学会（2016）『データでみるスポーツとジェンダー』八千代出版。

Ⅴ　スポーツをする権利とジェンダー／A　スポーツ政策

アメリカ

1　高等学校・大学スポーツの参加状況

図1と図2は，アメリカにおける高校生および大学生の競技スポーツの参加状況を示しています。まず高等学校では，1971〜72年に男子が女子の12倍以上ですが，2014〜15年には約1.4倍となっています。次に大学では，1981〜82年に男子が女子の約2.3倍ですが，2014〜15年には約1.3倍となっています。以上のように，高等学校および大学ともにスポーツの参加機会の男女平等化は進展しており，これにはタイトルⅨが大きく影響しているといわれています。

タイトルⅨは，1972年に連邦法として誕生した「教育法修正第9編（Title IX of the Education Amendments of 1972）」の略称です。同法は，前文で「すべてのアメリカ合衆国国民は，連邦政府から援助を受けるすべての教育プログラムや活動において，性を理由に排除されたり，利益を与えられなかったり，差別を受けることは許されない」と謳うように，連邦支援を受ける教育機関の提供するプログラムにおける性差別を禁じています。タイトルⅨは，同法を遵守しない教育機関に対する連邦支援の打切りをはじめ，そのような教育機関への司法審査権の行使，男女別居住施設の管理の容認などについて規定しましたが，スポーツについては規定しませんでした。

2　競技スポーツにおけるタイトルⅨの実施

1975年に連邦健康教育福祉省（Department of Health, Education, and Welfare）の市民権局（Office for Civil Rights）はスポーツを教育の一環と捉え，教育における性差別の禁止という政策の目的を達成する手段として「教科体育」「ス

▷1　National Federation of State High School Associations (2015) *2014-15 High School Athletics Participation Survey*, p. 55.
▷2　Irick, E. (2016) *NCAA Sports Sponsorship and Participation Rates Report : 1981-1982-2015-2016*, National Collegiate Athletics Association, pp. 11-12, pp. 79-80.
▷3　Spengler, J. O., Anderson, P. M., Connaughton, D. P. and Baker III, T. A. (2016) *Introduction to Sport Law : Second Edition*, Human Kinetics, p. 170.

▷4　連邦教育省（U.S. Department of Education）の前身。

図1　高校スポーツの参加状況

出所：National Federation of State High School Association (2015) をもとに筆者作成。

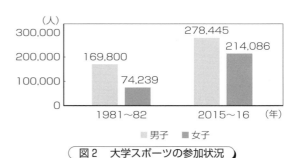

図2　大学スポーツの参加状況

出所：Irick (2016) をもとに筆者作成。

ポーツ奨学金」および「競技スポーツ」について実施規則（Title IX Regulations）に規定しました。同規則は，教育機関に対して競技スポーツの機会を男女平等に提供するよう求めましたが，それを判断する基準を明確にしませんでした。

そこで，市民権局は1979年に方針文書（*A Policy Interpretation : Title IX and Intercollegiate Athletics*）を発表し，その判断基準を示しました。すなわち(1)男女の競技スポーツの参加機会は，学生総数の男女の割合と実質的に均衡がとれているか，(2)教育機関は学生数の少ない性の学生の発展過程にある興味や能力に対応するプログラムの拡大のあゆみおよび継続的な実施を証明できるか，(3)現在の競技スポーツプログラムによって学生数の少ない性の学生の興味と能力が十分かつ効果的に受け入れられることを明示できるか。同方針は，(1)(2)(3)のいずれかを満たせばタイトルIXの遵守を認めるとしました。

1979年の方針以降，市民権局は1996年，2003年，2005年および2010年に同基準に関する方針文書を発表し，タイトルIXを実施してきました。その結果，女子の競技スポーツの参加機会は拡大しましたが，男子の大学競技スポーツプログラムは縮小しました。1990年代の財政緊縮の影響を受け，予算の削減を迫られた競技スポーツ局が(1)の基準を満たそうとして男子プログラムを削減したことが主な原因と考えられます。さらに，同基準は多くの男子レスリング部の廃部の原因であるとして，全米レスリングコーチ協会が市民権局を提訴しました。

③ トランスジェンダーとタイトルIX

トランスジェンダーのような，性二分法に違和を感じたり，うまく馴染めないでいる人々のスポーツの参加機会の保障は，今後，タイトルIXの重要な一政策課題になると考えられます。2010年に市民権局は，セクシュアル・ハラスメント等に関する方針文書（*Dear Colleague Letter : Harassment and Bullying*）で性自認やジェンダー・ステレオタイプに基づく差別を性差別に位置づけるとしました。また，裁判所はジェンダー・ステレオタイプにそぐわない児童がいじめを回避するために校内スポーツに参加できないことを訴えるケースや，性自認に即したトイレの使用を求めるケースで原告の主張を認めています。

そのような中，2016年に市民権局はトランスジェンダーの児童生徒に関する方針文書（*Dear Colleague Letter : Transgender Students*）を発表し，教育機関に課されるトランスジェンダーの児童および生徒に関する法的義務について説明し，性自認に即したトイレ等の使用を認めるよう求めました。しかし，テキサス州はじめいくつかの州が，同方針の内容について連邦政府の権限を超えているとして，市民権局を提訴しました。高等裁判所はテキサス州らの主張を認め，同方針の実施の仮差し止めを命じました。トイレと同様に，性二分法に基づく競技スポーツプログラムに，同判決がどう影響するのかを注視する必要があります。

（新井喜代加）

▷5 1996・2003・2005・2010年の方針文書は連邦教育省のHPから入手できる。https://www2.ed.gov/（2017年12月25日閲覧）
▷6 出生時に与えられた性と性自認が一致しない人。
▷7 男女の特徴について人々がもっている画一的な思い込みや信念。
▷8 新井喜代加（2014）「アメリカのトランスジェンダーに関する判例の日本のスポーツ界への示唆」『文化社会学研究』5，36-44頁。
▷9 Ura, A. (2016) "Texas Goes to Court Today to Challenge Feds' Transgender Rules," *The Washington Post*. Brown, E. and Balingit, M. (2016) "Federal Judge Temporarily Halts Obama's Directive to Schools on Accommodating Transgender Students," *The Washington Post*.

おすすめ文献

†飯田貴子・井谷惠子編著（2004）『スポーツ・ジェンダー学への招待』明石書店。
†G. M. ウォン・川井圭司（2012）『スポーツビジネスの法と文化――アメリカと日本』成文堂。
†諏訪伸夫・井上洋一・齋藤健司・出雲輝彦編（2008）『スポーツ政策の現代的課題』日本評論社。

Ⅴ　スポーツをする権利とジェンダー／B　スポーツ組織の方策

国際オリンピック委員会（IOC）

 女性のIOC委員就任と女性スポーツ委員会の設置

　オリンピック競技大会に女子の競技が採用されたのは1900年第2回パリ大会の時でした。その後，女子の競技種目と女性選手の参加は，男性が運営する組織にあっても徐々に容認され，増加していきました。一方，2名の女性が初めてIOC委員として組織を運営する側に加わったのは，女性の大会参加からかなり遅れて1981年IOC総会の時です。IOCでは1967年の総会から女性委員の不在が議論になっていましたが，その決定がなされた背景には，1975年以降に国際連合が女性の問題を取り上げた一連の動きの影響があったと考えられます。

　1990年に上記女性IOC委員の1人が理事に就任して以来，翌1991年には，新たなオリンピック競技には女子種目が含まれなければならないという決定がなされるなど，速いペースで女性政策が進展していきました。IOCは1994年第1回世界女性スポーツ会議（ブライトン）を後援した翌年に女性スポーツワーキンググループを設置し，このワーキンググループは，2004年からは正規の委員会として活動を展開しています。

　この女性スポーツ委員会の役割は，IOC総会，理事会，会長にIOCの女性スポーツ政策の展開と実施について助言し，少女と女性がスポーツや身体活動に参加し恩恵を得る平等・公正な機会を促進することにあります。具体的には，次の7項目について助言することを掲げています。(1)IOC女性スポーツ戦略の開発と実施。(2)オリンピックのプログラムとオリンピック・ムーブメントの指導的地位における女性選手の参加を増大させるための権利擁護を行うこと。(3)スポーツにおいて，またスポーツをとおして女性を促進する個人や組織の功績を表彰すること。(4)女性とスポーツへの取り組みにおけるIOCの見解を展開・普及し，ジェンダー平等の会合におけるオリンピック・ムーブメントの進展について監視と定期的な報告を行うこと。(5)ジェンダー平等とエンパワーメント，スポーツにおけるハラスメントや虐待に対する認識を高めるツールとして，スポーツの活用を促進すること。(6)オリンピック・ムーブメントの中でマネジメントやリーダーシップにおける女性のスキルを発達させる支援をすること。(7)少女や女性に恩恵をもたらす地域のプロジェクトを支援すること。

▷1　來田享子（2014）「1960-1979年のIOCにおけるオリンピック競技大会への女性の参加問題をめぐる議論」『スポーツとジェンダー研究』12, 61-63頁。
▷2　1975年第1回世界女性会議（メキシコシティ）。1976〜85年「国連女性の10年——平等・開発・平和」宣言。1979年国連「女性に対するあらゆる形態の差別の撤廃に関する条約」（女性差別撤廃条約）採択。1980年第2回世界女性会議（コペンハーゲン）。
▷3　日本オリンピック・アカデミーHPデジタル・ライブラリー掲載，「国際オリンピック委員会の百年　第1巻」（穂積八洲雄訳）。
▷4　IOC "Key Dates in the History of Women in the Olympic Movement."（2017年12月25日閲覧）
▷5　IOC "Women in Sport Commission."（2017年12月25日閲覧）
▷6　IOC "IOC World Conferences on Women and Sport."（2017年12月25日閲覧）
▷7　IOC "Resolution of the 2nd IOC World Conference on Women and Sport."（2017年12月25日閲覧）
▷8　IOC "IOC Women and Sport Awards."（2017年12月25日閲覧）
▷9　熊安（2008）。

❷ IOCにおける多彩な取り組み

前述の7項目は，次のような形で具体的な活動が展開されています。

(1) 世界会議の開催——IOCは1996年以来，ほぼ4年ごとに「IOC世界女性スポーツ会議」を開催しています。中でも注目されたのは，2000年第2回会議において，組織における女性のリーダーシップについて具体的な数値目標を掲げたことです。「2000年12月31日までに意思決定機関に少なくとも10%の女性代表者を置く」「2005年までに女性代表者の構成率を20%にする」というこれらの目標は，世界中のスポーツ界に大きなインパクトを与えました。

(2) 賞の設置——IOCは「女性とスポーツ・トロフィー」を2000年に設け，体育・スポーツ活動における少女や女性の参加，スポーツ組織における管理・リーダーシップ，メディアにおける女性スポーツの促進，女性ジャーナリストなどのあらゆるレベルで，その発展，奨励，強化に顕著な貢献をした人物や組織を表彰しています。毎年，各国内オリンピック委員会（NOCs）と各国際競技連盟（IFs）から推薦された候補者や組織の中から，5つの大陸別と1つの世界レベルの計6の賞が授与され，ムーブメント促進のための刺激剤となっています。

(3) ハラスメント対策——IOCは，2007年に統一声明「スポーツにおけるセクシュアル・ハラスメントと性的虐待」を発表し，安全なスポーツ環境をつくる組織の役割を強調しました。IOCのサイトには，スポーツにおけるハラスメントと虐待についての基本的な知識や映像教材も提供されています。

(4) 教育・啓発活動——IOCは，スポーツにおける女性に資する政策を創り出すために，大陸別にセミナーやワークショップを開催し，NOCs，IFs，NFsの中上級レベルの地位にある女性を対象に研修プログラムを実施しています。さらに，オリンピック・ソリダリティを通じて女性の参加に資するためのプログラムや奨学金を性別にかかわりなく支給，また，オリンピックの価値を学ぶ教育プログラム（OVEP）において，オリンピック競技大会における女性の参加問題を教材としても取り上げています。

(5) モニタリングと評価——IOCは，組織がジェンダー平等に向けた取り組みのプロセスを測定・監視することを奨励しています。定期的な評価は，政策の策定者やプログラムの実施者が変化を知り，戦略的な方向性を見出すために必要だからです。そのために大学と連携した調査研究が実施されています。

(6) 関係組織との連携——IOCは，スポーツ組織，国連ウィメン，NGOsなど多数の組織と連携を強化しています。IOCは，よいガバナンスを達成する観点からも，ジェンダー平等や多様性が高いグループほど，よりよい意思決定とよりよい成果をあげる潜在力を備えているとして，組織がジェンダーバランスをとることを推奨しています。

（田原淳子）

▷10 熊安貴美江・高峰修（2015）分科会4A「スポーツにおけるセクシュアル・ハラスメント」『スポーツとジェンダー研究』13, 181, 184頁．
▷11 IOC "Harassment and Abuse in Sport," 動画「Sexual Harassment and Abuse in Sport」．（2017年12月25日閲覧）
▷12 IOC "IOC Seminars and Workshops."（2017年12月25日閲覧）
▷13 IOC "Education and Training for Women."（2017年12月25日閲覧）
▷14 IOC "Olympic Solidarity Women and Sport Programme."（2017年12月25日閲覧）
▷15 IOC (2016) The Fundamentals of Olympic Values Education, Olympic Values Education Programme, 2nd Edition, pp. 65-67. IOC (2016) Activity Sheets, Olympic Values Education Programme, 2nd Edition, p. 27.
▷16 IOC "Monitoring and Evaluation."（2017年12月25日閲覧）
▷17 IOC "Building Partnerships."（2017年12月25日閲覧）
▷18 MINEPS VI 準備ワーキンググループ非公開資料による．

おすすめ文献

†IOC "Women in Sport."（2017年12月25日閲覧）
†熊安貴美江（2008）「IOC声明文『スポーツにおけるセクシュアル・ハラスメントと性的虐待』報告」『スポーツとジェンダー研究』6, 85-89頁．

V スポーツをする権利とジェンダー／B スポーツ組織の方策

世界女性スポーツ会議

1 ブライトン会議（第1回世界女性スポーツ会議）

　1994年5月に，第1回世界女性スポーツ会議がイギリスのブライトンで開催されました。82か国から280名が参加し，会議の最終日には，世界で初めて，あらゆる分野における女性がスポーツに参加することに対する価値を認めるための10の原理・原則を求めた宣言が採択されました。これが有名な「ブライトン宣言」です。

　ブライトン宣言は瞬く間に世界中に拡がり，国際オリンピック委員会をはじめとする重要なスポーツ関連組織が次々と署名を行い，次々と署名を行ったスポーツ組織のそれぞれの組織文化を変えるきっかけとなりました。

　図1はブライトン宣言の10か条の原理原則のイメージです。この会議は，1970年代以降，国連などが中心になって進めてきた女性に対する不平等解消に向けたムーブメントの延長線上にあると考えられます。欧米のスポーツ先進国を中心に，1980年代から複数の女性スポーツ組織が活動していました。ブライトン会議は，こうした各国での活動や，政府機関など，点在する活動を結びつけるネットワークとしての役割を果たそうとした点で，それまでにはない変化をもたらしたのです。

　この会議は，国際オリンピック委員会（IOC）が競技団体や各国のオリンピック委員会を巻き込みながら，トップレベルのスポーツ界においても，女性とスポーツのよりよい関係を目指すきっかけにもなっていきました。IOCが具体的な行動としてIOC世界女性スポーツ会議を開催したのは，ブライトン会議から2年後の1996年でした。

▷1　NPO法人ジュースHP（2008）「ブライトン宣言」。（2017年12月25日閲覧）

2 国際女性スポーツワーキンググループ（IWG）

　このブライトン会議の成果は，もう一つあります。それは，この会議で誕生した国際女性スポーツワーキンググループ（International

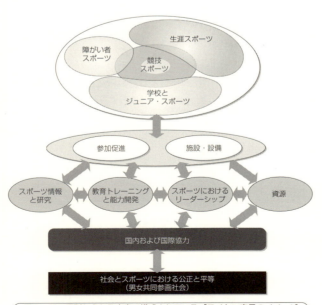

図1　10の原則からなる文章で構成されているブライトン宣言のイメージ

出所：Ogasawara（1998）.

110

表1　IWG世界女性スポーツ会議の変遷

	年	開催地	ロゴ	国	参加者	成果
1	1994	ブライトン イギリス		82	282	ブライトン宣言
2	1998	ウィンドホーク ナミビア		74	400	ウィンドホーク 行動要請
3	2002	モントリオール カナダ		97	550	モントリオール ツールキット
4	2006	熊本 日本		100	700	熊本協働宣言
5	2010	シドニー オーストラリア		60	500	シドニー スコアーボード
6	2014	ヘルシンキ フィンランド		100	800	ブライトン＋ ヘルシンキ宣言
7	2018	ハバロネ ボツワナ				

出所：女性スポーツ研究センターおよび小笠原（2017）をもとに作成。

Working Group on Women in Sport），通称 IWG です。

IWG メンバーは，世界の5つの大陸（アメリカ，アジア，ヨーロッパ，オセアニア，アフリカ）の各代表者，2つの女性スポーツに関する国際的な組織，通称 WSI と IAPESGW の各代表者，2名の共同議長（通常は前開催地の議長と，次の開催地の議長），そして複数の特別招聘メンバーから構成されています。メンバーは4年ごとに変更されています。

3　これまでの世界女性スポーツ会議とその成果物

表1はこれまでの世界女性スポーツ会議の開催地とその成果物の一覧です。

1994年にブライトン会議が開催されてから，4年に1度開催され，2017年までに6回の世界会議が開催されました。

2006年にはアジア初の開催となった第4回世界女性スポーツ会議が日本（熊本市）で開催され，熊本市民を中心に市民参加型の世界会議を実施し，世界中から注目されるような会議となりました。

2014年の第6回世界女性スポーツ会議はブライトン会議から20年という時が経過したことから，ブライトン宣言の見直しが行われ，「ブライトン＋ヘルシンキ2014宣言」（通称「ブライトン＋ヘルシンキ宣言」）が採択されました。2020年までにすべてのスポーツ組織の意思決定者の女性の割合を40％にするようにという勧告もなされたことが大きな話題となりました。

日本では2017年4月10日，IWG 年次会議が東京で開催された際に，スポーツ庁，日本スポーツ振興センター，日本オリンピック委員会，日本パラリンピック委員会／日本障がい者スポーツ協会，日本体育協会がブライトン＋ヘルシンキ宣言に署名を行い，女性スポーツの振興を国内外に誓う形となりました。

2018年はアフリカのボツワナで第7回世界女性スポーツ会議が開催されます。

（小笠原悦子）

▷2　WSI の正式名称は Women Sport International である。IAPESGW の正式名称は International Association of Physical Education and Sport for Girls and Women で，国際女子体育スポーツ連盟と訳されている。

▷3　女性スポーツ研究センター HP「世界女性スポーツ会議の推移」。（2017年12月25日閲覧）

▷4　詳細については，田原（2015）を参照。

おすすめ文献

†田原淳子（2015）「第6回 IWG 女性とスポーツに関する世界会議にみるスポーツとジェンダーの今日的課題――『ブライトン＋ヘルシンキ2014宣言』と第6回世界会議の結論・勧告から」『スポーツとジェンダー研究』13，202-215頁。

†日本スポーツ振興センター HP（2014）「第6回世界女性スポーツ会議参加報告」。（2017年12月25日閲覧）

†女性スポーツ研究センター HP「世界女性スポーツ会議」。（2017年12月25日閲覧）

V スポーツをする権利とジェンダー／B スポーツ組織の方策

女性スポーツの課題に取り組む世界の組織

① 社会通念に異議を申し立てる勇気：WSFの誕生

　女性スポーツでは，男性では全く問題にならない多くの事柄が，乗り越えるべき課題となります。スポーツがもともと男性社会で育まれてきたという理由によるものです。アメリカでは，1950〜70年代にかけて「ウーマンリブ」と呼ばれる女性解放運動が起こりました。スポーツの世界で注目されたのが，当時，世界トップのテニス選手だったビリー・ジーン・キングです。

　彼女は，男性の10分の１にも満たない賞金額が女性差別であるとして，1968年には世界４大トーナメントの１つ，全米オープンをボイコットしました。賛同する女子選手はごくわずかでした。また，元デビスカップ選手だったボビー・リッグスとの「男女対決」を実現し，スポーツ界には女性差別があることを訴えました。リッグスを相手に，ネットに近づいて速攻で決めるいつものスタイルを変え，後方でのラリーを多用して３−０のストレートで勝利しました。

　「タイトル・ナイン」（The Title 9 of the Education Amendment of 1972：1972年の教育修正案第９条）が成立したことも，彼女の力になりました。教育における性的差別を禁止し，学校体育のあり方にも大きな影響を与えました。

　キングの勝利の翌年，1974年にできたWSF（Women's Sports Foundation：米国女性スポーツ財団）は，彼女が創立者になりました。現在では国際会議や年次総会のほか，毎年秋に「表彰ディナー」で女性アスリートや指導者等の表彰を行い，こうした事業で得た財源を多くの女性たちの支援に充てています。

② 組織のスタートは並外れた女性の熱意：NAGWS，AIAW，IAPESGWの誕生

　このような運動は，女性スポーツにかかわる他の様々な分野でも地道に続けられてきました。1978年のロンドンでの第１回女性スポーツに関する国際会議（1st International Conference on Women in Sport）では，キャロル・オグレスビーがアメリカにおける女性スポーツ組織として，1899年に設立された個人会員主体のNAGWS（The National Association for Girls and Women in Sport：全米女子スポーツ協会）と，大学単位で加入する1971年に設立されたAIAW（The Association for Intercollegiate Athletics for Women：全米大学女子体育協会）を取り上げて，活動を紹介しています。

　このほか，歴史のある国際組織としては，IAPESGW（The International

▷1　Ⅱ-Aの各項を参照。

▷2　Ⅴ-Bコラム１を参照。『バトル・オブ・ザ・セクシーズ（Battle of the Sexes）』2017年制作，アメリカ映画。テニス界の性差別とたたかったビリー・ジーン・キングの実話をもとに映画化されている。

▷3　Ⅴ-A-⑩を参照。

▷4　Ⅴ-Bコラム１を参照。

▷5　大学における女性スポーツの問題解決の組織で，現在はNCAA（National Collegiate Athletic Association）傘下で活動している。

▷6　1949年に５大陸から40か国以上が参加してスタート。2017年に第18大会がアメリカのマイアミで行われた。IAPESGW HP参照。（2017年12月25日閲覧）

Association of Physical Education and Sports for Girls and Women：国際女子体育スポーツ連盟）があり，少女や女性に関する体育やスポーツの問題についての調査研究などについて，発表の場を提供してきました。

この組織は第二次世界大戦の終了から間もない1949年に創立され，総会を予定していたアメリカは財政的に難しい状況にあったため，会場はデンマークのコペンハーゲンに変更になりました。各国の文部大臣宛てに送った招待状への反応はなかったものの，実際にふたを開けてみると24か国から235人の参加があり，主催者が驚くほどの反響でした。それまでにない「女性」という切り口が，世界各国の専門家には受け入れられたということです。

会議の中心人物は，初代会長となったドロシー・アインスワース[7](1894-1976)と，会場の提供を申し出たアネット・バートラム[8]でした。アインスワースは，自身が会員になっている組織の活動をとおして，それまで何度もヨーロッパでの国際会議開催の必要性を指摘し，学会などの機会も利用して持論を発表していました。

根底にあったのは，体育に対する確固たる信念です。「体育は，少女や若い女性が自分の資質を高め，ひいては世界で役立つ市民になることに役立つ」「体育は，一つの学校や一つの国だけで発展させることはできない。それぞれ異なる考え方や教え方を議論しながら，指導方法を高めていく必要がある」などと述べています。国際会議の内容については，「実習というテーマだけでなく，調査研究，哲学，教育法などの分野についても幅広く取り上げるべきだ」と規定し，女性にとっての参加の意義は「情報を共有し，体育としての共通目的であるベースを固めて，より強くなることだ」と訴えました。

3 多様化する「女性スポーツ」への対応

その後の社会情勢の変化もあり，IAPESGWの活動には紆余曲折がありましたが，国際会議でのデモンストレーションは，毎回，好評を得ています。フィンランド・韓国・南アフリカ・オーストラリアと並んで，日本からは日本女子体育連盟（Japan Association of Physical Education for Women：JAPEW）が参加し，「創作ダンス」を披露して，会議の出席者に喜ばれています。

IAPESGWは，創立から何代もの会長が引き継いできましたが，「女性スポーツ」の視点で組織された他の団体とも積極的にかかわり，連携を広げてきました。1992年のWSF年次総会（デンバー）には，WISC（Women's International Sports Coalition：女性国際スポーツ連合）の一員として出席しています[9]。

社会が多様化している現在，スポーツの世界でもセクシュアル・ハラスメント，性的マイノリティ（LGBT）など，より複雑な問題が出てきています。これらについて各組織がどのように対応するかが問われる時代になってきました。

（三ツ谷洋子）

▷7 アメリカ・スミスカレッジ体育学教授。スミスカレッジHP参照。(2017年12月25日閲覧)

▷8 コペンハーゲン大学の女子体操指導者。

▷9 WSFがこの年次総会のために女性スポーツの国際組織に声をかけた。

おすすめ文献

†井谷惠子・田原淳子・來田享子（2001）「21世紀の女性スポーツを担う国際組織」『目で見る女性スポーツ白書』大修館書店, 42-50頁。

†M. A. Hall & G. Pfister (1999), *HONORING THE LEGACY*, Fifty Years of the International Association of Physical Education and Sport for Girls and Women.

Column 1

日本の女性スポーツムーブメント（WSFジャパン）

女性を縛ってきた日本独特の"美徳"

日本の明治維新は，政治的・経済的な面から西欧列強の一角に参入することを目指しましたが，他の分野では文字どおり100年経ってもなかなか変わりませんでした。教育面をみると，1960年代後半でも女性の大学進学は2年で終わる短期大学か，たとえ4年制の総合大学でも文学部希望が当たり前とされていました。卒業後の就職でもほとんどが男性対象で，女性には非常に狭い門戸しか開かれていなかったのです。

例えば，大手商社では男性社員の秘書的な仕事をするのが女性であり，それが結婚へのステップと考えられていました。家庭では，男性が外に出て働き，女性が家庭に入り子どもを産み育てる──というライフスタイルです。女性は男性を立てることこそ女性としての"美徳"だったのです。1979年に設立された全国家庭婦人バレーボール連盟（現全国ママさんバレーボール連盟）が，男性主体の既存組織の邪魔にならないよう活動範囲を限定的にしたのも，そうした背景があるからです。

とはいえ，それまで当然とされてきた男性主体の社会において，全く顧みられなかった女性ならではの問題が，実は大きな問題であることに女性自身が気づき始めていました。そしてそれを解決することが社会全体の義務であるという新たな流れが生まれてきていました。

欧米に学ぶ女性スポーツムーブメントの取り組み

アメリカでは1950年代から盛り上がったウーマンリブ（女性解放運動）が，スポーツ界にも波及しました。世界トップのテニス選手だったビリー・ジーン・キングは，男性の10分の1にも満たない女性の優勝賞金を対等にすべく，大会ボイコットや女性選手だけのトーナメントを始めましたが，賛同しない女性も少なくありませんでした。

女性が男性と同様にスポーツにかかわることができる社会の実現を目指して，1974年に設立されたのがWSF（Women's Sports Foundation＝米国女性スポーツ財団）です。キングが創立者となり，発起人はプロ選手だけでなくアマチュアで活躍した選手や指導者，研究者などで，常設の事務局を持ち活動しています。その7年後の1981年，日本にWSFジャパン（女性スポーツ財団日本支部：代表・三ッ谷洋子）が設立されました。アメリカのWSFを手本とし，アメリカ同様に非営利組織であることから，名称とロゴマークの無料使用が許可されました。

設立のきっかけは，前年の第1回国際女性スポーツ会議（東京）です。「スポーツそれは"私の世界" 7人の女性からの提言」を共通テーマに，世界各国からトップレベルの女性たちがパネリストとして参加しました。一般には新聞やテレビなどのマスコミをとおして，練習や大会での"アスリート"の姿しか見せなかった彼女たちが，一人の"女性"として本音を語りました。そして彼女たちが抱えていた問題が世界共通であることを，多くの日本人が知る機会になりました。

パネリストの顔ぶれとスピーチのテーマは次のとおりです。
・エベリン・アシュフォード（アメリカ：陸上短距離）「スポーツ界の男女差別について」
・ベラ・チャスラフスカ（チェコスロバキア＝当時：体操）「スポーツにおける女性らしさとは」
・トシコ・デリア（アメリカ：マラソン）「スポーツが与えてくれたものは」

・ダイアナ・ナイアド（アメリカ：遠泳）「なぜ，それほど苦しい遠泳に挑戦するのか」
・アンネマリー・モザー・プレル（オーストリア：スキー）「家庭から再びスキーへ」
・バージニア・ウエード（イギリス：テニス）「女子プロスポーツの世界」
・今井通子（日本：登山）「スポーツにおける男女のパートナーシップ」

　トップレベルの女性たちと一緒に市民ランナーのデリアが入っていたことに，スポーツの世界の広さと深さを知ることができます。参加希望者は定員の450人をはるかに超え，会場となったプレスセンターホールにはカメラマンが殺到して，社会的関心の高さをうかがわせました。

ムーブメントの推進には組織が不可欠

　当時，日本のスポーツを統括していたのは文部省（現文部科学省）管轄の日本体育協会で，傘下にJOC（日本オリンピック委員会）を擁する巨大組織でした。しかし，会長などを含む役員は全員が男性で，女性の問題を解決する部署はなく，協力する姿勢もありませんでした。そうした状況で，WSFジャパンは女性の立場から機関紙（*WSF Japan News*）の発行や勉強会，シンポジウム等をとおして，スポーツにおける女性の問題を広く社会に発信しました。

　設立2年後の1983年，WSFジャパンとして7人が参加した第1回全米女性スポーツ会議 The New Agenda（主催：WSF，ワシントンDC）は，活動と人脈の幅をさらに広げるものでした。わたしは現地で「女子柔道をオリンピック種目に入れる運動」をしていたラスティ・カノコギに会い，その後，日本女子柔道選手の要望書を取りまとめたことが，オリンピックへの正式採用（1992年バルセロナ大会）につながりました。また，委員会の一つだった「体協とJOCに女性役員を送る委員会」は，当該組織に対して要望書を提出し，記者発表などを繰り返したことで，1992年にJOC初の女性理事（河盛敬子＝全日本なぎなた連盟理事）誕生を実現させました。

　スポーツ界で活躍していた小野清子も，アメリカの会議に参加して大いに触発された経験をもっています。1984年に東京オリンピック20周年記念の女子選手懇談会（TOL＝東京オリンピック・レディス）を開催し，その後，夏冬のオリンピック代表となった女性オリンピアン組織に広げて，活動基盤を固めました。この他，各地域で開催されているイベントは，一般の人たちが女性アスリートへの理解を深める機会になっています。1986年から7年間つづいた「女性スポーツ京都会議」（主催：京都新聞社，協力：WSFジャパン）は，スポーツに関心のある主婦を対象に，トップ選手だけでなく研究者や男性タレントも登壇させた幅の広さなどが，地域に受け入れられる一つの要因になりました。

　このような女性スポーツのムーブメントが，女性スポーツを支援するNPO法人や，競技団体，学会などの設立につながり現在に至っています。かつては日本女性の"美徳"を否定するといわれた女性アスリートですが，男性と同じように活躍できる社会になるためには，とても長い年月がかかったことがわかります。

（三ツ谷洋子）

Column 2

日本の女性スポーツムーブメント（JWS）

NPO法人ジュースの発足，Vision，Mission

1997年12月19日，皇居前の東條会館にて，13名の発起人によって設立総会が行われ，JWS（Japanese Association for Women in Sport）が発足しました。

図1　JWSのロゴマーク

そして，翌年（1998年）2月26日，日本で初めて登記を完了したNPO法人（特定非営利活動法人）ジュース（JWS）が誕生しました。JWSはスポーツにかかわる女性を支援するNPO法人です。

JWSのVisionはスポーツという手段や分野をとおして，日本・アジア・世界における男女共同参画社会を推進することです。登山にたとえるならば，「男女共同参画社会」というとてつもなく高い山の頂上に登るために，「スポーツ」というコースを選ぶということです。この場合のスポーツには，競技スポーツ，生涯スポーツ，学校体育，高齢者スポーツ，障害者スポーツなど，広範囲なものを含みます。

そして，この目的を実現させる足がかりとしてJWSが考えたことは，スポーツにおける女性の参加を促すこと，女性がリーダー的立場につく機会を増やすことです。同時に，スポーツ界における女性の地位を向上させることによって，ひいては女性全体の資質と社会的地位を向上させることまでをもターゲットに入れています。このような遠大な理想と夢をかかげ，しかも現実のものとするためにJWSがつくられました。

そして，さらに国内的および国際的な組織と連携することによって，日本および世界のあらゆる場，あらゆる機会，あらゆる人たちに啓発や支援活動を行っています。

JWSのMissionは，EPLINC（エプリンク）と呼ばれています（図2参照）。

JWSの活動（第1期：1998～2006年）

JWSの第1期の活動は明確でした。それは2006年にアジアで開催することが決定していたIWG第4回世界女性スポーツ会議を日本で開催することを実現し，20世紀まではまったく政府や日本オリンピック委員会（JOC）には重要視されることもなかった前述の目標をスタートさせることでした。

JWSが主体となり，2001年6月9～10日の2日間で，第1回アジア女性スポーツ会議を大阪で開催し，最終的に，アジアの14の国と地域から500人の参加者を迎え，アジアでの女性スポーツの推進を誓う会議を実現しました。この会議の開会式は，JOCがスポーツにおける男女平等宣言ともいえる「ブライトン宣言」に署名し，その後のJOCとしての女性スポーツの推進を国内外に表明しました。そして，その後，JWSはJOCと熊本市，熊本県ともに2006年IWG第4回世界女性ス

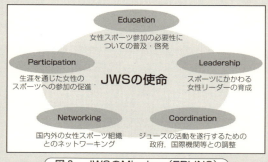

図2　JWSのMission（EPLINC）

ポーツ会議を共催することとなりました。

2002年 IWG 第3回世界女性スポーツ会議がカナダのモントリオールで開かれ，その会議の最終日に，その後の4年間（2002-06年）の IWG の事務局および2006年 IWG 第4回世界女性スポーツ会議の開催準備を熊本市と JOC とともに JWS が担うことが発表されました。そして，JWS はその4年間の間に20か国以上の国々にて，様々な女性スポーツ会議やセミナーなどに参加しながら，「2006世界女性スポーツ会議くまもと」のプロモーションを続けました。

そして，2006年 IWG 第4回世界女性スポーツ会議（熊本市）は74の国と地域から700名の参加者を得て，5月11～14日，盛大に開催され，「熊本協働宣言」を最後の結論として発表し，大成功を収めました。

JWS は，この世界会議に向けて2004年に「女性スポーツネットワークプロジェクト」を組織し，2005年に「日本の女性スポーツ振興の展開方策」を発表しました。結果的に，2006年の世界会議終了後の5月31日に開催された「中央教育審議会スポーツ・青少年分科会スポーツ振興小委員会」に JWS として招聘され，(1)子育て期のスポーツ参加率の拡大，(2)少女のスポーツ参加の促進，(3)女性の国際競技力の維持・向上，(4)女性スポーツ振興の実現に向けての4点を要望しました。女性スポーツに関する内容が『スポーツ振興基本計画』に盛り込まれる決め手となったのは，"女性スポーツネットワークプロジェクト"が作成した『日本の女性スポーツ振興の展開方策』が，この発表の際に提示されたからでした。JWS 会員の地道な努力と活動が，日本スポーツの法律を変えた瞬間でした。

JWS の活動（第2期：2007～2016年）

JWS は設立当初の目標であった世界女性スポーツ会議を日本で開催し，日本政府に女性スポーツの促進の重要性を認知してもらうという目標を無事に遂げました。

そして，次の目標は EPLINC をさらに実行可能なものに前進させることでした。

2007～10年の4年間の JWS の活動は次に進むための準備期間でした。2011年から，文部科学省に「女性アスリートの戦略的サポート事業」が開始されました。日本政府が女性スポーツの推進を初めて事業化したものでした。このプロジェクトの実施を JWS は打診されました。これは，JWS 理事長（小笠原悦子）が，順天堂大学の教授に就任するタイミングと重なり，結果的に順天堂大学として委託を受ける事業となりました。しかしながら，この大きなプロジェクトのスタッフや研究者はほとんどが JWS メンバーで構成されました。

2013年には，このプロジェクトの最終プロダクトともいえる「女性アスリート戦略的強化支援方策レポート」がまとまりました。その中には，(1)身体・生理的な課題，(2)心理・社会的な課題，(3)組織・環境的な課題が端的にまとめられています。

2014年には，そのプロジェクトのメンバーがベースとなった「女性スポーツ研究センター」が順天堂大学内に設立されました。JWS の事務局はその中に存在し，女性スポーツ研究センターと表裏一体となっています。女性スポーツ研究センターの実施する「Women Sport Leadership Conference」や「女性コーチアカデミー」の事業も，JWS と共催で実施されています。詳細は女性スポーツ研究センターのウェブサイトを参照してください。

（小笠原悦子）

Column 3

競技スポーツ組織における女性の活躍：「女性は敵にあらず」

　2016年に開催されたリオデジャネイロ大会において，日本選手団は過去最多となる41個の金メダルを獲得しました。内訳は男性が23個，女性が18個でしたが，金メダルをみると男性が5個，女性が7個という結果でした。さらに，女性が獲得した7個の金メダルは，レスリングが5個，柔道が1個，競泳が1個でした。保守的で他国に比べて女性の活躍が進んでいないとされる日本で，しかも女性に解禁されるのが遅かった格闘技の競技で，多くのメダルを獲得したことは興味深いものがあります。

　日本における女性トップスポーツの国際競技力向上には目を見張るものがあります。女性に特化した支援，研究等が未だに十分ではないことを考えれば，その伸び代は大いにあり，2020年東京大会でのメダル獲得戦略を考えても活躍が期待されます。

JOC女性スポーツ専門部会の発足と取り組み

　日本オリンピック委員会（以下JOC）では，2002年に「女性スポーツプロジェクト」を設置しました。これは，1994年にブライトン宣言が採択され，その後，1996年にはIOC世界女性スポーツ会議（スイス・ローザンヌ）が開かれるなど女性スポーツを推進する動きが活発化する中で，JOCに女性とスポーツの問題を検討するために作られたものです。翌年には「女性スポーツ委員会」が設置され，現在の「女性スポーツ専門部会」へとつながってきました。女性スポーツの課題は様々ある中で，部会が目的としている主なものは，スポーツにおける女性の地位向上です。先述したように，女性アスリートの活躍は男性に引けを取りませんが，役員・指導者などの割合は2割程度にとどまっています。女性スポーツの普及・振興を考えた時に，女性の視点や視座が組織運営や指導等に反映されていくことは必須であり，そのための改善に取り組んでいます。

　JOCの加盟団体63のうち，女性理事の割合が20%を超えているのは6団体で，ゼロも8団体あります。全体では，女性役員は1486名中173名で11.64%，JOCは32名中6名で18.75%と，20%には到っていません（2017年8月時点）。未だに女性役員を登用できないのはなぜか，女性役員を増やす努力をしているのか，女性役員を増やしている団体はどのようにしたのか，などについてフォーラム等で事例を出し，議論を重ねています。女性を登用できない理由として，適任者がいない，選出しても辞退されてしまうなどがあげられます。確かに，これまで女性はリーダーとしての養成がなされてきておらず，ロールモデルもいないために，役員になることに二の足を踏む人も多いのが現状かもしれません。また，結婚・出産・育児などのライフイベントとの兼ね合いもあります。一方で，女性を登用している団体からは，男性に比べて女性の力量が著しく劣っているという指摘はありません。

女性は男性の敵ではない

　全日本柔道連盟は，女子ナショナルチームにおいてコーチによる暴力等が発覚したことを受けて，組織の改革に着手し，それまでゼロだった女性理事の登用に踏み切りました。問題が起こる前までは，他の団体同様に適任者なしといっていましたが，現在では外部からの登用も含めて理事4人，

監事1人，評議員7人を置いています。この例が示すように，「いないのではなく，探す気持ちがなかった」というのが当たっているのではないでしょうか。男性にとっては，女性を登用しなくても不自由さを感じないに違いありません。

　一般の社会でも同じ傾向がみられます。政府は女性の活躍を支援しており，企業等で女性の役員割合を増やすことを推奨していますが，実際にはなかなか進みません。スポーツ界同様に男性は女性活用が何の役に立つのか，という思いが拭えないのだと思われます。確かに，女性を登用したからといって急激に業績が伸びることはないでしょう。しかし，多様性を重視し，女性を含めた様々な視点が反映されることが長い眼で見た時にはプラスとなるはずです。それは女性の視点が女性のためのみならず，男性にも貢献するものになるからです。

　人工知能などテクノロジーの進化はわたしたちの生活を大きく変える可能性があります。職種や働き方も変化し，これまで以上に余暇の時間が増えることも予測されます。スポーツのあり様も変化するに違いありません。自分が行っているスポーツは未来も存在しているでしょうか。男性という狭い社会にこだわっているような団体は変化を受け入れられない象徴であり，先行きは暗いと言わざるを得ません。女性の進出は男性を脅かすものではなく，助けるものだということに早く気がついてほしいと切に願っています。

（山口　香）

▷1　1994年イギリス・ブライトンにおいて第1回世界女性スポーツ会議が行われ，スポーツのあらゆる分野での女性の参加を求めた「ブライトン宣言」が採択された。V-B-②を参照。
▷2　日本スポーツとジェンダー学会（2012）『スポーツとジェンダー研究』10，49-53頁。ラウンドテーブル『組織におけるジェンダー平等——ポジティブ・アクション再考』。法制度・行政におけるポジティブ・アクションの現状や法的解釈，スポーツ界や企業における実施例，応用していく場合の具体策や利点について，まとめられている。

Ⅵ　スポーツ倫理とジェンダー

暴　力

▷1　楠本恭久・立谷泰久・三村覚・岩本陽子 (1998)「体育専攻学生の体罰意識に関する基礎的研究——被体罰経験の調査から」『日本体育大学紀要』28(1), 7-15頁。
▷2　宮田和信 (1994)「体育専攻学生の体罰意識」『学術研究紀要』11, 219-230頁。
▷3　冨江英俊 (2008)「中学校・高等学校の運動部活動における体罰」『埼玉学園大学紀要人間学部篇』8, 221-227頁。
▷4　阿江美恵子 (1990)「スポーツ指導者の暴力的行為について」『東京女子体育大学紀要』25, 9-16頁。阿江美恵子 (2000)「運動部指導者の暴力的行動の影響——社会的影響過程の視点から」『体育学研究』45 (1), 89-103頁。西坂珠美・會田宏 (2007)「高等学校のクラブ活動における指導者の暴力行為」『武庫川女子大学紀要人文・社会科学編』55, 149-157頁。佐々木万丈 (2015)「女子高校生スポーツ競技者への指導者による体罰の実態」『スポーツとジェンダー研究』13, 6-23頁。
▷5　女性教員の割合は中学校で41.8%, 高等学校で30.1%, 保健体育教員に占める男性教員の割合は中学校で71.4%, 高等学校で81.7%である。宮本乙女

1　スポーツ指導に伴う指導者から競技者への暴力的言動

　スポーツ領域における暴力の問題は, 競技者によるラフプレーや暴言, フーリガンと呼ばれる観客同士の暴力など, 状況によって多様なケースがあります。ここでは, 近年日本で社会問題となっている, スポーツ指導に伴う指導者から競技者への暴力について取り上げます。

　この問題については「体罰」というキーワードでこれまでにいくつかの調査研究が行われてきました。主に学校内におけるスポーツ指導時に受けた暴力経験についての研究をみると, 男子が女子よりも暴力を多く受けていると報告する研究がある一方で, 逆の傾向を報告している研究もあります。また中学校から高校にかけて運動部活動中の被暴力経験を調べた研究は, 中学校では女子の経験率が男子よりも高く, 高校では逆の傾向がみられると報告しています。これらの先行研究から確かに言えることは, 学校の運動部活動におけるスポーツ指導において, 中学時代と高校時代どちらにおいても, 少なからずの生徒が男子か女子かにかかわらず暴力を経験しているということです。

　暴力的言動の加害者について検討した調査研究によれば, 加害者の70〜80%台を男性の指導者が占めています。しかし, 2007年における全国の教員に占める女性教員の割合の低さや, 保健体育教員に占める男性教員の割合の高さを考えるならば, スポーツ指導において男性指導者は女性よりも暴力を加える傾向が強いと捉えるのには慎重さが求められるでしょう。

2　スポーツ指導に伴う被暴力経験のリスク

　さて, 日本の高校生が運動部活動において指導者や上級生から暴力を受けている様子についてリスクという視点から具体的にみていきましょう。高校時代の部活動における被暴力経験について1438人を対象に調べた調査によると, 指導者から暴力的言動を受けるリスクは男子で0.18, 女子で0.16であり, 女子と男子でほとんど差はありませんでした。

　他方, 上級生から暴力的言動を受けるリスクは男子で0.20であるのに対して女子では0.05と, 女子に比べて男子のリスクは高くなっています。さらに同一の人物が指導者と上級生の両者から暴力的言動を受けるリスクは, 女子の0.11と比べて男子が0.47であり, 男子のほうが明らかに高いことがわかりました。

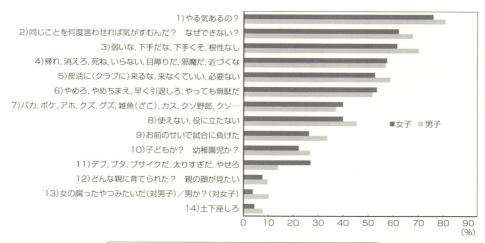

図1　スポーツ活動中に指導者から受けた言葉の経験率

出所：高峰（2017）をもとに作成。

つまり，男子に対しては指導者からの暴力行為に加えて，先輩後輩の上下関係を背景とした暴力行為が行われる傾向が強いことになります。

3　スポーツ活動で暴言を言われた経験

最後に指導者から投げかけられる暴言についてみてみましょう（図1）。

大学生520名が高校までのスポーツ活動場面において指導者から言われたことのある暴言をみると，上位3項目は男女ともに「やる気あるの？」「なぜできない？」「弱いな，下手だな，根性なし」でした。つまり，指導者が願う理想や期待する資質といったものを競技者が発揮できていないと指導者が判断した場合に発せられた言葉だといえます。4～6番目は「帰れ，消えろ，いらない」「来るな，必要ない」「やめちまえ，早く引退しろ」など，競技者に対する「存在否定」の言葉，7番以降は罵詈雑言としかいいようがなく，たとえこうした言葉によって競技者が発奮しようとも，指導場面の言葉遣いとしては論外です。そしてこれらの言葉を，男女がほぼ同じ割合で受けていることがわかりました。唯一，男女で経験率に有意な偏りがあり，女子が男子より多く受けたのは「デブ，ブタ，ブサイクだ，太りすぎだ，やせろ」という身体にかかわる言葉でした。

以上のように，スポーツ指導場面で経験してきた暴力や暴言の量的側面については，全体としては男子のほうが多く経験している傾向がみられますが，女子であっても男子と同じように，あるいは男子よりも女子のほうが多く経験している言動もあります。また，指導者が暴力をふるい暴言を言うという意図は競技者の性別によって異なるのか，そうした言動が競技者間の人間関係にどのような影響を及ぼすのか，といった質的な側面が今後の検討課題です。

（高峰　修）

(2016)「教員の男女比」日本スポーツとジェンダー学会編『データでみるスポーツとジェンダー』八千代出版，84頁より。

▷6　高峰ほか（2016）より。

▷7　高峰（2017）より。

おすすめ文献

†高峰修・武長理栄・海老原修（2016）「高校運動部活動において指導者や上級生から受ける暴力・暴言経験のリスク分析」『体育学研究』61(2)，755-771頁。
†高峰修（2017）「スポーツの指導現場において青少年競技者が指導者から受ける"不適切なことば"の現状」『明治大学教養論集』524，125-142頁。
†熊安貴美江（2013）「スポーツにおけるハラスメント・暴力」木村涼子・伊田久美子・熊安貴美江編著『よくわかるジェンダー・スタディーズ』ミネルヴァ書房，170-171頁。

VI　スポーツ倫理とジェンダー

2　性暴力, セクシュアル・ハラスメント

1　スポーツにおける性暴力事件

　性に基づく暴力やハラスメントとスポーツとは一見無関係にみえますが, 実際には様々な事件が生じています。高峰は, 近年の日本のスポーツ環境で生じた性暴力事件を単独型と集団型に分類しました（表1, 表2）。この表が作成された2013年以降も, 同様の事件が発生しています。単独型の加害者の多くはスポーツ指導者や運動部活動顧問としての教師であり, 時に優秀な競技成績や指導実績をもっています。彼らが被害者に対して絶対的な権力をもつこと, 合宿や遠征などで選手と多くの時間と空間を共有すること, 指導を口実にマッサージなどの身体接触が許容されがちであることなどの特徴がみられます。集団型の特徴は, 身体接触の多い集団競技のメンバーが複数で, 1人か2人の女性に性暴力を加える構図です。双方の当事者が既知の間柄であることが多く, 社会的地位による権力差はないものの, 筋力差が顕著で, アルコールが介在するのも共通する特徴です。集団型の性暴力の背景には, 男同士のホモソーシャルな絆や女性嫌悪との関連が指摘されています。

2　セクシュアル・ハラスメントと, 日本の調査にみる特徴

　以上のような性暴力は, 日常的な性差別的環境の延長線上にあると考えらえており, セクシュアル・ハラスメント（以下, セクハラ）は, そのような一連の連続性のある環境下で生じます。

　セクハラとは, 相手の意に反した性的な性質の言動のことを指します。当事者同士の権力関係や信頼関係を利用して行われ, その関係性ゆえに「いや」と明言しにくいのが, セクハラという概念のもっとも重要な点です。国際オリンピック委員会（IOC）HPでは, 「性的虐待」「ジェンダー・ハラスメント」「新入りいじめの儀式（Hazing）」や「同性愛嫌悪」「傍観」などを関連行為として定義し, 認識の共有を促しています。特に権威ある人々による「傍観」, つまり受身, 不介入, 否定や沈黙は, 被害者の心理的な傷を深めます。周囲が行動しないとそれらの行為が受容されているという印象を与え, 被害者に声を上げる力や勇気を失わせるという点で, とても重要な観点です。

　ハイレベルな競技環境で活動する指導者と選手を調査した日本のデータでは, 男性指導者によるセクハラ的行為を女性選手が甘受する傾向が強いことが明ら

▷1　高峰 修 (2013)「ハラスメントの受容」『現代思想』青土社, 157-165頁。

▷2　特にフットボール種目など, 近代スポーツの中でも, 伝統的中心的な種目であり, 最も「男らしさ（攻撃性・強靱な身体・ホモソーシャル・女性嫌悪）」をアピール／具現化するタイプの競技において顕著。

▷3　Ⅰ-⑤を参照。

▷4　男性優位主義的態度に伴う, 女性に対する蔑視や嫌悪。

▷5　ブラッケンリッジ, S./吉川康夫, 飯田貴子訳 (2003)「私は彼の所有物だった」『スポーツとジェンダー研究』1, 75-90頁。

▷6　IOC HP, "Harassment and abuse in sport." (2017年12月25日閲覧)

▷7　グルーミング（加害者が被害者となるターゲットを決め, ご褒美や罰を与えながら長い時間をかけて相手を手なずける行為）の状況下で, 性的行為あるいは性交にさからえないよう, 同調を強いられること。

表1　スポーツ環境にみられる性暴力事例（単独型）

id	〈事例〉	〈加害者〉	〈被害者〉	〈場所〉	〈処分／結果〉
A	A県立高校陸上部元監督（2001）	62歳	女子部員（未成年）	合宿先路上	強制わいせつ罪で逮捕，同罪で懲役2年4月
B	B県　私立高校バスケットボール部外部コーチ（2006）	56歳	女子部員（未成年）	部室・遠征先ホテルの自室	暴行・傷害・強制わいせつ罪懲役11年
C	フィギュアスケートコーチ（2008）	56歳	女子教え子（未成年）	加害者自宅の部屋	強姦致傷容疑で逮捕，同罪で懲役7年
D	テニスコーチ（2009）	59歳	女子教え子（未成年）	加害者自宅併設寮	児童福祉法違反容疑で逮捕，示談成立，告訴取り下げ，不起訴
E	E県　大学柔道部コーチ（2011）	33歳	女子部員（未成年）	遠征先ホテルの自室	準強姦罪で起訴，一審・控訴審とも懲役5年の実刑判決
F	F県　高校柔道部顧問（2012）	45歳	女子部員（未成年）	校内，寮，ラブホテル	強制わいせつ罪で逮捕，同罪で懲役2年2月，執行猶予3年

表2　スポーツ環境にみられる性暴力事例（集団型）

id	〈事例〉	〈加害者〉	〈被害者〉	〈場所〉	〈処分／結果〉
G	G大学ラグビー部員（1997）	集団（8人）	知人女性（19歳会社員）	カラオケボックスの一室	婦女暴行容疑で逮捕後，示談成立，被害届取り下げ，処分保留のまま釈放
H	H大学アイスホッケー部員（1997）	集団（5人）	知人女性（20歳会社員）	加害者宅アパート	婦女暴行容疑で逮捕後，示談成立，被害届取り下げ，成人は起訴猶予処分，未成年4人は家裁送検後に保護観察処分
	*スーパーフリー事件（2003）→集団強姦等（第178条の2）の規定（2004）				
I	I大学サッカー部員（2004）	集団（15人）	知人女性（未成年）	加害者宅アパート	児童福祉法違反，都青少年健全育成条例違反容疑で逮捕，有罪判決（執行猶予付）
J	J大学アメフト部員（2006）	集団（3人）	知人女性2名	加害者宅マンション	集団準強姦，準強姦致傷容疑で逮捕，有罪判決（実刑と執行猶予付）
K	K大学ラグビー部員（2007）	集団（3人）	通行人女性（20歳代女子大学生）	路上	わいせつ目的略取未遂容疑で逮捕，有罪判決（執行猶予付）
L	L大学生（2009）	集団（6人）	知人女性	居酒屋の一室	集団準強姦罪で逮捕，その後示談成立，告訴取り下げ，不起訴

出所：高峰（2013）158-159頁をもとに筆者が加筆修正。

かになりました。彼女らの沈黙は，厳しい競技環境で生き残るための手段の一つとして解釈できるかもしれません。

3 性暴力やセクハラが生じやすく，不可視化される要因

こうした行為がなぜスポーツ環境において生じ，また生じていても見えにくいのでしょうか。そこには，スポーツのもつさわやかなイメージの裏に潜む，構造的な問題があります。

支配的なスポーツがもつ筋力優位主義の指標は，男性のパフォーマンスを女性のそれよりも相対的に優位に見せ，スポーツにおける男性優位やジェンダー規範を正当化しがちです。スポーツ統括組織の男性中心主義的で他分野／他領域の人間を入れない役員構成や，競技成績に対する周囲からの期待による抑圧，告発することへの不安（二次的なハラスメント）などが，既存の価値観や組織文化を疑問視し，対抗する力を阻みます。スポーツ組織では，強い上下関係に基づく集団主義と服従が求められやすい傾向があり，個人の人権が相対的に軽視され，組織にとって都合の悪いことが隠蔽される傾向も否めません。そうした組織の圧力は，個人を無力化し，サバイバル手段としての沈黙を強います。

近代スポーツはまた，「ヘゲモニックな男性性」と結びついているとの指摘もあります。「攻撃性と他者を身体的に屈服させる欲求を人々に認めさせようとする傾向」は，親密で支え合う関係の発達を妨げ，人権被害を認めにくい，暴力やいじめを当然視し黙殺する風土につながりえます。一元化されがちなスポーツの価値を相対化し，多様性あるオルタナティブなスポーツ文化を模索することが，安全なスポーツ環境のために必要ではないでしょうか。　　（熊安貴美江）

▷8　一方／他方のジェンダーに対する軽蔑的な扱いを要素とするもの。

▷9　新入りがターゲットにされ，しばしば性的な要素をもつ虐待的な入会儀式のこと。通常，学年差によるチームメイト間の権力の差異に乗じて行われる。

▷10　レズビアン，ゲイ，バイセクシュアルの人々に対する根拠のない恐怖。

▷11　熊安ほか（2011）参照。

▷12　「権威と結びつき，優位な地位をもつ特殊な男らしさのパターン（多賀太（2006）『男らしさの社会学』世界思想社，22頁）」のこと。

▷13　コークリー，J.・ドネリー，P.／前田和司・大沼義彦・松村和則編訳（2013）『増補現代スポーツの社会学──課題と共生への道のり』南窓社，115頁。

おすすめ文献

†J. ブリンジャー・S. ブラッケンリッジ・H. J. リン／太田あやこ・山中麻耶訳（2007）「コーチと選手の性的関係における適切さの境界を定める試み──コーチたちの声」『スポーツとジェンダー研究』5，106-120頁。

†熊安貴美江・飯田貴子・太田あや子・高峰修・吉川康夫（2011）「スポーツ環境における指導者と選手の適切な行為」『スポーツとジェンダー研究』9，19-32頁。

Ⅵ　スポーツ倫理とジェンダー

暴力・性暴力の防止指針

1　事件をきっかけに始まる防止対策の取り組み

　2011年から2013年にかけて，日本のスポーツ界で暴力や性暴力にかかわる大きな事件が相次いで発覚しました。高校バスケットボール部キャプテンの，顧問による暴力的指導を一因とした自死（2012年），全日本柔道女子代表候補選手15人による，指導者のパワーハラスメントや暴力的指導に対する告発（2013年）などです。同年，2011年に発覚した柔道元オリンピック覇者による，大学部活動での未成年選手に対する性暴力事件の有罪判決が下されました。

　日本のスポーツ環境において，暴力は比較的可視化されていたにもかかわらず，指導としての有用性という観点から「体罰」の是非が議論されるような傾向もあり，長らく人権の問題として真剣に取り組まれてきませんでした。一方，スポーツ環境における性暴力は，それ自体が表面化しにくい問題でした。権力や信頼関係に基づく，明確な脅しや身体的暴力を伴わない状態での性的侵害については，セクシュアル・ハラスメント（以下，セクハラ）という概念が現れるまで，名前のない問題であり続けたのです。

　冒頭の一連の事件以前にも，社会的に注目される事件が起こると，スポーツ組織は何らかの対応をしてきました。この一連の事件が発覚した際もあらためて防止対策が講じられましたが，その後も同様な事件は繰り返し生じています。

2　防止対策の指針に必要な観点

　セクハラ・性暴力が不可視化され，被害者が甘受を余儀なくされるのは，その背景に組織が権威者に与えている権力が存在するからです。従ってスポーツ統括組織には，権力や信頼関係の乱用による人権侵害行為を許さないという，厳しい姿勢を明確に示す必要と責任があります。しかし，日本のスポーツ組織の防止対策において，特にセクハラ・性暴力に関する問題は後景化する傾向にあるように見えます。諸外国ではまず，セクハラに特化した調査研究があり，それをていねいに踏まえた防止対策が策定されています。しかし日本ではそのような経緯を十分に踏まえる前に，より簡易なハラスメント対策のリストの一部に，禁止事項としてセクハラが位置づけられてしまったからです。

　セクハラの防止指針として必要な観点を表1にまとめました。ここで重要なのは第一に，セクハラ・性暴力は個人的な生活領域で生じやすく，信頼のある

▷1　Ⅵ-①およびⅥ-②を参照。

▷2　例えば2002年，一連の有名高校の陸上競技指導者によるセクハラ事件が発覚し，日本陸上競技連盟が日本のスポーツ組織で初めて，「日本陸上競技連盟倫理に関するガイドライン（2011年，2013年修正）」を発表した。2005年には，指導者や部内の選手同士による一連の暴力事件の発覚を受けて，日本高等学校野球連盟が，「暴力のない高校野球を目指して」という通達を出している。

▷3　日本体育協会を含む5つのスポーツ統括団体が連名で，「暴力行為根絶宣言」（2013）を発表。文部科学省は日本スポーツ振興センター（JSC）にて相談受付を開始（2014）。防止指針に関しては，日本体育協会は「スポーツ指導者のための倫理ガイドライン」（2013）を発表。当時のスポーツ組織の具体的な取り組みについては，高峰修・熊安貴美江（2015）「スポーツ統括団体における倫理問題に関する取り組みの現状」明治大学教養論集509号，または熊安（2014）を参照。

▷4　熊安・高峰（2015）。

Ⅵ-③ 暴力・性暴力の防止指針

表1　セクシュアル・ハラスメント防止指針に必要な観点

ガイドラインの趣旨	組織に関わるすべての構成員の安全で公正なスポーツ環境を保障するための，組織の姿勢と役割を明示する。
法的背景	個人のスポーツ権，スポーツ分野におけるセクハラ防止施策，組織のガバナンス義務に関する法的根拠を明示する。
セクハラ問題の定義・特徴・事例	調査研究に基づいたわかりやすい定義と具体的な事例をあげ，問題の共有を促す。
セクハラ防止対策の体制	防止対策のための規定やガイドライン，関係委員会，相談窓口など，どのような体制で問題に対処するのかを具体的に示す。
相談窓口の対応	相談者が二次被害を受けずに安心して相談できる配慮を具体的に示す。
環境改善・調整への方策	相談者の同意に基づき，必要に応じて当該環境の改善への協力を関係者に求める可能性も提示する。
苦情申し立ての手順	相談，調整などで解決せず，相談者が相手側に何らかの処分・措置を望む場合の手順をわかりやすく示す。
被害者の救済	以上のすべてのプロセスにおいて，相談者の救済を最優先することを明示する。
処分・措置	加害者への適正な措置と，対応結果の報告や情報管理などについての方針を明示する。
予防および環境改善のための措置	セクハラ予防とともに，より安全な環境改善への取り組みのための組織の方針を明示する。
体制の評価と見直し	対策が，ガイドラインに従って適正に履行され，機能しているかを評価し，必要に応じて適切に改訂することを明示する。

親しい関係の中で起こることを，すべての関係者が問題共有できるようにすることです。次に，被害者の早期救済を重視すること，第三に，事件化や処罰化のみに偏らず，相談そのものを環境改善の取り組みに生かしていくことです。全過程において，相談者のプライバシーが守られ，二次被害を受けないような配慮が求められます。

3 暴力・性暴力防止のための国際的な取り組み

性暴力に関する欧米における取り組みは，すでに1990年代から積極的に行われ，国内組織や諸外国との連携をしながら防止対策が進められています。

ヨーロッパでは2012年から「スポーツにおける性的な暴力の予防——ヨーロッパの開かれた，安全な，健全なスポーツ環境に向けた推進力」というプロジェクトが実施されました。その取り組みを国単位でまとめた目録が2012年に発行されています。このプロジェクトには，児童保護や社会教育など，スポーツ分野外の組織も加わっており，スポーツ界特有の価値観を相対化し，スポーツ分野内の議論を可視化するうえで有意義であったとされています。

国際オリンピック委員会（IOC）は，2007年に「スポーツにおけるセクシュアル・ハラスメントと性的虐待」に関する声明文を発表しました。2016年，作成にかかわった研究者らが中心になり，それを拡大発展する内容の論文を発表しています。そこでは，性的な要素以外のハラスメントや虐待として，いじめ，無視や無関心，身体的・心理的虐待などを定義し，これらに関するエビデンスをまとめています。ハラスメントと虐待の防止のためには，複数機関によるアプローチがもっとも効果的であり，法的処置方策の見直しや方針や手続きの履行に加え，競技者周辺のすべての関係者に対する文化的に見合った教育が必要であると述べられています。さらに，グローバルな資本主義の中で競技者の人権をいかに守るかという課題も浮き彫りにされました。

（熊安貴美江）

▷5　高峰（2016）参照。
▷6　高峰（2016）147頁。
▷7　Mountjoy, M. et al. (2016) "The IOC Consensus Statement : harassment and abuse (non-accidental violence) in sport," *British Journal of Sports Medicine.* (2017年12月25日閲覧)

おすすめ文献

†高峰修（2016）「海外文献紹介　スポーツにおけるセクシュアル／ジェンダーハラスメントと虐待の予防」『スポーツとジェンダー研究』14，146-168頁。
†熊安貴美江・高峰修（2015）「分科会報告　スポーツ組織におけるセクシュアル・ハラスメント防止ガイドラインの作成」『スポーツとジェンダー研究』13，183-192頁。
†熊安貴美江（2014）「スポーツにおける暴力／セクシュアル・ハラスメント」大阪府立大学女性学研究センター『第17期女性学講演会　女性学・ジェンダー研究の現在』127-153頁。

VI　スポーツ倫理とジェンダー

ドーピング

1　ドーピング問題のこれまで

　競技力を高めるために禁止薬物等を利用することをドーピング (doping) といいます。古くは1930年代に競走馬への薬物投与が動物愛護や賭け事への公正さから禁止されましたが，IOC（国際オリンピック委員会）がオリンピック大会で禁止したのは1968年からです。性別確認検査も同じ年に始められました。最近ではドーピングという言葉をよく耳にします。高校保健体育の教科書の中にも登場しました。ドーピングは，健康への悪影響（副作用），競技の公正，社会悪などからスポーツ固有の価値が失われるので禁止されています。ドーピングは禁止されて50年ほどが経過しますが，根絶したことはありません。今でもドーピングの新しい薬物・方法とその検出という「いたちごっこ」が続いています。まず，ドーピングがオリンピックの場で禁止された1968年以降を簡単に振り返ってみましょう。

2　ドーピングの問題史

　1968年に禁止されたドーピングは，いつ，どのように違反の有無を調べたのでしょうか。禁止された当初は薬物の検査技術の精度も低く，しかもオリンピック大会や世界選手権などの大会期間中の上位入賞者に限定して検査が行われました。そのために，悪知恵を働かせれば，大会が始まる前までに，身体からドーピングの痕跡を消してしまえば，違反（陽性）になることはありません。そのような対応が1980年代後半まで続きました。

　ところが，オリンピックの直前までドーピングを行って薬物の痕跡を残してしまったのが，1988年ソウル大会のベン・ジョンソン（カナダ）の金メダル剥奪事件でした。この事件では，ベン・ジョンソン選手，フランシスコーチ，アスタファン医師が三位一体となって確信犯的にドーピングに関与していたことが明らかにされ，世界中の人々を驚かせました。1980年代は興奮剤などより，筋肉増強剤の使用が主流となっていたので，ベン・ジョンソン事件以降，1990年5月からはトレーニング期間中にも検査（競技会外検査）が始まりました。

　そのほぼ10年後の1999年に，「健康に害のないドーピングは容認しては？」というサマランチ元IOC会長の不用意発言によって，ドーピング問題への対応は，IOC医事委員会から国際アンチ・ドーピング機構（WADA）に移管され

▶1　性別確認検査の問題性については，杉浦ミドリ・建石真公子・吉田あけみ・來田享子編著(2012)『身体・性・生──個人の尊重とジェンダー』尚学社，41-71頁参照のこと。

▶2　ドーピングの検査は2種類あり，大会期間中の検査は「競技会検査 (in-competition)」といわれ，トレーニング中に抜き打ちで行われる「競技会外検査 (out-of-competition)」がある。

▶3　WADA (World Anti-Doping Agency) は世界のドーピング防止対策の総本山（モントリオール，1999年発足）。日本にはJADA (Japan Anti-Doping Agency) が2000年に発足。

ました。第三者機関としての WADA は，それまで個々ばらばらの競技団体ごとのドーピング禁止規程を統一することに尽力しました。それが，世界アンチ・ドーピングコード（2003年）と呼ばれるものです。この規程により，各競技団体によって禁止薬物の種類や資格停止期間の長短が相違しないような，スポーツ界全体を統一する禁止規程となりました。そして，2005年にはユネスコにおいて「国際アンチ・ドーピング規約」が採択され，それに批准しない国・地域からのオリンピック参加はできなくなりました。こうして，21世紀初頭には，官民一体となったドーピング防止体制が整いました。

しかし，2016年のリオ大会前に，ロシアの組織的ドーピング隠蔽工作が明らかにされました。独立調査委員会のマクラーレン・レポートによると，2011年から15年にかけて，オリンピック・パラリンピック競技の1000名以上の選手がドーピングの陽性結果を隠すシステムにかかわっていたと公表されました。このシステムには，ロシア選手らはもとより，スポーツ省が主導して，モスクワ・ソチの両ドーピング分析機関，ロシア連邦保安庁，ロシア代表チーム競技準備センターが共謀して隠蔽工作を行っていました。国家的なドーピング関与が疑われ，オリンピック，パラリンピック，世界選手権などへのロシア選手の参加資格が厳しく制限されています。

❸ ドーピング防止のためのスポーツ倫理

初期の頃のオリンピックは，プロコーチさえも認めない厳格なアマチュアリズムを堅持して，個人の努力に価値を置いていました。しかしその後，個人の努力の範囲を超えて，コーチ，医師，企業，そして競技団体が組織的に関与するようになりました。私利私欲またナショナリズム的にオリンピックの場が利用され，今では「遺伝子ドーピング」までも懸念される時代を迎えています。

オリンピックの標語：Citius, Altius, Fortius（より速く，より高く，より強く）という進歩主義思想が科学技術とリンクし，人間の臨界点を超えようとしています。勝利を目指すため，あるいは自身の限界を超えるための挑戦をどのように評価すべきでしょうか。ただ単にドーピングが違法という言葉では片づけられない人間の欲望がそこにあります。Citius, Altius, Fortius という標語によって競技能力が高められてきた反面，不法なドーピングへの関与によってますます非人間的な状況を招来させています。スポーツは，本来，人間のために創られた文化でありながら，現在では，スポーツのために人間自身が改造し，また改造されています。このような非人間的な改造手段がドーピングなのです。

結局のところ，わたしたちがスポーツ文化を未来世代にまで引き継ぐ志をもつことがもっとも重要です。ドーピングに染まったスポーツ文化はやがて人々から離れ，忘れ去られる運命にあります。そうならないようにスポーツの存在意義，価値を遵守する「スポーツ倫理」が不可欠なのです。

（近藤良享）

▷4　2004年，IOC は一定の条件下で性別変更した選手のオリンピック出場を認めた。世界アンチ・ドーピング機構は「治療目的使用に係る除外措置」（TUE）を設けている。規定上は，男性ホルモン（タンパク同化ステロイド）を使用しても，違反ではない。しかし，性別変更に伴う治療目的で男性ホルモンを使用する女子選手に好奇の目が向けられたり不当に有利ではないかという疑問が生じている。

▷5　『朝日新聞』2016年12月10日朝刊。

▷6　近藤良享（2016）「オリンピックと身体」石堂典秀編著『知の饗宴としてのオリンピック』エイデル研究所，92-118頁。

おすすめ文献

†近藤良享（2012）『スポーツ倫理』不昧堂出版。
†I. ウォディングトン・A. スミス／大平晃・麻生享志・大木富訳（2014）『スポーツと薬物の社会学』彩流社。
†石堂典秀編著（2016）『知の饗宴としてのオリンピック』エイデル研究所。

Ⅵ　スポーツ倫理とジェンダー

5　組織のジェンダーバランス

1　男女平等への取り組みと日本の政策

　女性運動は，女性が男性と平等な権利を獲得することを一つの目的としてきました。この課題は国際社会にも受け入れられ，国際連合は1975年を国際婦人年，続く10年間を「国連婦人の10年」としました。そして，女性の地位と権利についての検討がなされ，意思決定の場に女性の参加を進める取り組みが行われてきました。1979年には，「女子に対するあらゆる形態の差別の撤廃に関する条約」が採択され，加盟国に条約の批准とそれに伴う男女の平等を実現する法制度の整備が求められています。このように，意思決定の場のジェンダーバランスが男性に偏ってきたこと，それが世界中で普遍的であることが認識され，日本でも解決すべき課題として理解されるようになりました。

　日本は，「女子差別撤廃条約」を1985年に批准し，関連する法律として「男女雇用機会均等法」を同年に制定しています。さらに，1994年には総理府に男女共同参画室が設置され，（2001年，内閣府の男女共同参画局に改組），男女平等に向けた施策を担っています。その後，1997年「男女雇用機会均等法」の改正，1999年「男女共同参画社会基本法」の制定，2015年「女性活躍推進法」の制定など，男女平等と女性の社会進出を推進するための法整備を行っています。しかしながら，意思決定の場への女性の参加が進んだとはいえません。GGIは個人の能力を活用する機会の男女間格差がどの程度あるのかを示す指標で，経済，教育，政治，保健の4つの面から算出されます。日本は比較対象国144か国中114位（2017年）と下位にあり，管理職への登用（経済）と議会への従事（政治）が特に低い順位にあります。つまり，社会の意思決定の場に女性が少ない国という評価です。政府は，ナイロビ将来戦略勧告を踏まえ，2020年までに「指導的地位に女性が占める割合が少なくとも30％程度になる」という目標を立てています。「女性活躍推進法」では，事業所ごとに女性管理職比率を把握し，行動計画を策定することを義務づけました。実質的な成果が表れることが期待されます。

2　スポーツ場面のジェンダーバランス

　子どものスポーツ参加状況をみると，スポーツ少年団への登録者，中高の運動部参加者とも女子が男子に比べて顕著に下回っています。しかし，一般成人

▶1　略称「女子差別撤廃条約」。

▶2　ジェンダー・ギャップ指数（Gender Gap Indexの略）。日本はこの3年でも，101位，111位，114位とさらに後退している（日本女性学習財団HP参照）。

▶3　国連は「ナイロビ将来戦略勧告」（1990）で，「指導的地位に就く婦人の割合を，1995年までに少なくとも30％にまで増やす」とした。日本は，第2次男女共同参画基本計画（2005）に，この数値を明記している。しかし，現行の第4次計画（2015）では目標値を分野ごとに掲げ，「本省課室長担当職」の目標値7％など，目標自体を低く設定している分野が多くみられる。

▶4　今後の地域スポーツ推進体制の在り方に関する有識者会議（2015）。文部科学省HP「地域スポーツに関する基礎データ集」参照。スポーツ少年団の女子団員は28.9％，運動部参加率は中学校では男子73.7％，女子52.7％，高校では男子58.6％，女子27.6％。

▶5　Ⅲ-C-②を参照。ただし，男女のライフスタイル（それ自体が自体が性別役割分業を反映している）の違いを考慮する必要がある。

のスポーツ参加では男女による差はわずかで，定期的な運動参加者は女性が男性を上回る調査結果もみられます。トップレベルの競技者では，近年のオリンピック日本選手団からみると男女に大きな差はみられなくなっています。これは，国際オリンピック委員会がジェンダーバランスに配慮し，男女同数が参加できるように競技種目の変更を行ってきた結果といえます。

それでは，スポーツ場面での意思決定の場や指導的地位に女性の参加が進んでいるのでしょうか。中央競技団体の意思決定機関となる理事会に女性が占める割合は，日本体育協会加盟団体全体でみると10.3％と圧倒的に少数です。オリンピック種目では，アイスホッケーやボブスレー，リュージュ，スケルトンなどには女性理事がみられず，アーチェリー2.5％，ホッケー3.1％，レスリング3.5％など，女性競技者の活躍がみられる種目でもごくわずかです。

指導者についても同様の傾向がみられます。文部科学省の報告書によると，女性コーチの割合はスポーツ少年団で12％，日本体育協会公認スポーツ指導者で30％，日本オリンピック委員会の設置する専任コーチで18％となっています。オリンピック選手団役員の女性割合は15％程度，アーチェリー，レスリングなど女性役員がいない種目も少なくありません。このようにスポーツの活躍場面には多くの女性の姿がみられるのですが，意思決定の場，指導的立場では男性の姿が主流となっています。

3 ジェンダーバランスの均衡化への取り組み

女性が意思決定の場に参加していないことで，女性に対する問題が存在しても表面化されない可能性が高くなります。柔道女子強化選手が指導者の暴力やパワハラを告発した事件は，この事例といえるでしょう。組織としての改善策の一つとして，日本柔道連盟（全柔連）の役員に，女性を登用する取り組みが始まりました。事件発覚まで，連盟役員に女性はいなかったのですが，現在，女性役員の割合は19.2％と，日体協加盟61団体中6位の女性登用が進んだ団体になっています。また，2016年のリオオリンピック大会女子代表選手団では，監督は男性でしたが，7名のスタッフの中に女性が5名選ばれました。このように，痛みを伴う事件を経て，全柔連の組織はジェンダーバランスに配慮するようになりました。しかし，まだ十分とはいえません。女性枠を設けた評議員の女性割合は23.3％ですが，都道府県から選出される代議員では47人中，女性はただ1人です。このように中央で改革が始まっても地方ではなかなか進まない事例は多く，議員の実態を取り上げた指摘もみられます。

多くの女性が，組織の意思決定にかかわる経験を積むことの意義や必要性について，まだ十分に理解されているとはいえません。男女がバランスよく混ざり合って仕事を進めることが望ましいという規範が，社会全体に広まることが必要でしょう。

（前田博子）

▷6 小田佳子（2016）「リーダーシップとジェンダー」『スポーツとジェンダー』67-81頁。
▷7 スポーツ指導者の資質能力向上のための有識者会議（2013）「スポーツ指導者の資質能力向上ため有識会議報告書 私たちは未来から『スポーツ』を託されている」11頁。2013年6月現在，日本体育協会調べ。
▷8 小田（2016）。
▷9 2009年9月，ひとりの選手が，代表監督の暴力行為を全柔連に訴えた。連盟は事実確認と監督への指導などを行ったが，代表監督の留任を決め，組織責任の認識も根本的な解決に向けた対応もなかった。そのため，全柔連組織の自浄能力に期待できないとして，国際試合強化選手15名がJOCに告発文書を提出することとなった。その後，第三者委員会の設置やJOC，内閣府の関与による役員体制，指導体制の見直し等の対応が進められ，収拾に至った。
▷10 岩本美砂子（2006）「自治体におけるジェンダー問題を考える」東京市政調査会『都市問題』97(1)，4-8頁ならびに V-B コラム3を参照。

おすすめ文献

†清水レナ（2015）『輝く会社のための女性活躍推進ハンドブック』ディスカヴァー・トゥエンティワン。
†濱口桂一郎（2015）『働く女子の運命』文春新書。
†小笠原祐子（1998）『OLたちの「レジスタンス」』中公新書。

Ⅶ　スポーツイベントとジェンダー

 # オリンピックとジェンダー

1　オリンピックとは

オリンピックは，フランスのピエール・ド・クーベルタン（Pierre de Coubertin）がスポーツを通じての若者の教育と世界平和を願ってはじめた社会運動「オリンピック・ムーブメント」を意味します。クーベルタンは，4年に1度開催される大会は，努力を重ねた様々な選手たちが集い，競技を通じて互いを尊重するための場になると考えていました。また，大会がムーブメントの理念を世界に表示する場となることによって，より多くの賛同者を得て，平和な世界の構築に寄与することができると考えていました。

一定の理念をもつ社会運動の一部であるオリンピック大会は，世界選手権やワールドカップなどのようなチャンピオンシップ▷1とは，一線を画して誕生しました。現在では，メディアの報じ方，勝利がビジネスでの利益を生み出す仕組み，勝利に過剰に傾倒する人々のあり方が影響し，「もっとも価値の高いメダルを争う場」と化していることが批判的に指摘されています。オリンピックは，世界で唯一の，明確な理念に基づくスポーツを通じた社会運動であるにもかかわらず，大会だけを取り上げて，他のチャンピオンシップと同一視し「メガ・スポーツイベント」と位置づける場合もみられます。

この章でオリンピックとジェンダーの問題を考える際には，本来の社会運動としてのオリンピックと，現代社会においてスポーツイベントと化しているオリンピック大会とを区別すると同時に，これらが表裏一体となっている側面に注意する必要があります。

2　オリンピックへの女性の参加と参画をめぐる課題

オリンピックを提唱したクーベルタンは，女性が大会に参加することに反対の立場をとっていました。彼は大会における女性の役割は勝者を讃えることであると考えていました。この考え方は，大会で実施される近代スポーツの成立過程や当時の欧米社会におけるジェンダー規範に強く影響されたものでした▷2。

女性は1900年第2回パリ大会から参加しましたが，それ以降も女性が参加できる競技・種目は制限され続けました▷3。制限の主な理由は，2つありました。1つは，長距離走など女性にふさわしくないとして特定の競技・種目に対する根強い抵抗があったことです。第二次世界大戦後，旧ソ連や東欧の社会主義国▷4

▷1　ある競技の中でもっとも優れた個人あるいはチームを決めるための大会。
▷2　Ⅱ-A-①を参照。
▷3　Ⅶコラム1を参照。
▷4　ソビエト社会主義共和国連邦。現在のロシア，ベラルーシ，カザフスタンなど複数のソビエト共和国が構成していた連邦国家で，1991年にこの体制は終焉した。
▷5　実施種目のうち，シンクロナイズドスイミングと新体操は女子種目のみ。階級制を採用しているレスリングなどでは男女の種目数が異なっており，両性の参加の機会の平等が確保されていないことが課題とされている。
▷6　宗教的な理由により，男性代表選手しか派遣していなかったサウジアラビア，カタール，ブルネイが女性選手も派遣した。実質的には参加標準記録に満たなかったために一方の性別の選手のみを派遣した代表団は存在した。
▷7　Ⅴの各項を参照。
▷8　Ⅱ-B-⑤を参照。

家がIOCに加盟し，女性の参加拡大を強く主張したことが，抵抗の解消に影響を与えました。もう1つは，1930年代後半から大会規模が拡大し，人的・財的に大会運営が困難になっていった現状を受け，大会規模を縮小する必要があるとされていたことです。この問題は1984年ロサンゼルス大会以降のオリンピックの商業主義化により幾分緩和され，これに伴って女性の参加者数も次第に増加しました。

2012年第30回ロンドン大会では，ボクシングの採用により，26競技のすべてに女性が参加することになりました。また，この大会は選手を派遣したすべての地域や国が男女両性の代表選手を派遣した，初めての大会となりました。これらの背景には1990年代以降に展開された女性とスポーツの関係をよりよいものにしたいと考える国際的なムーブメントや各国での政策があります。

オリンピック・ムーブメントに女性が参画し，自分たちの意思を反映させたいという要望は，1920年代から組織的に行われています。IOCに対するもっとも初期の主張は，国際女子スポーツ連盟によるもので，国内オリンピック委員会の意思決定機関に女性を含めることや女性の競技団体を男性の競技団体と対等に認めることなどが求められました。

IOC総会において女性のIOC委員が存在しないことを問題視する発言は，1967年にはじめて出されました。1973年にはIOCだけでなく国際競技団体や国内オリンピック委員会の委員にも女性を含めるべきであるという見解が示されました。しかし，IOC等が具体的な数値目標を示すようになった現在も，目標が達成されない状態が続いています。

❸ オリンピックとジェンダーをめぐる新たな課題

最初に示したとおり，オリンピックは一定の理念をもつ社会的な運動であることから，ジェンダーに基づく差別の解消という人権問題に関しては，社会の影響を受けるとともに，社会に対する影響力もあると考えられます。オリンピック憲章の変化を辿れば，オリンピックにおける人権は少しずつ拡大してきたことも明らかです。

近年，オリンピックが向き合うべき新たな課題には，LGBT等の略称が定着しつつある性的マイノリティの人々の権利保障があります。現状では，従来の女性／男性という性を2つに分けて競技を実施するというスポーツの制度が踏襲され，その制度の中で，男女同数の選手によって構成されるチーム競技等を増加させることが新たに試みられています（本章コラム「国際大会におけるジェンダー」参照）。このような試みを評価する一方で，ムーブメントの理念に則れば，人間の性を2つの性別としてのみ捉える，という考え方自体を乗り越える場となることがオリンピックには求められていると考えられます。

(來田享子)

▷9 初の女性IOC委員が誕生したのは1981年IOC総会。IOCは1996年には意思決定機関における女性割合の数値目標（2000年までに少なくとも10%，2005年までに少なくとも20%）を提示したが，この目標到達には大きな課題が残されている。

▷10 來田享子（2014）「1960-1979年のIOCにおけるオリンピック競技大会への女性の参加問題をめぐる議論——IOC総会議事録の検討を中心に」『スポーツとジェンダー研究』12, 47-67頁。

▷11 Ⅵ-⑤を参照。

▷12 石堂ほか編著（2016），186-193頁。

▷13 同性愛（Lesbian, Gay），両性愛（Bisexual），性別移行（国内法上の性同一性障害を含むTransgender）の英文表記の頭文字をとった略称。これ以外にクィア，クエスチョニング（ジェンダーや性同一性，性的指向を探している状態の人），インターセクシュアル（医学上は性分化疾患とされる）の人々を可視化する略称としてLGBTQQIが用いられる場合もある。

おすすめ文献

†石堂典秀・大友昌子・木村華織・來田享子編著（2016）『知の饗宴としてのオリンピック』エイデル研究所。

†小川勝『オリンピックと商業主義』（2012）集英社新書。

†小川勝『東京オリンピック「問題」の核心は何か』（2016）集英社新書。

Ⅶ　スポーツイベントとジェンダー

パラリンピックとジェンダー

1　パラリンピックとは

　パラリンピックは，障害のあるアスリートが出場する，世界最高峰の国際競技大会です。2017年現在，肢体不自由，視覚障害，知的障害のある選手が出場しています。国際パラリンピック委員会（IPC）は，パラリンピックには，(1)勇気，(2)強い意志，(3)インスピレーション，(4)公平の4つの価値があるとしています[1]。世界154か国で試合が放送されるなど，パラリンピックは今や，オリンピックやFIFAワールドカップに続く国際競技大会までに発展しています。

2　パラリンピックの歴史

　イギリスを発祥の地とするパラリンピックの起源は，1940年代に遡ります。グットマン卿（1899-1980）が，医師として勤務したストークマンデビル病院にて，脊髄損傷を負った傷痍軍人らに対する治療プログラムにスポーツを取り入れます。1948年，その病院で第1回ストークマンデビル大会が開催され，16名の選手（男性14人，女性2人）がアーチェリー競技に出場しました。1952年にはオランダが参加し，国際大会への道を歩むこととなります。

　国際ストークマンデビル大会委員会（ISMGC：1972年にISMGFに改名）は，オリンピック大会の開催と同じ年に，オリンピック開催国でオリンピック終了後に大会を開催すべきとの考えを示しました。ISMGCの考え方は，1964年に反映され，東京での国際大会の開催が決まりました。当時，Paraplegic Olympic（対麻痺者のオリンピック）と呼ばれていた国際身体障害者スポーツ大会に，日本のメディアが「パラリンピック」との愛称をつけたといわれています。

3　競技大会としての歩み

　1985年，国際オリンピック委員会は，ISMGFが中心になって開催してきた大会を「パラリンピックス（Paralympics）」とすることに同意しました。加えて，1976年より対麻痺者のみが出場していたものに，他の障害種別を踏まえ，パラリンピックの「パラ」はParallel（同様の／もうひとつの）と解釈されるようになりました。1989年，国際パラリンピック委員会（IPC）が創設され，以後，パラリンピックはより競技性の高い国際大会へと発展していきます。

▶1　パラリンピックの4つの価値とは(1)勇気（マイナスの感情に向き合い，乗り越えようと思う精神力），(2)強い意志（困難があっても諦めず限界を突破しようとする力），(3)インスピレーション（人の心を揺さぶり，駆り立てる力），(4)公平（多様性を認め，創意工夫すれば誰もが同じスタートラインに立てることを気づかせる力）。日本パラリンピック委員会公式HP参照。
なお，「公平」はIPC発表の英語表記では"equality"。

4 女性選手とパラリンピック

　パラリンピックでは，起源とされる1948年ストークマンデビル大会においても，2名の女性選手が出場しています。約50年後の1996年アトランタ大会では，女性選手の割合は出場選手数全体の24％にとどまり，同じ年のオリンピックが34％であったことと比べても低いものでした。加えて出場国の47％は，女性選手を派遣していませんでした。

　2016年リオデジャネイロ大会には，約160か国より男女あわせて約4350人の選手が22競技・528種目に出場しました。女性選手が出場する種目は，全種目数の43％にあたる226種目となりました。女性選手は約1690人が出場しましたが，2020年東京大会では，2012年よりもさらに17％多い1756人の女性選手の参加枠と，そして競技においてはボッチャ，馬術などで，性別を問わないジェンダーフリー枠も設けられる予定です。

　女性であり障害者であるということは，その社会における社会的排除を二重に経験するとの報告や議論が国外を中心になされてきました。こうした議論に先立ち，女性であり不平等な扱いを受ける人種であることによって受ける二重の社会的排除に関する議論も行われてきました。この議論によって蓄積された知見は，女性であり障害があることによる社会的排除に関する議論と一定の類似性があると考えられています。しかし，現段階の研究では，個々の事例が報告されるにとどまり，議論が成熟しているとはいえません。さらに障害に関する議論では，肢体不自由か視覚障害かなどといった障害種別や障害の程度に関心が寄せられるか，障害を一括りにして議論されるかのどちらかとなる傾向にあり，同時に，関心の中心にあったのは，障害のある男性アスリートでした。つまり，障害のある女性アスリートに関する議論は，事例報告に留まるなど，遅れている状況にあります。

　女性選手の参加を促す対策として，IPCは2003年に女性スポーツ委員会を創設し，意思決定機関に女性が占める割合を30％にすることを行動計画として掲げました。IPCは，パラリンピック・ムーブメントの究極のゴールをインクルーシブな社会を創出することとしています。障害の有無にかかわらず，誰もがスポーツを楽しめる社会を構築することの根底には，多様性を尊重する考え方があります。そのため，障害やジェンダーを超えた女性アスリートやリーダーの育成もIPCの発展のための重要な柱と位置づけられています。こうした世界的な動向を受け，日本でも2017年に日本パラリンピック委員会（JPC）はJPC女性スポーツ委員会を設立し，女性アスリートの競技環境の整備に着手するに至りました。生理にかかわる問題や保育所の整備といった女性特有の要素と，バリアフリーな施設など，障害者であるがゆえに必要な整備双方の視点での環境整備は，これからの課題であるといえます。

（田中暢子）

▷2　Bailey, S.（2008）*Athlete First: A History of the Paralympic Movement*, Wiley.

▷3　国際パラリンピック委員会公式HP。

▷4　Apelmo, E.（2017）*Sport and the Female Disabled Body*, Routledge.

▷5　Wickman, K.（2007）"The discourse of ableism : Meanings and representations of gendered wheelchair races in sports media texts," The 4th EASS Conference, Local Sport in Europe, Munster.

【おすすめ文献】

†平田竹男・河合純一・荒井秀樹（2016）『パラリンピックを学ぶ』早稲田大学出版部。

†藤田紀昭（2013）『障害者スポーツの環境と可能性』創文企画。

†安井友康・千賀愛・山本理人（2012）『障害児者の教育と余暇・スポーツ──ドイツの実践に学ぶインクルージョンと地域形成』明石書店。

Ⅶ　スポーツイベントとジェンダー

3　ゲイゲームズ・アウトゲームズ

1　性的マイノリティ（LGBT）の可視化

　スポーツの世界で性的マイノリティの問題が取り上げられるようになったのは，主に1980年代以降といえます。これは，権利運動を通じて社会の中で性的マイノリティが顕在化していくのが70年代後半以降であることと関連しています。中でもその象徴として，ゲイゲームズをあげることができます。

　ゲイゲームズは，1982年メキシコ大会の出場選手であったトム・ワデルによって開催されたスポーツ大会であり，性的マイノリティの選手が自由に競技できることを目指して行われた，史上初の公の大会といえます。それまで，同性愛嫌悪の強いスポーツ界において，セクシュアリティを公にしてプレイすることは困難であり，ワデルはそうした状況を打破するため，当初は「ゲイオリンピック・ゲームズ」という名称での開催を予定していました。しかし，アメリカオリンピック委員会（USOC）からの「オリンピック」という名称の使用差し止め訴訟を受け，ゲイゲームズという名称で開催されることとなります。

　以降，ゲイゲームズは4年に1度行われる性的マイノリティのための国際的なスポーツ大会となり，現在ではオリンピックレベルの選手も参加する大規模なものとして認知されています。国際オリンピック委員会（IOC）は1925年に初めて「オリンピック」という名称の占有権を主張しました。また1980年代には，商業主義化が進む中で「オリンピック」のビジネス的価値を高めようとする意図も加わり，それまで以上に強く占有権を主張するようになっていました。しかし，オリンピックという言葉は，それ以前にも様々に使用されており，当時のアメリカにおいても「ポリス・オリンピック」や「カニ料理オリンピック」，あるいは地域のスポーツ大会につけられる名称としても通用していました。こうした中で，ゲイオリンピック・ゲームズがとりわけ訴訟の対象とされたことは，性的マイノリティに対する差別的な意識を背景に，IOCやUSOCが権威を振りかざした出来事であったともいえます。当時の訴訟ではUSOCが最終的に勝訴し，闘病中のワデルの家を差し押さえるに至りました（USOCは，ワデルの死の数週間前に請求権を放棄）。

2　マイノリティ内部の多様化

　様々な困難を乗り越え，現在に至るゲイゲームズですが，時代の流れととも

にその内部にも問題を抱えることとなります。そのパイオニアとしての役割は大きく評価されるものですが，性的マイノリティ内部の格差や階層性の議論の高まりとともに，ゲイゲームズもまた，それを代表する唯一の大会であり続けることは困難になりました。

　時に「LGBT」と一括りにされることもある性的マイノリティの内部にあっても，例えばゲイ男性とレズビアン女性のあいだには依然としてジェンダー序列に基づく格差が存在することや，あるいはジェンダーをわたっていこうとするトランスジェンダーの人々が直面する困難は，はたしてシスジェンダー（生まれた時に割り振られるジェンダーに違和をもたない人。ゲイ男性やレズビアン女性も含む）の人々と共有され得るのか，といった議論の精緻化は，いったんはゲイゲームズの旗の下に集結した人々を，さらに細分化したアイデンティティの下に分散させてゆくことになりました。

　その代表例として，アウトゲームズがあげられます。これは，ゲイゲームズのアムステルダム大会における社交ダンス競技で，ゲイ男性とレズビアン女性がペアとなって踊ることが認められなかった出来事をきっかけに，新たに組織されたといわれています。マジョリティ社会に向けて，いわば性的マイノリティの見本を見せていこうとするゲイゲームズの社会的意義は，その少数者内部の差異をある程度犠牲にせざるを得ない部分があり，これらに反発し，より多様な存在を前提として始まったのがアウトゲームズといえ，その参加資格はより幅広いものとなっています。

3　包摂かアイデンティティ化か？

　こうしたゲイゲームズとアウトゲームズの分離は，性的マイノリティ内部の対立というよりは，むしろコミュニティの成熟に伴う各カテゴリーのアイデンティティ化の過程と捉えるべきかもしれません。現在では，例えば国際レズビアン＆ゲイフットボール協会のワールドカップや，ゲイ男性のラグビーワールドカップなど，数多くの大会が世界各地で開催されています。

　これらの大会の中には，開催方針でジェンダーやセクシュアリティを問わないものもあり，こうなるともはやマジョリティのスポーツ大会と差がない場合も考えられます。こうした状況は，いわば性的マイノリティのノーマライゼイションの過程と捉えることもできますが，一方でLGBT（あるいはQ）内部には様々な位相があり，安易な同化は差別を隠蔽するとして，むしろアイデンティティ化を明確にすべきという考えも存在します。これらは，スポーツに限らず，マイノリティが社会と対峙してゆくうえでかならず突き当たる問題ともいえ，一つの答えに収斂させることはできず，それぞれの状況に応じた複数の実践を継続するほかないともいえるでしょう。

（岡田　桂）

▷1　セクシュアリティなどに基づくカテゴリーを自己認識の基盤として内面化すること（アイデンティティ・ポリティクスは，その一つの典型例）。

おすすめ文献

†菊幸一・清水諭・仲澤眞・松村和則編著（2006）『現代スポーツのパースペクティブ』大修館書店。
†C. シモンズ・D. ヘンフィル／藤原直子訳（2009）「ゲイゲームズにおいてセックスとスポーツをトランスジェンダーすること」『スポーツとジェンダー研究』7，52-70頁。
†C. Symons（2010）*The Gay Games : A History*, Routledge.

Ⅶ　スポーツイベントとジェンダー

開会式にみるジェンダー

1　スペクタクルとしての開会式

　世界中の人々のあいだに熱気と感動を生み出すオリンピック。それは「スポーツと平和」を理念に掲げた世界最大級のメディアイベントです。およそ二週間にわたるゲームの始まりを告げる開会式では、開催都市・国の歴史や文化にちなんだ要素を盛り込み意匠を凝らした式典が繰り広げられます。スタジアムに集まった観客のみならずテレビ中継を介して視る世界各国の視聴者を魅了する点で、それはきわめて現代的なスペクタクル（見世物）だといえます。

　しかし開会式での見世物は、開催都市・国の現在の姿を描き出すだけではありません。華やかな演出では都市と国家をめぐる過去の栄光や伝統が重視され、そこに理想と虚構が巧妙に織り込まれます。現実／理想／虚構が絡み合ったスペクタクルであるからこそ、開会式はグローバルな関心を引きつけてきたのです。

2　理想化された「女性」の姿

　オリンピック開会式の特徴は、そこで提示される女性の像にも当てはまります。開会式で表象されるジェンダー像には、現実の女性像と同時に「女性」をめぐる理想や虚像もみて取れるのです。南米ではじめて開催された2016年リオデジャネイロ大会では、ヨーロッパ各国による植民地化や世界各地からの移民流入という南米の歴史が表現されました。と同時に、女性表象に関して注目すべき点は、世界的に有名なジゼル・ブンチェン（1980-）が舞台をランウェイに見立て華麗な容姿を披露したことです。ブンチェンは、20年以上にわたるキャリアを通じてファッション業界に君臨してきたスーパーモデルであり、ブラジルを代表するセレブリティです。そのブンチェンの姿が、開催都市と国家の歴史を振り返る式典において華麗に演出されたのです。ここには現代を代表するひとりのモデルの身体に託すかたちで、その社会で理想とされる「美しい女性」を描き出そうとする表象実践がみて取れます。

　2012年ロンドン大会開会式では近代産業化の牽引役を果たした栄光の歴史と現代におけるポピュラー文化の隆盛に重点をおいて、グレート・ブリテンの過去と現在が表現されました。徹底した秘密主義のもとで準備・開催された開会式におけるサプライズの一つは、当時英国内で人気急上昇中の女性アーティス

▷1　現代資本主義社会を「スペクタクル」という視点から批判的に論じた先駆的研究としては、ドゥボール, G./木下誠訳（2003）『スペクタクルの社会』ちくま学芸文庫を参照。
▷2　過去のオリンピックにおける開会式を分析した研究としては、阿部潔（2008）を参照。
▷3　アメリカを中心に活躍し、パートナー（NFLの選手）とのあいだに子どもがいるブンチェンは、容姿・キャリア・私生活のすべての面で現代女性にとって理想的ロールモデルのひとりであるといえる。
▷4　スコットランド出身のシンガーソングライター。2012年発売のファーストアルバム『Our Version of Events』は同年イギリス国内でベストセラーとなった。
▷5　賛美歌39番。スコットランド人のヘンリー・フランシス・ライト（Henry Francis Lyte）による歌詞を、イギリス人ウィリアム・ヘンリー・モンク（William Henry Monk）作曲の『夕暮れ（Eventide）』のメロディーに載せて歌う。生涯を通して神がともにいることを祈願する内容の賛美歌。
▷6　CGを用いた映像を実物のように映し出したテレビ中継が批判された。
▷7　クイーン・エリザベ

トであるエミリー・サンデー（1987-）が，苦境や苦難のただ中で神に祈りを捧げる内容の賛美歌『日暮れて四方は暗く（Abide with Me）』を感動的に歌い上げたことでした。スポーツと同時に平和の祭典でもあるオリンピック開会の場で，テロの脅威のもと混迷の度を増す21世紀の世界に向けて平和を訴える役割を若い女性が担いました。そこには，諍いや争いを越えた地平に立ち，人々に平和をもたらす力を秘めた理想の女性＝聖母としての女性像がみて取れます。

一方，2008年北京大会は開会式での過剰なまでの演出が物議をかもしました。その一つが，スタジアムに設けられた舞台で幼い少女が熱唱する姿が実は「口パク」であったと指摘されたことです。ここで注目したいのは，演出の是非それ自体よりも一連の開会式セレモニーにおける「少女」の位置づけの意味です。並外れた歌唱力を披露したり，見事に楽器を奏でる幼い女性が随所に登場しましたが，そこには「少女」を純真／無垢／健気な存在として描き出そうとする意図が露骨なまでにみて取れました。

3　ポリティクスとしての開会式

このように検討すると，開会式には理想化された伝統的なジェンダー像を確認することができます。同時に，セレモニーでの「女性」をめぐる表象には伝統的なジェンダー規範を揺るがす，あるいは新たなイメージを喚起する契機も潜んでいます。例えば，ロンドン大会開会式では英国の伝統である王室の表象に際して，エリザベス女王が映画『007』シリーズの主人公ジェームズ・ボンドを演じた俳優と連れ立って会場に向かう様子がスクリーンに映し出され，それと同期して女王本人がスタジアムに姿を見せるという粋な演出がなされました。どこか気難しさを感じさせる「統べる女」の姿は，英国民にとって馴染みのものであるとしても，テレビ越しにそれを眺める人々に向けてこれまでの女性像とはどこか異なるイメージを伝えたのではないでしょうか。女王が見守るなかでの国旗掲揚の儀式では，ユニオンジャックは制服姿の軍人によって運ばれましたが，彼らが多様なエスニシティを表わす男女であったことは注目に値します。さらに開会式演し物の目玉ともいえる現代英国文化＝ブリットポップの紹介では，伝統的な束縛から解放され自らの欲望に忠実に生きる現代の若者の姿が，有色人種の女性を担い手として生きいきと描かれました。

このように開会式でのジェンダー表象は，単に伝統的イメージを再生産するだけでなく実際の現実社会において生じている多様なジェンダー像を断片的にあれ伝えており，ジェンダーをめぐる意味づけと解釈がせめぎあうポリティクスの場でもあります。オリンピック開会式におけるジェンダーの条件と可能性を論じるうえで，そこに垣間見える一筋縄ではいかない複雑に絡みあった表象実践に目を向けることが重要です。

（阿部　潔）

ス二世（Queen Elizabeth II）は1926年生まれ。60年以上にわたり在位し続け，ロンドン大会開催当時86歳と高齢であったが，毅然とした姿を世界に示した。

▷8　『007』シリーズは，イギリスの作家イアン・フレミングのスパイ小説に基づく娯楽映画作品。主人公ボンドは英国諜報機関（MI6）の工作員という設定。開会式では6代目ボンドを演じたダニエル・クレイグが登場した。

▷9　開会式では，まず開催国の国旗が掲揚され，それから選手団が入場する。その後，開催国と国際オリンピック委員会（IOC）の代表たちの開会宣言を受けて，オリンピック旗は掲揚されるが，それを運ぶ者の多くは過去に活躍したオリンピアンたちであるのに対して，開催地の国旗は国を護る軍人によって運ばれることが少なくない。ここにスポーツの祭典における理念＝国際主義と現実＝ナショナリズムの潜在的な緊張関係がみてとれる。ちなみに，北京大会では軍服姿の男性のみによって国旗は掲揚された。

おすすめ文献

†阿部潔（2008）「オリンピック・スペクタクルの過去／現在」『スポーツの魅惑とメディアの誘惑——身体／国家のカルチュラル・スタディーズ』世界思想社。
†小笠原博毅・山本敦久編（2016）『反東京オリンピック宣言』航思社。
†清水諭編（2004）『オリンピック・スタディーズ——複数の経験・複数の政治』せりか書房。

Ⅶ　スポーツイベントとジェンダー

5　ソチ冬季大会の同性愛問題

1　沸き起こる批判

　2014年12月，国際オリンピック委員会（IOC）はモナコ臨時総会で，「オリンピック・アジェンダ2020」を採択しました。第14項は，オリンピック憲章でうたう差別の禁止に，「性的指向」の文言を加えるものでした。同年2月にロシア・ソチで開かれた冬季大会が，同性愛問題をめぐる批判で揺れたことを踏まえたものです。

　2014年ソチ冬季大会は，今でこそ，ロシアの国ぐるみの組織的ドーピング不正などの印象が強く残っていますが，開幕直前に注目を集めていたのは，ロシアが前年に導入した，いわゆる同性愛宣伝禁止法をめぐる人権問題でした。「同性愛宣伝（ゲイ・プロパガンダ）禁止法」とは，2013年に成立，プーチン大統領が署名した連邦法の呼称で，未成年者に「従来の性的関係を逸脱する行為」の宣伝を行うことを禁じるものです。旧ソ連時代には同性愛行為が刑罰の対象だったというロシアでは，こうした法規が廃止された後も，否定的な見方が社会に根強く残っていました。同法はその流れの延長線上にあります。

　プーチン大統領は同法の目的を，同性愛行為そのものの禁止ではないとし，「影響が子どもたちに及ばないようにしようとしているだけだ」と強調しました。しかし，誰が何をもって「未成年者へのプロパガンダ」と判断するのかが不明確なうえ，処罰の対象は個人，メディアやネットにまで広がっており，当局の取り締まりに，恣意的な解釈による法的根拠を与えるのではと懸念されました。欧米，特にアメリカのメディアと社会からは，強い批判が噴き出しました。

　IOC は，大会開催国と欧米の批判の板挟みになりました。オリンピック憲章に掲げる「差別の禁止」を理由に，IOC は即刻行動を起こしたでしょうか？――答えは否，です。そこには政治的な配慮が見え隠れします。

2　IOC の戦略と本音

　法律が制定された2013年6月は，エドワード・スノーデン問題で米露関係が注目された時期と重なっていました。そのため，IOC 内部には，当初，アメリカによる同性愛問題でのロシア批判に「意図」を感じ取る傾向もありました。確かに人権の尊重は，国連の人権宣言や，オリンピックの理念に依拠した主張ではあるものの，批判の広がりには時事的な背景があるのでは，と

▶1　オリンピックの改革を40項目から成る方針として示した提言。「2020」という数字は，20＋20，すなわち40項目で構成されていることと，目標達成の目安として2020年を設定することが示されている。キーワードの一つはトーマス・バッハ第9代 IOC 会長が会長立候補時に掲げたマニフェストにも示されていた「多様性（Diversity）」である。このアジェンダでは，あらゆる差別を禁じるオリンピック憲章オリンピズムの根本原則第6条に差別の形態として「性的指向」を加えることが提言された。

▶2　当時，アメリカ国家安全保障局（NSA）による情報収集の内幕が暴露され，国際批判が高まる中，個人のプライバシーと人権の尊重を掲げてきた「自由主義国家」アメリカが，スノーデン氏が逃亡先に選んだロシアから同氏の拘束と引き渡しを拒否される，間の悪い事態となっていた。

当時のオバマ政権は，アメリカ選手団を率いる要人に，ホワイトハウス関係者を誰も送らず，同性愛者と自認する著名な元選手らを起用するという，異例の措置を発表しました。呼応するように，フランスなど主要欧州諸国の首脳は「所用による」開会式の欠席を表明しました。各国の国家元首が冬季大会の開会式を欠席するのは珍しいことではありません。しかしIOC内部には，この状況を自国の世論におもねる政治家の判断だと，反感とともに受けとる見方もありました。日本も当初，開会式が「北方領土の日」に当たることを理由に安倍首相の出席辞退を検討したことが報じられましたが，翻意しました。

　IOCが静観を決め込んだもう一つの理由は，開催国の内政問題には干渉しないという大前提が，長年のIOCの「保身」の知恵だという点です。

　IOCが常に優先してきたのは，オリンピック・ムーブメントの存続と，大会の「成功裏の（なるべく波風の立たない）」開催です。理念に殉じるがために巨万の開催費・警備費を負担するホスト国の顔をつぶすことはしないし，大会開催中に火中の栗を拾い国際世論を二分することもしません。それは2008年北京大会でのチベット人権問題への対応や，2016年リオデジャネイロ大会で，組織的ドーピング不正が発覚したロシアからの，選手団参加を容認した対応でも同じで，建前と本音を使い分ける現実主義がIOCの基本線です。実際，同性愛禁止法をめぐり大会前にIOCが行ったのは，「ロシア入りする各国の（同性愛者の）選手，関係者，観客の身の安全の保証」をロシア側に確認することだけでした。

　IOCは，200を超える国・地域の集まりで，歴史，文化，社会的多様性を抱えた国際社会の縮図です。高い人権意識や性的マイノリティへの法的寛容度をもつ国・地域は，むしろ少数派です。しかも昨今，国際経済が停滞し，大会開催コストへの世論の批判が欧米で強くなり，中国，ロシアなど「世論」をさほど気にしなくてもいい強権国家が，オリンピック等国際大会開催の頼みの綱になりがちだという，皮肉な状況が生じています。当然これらの国は，強権国家であるがゆえに，人権問題では批判を受けがちです。

　IOC内部には，女性の地位や性的マイノリティ問題を真摯に考える委員ももちろんいます。しかし総体としてのIOCは，政治的事情も天秤にかけながら，問題への対応策および対応時期を選んでいきます。ソチ大会が終わり，ロシアの顔を潰さずとも済む時期になって「アジェンダ2020」に基づきオリンピック憲章は修正されました。金の卵のオリンピックを火の粉から守る「実」を取りながら，欧米が求める理念の旗を掲げ，未来の開催都市への警告とする。ソチ大会の顛末は，そんなしたたかなIOCの戦略もうかがわせます。ジェンダー問題を含む現実のオリンピックにおける人権への配慮拡大は，国際情勢やIOCの戦略とのバランスの中ですすめられてきた，といえるでしょう。

（結城和香子）

おすすめ文献

† A. サリヴァン／本山哲人他訳（2015）『同性愛と同性婚の政治学――ノーマルの虚像』明石書店。
† 石堂典秀・大友昌子・木村華織・來田享子編著（2016）『知の饗宴としてのオリンピック』エイデル研究所。
† 清水諭（2004）『オリンピック・スタディーズ――複数の経験・複数の政治』せりか書房。

Column 1

女子800m走からマラソンまでの道

歴史の誤謬

女性に対する偏見が，オリンピックの歴史を変えてしまった事件があります。女性が陸上競技に初参加を許された，1928年アムステルダム大会。女子の実施5種目中最長距離だった800m決勝では，9選手がしのぎを削り，2位に入った人見絹枝を含む上位3人が，予選の世界記録を更新する走りを見せました。

現在，国際オリンピック委員会（IOC）のHPでは，この歴史的なレースの映像を見ることができます。歴史の誤謬に，抗いがたい終止符を打つ記録です。

スタートした9人の，躍動的なストライド。中盤のごぼう抜き。熱狂する観衆。注目のラストでは，優勝したリナ・ラトケ（ドイツ），人見の2人が，後続の選手との距離を確かめながらのゴール。故障を抱えていたカナダの選手が一人倒れ込みますが，他はウォームダウンで歩くなど，皆ゴール後の動きには余裕があります。映像はラトケの，ちょっと疲れた笑顔で終わります。

それはどの大会でもありそうなゴールシーンでした。ところがこれが，IOCと国際陸連にとっては，「女子には800mは肉体的に厳し過ぎる」として，大会の正式種目からの32年間の除外を決める根拠になりました。欧米の新聞報道の記述は，明らかな事実誤認も含めてこんな感じでした。

「惨憺たるレース」「11人の悲惨な女性たちのうち，5人が途中棄権し，ゴールした6人中，5人が倒れ込んだ」「気を失い，介抱される選手も」

イギリスの『デイリー・メール』は，100mに出場した選手たちの力走中の顔写真をうっかり並べた上で，「女子選手ら倒れる　五輪レースの過酷な負荷　すすり泣く女の子たち」との見出しをつけ，「（800mの）競技の過酷さは，これらの女性の表情が如実に物語っている」としました。200mを超える競技に参加すると，女性の身体の老化が早まるとの論も紹介しました。アメリカの『ニューヨーク・タイムズ』は，「この距離は女性の体力の限界を超える。ゴール時には，9人の走者中6人が完全に疲労困憊し，頭から倒れ込み，数人が運ばれる事態となった」と報じました。

そう簡単に特派員の派遣や映像での確認ができなかった時代です。事実誤認の内容を見ても，これらの記事の多くは，現場で実際に見て書かれたものというより，伝聞に基づいたのではないかと識者はいいます。報道以上に疑問なのは，なぜ，現場に関係者もおり，事実を確認できたはずのIOCと国際陸連が，こうした論調に乗る形で800m種目の除外を決めたのかです。例えば，前回1924年パリ大会の陸上男子100mで優勝したハロルド・エイブラハムズ（イギリス，のちに『炎のランナー』の映画で知られる）は，これらの報道を評して「煽情的で過度に誇張されている。2，3人の選手が苦しそうだったのは確かだが，身体的というより心理的なものと見なし，誰でもレースで負ければ落胆を浮かべるのは当然だろう」と語っています。

それはこれらの報道が，IOCや国際陸連に好都合だった，という事実を示唆しているのかもしれません。

勝者への栄冠

アムステルダム大会でIOCが，女性の陸上競技参加を許した背景には，一つの戦いがありました。

近代オリンピックを創始し，1896年から1925年まで第2代IOC会長を務めたピエール・ド・クーベルタン（フランス）は，「女性の役割は勝者に栄冠を授けること」だとし，一切の女性のオリンピック参加に反対でした。古代オリンピック競技会では男性のみが全裸で神に捧げる競技を行った（女性は神官を除き，観戦すれば死罪）し，オリンピックの曙の頃の欧州社会では，中流階級の女性がスポーツで顔を歪め汗をかく，「はしたない」姿は論外でした。その後テニス，競泳などで女性のオリンピック大会参加は進みますが，「顔をゆがめ汗をかく」陸上はハードルが高いものでした。1917年，フランスのクラブで陸上競技を行う女性たちが組織を作り，1919年には代表の1人，アリス・ミリアが，IOCに女子陸上競技導入を働きかけます。断られるとミリアは，女子陸上を統括する国際組織を作り，ついに1922年，パリで「女性のオリンピック」なる大会の開催という実力行使に訴えました。これは多くの観衆を集め，大きな話題となりましたが，オリンピックの名を使われたIOCの反感を呼び，国際陸連が介入に動きました。ミリアはオリンピックの名を使わないことと半ば引き換えに，国際陸連に女子陸上競技の五輪実施を提案させたのです。IOCと国際陸連にしてみれば，ミリアの実力行使に屈し導入した女子陸上は「目の敵」だったかもしれません。

　そんな状況下での誤報と世論の高まりは，格好の口実ともなったでしょう。この後オリンピックは，第二次世界大戦後の女性の社会的地位向上と，スポーツの大衆化の流れを待つことになります。女子800mがオリンピックに復活するのは，1960年ローマ大会のことです。

挑戦の機会均等

　女性の陸上競技種目が男性とほぼ互角となったことの象徴は，1984年ロサンゼルス大会で初実施された女子マラソンでしょうか。

　1970年代には，アメリカのボストンマラソンで，女子選手がこっそり飛び入りする「事件」が続き，ついに女性の参加へ門戸が開かれました。女子マラソンのオリンピック実施を訴える元選手たちは組織を作り，民間企業等の支援を得ます。企業による冠大会の開催や，女子マラソンのオリンピック導入を求める意見広告など，スポーツの大衆化を背景にした後押しが，女性たちの力となりました。企業と社会が求めるものに，スポーツ組織は敏感です。国際陸連会長とIOC会長も，最後には導入に前向きになり，女子マラソンは1981年，実施競技入りを決めたのです。

　今では偏見はあり得ない，と思うでしょうか。実は，偏見を打破する戦いは続いています。女子レスリング，女子ボクシング，女子ジャンプ導入時に聞かれた懸念。競技種目ではほぼ平等を達成した今も，女性コーチやスポーツ組織の意思決定にかかわる人材はまだ少数派です。性的マイノリティへの理解も同じ。少なくとも意思のあるところ，挑戦の機会は均等でなければならないし，わたしたちは事実を，平等・公正に見つめる必要がある——歴史は，そんな教訓を今に伝えています。

（結城和香子）

▷1　II-B-②を参照。

おすすめ文献
† 來田享子（2015）「レースは過酷だったのか——アムステルダム五輪女子800m走のメディア報道がつくった『歴史』」井上邦子・竹村匡弥・瀧元誠樹・松浪稔編著『スポーツ学の射程』黎明書房，29-38頁。

国際大会におけるジェンダー：平等を目指した取り組みと課題

近年のオリンピック大会に関する批判的検証

オリンピック大会や世界選手権など，トップレベルのパフォーマンスを競う場では，ほぼ例外なく性別に競技が実施されています。それはなぜでしょうか。

身近な言葉で表現すれば「女性の競技に男性が混ざるのはズルイ」「女性と男性が一緒に競技するのはムリだ」と考えられ，それがルールとして定着し，スポーツ界に根づいてきたのです。しかし近年，トップレベルの大会においても，この考えを変化させようとする試みがみられます。こうした試みには，スポーツとジェンダー平等に関する様々な研究成果の蓄積が影響を与えています。

2012年ロンドン大会におけるジェンダー平等に関する調査研究では，一歩進んだ批判的検証が行われました。例えば，体重別階級制を採用している競技で階級の数が異なることにより，1国あたりで出場できる選手の数が男女で異なってしまう事例がある，という指摘がなされました。これを受け，柔道やレスリングなどでは，男女の階級の数を同じにしました。

また，両性の選手が別のカテゴリーでのみ競うという仕組みは，様々な違いのある人々が社会でともに生きる姿を反映していない，という意見もみられるようになってきています。

このような様々な視点からの批判的検証を踏まえ，課題の解決を試みる大会もみられるようになっています。その一つがユース・オリンピック大会（以下，ユース五輪）です。

ユース五輪における取り組みとその影響

IOCは，2010年以降，14～18歳までのアスリートを対象としたユース五輪を開催しています。通常のオリンピック大会では，勝利至上主義や商業主義の影響により，本来のオリンピック・ムーブメントの理念からかけ離れた出来事が頻繁に発生しています。開催費用の負担は増大し，招致から開催に至るプロセスでは不正・汚職も絶えません。しかし，国際社会全体と影響しあっているオリンピック大会を変化させるのは容易ではありません。

そこで当時のIOC会長であったジャック・ロゲ（1942-）は，より本来のオリンピック・ムーブメントの理念に近い大会を開催し，若年層のアスリートに向けた教育的な機会を設けようとしました。たとえ時間がかかったとしても，オリンピック大会の本来のあり方に目を向けるための一つの方策になるかもしれないというわけです。

ユース五輪では，新たな施設を建設しないなどの制限が設けられ，多様な人々が地球上でともに暮らす時代に適した競技のあり方が模索されています。その例をいくつか見てみましょう。

通常のオリンピック大会では，国や地域別にチームが対戦します。この対戦形式は，ナショナリズムを過剰に刺激し，勝利至上主義に拍車をかけることが指摘されてきました。一方，ユース五輪では，各国から参加した選手が入り混じったチームを現地で新たに構成して実施する競技があります。スポーツを通じ，国や地域の様々な違いを超え，同じ目標に向かって互いを理解し，尊重するための場を形成する試みです。

ジェンダー平等に関しても，新たな試みがなされています。その一つは，女性と男性が協力し，チームとして競技する「男女混合種目」の採用を様々な競技で増加させていることです。ユース五

輪は，スポーツを変革するための試験的な場としても活用されているのです。柔道の大陸別男女混合団体戦，卓球の混合団体戦などもこの例です。こうした試みの積み重ねが，両性の協力は「あたりまえ」のことなのだと，若い世代のアスリートに感じさせるようになります。それは，社会全体のあり方にも影響を与えていくでしょう。この背景には，ジェンダー規範に囚われた大人世代に働きかけるだけでは，社会の変化を促すスピードがあがらない，という現実があります。

　経済的状況や自然条件によってスポーツ環境が一様ではないことに配慮しながら，性別にかかわらず実施する種目も採用されています。例えば，アイスホッケーのスキルチャレンジ種目は，チームを結成して遠征ができなくても，冬季競技のトレーニングがしづらい国や地域の選手であっても，年齢や性別にかかわらず，個人の成長を試すことができる種目として採用されています。

　ユース五輪の影響は，実際，国内外の大会に現れはじめています。男女混合形式の試合はほぼ皆無であったとされるアーチェリーは，世界選手権での男女混合形式を採用しました。この影響は，日本の全国大会にすぐさま波及しました。このように，スポーツでは，トップレベルの大会で生じる変化が裾野のスポーツ愛好者にまで伝わるような制度がすでに備わっています。これを利用して，社会を変化させようというわけです。

性別に競うことだけがフェアな方法なのだろうか？

　とはいえ，現在の変化は，多くの場合，「男女混合」という形式に留まっていることも事実です。性別に競う以外にフェアに競う方法はないのだろうか，という問いに答えることはできていません。

　上述の2012年の批判的検証結果には，わたしたちの「あたりまえ」感覚を揺り動かすデータがあります。それは，用具の高さ，重量，大きさ，競技エリアの広さなどの違いに関するデータです。例えば，現行ルールでは，円盤投げの投擲物（円盤）の重量は，一般男子2kg・女子1kg，高校男子1.75kg・女子1kg，中学男子1.5kg・女子1kgです。発育発達を考慮した3つのカテゴリーで，男子では0.25kgずつ重量が増えていますが，女子は同一のままであることには違和感があります。

　そもそも，なぜ，女子は一般男子の半分の1kgなのでしょうか？　実は1900年代初期には，日本でも男子と同じ投擲物を使用したり，毎年，異なる重量の投擲物を使用した大会がみられます。科学的根拠が得られなかった時代に「女子に最適な投擲物」を手探りし，なんとなくルールが確定していった当時の様子がうかがえます。そのような，一見曖昧で，いい加減な取り決めが，今では厳格なルールだとされているのです。

　この曖昧さやいい加減さが許された時代の遊び心に立ちもどるのも，一つのアイデアかもしれません。自分の身体に適した投擲物を使用して，男女が同じフィールドで互いのスキルを競う，という競技の仕方があってもよいかもしれません。「あえて性別に競わない」種目を創造し，ユース五輪でモデルとして提示し，世界に広めていく，というのはどうでしょうか。

（來田享子）

VIII ジェンダー化される身体／A 制度からの抑圧

1 男女のルール差

① 男女二元制と男女における種目や競技量の違い

　スポーツ競技の多くは男子／女子の2つに分けられていて，男女が同じフィールドで競い合うことはあまりありません。また，男女別で行われている競技では，男女のどちらか一方でしか行われていない種目があったり（表1），距離や種目数などの競技量が男女で異なる種目もあります（表2）。

　表1・2にあるような違いは，どのような理由によるのでしょうか。それぞれの合理性や妥当性を考えてみるのもよいでしょう。もし，男子のみの種目を女子もできる，あるいは逆に女子のみの種目を男子もできるようにすれば，スポーツをより楽しむことができるようになるかもしれません。また，競技・種目によっては，男女が同じフィールドで競技できるようになるかもしれません。何より，スポーツ界において男性を優位に見る見方が変わるかもしれません。

② 男女でルールが異なる競技

　同じ競技・種目名であっても競技内容（ルール）が男女で異なるものがあります。ここでは，ラクロスと新体操における男女のルール差を紹介します。

▷1 関（2016）23-24頁。

表1　オリンピック大会において男子のみ，女子のみで行われた種目の例

陸上競技	男子のみ	50km競歩
体操競技	男子のみ	つり輪，あん馬，平行棒，鉄棒
	女子のみ	平均台，段違い平行棒
	女子のみ	新体操（個人総合，団体）
レスリング	男子のみ	グレコローマン
水　泳	女子のみ	シンクロナイズドスイミング
スキー	男子のみ	ジャンプ：ラージヒル，ノルディック複合
ボブスレー	男子のみ	4人乗り

注：夏季競技2016年，冬季競技2014年。

▷2　関（2016）25頁。

表2　競技量（距離や種目数）に男女で差がみられる種目の例

	男　子	女　子
陸上競技	110mハードル	100mハードル
	10種競技	7種競技
水泳：競泳	1500m自由形	800m自由形
カヌー：スプリント	カヤックフォア1000m	カヤックフォア500m
射撃：ライフル	50mピストル	25mピストル
アーチェリー：1440ラウンド	90m，70m，50m，30m	70m，60m，50m，30m
スケート：スピードスケート	10000m	3000m
スケート：ショートトラック	5000mリレー	3000mリレー

注：夏季競技2016年，冬季競技2014年。

VIII-A-① 男女のルール差

表3　ラクロスのルールにおける男女間の主な違い

	男子	女子
防具（必須）	フェイスマスク付きヘルメット，グローブ	マウスピース（ヘルメットやグローブは付けない）
競技者数	10名	12名
競技時間	20分の4クォーター	25分の2ハーフ
競技方法	ボールを持っている競技者（または誰も所有していないボールの9フィート以内にいる競技者）の肩から腰までの範囲に対して，前面からどのようなコンタクトも許される。	身体接触は許されない。
	チェッキング（ボールを落とすことを目的として相手のクロスや腕を叩く行為）が許される。	クロスに対して，身体から外への方向のみチェッキングが許される。腕へのチェッキングは許されない。
反則	トリッピング，ホールディング等	トリッピング等に加えて，デンジャラス・チェック等

▷3 大修館書店編集部編『観る前に読む大修館スポーツルール2016』大修館書店，338頁。

表4　新体操における手具の違い

	手具（*はそれぞれ独自のもの）
女子	5種類：リボン*，ボール*，フープ*，クラブ，ロープ
男子	4種類：スティック*，リング*，クラブ，ロープ（団体は徒手*）

▷4 大修館書店編集部編『観る前に読む大修館スポーツルール2017』大修館書店，314-315頁。

　ラクロスは，ネットのついたスティック（クロス）を用いて，ボールをパスしながら相手側のゴールに入れることを競う競技です。このような基本的な競技内容は男女で異なりませんが，表3にあるように，男女で様々なルール上の違いがあります。男子では，タックルなどのコンタクト（接触）プレイが許されているのに対して，女子では身体接触が許されていません。男子に比べて女子のほうがソフトな競技内容になっています。また，そのようなプレイの可否を前提にして，防具も異なります（図1・図2）。

　ラクロスは，200年以上前に北米先住民が闘争に必要な力や勇気を養うために始めた儀礼的ゲームが起源といわれています。そのような民俗的，あるいは宗教的な背景を無視するわけにはいきませんが，競技内容を男女で分ける合理性や妥当性については検討されてもよいでしょう。

　女子新体操は1963年，ハンガリーのブダペストで第1回世界選手権が行われて以来，世界で盛んに行われていますが，日本で発祥した男子新体操は，今世紀に入るまで，国際化があまり進んでいませんでした。

　女子種目は，美しくしなやかで華麗な演技に特徴があり，男子種目はタンブリング（宙返り等）などのダイナミックな演技に特徴があります。表4にあるように，競技で用いる手具にも違いがあり，それぞれ，女性らしさ／男性らしさが強調されるルールとなっています。

　男子新体操が行われていない国では，男性が女子新体操に参加する例もみられるようになりました。新体操のように，男女で競技内容が異なる表現系の種目では，性別による区分ではなく，どの種目で自分の能力や自分らしさを表現するのか，という選択の可能性が開かれるかもしれません。

（松宮智生）

図1　男子ラクロスの防具

出所：「NFHSLearn」。http://nfhslearn.com/courses/24000/coaching-boys-lacrosse（2017年12月25日閲覧）

図2　女子ラクロスの防具

出所：「GOPSUSPORTS.com」。http://www.gopsusports.com/view.gal?id=193693（2017年12月25日閲覧）

おすすめ文献

†関めぐみ（2016）「近代オリンピック大会にみる男女差」日本スポーツとジェンダー学会編『データでみるスポーツとジェンダー』八千代出版，18-27頁。
†大修館書店編集部編（2017）『観るまえに読む大修館スポーツルール2017』大修館書店。

145

Ⅷ　ジェンダー化される身体／A　制度からの抑圧

 総合格闘技の女子用ルール

1　女子格闘技のルール

　格闘技は，他の競技に比べて女性の進出が遅れたジャンルでした。女子レスリングがオリンピック大会に採用されたのは2004年のアテネ大会から，女子ボクシングは2012年のロンドン大会からです。競技においても，女子には男子とは異なる制限が設けられてきた歴史があります。

　例えば，オリンピック大会での実施種目をみると，男子レスリングにはフリースタイルとグレコローマンスタイルがありますが，女子レスリングにはフリースタイルしかありません。また，プロボクシングの女子用ルールは，試合時間の長さが男子より短く設定されていて，男子が1ラウンド3分であるのに対して，女子は2分であり，ラウンド数も少なくなっています。

　柔道についてみてみると，かつての講道館柔道のルール（国際柔道連盟（IJF）のルールとは異なる日本国内のルール）では，1995年まで，男子とは異なる技術上の制限が存在しました。例えば，いきなりの足取り（タックル）の禁止（1980～85年）や奥襟や背部をもつことの禁止（1980～95年）などです。しかし，1995年には，女子競技のルールが国内と海外で乖離していることの不都合から，IJFの国際規定に沿う形で講道館における女子特有の規定はなくなりました。

　このように，格闘技における女子用ルールは，男子とは異なるルールが設けられてきました。競技が広く普及するにつれて，ルールの男女差は解消されてきています。

2　総合格闘技の女子用ルール

　総合格闘技は，パンチ，キック，投げ技，関節技，絞め技など，あらゆる格闘技の技術を用いることができる競技です。1990年代以降，アメリカや日本を中心に人気を拡大してきました。日本国内では，プロモーションごとに異なるルールが採用され，中でも女子用ルールには男子用ルールとは異なる制限が数多く設けられてきました。

　例えば，あるプロモーションが運営する大会では，男子大会においては相手の頭や顔への肘打ちが認められていましたが，女子の大会では肘打ちが「危険」として禁止されていました（図1）。では，女子に特有の「危険」とは何なのでしょうか。2010年に行われた関係者に対するインタビュー調査によると，

▷1　その他，(1)服装・防具や(2)試合出場のための欠格事由も男子とは異なる。(1)服装・防具については，女子は上半身裸で闘うことは禁じられており，男子にはないチェストガードの着用が義務づけられている。(2)出場のための欠格事由には，a）妊娠反応検査の陽性，b）出産・流産後1年以内であること，c）授乳中であることなどが規定されている。

▷2　中込常昭（2008）「柔道の試合審判規定における男女差の変遷」『スポーツとジェンダー研究』6，53-58頁。

▷3　ただ一方で，現在のIJFのルールでは，男女にかかわらず，いきなりの足取りが禁止され，男子の試合時間が5分から女子と同じ4分に短縮されるなど（2016年），女子競技において先行して実施されたルール改正が遅れて男子で実施される例もみられる。

▷4　松宮智生（2010）「総合格闘技の女子用ルールに関する一考察──『危険』を理由に禁止される行為の違いに着目して」『スポーツとジェンダー研究』8，35-47頁。

表1　障害等級の改正

改正前

等級	障害の程度
第7級	女性の外ぼうに著しい醜状を残すもの
第12級	女性の外ぼうに醜状を残すもの 男性の外ぼうに著しい醜状を残すもの
第14級	男性の外ぼうに醜状を残すもの

⇒

改正後

等級	障害の程度
第7級	外ぼうに著しい醜状を残すもの
第9級	外ぼうに相当な醜状を残すもの
第12級	外ぼうに醜状を残すもの
第14級	（削除）

図1　肘打ち

出所：「MMA Fighting」。http://www.mmafighting.com/2013/4/13/4221914/tuf-17-results-clint-hester-kos-bristol-marunde-with-elbow-strike（2017年12月25日閲覧）

理由は主に2つありました。1つは，危険を克服できるレベルを考慮したこと（「まだ女子には危険」），もう1つは，女子選手の顔に深い傷が残らないように配慮したことです。

肘打ちによる裂傷の傷跡が女子選手の顔に残るのを防ぐため，つまり女性の顔のキズがもたらすダメージの大きさを考えて，肘打ちが禁止されました。負傷によるダメージを防ごうとすることは，競技者への適切な配慮と考えてよいでしょう。ただしそれは，競技者にとっては「余計なお世話」にもなりえますし，また，男性にはさほど不利益とは見なされない顔のキズが女性にとっては不利益が大きいと考えてルール上配慮することにはある種のジェンダーバイアスが潜んでいます。

そのようなバイアスは，法令などの社会制度にも存在してきました。例えば，労働者の災害補償保険給付に関係する身体障害等級表をみれば（労働者災害補償保険法施行規則），2010年以前は，女性の顔の醜状については，男性の醜状よりも高い等級に位置づけられていました。つまり，「女性の顔のキズのダメージは男性よりも大きい」と法的にも考えられてきたわけです。

しかし，このような法制度も現在では改正されました。仕事で顔や身体に大きな火傷を負った男性が原告となった裁判において，2010年，裁判所は，男女で異なる障害等級が「法の下の平等を定める憲法に違反する」とする違憲判決を下しました（平成22年5月27日京都地方裁判所判決，判例タイムズ1331号107頁）。この判決に従って，翌2011年に法改正がなされ（平成23年厚生労働省令13号），障害等級における顔の醜状に関する男女差が解消されたのです（表1）。

総合格闘技においても，このような社会制度の変化に呼応するようにルールが変わってきました。また，女子競技者のレベルの向上や競技者の意識の変化も伴って，そして，男女で差異を設けていない海外の標準ルールに合わせるねらいもあって，ルールをめぐる状況は大きく変わりました。例えば，男子と女子とで異なるルールを採用してきた団体（パンクラス）においては，2014年からは，女子競技も男子競技と同じルールのもとで試合が行われるようになりました。

（松宮智生）

▷5　筆者が調査したところ，一部の女子競技者には顔のキズに対する抵抗がみられた。松宮智生（2013）「女性競技者の視点からみた女子総合格闘技ルールの妥当性――ケイパビリティ・アプローチを手がかりに」『スポーツとジェンダー研究』11，29-42頁。

おすすめ文献

†松宮智生（2010）「総合格闘技の女子用ルールに関する一考察――『危険』を理由に禁止される行為の違いに着目して」『スポーツとジェンダー研究』8，35-47頁。

†佐々木亜希（2010）『殴る女たち』草思社。

†高崎計三（2015）『蹴りたがる女子』実業之日本社。

Ⅷ ジェンダー化される身体／A　制度からの抑圧

3　スポーツウエアの変遷

1　古代スパルタ「走る少女」のキトンの意味

　2世紀の人，パウサニアスの『ギリシア記』に，もっとも古いと思われる女性のスポーツウエアの記述があります。それは「5年目に入るごとに16名の女人がヘラのために衣装を織り，同時にヘライア祭を催す。競技は処女たちによる徒競走だが，〈中略〉競走は次のようにして行う。髪を垂らし，内衣を膝より少し上まで下ろし，右肩を胸まで開ける。競技にあたっては，処女たちにもオリンピュアの競技場をあてる決りになっている」▷¹というものです。訳者は内衣と訳していますが，内衣とは「キトン」というギリシャの衣服のことで，長方形の布を2つに折って身体に巻き，肩を止め具で止めて，胴を紐で結んでひだを整えるものでした。温暖なギリシャでは，男女ともキトンで生活しており，男性のみが出場できたオリンピア祭では，裸体でした。

　右胸を出した3種類の少女の像が残されていますが，図1はバチカン美術館にあるものです。「右肩を胸まで開ける」というのはどのような意味があるのでしょうか。マルーはプルタルコスを引用して，「何よりも，元気のいい子どもを生む母親としての任務を持たされた。……かの女らの身体を鍛え，彼女らが祭りや儀式に裸で現れるように強いることによって，『女性らしい繊細さや優しさのすべてを取り除こう』とした。その目的はただ，スパルタの処女たちを最もよく民族の利益に連れ添う，複雑な感情をぬきにした，男まさりの女丈夫にすることにあったのである」▷²と述べています。筆者もスパルタ女子体育の記述の検討をしたことがありますが，大方の研究者はプルタルコスの説を採用▷³しています。このように，古代スパルタの女性のスポーツ時の服装には，見かけはジェンダー化とは逆の意味がありました。しかし，実はジェンダー化され，女性には元気のいい子どもを産む任務をもたされていたのです。

2　近代ヨーロッパにおける束縛されたロングドレスでのスポーツ

　その後，スポーツは主として男性のものでしたが，近代ヨーロッパで，女性も少しずつスポーツに参加するようになりました。中でも，テニスは女性参加が早かったスポーツです。上流階級の婦人はホーム・パーティーの服装のまま庭に出てテニス・パーティーをしていました。ギルマイスターは「地面まで届くスカート。その下に，数枚の糊づけしたペチコート。その下に，なくてはな

図1　走る少女
出所：バチカン美術館蔵
（2016年3月筆者撮影）
両腕は近代に付けられた。

▷1　パウサニアス／飯尾都人訳（1991）『ギリシア記』龍溪書舎，346-347頁。

▷2　マルー，H. L.／横尾壮英・飯尾都人・岩村清太訳（1985）『古代教育文化史』岩波書店，36頁。

▷3　掛水通子（1992）「わが国の女子体育に影響を与えたスパルタ女子体育の体育史における記述について」『東京女子体育大学紀要』27, 1-9頁。

らないコルセット。……ドレスは全て長袖でした。……高いヒールの靴をはいていた」と書いています。1920年代に活躍したスザンヌ・ランランはコルセットを外し短いスカートでプレイし，その後も多くの女性選手によって，自らが動きやすいテニスウエアに変えられてきました。

3 ブルマーの登場とスポーツウエア化

ブルマーを中心とした女性スポーツウエアの変遷は『ブルマーの社会史』に詳しく書かれています。19世紀半ばの欧米では，コルセットで身体を締め付け，鯨の髭や鋼鉄でできたクリノリン（腰枠）でスカートを広げた服装がはやり，中産階級ばかりでなく下層階級も着用するようになりました。アメリカ生まれのアメリア・ジェンクス・ブルーマー（1818-94）は1851年にこのような服装を改良し，「膝下丈のスカートとゆったりしたトラウザーズ〈ズボン〉を組み合わせたスタイルを着用」しました。友人の服装を模したものだったそうで，日常着のための改良でした。ブルマーは不評で本人も8年ほどで着用をやめましたが，後に1880年代アメリカのサージャントスクールで女子の体操服として採用され，ブルマーの名前が残ることになりました。

4 日本の学校体育の服装の変遷

1872（明治5）年大学南校発行『榭中体操法図』には，ドイツ人シュレーバーの書の付図を訳した徒手体操45図が掲載されました。全員男性で洋服を着ています。文部省が1876（明治9）年にイギリスの書を翻訳した『童女筌』挿絵の少女はコルセットとクリノリンを使っているようなドレス（図2）で遊戯をしています。1882（明治15）年の体操伝習所発行『新撰体操書』では男女両方が登場し男性は洋服，女性は着物で体操をしているという違いがあります。

地域や学校にもよりますが，おおよそ，明治30年頃までは女性は着物の着流しにたすきを掛け，草履か下駄か裸足でした。その後，下田歌子が考案した女袴を付け，靴，束髪で少しずつ運動しやすくなりました。この頃，雑誌でアメリカのブルマーが紹介され，アメリカ留学帰りの井口阿くりは「圧迫することなく運動に自由になる点は図面の服が最も適当」として，図面（図3）入りで『體育之理論及實際』で紹介しましたが定着しなかったといわれています。大正初期になると，女袴の中央部分をとめ，体操の時間には裾をくくる，くくり袴着用が増えました。大正末期頃からは洋式運動服となり，スカートのままかブルマーを着用するようになりました。戦後，生理用品，化学繊維の発展とともに，ブルマーはちょうちんブルマーからぴったりブルマーへと長さ，形，布地，下ゴムの有無など8型以上形を変えながら学校体育着として生き続けましたが，1992年以降穿きたくないと女性自ら声をあげ，一気に消滅しました。スポーツウエアに女性の意思が反映されるようになったのです。 （掛水通子）

▷4 ギルマイスター，H.／稲垣正浩・船井廣則・奈良重幸訳（1993）『テニスの文化史』大修館書店，237頁。

▷5 高橋・萩原・谷口・掛水・角田（2005），65頁。

図2 少女遊戯時の服装
出所：ファレンタイン，L.／カステール，V.訳『童女筌 巻之一』55頁。

図3 井口が紹介したブルマー
出所：『體育之理論及實際』。

▷6 井口阿くりほか（1906）『體育之理論及實際』國光社，403-405頁。

▷7 掛水通子（2005）「ブルマーの戦後史——ちょうちんブルマーからぴったりブルマーへ」高橋一郎ほか『ブルマーの社会史——女子体育へのまなざし』青弓社，141-216頁。

おすすめ文献

†高橋一郎・萩原美代子・谷口雅子・掛水通子・角田聡美（2005）『ブルマーの社会史——女子体育へのまなざし』青弓社。
†小野清美（1992）『アンネナプキンの社会史』JICC出版局。
†稲垣正浩（2002）『テニスとドレス』叢文社。

Ⅷ　ジェンダー化される身体／A　制度からの抑圧

性別確認検査

1　「性別確認検査」はなぜ必要だとされたのか

　競技性の高いスポーツは，参加の機会を保障し，公正に競技を行うための様々なルールを定めています。性別に競技を実施するというルールもその一つです。このルールは，国際大会等における女性の参加拡大に一定の効果を果たしてきました。

　選手の身体の性を厳密に区別するための検査の必要性は1930年代後半から主張されはじめました。この背景には，1930年頃には，より多くの女性が様々な競技に参加するようになり，女性に扮した男子選手を排除する必要があると考えられたことがあります。また，過去の競技会で優秀な成績をあげた選手の性別が，後に競技時とは異なるものであったとされる事例が発生したことも影響しました。

　現在では，「スポーツでは性を分ける」ことが当然だと考えられてしまっています。参加者のレベルや目的とは無関係に，あたりまえのように性を区別して実施するのは，スポーツに特有の仕組みであり，ほかの遊びにはほとんどみられません。スポーツが性に基づく不平等の土台となる性別二元制を温存している，とされる理由の一つがここにあります。

2　「性別確認検査」の制度化：検査の迷走から廃止へ

　性別確認検査の初事例は，1948年にイギリス女子陸上競技連盟が行ったとされるものです。大会に出場する女性選手が医師による女性確認証明書を提出するよう求められました。第二次世界大戦の影響もあり，一時，事例が見られなくなりましたが，1966年のヨーロッパ陸上競技選手権大会では検査が実施されました。この検査は，医師の眼前を裸体の選手が歩き，外部生殖器の形状により判断が下されるものでした。この検査方法は，選手にとって屈辱的で，プライバシーを侵害するという人権上の観点から強い批判を受けました。

　そこでIOCが導入を試みたのは，口腔粘膜を採取し性染色体を確認する方法でした。1968年グルノーブル冬季大会で試験的に実施された後，1990年までこの方法による検査がルール化されました。

　ところが，医学上「性分化疾患」とされる症状には，XY染色体をもつ一方でXX染色体の女性と同様の身体状況にあり，スポーツには何ら影響を与え

▷1　來田（2012a）。

▷2　來田（2012a）および井谷・來田（2016）。

▷3　來田享子（2010）「スポーツと『性別』の境界──オリンピックにおける性カテゴリーの扱い」『スポーツ社会学研究』18(2), 23-38頁。

▷4　性別確認検査で用いられるポリメラーゼ連鎖反

150

ない症例や，検査では陰性と判定される一方でスポーツには影響を与える可能性がある性ホルモンが体内に存在する症例などがあります。そのため，次第に検査の正確性が問われるようになりました。1985年に性別確認検査で陽性と判定され参加資格を喪失した女性選手が訴訟を起こし，専門医の助力を得て3年後に検査結果を覆す事例も発生しました。

このような医学検査上の問題点が指摘されるとともに，1980年代以降には，女性選手の人権の観点からも検査には問題があるとする批判が高まりました。女性とスポーツにかかわる国際的なムーブメントが検査の廃止を強く求めたことの影響もあり，1992年には国際陸上競技連盟が検査の廃止を決定しました。しかし同じ年，IOCは検査の精確性を高めるとして，ポリメラーゼ連鎖反応（PCR）法を採用し，2000年シドニー大会以降に「すべての女性選手に対する検査を課す」ルールが廃止されるまで，検査を継続しました。2000年以降は，疑義事例が発生した際に性別確認検査が実施されました。

すべての女性選手にルールとして課される性別確認検査が廃止された後，2009年に女子陸上競技800m走のメダリストの性別に対する疑義事件が発生したことは，検査に新しい局面をもたらしました。この事件の結果，2015年以降は，生物学的性別が男女のいずれであるかを区別する検査ではなく，女性選手の体内で生成されるテストステロン値を測定する方法が採用されています。

3 性別確認検査の何が問題か

性別確認検査をとおしてスポーツとジェンダーの問題を考えると，いくつかの疑問が浮かび上がってきます。

この検査には，人権上の問題があることは明らかです。ジェンダー・アイデンティティは，個人の日常生活だけでなく人生全体に大きな影響を与えます。検査は女性だけに課されてきました。競技のためとはいえ，スポーツ組織が個人の性別を決定することが認められるべきかどうか，改めて考える必要があります。また，検査によって女性カテゴリーで競技することが認められなかった人は，医療的措置を受けない限り，競技をする場がないのが現状です。こうした人々のスポーツをする権利は，スポーツ組織によって奪われたままになることは，改善されなければなりません。

現行の最新ルールでは，体内で自然に生成されるテストステロン値を判断材料としているだけでなく，それがどのように競技力に影響するかという科学的根拠も明確には示されていません。したがって，医学検査上問題があるとされてきたことが解決されたわけではないといえます。

これら数々の疑問は「スポーツは性別に競わなければならないのか」という，より本質的な問いを投げかけているのではないでしょうか。

（來田享子）

▷4 ポリメラーゼ連鎖反応（PCR）法は，口腔粘膜や毛根等から採取したDNAの中からY染色体につながる物質を選択し，増幅させて，その有無を確認する方法。Y染色体の有無を確認する方法に比べ，特定の選択したDNA断片を増幅させるため，より精度が高いと考えられていた。しかしスポーツにおける平等・公正を確認するための検査としての課題は，従来と変わらない。

▷5 高アンドロゲン症検査では，女性選手の体内で生成されるテストステロン値が，一般的な男性の下限（10nmol/ℓ）を超えた場合に，女子競技への参加資格がないと判断される。

おすすめ文献

†來田享子（2012a）「指標あるいは境界としての性別——なぜスポーツは性を分けて競技するのか」杉浦ミドリ・建石真公子・吉田あけみ・來田享子編著『身体・性・生—個人の尊重とジェンダー』尚学社，41-71頁。

†井谷聡子・來田享子（2016）「スポーツとセクシュアリティ」日本スポーツとジェンダー学会編『データでみるスポーツとジェンダー』八千代出版，150-175頁。

†來田享子（2012b）「1968年グルノーブル冬季五輪における性別確認検査導入の経緯——国際オリンピック委員会史料の検討を中心に」楠戸一彦先生退職記念論集刊行会編『体育・スポーツ史の世界——大地と人と歴史との対話』，103-118頁。

Ⅷ ジェンダー化される身体／A 制度からの抑圧

5 スポーツする身体の商品化

▷1 ここでいう"corporate university"は、「企業化した大学」を指す。「企業内大学」とは異なることに留意。
▷2 Giroux, H. (2007) *The University in Chains : Confronting the Military-Industrial-Academic Complex*, Paradigm. King, S. (2012). Nelson, C., and Watt, S. (1999) *Academic Keywords*, Routledge.
▷3 National Collegiate Athletics Association (2016) "Sport Sponsorship, Participation and Demographics Search."
▷4 スポーツ庁は「大学スポーツの振興に関する検討会議」を開催し、2017年

1 身体の商品化

身体の見た目や技能が金銭的価値に置き換えられ消費されるプロセスを「身体の商品化」と考えるとすれば、プロのスポーツリーグやアスリートのスポンサー制度は、まさに「スポーツする身体の商品化」のもっともわかりやすい例といえるでしょう。長くプロ選手の出場を拒んできたオリンピックでも、1974年のIOC総会でアマチュア規定を削除することを決定しました。また、プロ、アマチュアにかかわらず、選手にスポンサーが付くケースが増え、世界的に見ると年収が数十億円というアスリートも珍しくありません。

このような「スポーツする身体の商品化」は人間の「制度からの抑圧」と結びつく場合があります。それは、ある文化の中でどのような身体が理想と考えられているか、「本物のアスリート」がどのようにイメージされているかに関係します。テレビCMを分析すると、優秀な成績を収めたアスリートに高い価値が与えられているわけではなく、ジェンダーや人種、セクシュアリティなどによって、メディアに登場したり、広告塔として起用されたりする率に差があることがわかります。スポーツする身体に付与される金銭的価値は、社会における身体への価値づけ、すなわち身体の階層化と深い関係があるのです。

2 大学スポーツの商品化とジェンダー、人種問題

80年代以降、アメリカでは大学の商業化が加速度的に進みました。研究者たちは、資本主義のロジックと原理を取り込んだ大学を"コーポレート・ユニバーシティ"[▷1]と呼び警鐘を鳴らしてきました[▷2]。この傾向は、アマチュアであるはずの学生アスリートにも大きな影響を与えています。大学スポーツは、教育活動の一環として位置づけられているにもかかわらず、アメリカの4大スポーツ（アメリカンフットボール、野球、バスケットボール、

表1 2015-2016年度 NCAA 一部リーグ、全カンファレンスにおける学生アスリートの人数（人種とジェンダー別）

	性別	野球	バスケットボール	アメリカン・フットボール	アイスホッケー
白人	男	8,222	1,358	11,240	1,086
	女	0	1,600	0	499
黒人	男	566	3,153	13,453	16
	女	0	2,456	0	4
アメリカン・インディアン	男	38	21	109	3
	女	0	21	0	7
アジア人	男	89	14	115	5
	女	0	16	0	7
ヒスパニック／ラティーノ	男	751	90	771	17
	女	0	129	0	7
2つ以上の人種	男	324	266	1,255	22
	女	0	304	0	14
その他*	男	440	570	1437	484
	女	0	464	0	317
合計	男	10,430	5,472	28,380	1,633
	女	0	4,990	0	855

＊その他には、非居住外国人、ネイティブ・ハワイ人／パシフィック・アイランダー、その他を含む。

アイスホッケー）に圧倒的な予算と奨学生の枠が振り分けられています。さらに，表1に示されるように，奨学生の数は，人種や性によって著しく偏っています。

アメリカでは，教育における男女の機会均等を定めた法律，いわゆる「タイトルIX」により，大学の奨学金に男女不平等があってはならないことになっています。しかし，集客力がありメディアの注目も集まる4大スポーツの商品価値が高いゆえに，それ以外のスポーツに関する奨学金は，特に男子において極端に少ない状況になっています。

日本でも，高校野球や大学ラグビー，箱根駅伝など，男子学生によるスポーツに大きなメディアの注目が集まる一方で，女子学生のみが参加する大会の報道は限られています。また，スポーツ庁が日本版 NCAA に関する検討を行っていることから，学生スポーツの商業化がさらに推し進められる可能性があります。スポーツをする学生の身体が商品化されることに対し，学生にとってのスポーツの機会の平等や教育的意義を踏まえた議論が必要です。

3 商品化された身体とジェンダー規範

藤山らのデータによると，2014年の一年間に日本でもっとも多く CM 起用された14選手のうち，女子選手は浅田真央の1人でした。藤山は，CM の出演者には，選手としての実力だけでなく，親しみやすさやカリスマ性が求められるとしています。視聴者が選手に対してもつイメージは，多くの場合，メディアを通じて構築され，それは報道の量と内容に大きく影響されます。選手のイメージは，企業の認知度やイメージアップの向上に大きな効果をもつことになります。したがって，日頃からメディアの注目を多く集めるスポーツの選手の身体は，商品化されやすく，時には選手自身のアイデンティティとは異なるイメージの「商品」として世の中に出回ってしまう場合があります。

一方で，テレビ放映や視聴者の欲求を意識したスポーツ競技団体が，ルールや選手のユニフォームを変更することを通じ，選手の身体の商品化を促進する場合もあります。女子選手に原則としてビキニの着用を定めたビーチバレー，女子選手にスコートの着用を義務づけようとして，選手から大きな抵抗にあったバドミントンやボクシングなどがその事例です。

商品化された身体は，社会のジェンダー規範の影響を受けながら，商品価値が決定されます。近年では，「企業のイメージ」に適した選手として，社会のジェンダー規範に必ずしも従わない選手が採用されるケースも増えてきました。その一方で，性的マイノリティ（LGBT）の選手がファンやスポンサーを失うことを危惧してカミングアウトしづらい状況は，現在も続いており，社会のジェンダー規範が選手の「商品価値」に影響することを示しています。

（井谷聡子）

3月に最終とりまとめを公表している。
▷5 藤山新・登丸あすか（2016）「スポーツメディアとジェンダー」日本スポーツとジェンダー学会編『データでみるスポーツとジェンダー』八千代出版，115-129頁。
▷6 藤山（2016）の調査によると，2014年のアスリート別 CM 起用企業件数上位14名は，多い順にサッカー，フィギュアスケート，テニス，ゴルフ，野球となっている。
▷7 例えば女子レスリングの吉田沙保里らは，強さ，たくましさを強調したアルソックの CM に起用され，スキージャンプの高梨沙羅は，勇気や羽ばたきを強調したクラレの CM に起用されている。
▷8 ここでの規範にはジェンダーとセクシュアリティの両方が含まれる。

おすすめ文献

†梅津迪子（2004）「女性スポーツの商品化」飯田貴子・井谷惠子編著『スポーツとジェンダー学への招待』明石書店，110-117頁。
†山口理恵子（2005）「女性アスリートによる『性の商品化』をめぐって——スポーツ規範と『構成的外部』」『年報社会学論集』18，77-88頁。
†S. King（2012）"Nike U：Full-Program Athletics Contracts and the Corporate University." In D. L. Andrews & M. L. Silk（2012）*Sport and Neoliberalism：Politics, Consumption, and Culture*, Temple University Press.

Ⅷ　ジェンダー化される身体／B　浮遊するジェンダー・アイデンティティ

フィットネスクラブとジェンダー

❶ 男性中心の起源をもつフィットネスクラブの歴史

　フィットネスクラブ（Fitness Club）は，身体の見栄えや機能を改善することを目的とした施設ですが，その起源は次のようなものでした。

　ミシェル・フーコー（1926-1984）によると，社会の近代化とともに，身分制が解体されることで，人間の身体観は大きく変わりました。中世には，一定水準以上の身体条件が求められる兵隊には，一部の貴族（日本なら侍の家に生まれた者）や軍事で生計を立てる者（傭兵）だけがなるものでした。ところが，国民に主権がある近代国家同士が争う時代になると，なるべく多くの国民が兵隊になれる国が勝利に近づけます。その際，国は衛生状態や栄養状態を改善するなどして国民の健康水準を向上させる努力を行いました。国民の側でも兵隊となれることが自らの主権を正当化できる条件と考えるようになります。そこで，兵役に耐えられる身体を獲得する技術や組織が発達しました。フィットネスクラブの前身となる体操クラブは，以上のような理由から，民主革命後に周辺国を支配しようとしたフランスに脅かされた現在のドイツ地方で，19世紀初頭に男性中心の団体活動として誕生しました。

　国民国家同士が衝突を繰り返した19世紀のうちに，ドイツで生まれた体操クラブはヨーロッパ中に広まります。他方，イギリスでは，より個人主義的な，ボディビルを目的としたジム（gym）が発達しました。ジムは当初，虚弱に生まれた男性が，世界中に植民地をもつ大英帝国を生きる者として恥じない身体を獲得するために利用されましたが，やがて贅沢な生活でなまった体を引き締める目的でも利用されるようになります。後者の用途のジムは，20世紀前半にはヘルスクラブ（Health Club）やヘルススパ（Health Spa）といった独自の名称を獲得し，英米を拠点として世界に広まりました。フィットネスクラブは，静止状態でランニングやサイクリングを行う機械を備える点ではヘルスクラブやスパの流れを継承するものです。さらに，1960年代のアメリカで理論化された有酸素運動が，ダンスと融合してエアロビクスダンスが流行する頃になると，ダンススタジオを加えた，現在のようなフィットネスクラブが成立しました。

❷ 女性のためのフィットネスクラブ

　フィットネスクラブが登場する前，前身となる体操クラブやジム，ヘルスク

▷1　フーコー，M.／田村淑訳（1977）『監獄の誕生──監視と処罰』新潮社，140頁。

▷2　阿部生雄（2015）「ギムナスティークとトゥルネン」『21世紀スポーツ大事典』大修館書店，389頁。

▷3　Club Management編集部（2001）「米英のフィットネスクラブ産業史」『Club Management』5，17-21頁。

ラブやスパはもっぱら男性のものでした。20世紀初頭まで，女性のスポーツ参加は，強い国民（兵隊）を生むためという理由以外では正当化されづらいものでした。そのため，競技スポーツや筋力トレーニングより軽い体操や柔軟運動が女性にふさわしいものと考えられていました。

しかし，1960年代に入ると，フェミニズム運動が盛んだったアメリカを先頭に，女性のスポーツ参加が拡大していきます。この頃には，女性がジムに通ってボディビルを行い，男性に負けない強い身体を獲得しようとする動きも始まりました。同時に，ボクシングジムや武道の道場にも女性の姿が増えていきました。続く1970年代には，女性優位の運動文化としてエアロビクスダンスやジャズダンスといったスタジオでの活動がフィットネスクラブで目立つようになります。それをリードしたのは，エアロビクスダンスの提唱者であるジャッキー・ソレンセンと，ベトナム反戦運動でも知られる女優のジェーン・フォンダ（1937-）でした。特にフォンダのワークアウト（Work Out）は，食事内容やライフスタイルへの示唆を含み，身体の見栄えや産後回復にも注目していた点で，女性に固有の心身問題全般の改善を目指すものでした。

さらに20世紀末になると，体型に自信のない女性が入会しやすいように，女性しか入れないフィットネスクラブも登場しました。20世紀前半とは逆に，男性が入れるクラブを含めても，最近のフィットネスクラブは女性会員が目立つようになっています。

3 日本におけるフィットネスクラブの展開

ここで日本のフィットネスクラブに注目しますと，20世紀後半までは，アメリカなどの先進地に少し遅れながら追随し，そこで行う活動も後追いの状況が続いてきました。

21世紀に入っても追随・模倣が続いていますが，アメリカを中心に20世紀末から発展してきた女性の身体の新しい理想像は，日本においてあまりうまく受容されていないようです。この新しい，筋肉を備えた女性の身体美は，1990年代に女性のフィットネス文化が統合され，歌手のマドンナらをモデルとして発展したものです。その身体美は，ヴォーギング（Vogueing）と呼ばれるゲイのダンスカルチャーにも影響を受け，両性具有的な魅力と女性の主体性の発達を追求するものでした。

昨今のアメリカのフィットネスクラブにおいても，ホットヨガやダンスレッスンを通じて伝統的な女性の身体美を追求する動きは盛んですが，女性の筋肉美が一般に高く評価されるようになってきています。他方，日本では，若い女性がプロテインを摂取する動きも現れていますが，依然として痩せた身体を目指す人が多く，女性の筋肉美と主体性への評価も高まっていないのが現状です。

（西山哲郎）

▷4 フォンダ, J.／田村協子訳（1982）『ジェーン・フォンダのワークアウト』集英社。フォンダ, J.／堂浦恵津子訳（1987）『ジェーン・フォンダのからだ術こころ術』晶文社。
▷5 Club Management編集部（2001）「日本のフィットネスクラブ産業史」『Club Management』2，15-21頁。
▷6 大久達朗（2016）『マドンナ』シンコーミュージック・エンタテインメント，29頁，78頁。
▷7 デイリー, S.・ワイス, N. 編／吉岡正晴訳（1997）『オルタ・カルチャー』リブロポート，508-509頁。

おすすめ文献

†H. Green (1986) *Fit for America: Health, Fitness, Sport, and American Society*, The Johns Hopkins University Press.
†L. Spielvogel (2003) *Working out in Japan: Shaping the Female Body in Tokyo Fitness Clubs*, Duke University Press.
†M. デメッロ／兼子歩ほか訳（2017）『ボディ・スタディーズ』晃洋書房。

Ⅷ　ジェンダー化される身体／B　浮遊するジェンダー・アイデンティティ

2　ヨガの女性化

▷1　Broard, W. (2012) *The Science of Yoga : The Risks and the Rewards*, Simon & Schuster（＝2013, 坂本律訳『ヨガを科学する──その効用と危険に迫る科学的アプローチ』晶文社）.

▷2　日本の社会生活の実態を明らかにするため、5年ごとに行われている。総務省統計局HP「平成23年社会生活基本調査」。http://www.e-stat.go.jp/SG1/estat/List.do?bid=000001039113（2017年12月25日閲覧）

▷3　ヨガジャーナル日本版調査より。http://www.7andi-pub.co.jp/pdf/2017/20170307-sevenandi-yoga.pdf（2017年12月25日閲覧）

▷4　アメリカの全2000万人のヨガ人口のうち、女性は82.2％、男性は17.8％というデータがある。Yoga Journal Releases 2012 Yoga in America Market Study. http://www.yogajournal.com/article/press-releases/yoga-journal-releases-2012-yoga-in-america-market-study/（2017年12月25日閲覧）

▷5　ブームの分類および変遷については、以下を参照した。入江恵子（2015）「女性化される現代ヨガ──日本におけるブームとその変遷」『スポーツとジェンダー研究』13, 148-158頁。

1　ヨガ人気の広がり

　ヨガというとみなさんは何を思い浮かべるでしょうか。国内外の有名人たちが、美容や健康、トレーニングの一環としてヨガを取り入れているのを、雑誌やテレビなどで目にしたことがある人もいるのではないでしょうか。世界全体ではヨガをする人は2億5000万に達するともいわれています。[1]「社会生活基本調査」によると、ヨガをすると答えた人は65万6000人でした。[2]「日本のヨガマーケット調査2017」によると、月に1回以上行っている人が約590万人、国内市場規模は2600億円ともいわれ、一大産業であることがうかがえます。[3] ヨガは近年これまでにないほど広く行われるようになり、社会の様々な分野において、大きな影響力をおよぼしています。

　世界的な傾向として、現在のヨガ人口は女性に偏っています。[4] 日本も同じで、さきほどの日本のヨガ人口のうち、男性は2万1000人（3.2％）、女性は63万5000人（96.8％）です。場所によっては、スタジオ自体が女性専用であったり、参加者を女性に限定していたりする場合もあります。ここでは、ヨガ人口が女性に偏っていること、ヨガには女性の身体を焦点化して扱う傾向があることを「ヨガの女性化」として捉え、日本のヨガブームの変遷と特徴を追い、その社会的な意味を探っていきます。

2　日本のヨガブームとその変遷

　日本にはこれまで3回のヨガブームがありました。[5] 最初のブームは1960年代で、日本社会に初めてヨガが広まりをみせた時期ですが、この頃のヨガはインド哲学や宗教の影響を受けた、古典的なヨガの流れを受けた身体実践でした。当時のヨガに関する記述に「ヨガ道場」「ヨガ導師」という用語が使われていたことからもわかるように、ヨガはいわゆる「修行」のようなものでした。

　2度目のヨガブームはフィットネス文化が世界を席巻した1980年代においてです。この時代は若い女性にエアロビクスが大流行しました。ヨガは美しさと健康な身体を求める人々に、「ゆるやかなエクササイズ」として広がります。修行的な要素は薄まり、30代から50代の女性がカルチャーセンターなどで気軽に参加するようになります。

　3度目のブームは2000年代に起きますが、その少し前にヨガ産業にとって大

きな痛手となる事件が起きました。1995年の地下鉄サリン事件です。多数の人が犠牲になったこの事件を引き起こしたのがオウム真理教という宗教団体で，信者を集めるためにヨガ教室を開いていたり，教団の使う用語の多くがヨガの用語から引かれていたりし，社会におけるヨガの印象が悪くなりました。

そのため，2000年代に再度ブームが起きるためには，ヨガに対する悪印象の払拭が必要でした。この時日本でヨガを広めていた人たちは，従来のヨガの依拠していた宗教性から一定の距離をとり，1995年以降に流行していた「スピリチュアリティ」への接近を図ります。スピリチュアリティは，目には見えないものや手で触れられないものを重視する霊性文化で，人々は「癒し」や精神的な充足を求めました。もう一つの戦略が，「女性」でした。健康的で明るい都会的な女性をふんだんに取り入れることで，「新しい」ヨガイメージを作ることに成功します。かつて「修行」だったヨガは「年齢性別を問わず誰でも気軽にできる」ものとして，多くの人に支持されるようになりました。

3 女性化されるヨガ

現代日本のヨガの特徴は，人口が女性に偏っているという点に加え，ヨガを教授する側が女性の身体を対象に働きかけ，ヨガの効能を女性の身体機能の向上に位置づける点にあります。中でも特筆すべきなのは，女性の生殖機能の向上を目的とするヨガクラスが多数開講されている点です。妊娠をしたい女性向け（子宝ヨガ），妊娠中の女性向け（マタニティヨガ），出産後の女性向け（ママとベビーのヨガ），生理にまつわる問題を改善するためのヨガ（月経血コントロールヨガ，子宮ヨガ）などがあります。こうしたクラスでは講師に女性の生殖に関する知識や妊娠・出産の経験があったり，参加者の交流や，女性のエンパワーメントに力を入れていたりすることもあり，参加者の安心感や満足度に違いがあるといえます。ヨガ大国のアメリカなどでもこうしたクラスは存在しますが，日本ほど一般的ではありません。通常のクラス表示はレベルや流派について説明されていますので，日本のヨガはターゲットと目的が特定の範囲に絞られ，かつ細分化されて表示されていることがわかります。

日本のヨガは，女性の身体機能や生活の質の向上を目指しますが，性行為や性的な快楽，他者との性関係について，表立って触れられることはほとんどありません。性については生殖に関連づけられる限りにおいてのみ扱われるのです。2002年にWHOは，「性の健康（セクシュアル・ヘルス）」を，単に疾病がない状態を意味するにとどまらないと宣言しました。セクシュアリティや性関係に敬意をもち，性の喜びや満足を得ることが幸福（well-being）にとって欠かせないといいます。性の健康をこのような観点で捉えれば，現代日本のヨガの女性に対する身体観・健康観は，少々幅が狭いといえるかもしれません。

（水野英莉）

▷6 水野英莉（2015）「ヨガの女性化と理想の女性身体──性機能の改善を目指すヨガ教室の参与観察」『スポーツとジェンダー研究』13, 134-147頁。

おすすめ文献

†B. Berila, M. Klein, and C. J. Roberts (2016) *Yoga, the Body, and Embodied Social Change : An Intersectional Feminist Analysis*, Lexington Books.

†石井昌幸・永嶋弥生（2012）「現代ヨーガの誕生──身体文化におけるグローバルとローカル」『体育の科学』62(5), 349-354頁。

†伊藤雅之（2007）「スピリチュアル文化風にアレンジされたヨーガ・ブームとその背景」渡辺直樹編『宗教と現代がわかる本2007』平凡社, 148-151頁。

Ⅷ　ジェンダー化される身体／B　浮遊するジェンダー・アイデンティティ

3　体力観の形成とジェンダー

1　女性は体力がない？

「女性は体力がない」という考え方は根深いジェンダーイデオロギーの表れの一つといえるでしょう。確かに男性と女性とでは筋力量を左右するホルモンの分泌量に差があるので、筋力としては概して女性よりも男性のほうが高い値を示す傾向にあります。しかしこのことを理由に「女性は体力がない」と考えるのは早計といえます。ここではこの問題についてもう一歩踏み込んで考えてみましょう。

2　体力の構成要素

飯田が引用した大築による「体力」の概念によると、体力はまず「防衛体力」と「行動体力」に区分され、行動体力はさらに「エネルギー的体力」と「サイバネティクス的体力」に分類されます。こうした概念構造において筋力はエネルギー的体力に分類され、体力の構成要素の一部でしかありません。さらにこれらの構成要素における体力レベルを男女で比較すると、確かにエネルギー的体力においては概して男性が女性より高いパフォーマンスを示す傾向にありますが、防衛体力に関して女性は男性と同等か、あるいは男性よりも優れた実験結果を示します。こうしたことから、わたしたちがもつ「女性は体力がない」というイメージは、主に体力の構成要素の一部であるエネルギー的体力、つまり筋力だけを想定した偏った見方であり、こうした見方に基づいてわたしたちは、女性は男性よりも体力がないと認識しているのだと考えられます。

3　つくられる記録

女性よりも男性で高い値を示す筋力についても踏み込んで考えてみましょう。

▷1　飯田（2004）。
▷2　大築立志（1994）「体力を捉える」『Japanese Journal of Sports Sciences』13, 777-783頁。

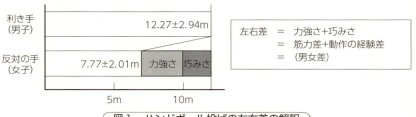

図1　ハンドボール投げの左右差の解釈

出所：筆者作成。

体力テストの項目の一つにハンドボール投げがあります。このハンドボール投げを利き手とその反対の手の両側で投げることを考えてください。図1には女子大学生1年生22名がハンドボールを両側の手で投げた結果を平均値で示しました。利き手と反対の手ではハンドボールの平均投距離に約4.5mの差が生じていますが，この差はおそらく身体の左右の筋力差だけでは説明できず，そこには投動作の巧みさにおける左右差が影響を及ぼしていると推測できます。さらに投動作の巧みさは，これまでに投動作をどれくらい繰り返して行ってきたか，つまり過去の経験によって大きく影響を受けます。

以上の説明における利き手を男子，反対の手を女子，そして左右差を男女差と置き換えてみましょう。ハンドボール投げの投距離においては確かに男女差が生じていますが，その差は男女の筋力の差だけで説明できるわけではありません。そこにはボールを投げるという経験をこれまでにどれだけ繰り返してきたか，さらにはボール投げのような遊びを男女が行う場合に両者への周囲からの働きかけや評価なども含まれていると考えられるのです。

持久走の高校体育授業を参与観察した井谷や片田の事例研究では，体育教員が男子にはウォーミングアップ（煽り），女子にはクーリングダウン（鎮め）の働きかけをしていることが報告されています。こうした働きかけは「女は体力がなくてよい」という考え方に基づいていると思われますし，また結果的に女性の体力の発達を抑制していることになります。つまり「体力がない」女性が作り出されている仕組みの一部分を構成しているのです。

④ 記録測定のあやうさ

最後に，客観的であるはずの測定結果がいかにあやういかについて考えてみましょう。若林らは同一人物に少人数と集団でシャトルランを行わせる実験をしています。その結果，同一人物であっても集団でシャトルランを行った場合のほうが少人数で行うよりもパフォーマンスが悪くなることを示しました。こうした結果について若林らは，被験者の全身持久力レベルの違いが心理的に影響を及ぼしたと考察しています。この実験のような結果は，集団のメンバーの人間関係によって変わってくるとも推測されます。

この実験が示してくれるのは，客観的であるはずの体力測定が，条件や心理的作用によって影響を受ける，という事実です。測定した体力の測定値が個々の被験者がもつ体力を100％反映した値だとは限らないのです。

以上のことから確認したいのは，体力という身体的な要因であっても，過去の経験や周りからの働きかけ，動機付けなど，社会的・文化的・心理的な影響を受けて形成されているということです。ジェンダー視点のものの見方は，体力という身体的な面にも応用することができます。

（高峰　修）

▷3　桜井伸二（1992）『投げる科学』大修館書店。

▷4　井谷惠子・片田孫朝日・若林順子（2006）「体育授業におけるジェンダー体制の生成」『スポーツとジェンダー研究』4，4-15頁。

▷5　片田孫朝日（2008）「体育指導における性別カテゴリーの使用」『スポーツとジェンダー研究』6，30-41頁。

▷6　若林章信・中本哲・櫻田淳也（2000）「20mシャトルランテストにおける問題点の検討」『体育の科学』50(10)，825-829頁。

おすすめ文献

†波多野圭吾（2016）「子どもの体力，運動能力，運動習慣」日本スポーツとジェンダー学会編『データでみる　スポーツとジェンダー』八千代出版，85-88頁。

†飯田貴子（2004）「体力テストとジェンダー――文部省『スポーツテスト』を問う」飯田貴子・井谷惠子編著『スポーツ・ジェンダー学への招待』明石書店，202-210頁。

†飯田貴子（2013）「身体能力の性差再考」木村涼子・伊田久美子・熊安貴美江編著『よくわかるジェンダースタディーズ』ミネルヴァ書房，168-169頁。

Ⅷ　ジェンダー化される身体／B　浮遊するジェンダー・アイデンティティ

理想の身体をつくること

1　女性美とフィットネス

　フィットネスを行う目的は，健康を除けば，痩せたい，ウエストを引き締めたいなど体型を良くしたいということです。それは自明のことのようですが，1951年の『朝日新聞』に「美容は全身で」と題したこんな記事があります。「日本では顔や髪型が美しいだけで美人として通って来たが，日本の美容界も，ここらあたりで大きく転回してゆかなくては，欧米の美容界から取り残されるのではなかろうか。胴の太いのも，足のまがっているのも生活様式が悪いから，と諦めてばかりいる時代でもなさそうだ……やがて日本女性にも美容体操時代が来るのではなかろうか」(10月27日)。

　つまり，この頃まで女性美の決め手は顔と髪型で，身体はさほど問題にされていなかったことがわかります。国の保健衛生思想から，ラジオ体操は戦前の1928年から始まっていますが，NHKがラジオとテレビで「美容」体操の放送を始めたのは1954年のこと。経済が復興し生活に余裕が出てくるとともに，欧米をまねた「美容体操時代」が到来します。戦後，衣服は和服から，体型が明らかに出る洋服へと完全にシフトし，女性は「美人」になるためには全身に注意を払わなければならず，そのために体操が必要になったのです。欧米でも女性の身体美は，社会情勢やファッションの歴史とともに変化してきました。戦後のフィットネスの歩みは，一方で女性の身体を解放しつつ，他方で流行の洋服の似合う身体を作るために，望まれる女性美の規範に従って筋肉や脂肪を調整してきた歴史だともいえるのです。

2　ボディビルの男性美

　逞しい肉体は男らしさの象徴。フィットネスがソフトな身体作りだとするなら，ハードなそれがボディビルです。ボディビルは和製英語ですが，その元となっているボディビルディングの語は，19世紀末，欧米で盛んであった「身体文化運動」を背景に生まれ，強く男らしい身体づくりを目指す，今日よりは広い意味をもった言葉でした。このボディビルを世界的に広めたのが，「近代ウエイト・トレーニング」の父とされるユージン・サンドウです。彼の提唱したダンベル体操は，日本でも明治時代に柔道の嘉納治五郎によって紹介され，広がりました。

▷1　井上章一によれば，明治以来，美人コンテストは長いあいだ着物姿の写真で選考され，舞台上で水着審査が行われるようになったのは1950年代からであった。井上章一(1997)『美人コンテスト百年』朝日文芸文庫。

▷2　海野(1998)，およびヴィガレロ, G.／後平澪子訳(2004＝2012)『美人の歴史』藤原書店。

▷3　サンドウは解剖学を学び，ウエイト・トレーニングによってギリシャ彫刻のように身体を鍛え上げ，イギリスやアメリカを中心にデモンストレーションや講演，出版活動を行った。窪田登(2007)『筋力トレーニング100年史』体育とスポーツ出版社，29-44頁。

160

| VIII-B-④ 理想の身体をつくること

そうした戦前の動きがボディビルとして開花，ブームとなるのが1950年代です。作家の三島由紀夫がボディビルを始めたのもこの頃で，彼は「肉体的劣等感」が「アメリカ渡来の新しい肉体主義」によってさらに強められたとし，それを払拭するためにボディビルを始めたと述べています。このブームはこの頃のプロレス人気と同様に，敗戦でアメリカ人の新しい身体モデルが一気に流入し，それと比較して体格の劣った日本男性が，男らしさや自信を回復しようとする動きであったとみることもできるでしょう。

３ 筋肉と美のあいだ

バリー・グラスナーによると，エクササイズをする理由は男女で異なり，女性は「達成感，美容，社交」のため，男性は「自分や他の男性に挑戦したり，からだの危険に立ち向かうため」と答えるといいます。そしてエクササイズによって「男性は自分や他人に生命力・生存能力を証明し，自分こそ覇者だと宣言したいのだ」と述べています。鍛えられた身体は，今日の競争社会で要求される自己管理能力の証としての価値をもつからです。一部のボディビルダーたちの壮絶なまでのトレーニング態度には，それが鮮やかに見て取れます。求道者のような超人的な努力と鍛錬をとおして賭けられているのは，自己の存在証明としての筋肉であり，その克己的態度は男性規範そのもののようです。ただ，異常に発達した筋肉は，当事者以外にとっては，理想の男性像というより男性性の戯画にみえるかもしれません。

今日では男性のみならず，美しい肉体の女性ボディビルダーも活躍しています。彼女たちは男性と同様に過酷なトレーニングで筋肉をつくり上げ，体脂肪を極限まで減らそうとします。しかし，ボディビルのコンテストでは筋肉量とともに「女性らしい」ふるまいや「女性らしさを損なわない程度の筋肉」が要求されます。それは曖昧な基準であり，増田は「女性ビルダーの行為と精神は，数々の矛盾と葛藤なしには成立しない」と述べています。ボディビルで筋肉を身にまとうことは，男性であれ女性であれ，いわばもっとも男性的な衣服を着るようなものです。しかし衣服と違って身体は「自然」なものとみなされるため，同じように人工的な営みであっても，男性でなく女性が筋肉をあまりに発達させると，「自然」に反し，性差からの逸脱とみなされます。コンテストで「女性らしさ」が要求されるのは，その逸脱を「健全」な領域に押しとどめるためのレトリックといえるでしょう。

こうして見てくると身体はある程度，美の理想に向けてトレーニングで加工できるものといえます。ただその理想が，おりおりの社会の，身体とジェンダーの曖昧性を伴う規範にガイドされていることを認識する必要があるでしょう。

(河原和枝)

▷4　1953年に日本初のボディビルジムが誕生，続いて各地にジムが作られた。55年には日本テレビが毎週土曜日に「男性美をつくるボディビル」を放送し，この年，日本ボディビル協会が設立されてもいる。

▷5　三島由紀夫（2003）「実感的スポーツ論」『三島由紀夫全集』33，新潮社，157-170頁。

▷6　グラスナー（1992）134-135頁。

▷7　増田（2012），および『マッスル北村　伝説のバルクアップトレーニング』（『Fight & Life』2012年10月増刊号）。

▷8　1956年には第1回ミスター日本ボディビルコンテストが開催され，1983年にはミス日本を掲げて女子のコンテストも始まった。

▷9　増田（2012）218頁。

おすすめ文献

†増田晶文（2012）『果てなき渇望——ボディビルに憑かれた人々』草思社文庫。
†海野弘（1998）『ダイエットの歴史——みえないコルセット』新書館。
†B. グラスナー／小松直行訳（1992）『ボディーズ——美しいからだの罠』マガジンハウス。

Ⅷ　ジェンダー化される身体／B　浮遊するジェンダー・アイデンティティ

ジェンダーを"プレイ"する

① パフォーマンスとしてのジェンダー

　1990年代以降，ジェンダーとセクシュアリティを取り巻く考え方は大きく変化しました。その変化に大きく貢献したのはジュディス・バトラーによる「ジェンダーのパフォーマティビティ」という概念です。それまでジェンダーとは，生物学的な性（動物としての雌と雄＝セックス）という身体の条件から導き出される，社会的な性役割——つまり女らしさや男らしさ——と考えられてきました。

　しかしバトラーは，社会的に期待される性別ごとの"らしさ"の絶え間ない繰り返しがある種の行為（パフォーマンス）としてのジェンダーなのであり，そのパフォーマンスこそが，逆にそれまで根拠とされてきた生物学的な性という概念を形作っているのだ，と述べました。つまり，ジェンダーというパフォーマンス自体が，セックスという身体の性的条件を仮構する，パフォーマティブ（行為遂行的）なものであると逆転させたといえます。

② ジェンダーを"演じる／競技する"ということ

　また，バトラーはジェンダーというものが，常に「する（doing）」ものだとも述べています。もちろんこれは単純な行動のみを指しているわけではなく，身体のあり様やたたずまいなども含めた身体の存在という実践から，性にまつわる"らしさ"のイメージが導き出されることを指しているといえます。こう考えると，スポーツというものは，「男らしさ」の理想イメージを形作ってゆく男性中心の文化として発達してきたことに加え，身体そのものを用いた活動をその中心に据えるという現代では数少ない文化領域でもあり，広義にも狭義にも「する」というジェンダー実践に大きく影響するものだといえるでしょう。

　実際に，スポーツの実践というものは，これまでも女らしさや男らしさのイメージ形成に大きな役割を果たしてきました。スポーツ能力に秀でることは男性にとって社会的なアドバンテージとなり，その実践を通じて獲得されると期待される筋肉的（スポーツマン的）な体型は，いまや男性にとっての理想となっています。一方で，特に男性的と見なされるようなパワー系の競技に秀でる女性は，「男勝り」であるとか「女性的ではない」ものとして差異化されがちであり，メディアなどではその社会的期待とのギャップを埋めるために，競技力

162

そのものよりも，恋人の有無や女らしい一面といった側面が強調されることも多くあります。

逆に，新体操やシンクロナイズドスイミング，フィギュアスケートなど，女性らしさと矛盾しないと考えられる領域においては女性の活動が当然視される一方で，こうした競技を実践する男性は，時に「男らしくない」「女っぽい」という否定的なイメージと対峙しなければならず，フィギュアスケートなどでは一時期，男性選手はそのイメージを払拭するためにあえて男っぽい振り付けを施すようなこともありました。

スポーツ実践を通じてあらわれるこうした非対称性や制約は，人々にとってスポーツを「する」ということが競技的な実践であると同時に，ジェンダーそのものを「する」，つまりジェンダーを"演じる／競技する"という二面性と不可分であることを示しているといえるでしょう。

③ スポーツ"を越える／にとどまる"身体活動

スポーツの世界で，こうした軋轢が顕在化しやすいのは，スポーツが歴史的に男性を前提として発達してきた文化であるからにほかなりません。スポーツを，「男性的なもの」「男らしさ」の領域へとジェンダー化された文化だと定義するならば，原理的にはこの枠の中で行われる女性と男性のスポーツ実践が完全にニュートラルになることはあり得ないことになります。今後，ジェンダー的な平等を見据えてスポーツの未来を考える時，わたしたちには2つの可能性があるといえます。1つめは，スポーツのもつジェンダー的な限界を認識したうえで，その限界まで女性と男性のスポーツ実践の平等化に努めること。2つめは，スポーツという伝統的な形式にとらわれない新たな身体活動の領域に開かれていくことです。

男性中心的なスポーツの中で，女性のスポーツ実践をその参加の権利を中心に意図的に拡充していくことは，完全ではないにしても，スポーツそのもののもつジェンダーイメージを変化させていく大きな力となるでしょう。一方で，男性の身体的資質を前提としない身体活動の可能性を探っていけば，それは例えばダンスや，あるいは限りなく遊びに近いものになっていくかもしれません。後者が，近代を通じてグローバルに普及したスポーツという文化に匹敵しうる領域になることは，現実的には難しいでしょう。しかし，少なくともスポーツという強い影響力をもった文化が，ジェンダーのうえでは大きな非対称性を含むものであるということを相対化することのできる，一つのオルタナティブな選択肢をもつことは，身体とジェンダーとを結ぶ価値観を多様化する一助ともなるはずです。

（岡田　桂）

おすすめ文献

†菊幸一・清水諭・仲澤真・松村和則編（2006）『現代スポーツのパースペクティブ』大修館書店。
†岡田桂（2010）「ジェンダーを"プレイ"する——スポーツ・身体・セクシュアリティ」『スポーツ社会学研究』18(2)，5-22頁。
†J. バトラー／竹村和子訳（1999）『ジェンダー・トラブル』青土社。

VIII　ジェンダー化される身体／B　浮遊するジェンダー・アイデンティティ

　女子プロレスとジェンダーの変容

1　身体とジェンダー

　ジェンダー研究は，1990年代以降，男女それぞれのジェンダーカテゴリーの性質としての，「男らしさ」や「女らしさ」が，性格や態度などの精神の領域だけではなく，身体においても構築されていることを明らかにしてきました。例えば，日本社会では，理想の女性身体や男性身体のイメージは，男女別に構築されています。中でも，20代前半の女性たちがもっている理想の女性身体のイメージは，痩せていて，脚が細長く，胸が豊かな身体であることが明らかになっています。このイメージは周囲の大人たちの評価やメディアで流布されている「女らしさ」の理想像を参照しながらつくられます。理想の女性身体の重要な特徴は，特に痩せていることなので，実際は太っていなくても自分を太っていると誤って認識したり，痩せていても自分の体型に満足できない若い女性を多く生み出しています。彼女たちの痩せ願望や体型不満には，痩せていることを良しとする，痩せに対する価値観が影響していると指摘されています。

2　女子プロレスラーの身体

　筆者は2004年から2005年にかけて，女子レスラーを対象にインタビュー調査を行いました。この調査からは，女子プロレスラー（以下，女子レスラーと略す）の体型の実態は，先に述べた一般の女性の「痩せ」に対する価値観とは対照的であることがわかりました。調査で対象とした20代の女子レスラーのBMI（Body Mass Index）を計算すると，肥満とされるBMI 25以上の人が全体の約71％（17人中12人）いた一方で，2003年の20代の女性全体における肥満者の割合は7.0％でした。また，プロレス団体入団後，半年から１年間の集中的なトレーニングによって，多くの女子レスラーは，首，腕，太股が太くなったと答えています。つまり，多くの女子レスラーたちの体型は，現代日本社会において，女性身体の理想とされている「痩せた」身体からは逸脱していることになります。

　では，このような女子レスラーの身体は，ジェンダーによる様々な規範と，どのような関係にあるのでしょうか。以下では，筆者が行ったインタビュー調査をもとに，女性身体に対するジェンダー変容の可能性についてみていきます。

▷1　加藤清忠・矢島忠明・関一誠（1990）「現代日本人青年の身体美観について大学生の意識調査から」『早稲田大学体育研究紀要』22，13-20頁。田中励子（1997）「若い女性の痩身づくりに関する社会学的考察──女子学生９人の事例を通して」『体育学研究』41，328-339頁。
▷2　江原由美子（2001）『ジェンダー秩序』勁草書房。
▷3　多くの研究がこの点を指摘しているが，代表的なものとしては，国府田はるか（2014）「女子短大生の痩身願望と身体イメージに関する意識調査(1)」『茨城女子短期大学紀要』41，90-69頁。
▷4　前川浩子（2005）「青年期女子の体重・体型へのこだわりに影響を及ぼす要因──親の養育行動と社会的要因からの検討」『パーソナリティ研究』13(2)，129-142頁。
▷5　合場（2013）。
▷6　体重（キログラム）を身長（メートル）の二乗で割った数値。日本肥満学会では，BMIが18.5未満を「やせ」，18.5以上25.0未満を「ふつう」，25.0以上を「肥満」としている。

164

3 女子プロレスラーの身体とジェンダー規範

　第一に，痩せていることが職業として基本的に要求されない女子レスラーでさえも，その多くが，痩せた身体を女らしい身体として認識していました。しかし，理恵（仮名）という女子レスラーは，女性身体のあり方は，「痩せた」身体だけでなく，「強くかっこいい」身体も女性として魅力的だと考えていました。理恵は，理想の女性身体像は「痩せた」身体というたった一つの価値観だけで構成されるのではなく，「強くかっこいい」身体もその中に含まれると主張しています。これは規範的な理想の女性身体を変容させる視点です。

　第二に，多くの女子レスラーは，レスラーとしての身体を獲得したことにより，かわいい服が着られなくなっていました。かわいい服とは，形状が小さいもの，幼げな要素や懐かしい要素をもっている服で，小さなサイズ（多くの場合9号サイズ）になっています。したがって，かわいい服を着るためには，その服に合うように，自分の身体を痩せた状態にする必要があります。かわいい服が着られなくなったということは，理想の女性身体の構成要素の一つである，痩せた身体から逸脱しているということになります。この見方からすれば，女子レスラーたちは，理想の「痩せた」女性身体の形成を要請するジェンダー規範から，挑戦を受けているといえます。実際，昭子（仮名）というプロレスラーは，かわいい服が着られなくなったことを「悲しい」と表現し，そのことを大きな損失だと捉えていました。しかし，多くの女子レスラーたちは，自分をかわいい服に合わせようとせず，男物やジャージを着ていました。

　第三に，何人かの女子レスラーたちは，レスラーとしての身体を獲得したことによって，男性に間違えられた経験をもっていました。沙耶果（仮名）というレスラーは，カラオケボックスの女子トイレに入ろうとしたら，「兄ちゃん，そこ違うよって男の人から言われたんですよ（笑い）」と語っています。男性に間違えられるのは，ある人が男らしい外見をもっている場合，その人のセックス・カテゴリーが女性でも，その人を男性とみなすということを，ジェンダー規範が規定しているからです。このような「外見によって男性に間違えられる」という経験を不快に感じる女子レスラーにとっては，女性であるにもかかわらず男らしさを示したことによる，ある種の「制裁」が加えられた気持ちになるかもしれません。しかし，男性に間違えられた多くの女子レスラーたちは，自らの外見を変えようとしていません。したがって，彼女たちは，かわいい服が着られなくなった多くの女子レスラーたちと同様に，意図的ではないにしろ，結果的に，ジェンダー規範への対抗的な存在になっているといえます。

　女子レスラーたちは，女子プロレス界の価値観──各自の身体的特徴に価値があると考えること──によって，既存の女性身体に対する価値観に異議を唱える存在となり，ジェンダー規範を変容させているのです。

（合場敬子）

▷7　これは，四方田犬彦（2006）『「かわいい」論』筑摩書房，の「かわいさ」の定義に依拠している。
▷8　井上輝子（2011）『新・女性学への招待──変わる／変わらない女の一生』有斐閣。

おすすめ文献

†合場敬子（2013）『女子プロレスラーの身体とジェンダー──規範的「女らしさ」を超えて』明石書店。
†浅野千恵（1996）『女はなぜやせようとするのか──摂食障害とジェンダー』勁草書房。
†亀井好恵（2000）『女子プロレス民族誌──物語のはじまり』雄山閣出版。

IX 性的マイノリティ（LGBT）とスポーツ

総論：脱異性愛主義を目指して

1　性的マイノリティ（LGBT），SOGIとは

　性的マイノリティとは，同性愛（ホモセクシュアル），両性愛（バイセクシュアル），無性愛（アセクシュアル）▷1など性的指向（sexual orientation）のレベル，性別違和や性同一性障害のように性自認と生物学的性別のレベル，性分化疾患（インターセクシュアル）のように生物学的性別のレベルにおける現象などにおいて，性別二元制や異性愛（ヘテロセクシュアル）をスタンダードとした時に非典型的な人々のことを指します▷2。それらを示す表現として「LGBT」や「LGBTIQ」という言葉が使われています。Lesbian（レズビアン＝女性同性愛者），Gay（ゲイ＝男性同性愛者），Bisexual（バイセクシュアル＝両性愛者），Transgender／Transsexual（トランスジェンダー），Intersexual（インターセクシュアル），Questioning（クエスチョニング）▷3の意味でそれぞれの頭文字を示した言葉です。

　近年では，性的マイノリティという特定の性のあり方を表現するのではなく，多様性の中にある一人ひとりの性のあり方について考えていく言葉として，「SOGI（Sexual Orientation, Gender Identity）」▷4という言葉が使われています。

2　ヘテロセクシズムとヘテロノーマティビティ

　ヘテロセクシズムとは，生殖を目的とする夫婦やカップル（異性愛）のみが「正常」であるという考え方（異性愛至上主義）によって，異性愛以外のあり方を排除する作用と性差別（セクシズム）とを結びつけた考え方です。ホモフォビア（同性愛嫌悪）▷5が個人の心理的作用や精神的状態を表すのに対し，ヘテロセクシズムは，異性愛を中心とした社会構造や制度を問題化し，その変革を考えるための概念です▷6。

　ヘテロノーマティビティとは，異性愛が「正しいセクシュアリティ」であるという規範を形成するために，同性愛を「外側」に置くような力作用のことです。日本では，「異性愛規範」と訳されています。

　規範とは，ルールや約束事のようなものであり，守ることが当たり前とされ，褒められたりしますが，それらを破るとペナルティが与えられます。社会において，「当たり前」で「あるべき」ものとして位置づけられている異性愛に対し，同性愛に対してはネガティブなイメージや偏見のまなざしで捉えられてしまう現象のことを異性愛規範という考え方で理解することができます。

▷1　他者に対して恋愛感情や性的欲求をもたない人々とされるが，恋愛感情があって性的欲求をもたない人もいれば，恋愛感情や性的欲求をもたない人もいる。

▷2　ベアード，V.／野口哲生訳（2005）『性的マイノリティの基礎知識』作品社。

▷3　自己の性自認に関して，既存のカテゴリーにあてはまらないなど，明確に自己認知していない状態を示す言葉として使用されている。

▷4　2011年国連人権理事会で採択された「人権，性的指向および性自認（Human Rights, Sexual Orientation, Gender Identity）決議」（SOGI人権決議）は，国際社会において同性愛や性的指向を人権問題として取り組むきっかけとなった。

▷5　IX-③を参照。

▷6　河口（2003）51-54頁。

3 スポーツ領域におけるヘテロセクシズム

男らしさとスポーツの価値の結びつき，その結果としてのミソジニー（女性への見下し意識）とホモフォビアによって維持されるホモソーシャル（男同士の非性的な連帯）なスポーツの世界。スポーツとセクシュアリティがいかに結びついているか，スポーツ領域において性的マイノリティが抱えている困難については，近年多くの研究によって明らかにされています。スポーツには様々な魅力があるにもかかわらず，性的マイノリティにとってのスポーツは解放感と同時に疎外感を生むことが指摘されています。

では，異性愛者の状況をイメージしてみましょう。異性愛者は，自分のセクシュアリティを理由に嫌がらせを受けることもなく，仲間たちは自分と同じセクシュアリティであることが容易に想定され，競技での勝利を恋人や配偶者と分かち合うことを公に堂々と表現することができます。この状況は異性愛の「特権」と表現されます。これらの「特権」が許されるのは，社会やスポーツ領域における異性愛主義の表れではないでしょうか。

自身のセクシュアリティをめぐる環境によって，純粋にスポーツを楽しみ，競技に集中したいと思う性的マイノリティがどれほど心的エネルギーを消耗しているか理解できると思います。例えば，メディアの取り上げ方でも，個人の競技に対する質問以外に，恋人や家族の話題に触れられることがあるでしょう。女性選手に「好きな男性のタイプは？ 結婚は？」という問いは，その選手が異性愛であることを前提としています。最近では，欧米のプロスポーツ選手やトップアスリートでカミングアウトする例も出てきていますが，日本では見受けられません。自身のセクシュアリティをカミングアウトしなくてはならない状況そのものが，強力なヘテロノーマティビティの作用といえるでしょう。

4 異性愛主義からの脱却に向けて

2011年施行の「スポーツ基本法」では，スポーツを行う者に対して不当に差別的取扱いをしないことが基本理念の一つとされ，2014年『オリンピック憲章』(IOC 採択)には，性別・性的指向の差別禁止の原則が謳われています。トップアスリートの世界における性的マイノリティの選手の参加も徐々に増えつつあり，また多様性を尊重したスポーツ参加のためのガイドラインの制定など環境整備も進行中です。

多様なセクシュアリティを包含するスポーツ領域の構築は，現代社会に浸透している異性愛主義からの脱却に向けて大きな役目を果たせると同時に，より豊かなスポーツの可能性を見出すことができるでしょう。

（藤原直子）

▷7 ホモソーシャルとは男同士の「非性的な」絆であり，性的欲望としてのホモセクシュアルの概念と区別される。セジウィック，E. K./上原早苗・亀澤美由紀訳 (2001)『男同士の絆――イギリス文学とホモソーシャルな欲望』名古屋大学出版会。

▷8 I-①I-⑤を参照。

▷9 IX-③を参照。

▷10 Jennings, K. (ed.), (1994) *Becoming Visible : A Reader in Gay & Lesbian History for High School & College Students*, Alyson Publications.

▷11 IXコラム1を参照。

▷12 IX-①を参照。
▷13 IX-④を参照。

おすすめ文献

†河口和也 (2003)『クィアスタディーズ』岩波書店。
†風間孝・河口和也 (2010)『同性愛と異性愛』明石書店。
†森山至貴 (2017)『LGBTを読みとく――クィア・スタディーズ入門』ちくま新書。

IX 性的マイノリティ（LGBT）とスポーツ

1 性を変えたアスリート

1 スポーツにおける性別二元制とトランスジェンダー

馬術などの一部の競技を除き、ほとんどのスポーツ競技では、アスリートは男女のどちらかに区分されます。しかし現実には、性は男女の2つに明確に分けられるものではありません。身体的な性は、内外性器、性染色体、性ホルモンなどの要素において様々な特徴をもつ人たちがいます。また、人間の性を決定する要素としては、身体的な性のほかにも、性自認（自分をどちらの性だと思うか）、性的指向（どちらの性を好きになるか）による違いがあり、性のあり方は実に多様です。それにもかかわらず、スポーツの世界は、一般社会以上に、人間を男女のどちらかのカテゴリーに分類しようとします。

本節で紹介するアスリートは、身体の性と心の性（性自認）が一致せず、自身の心の性に合わせて身体を変え、性別を越境（トランス）したアスリートたちです。男性から女性に性を変えたアスリートは、心の性で競技することを望んでも、身体がもとは男性であったことが公正ではないとの批判を受けてきました。しかし彼女たちは、自分の心の性で競技をすること、つまり、自分のアイデンティティに肯定的に向き合うために闘いました。

現在では、性を変えたトランスジェンダー・アスリートが、心の性で競技をするための基準が定められています。本節で紹介するアスリートたちが、多様な性のあり方を示し、スポーツ界における基準の整備を促したのです。

2 男性から女性に性を変えたアスリート

(1) レニー・リチャーズ（テニス）

リチャーズは、性を変えたアスリートの先駆的存在です。男子プロテニス選手であったリチャーズは、1976年、41歳の時に性別適合手術を受け、男性から女性へと性を変えました。女性となったリチャーズは、全米女子オープンへの出場を申し込みましたが、全米テニス協会からは出場を拒否されました。リチャーズは、協会を相手に、トーナメントに出場する権利の確認を求めて裁判を起こしました。1977年、ニューヨーク州最高裁は、リチャーズの訴えを認める判決を下し、この判決により、彼女は、1978年から1981年までの4年間、女子プロテニス選手としてプレイをしました。

(2) ミアン・バガー（ゴルフ）

▷1 典型的な男性・女性の内外性器をもたない人、あるいは両方をもつ人や、性染色体が典型的な XX（女性）や XY（男性）のタイプではない人（例えば XXY、XO など）がいる。また性ホルモンも個人差が大きく、テストステロン（いわゆる男性ホルモン）が多い女性や、逆に少ない男性も多くいる。

▷2 男性から女性に性別を変更したアスリートが「女子」種目に参加するための条件は、2016年、次の2つに緩和された。(1)性自認が女性であることの宣言、(2)出場までの1年間、血清中テストステロンのレベルを10nmol/ℓ 未満に維持。2015年以前の条件については井谷（2016）156頁を参照。

▷3 リチャーズの闘いをまとめたドキュメンタリー "Renée"（ESPN Films, 2011）。

▷4 「性別適合手術」とは、当事者の性自認に合わ

バガーは，デンマーク出身のプロゴルファーです。1995年に男性から女性への性別適合手術を受けました。2004年3月のオーストラリア女子オープンに主催者から招待され，性を変えたアスリートとして初めてプロゴルフの大会に出場して話題となりました（2004年11月2日，『朝日新聞』など）。欧州女子ゴルフツアーが性を変えた選手に門戸を開いたのもこの2004年からです。国際オリンピック委員会（IOC）がこの年に定めたトランスジェンダー・アスリートの参加条件・方針に則ったものです。この頃から身体接触のないスポーツを中心にトランスジェンダー・アスリートの活躍がみられるようになりました。

(3) ファロン・フォックス（総合格闘技：MMA）

　身体接触が激しく，また筋力的な要素が強いスポーツであるMMAにも，男性から女性へ性を変えたアスリートが現れました。フォックスは，31歳で男性から女性への性別適合手術を受けました。その後，格闘技を始め，36歳でプロ格闘家としてデビューします。2戦（2勝）したあと，フォックスは自分がトランス女性であることをカミングアウトしました。

　MMAは，身体の大きさ（体重）によって階級を分ける競技です。筋力・パワーが競技に大きく影響し，それらの差があまりにも大きい場合は一方の競技者に危険を及ぼす可能性もあります。また身体接触が多い競技でもあります。MMAがこれらの競技特性をもつため，フォックスが女子競技者として闘うことについては多くの批判があらわれ，彼女は数多くの誹謗や中傷に晒されました。フォックスの女子プロ格闘家としての資格が一時停止された時期もありましたが，その後，資格は復活し，現在まで6戦5勝1敗の成績を残しています（最終試合日2014年9月13日：2017年12月現在）。

3　女性から男性に性を変えたアスリート

　女性から男性に性を変えたアスリートとしては，日本の競艇選手，安藤大将（旧名，安藤千夏）がいます。1984年に女子選手としてデビューしましたが，2002年，乳房切除手術を受けて改名し（ただし，性別適合手術や戸籍変更はせず），男子選手として再デビューしました（2005年引退）。

　アメリカのトライアスロン選手，クリス・モージャーは，2009年，女子選手としてトライアスロンをはじめましたが，2010年，トランスジェンダーであることをカミングアウトしました。モージャーも乳房切除手術を受けたものの，性別適合手術は受けていません。モージャーは，2016年デュアスロン世界大会のアメリカ男子代表メンバーに選ばれました。

　本節で紹介したアスリートたちは，自身の闘いを通じて，スポーツにおけるトランスジェンダーの権利を拡大してきました。また，彼／彼女らは，アスリートを厳格に男／女の2つに区分しようとするスポーツのあり方について再考を促す存在でもあるのです。

（松宮智生）

せて内外性器を変える外科的手術を意味する。乳房切除手術や豊胸手術は含まれない。

▷5　フォックスらのドキュメンタリー"GAME FACE"（MICHIEL THOMAS／QSE bvba, 2015年）。

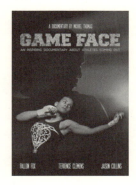

おすすめ文献

†飯田貴子（2013）「身体能力の性差再考」木村涼子・伊田久美子・熊安貴美江編著『よくわかるジェンダー・スタディーズ』ミネルヴァ書房, 168-169頁。

†井谷聡子（2016）「スポーツとセクシュアリティ」日本スポーツとジェンダー学会編『データでみるスポーツとジェンダー』八千代出版, 150-175頁。

†來田享子（2012）「指標あるいは境界としての性別——なぜスポーツは性を分けて競技するのか」杉浦ミドリ・建石真公子・吉田あけみ・來田享子編著『身体・性・生——個人の尊重とジェンダー』尚学社, 41-71頁。

Ⅸ　性的マイノリティ（LGBT）とスポーツ

二つの性に分けられぬ身体

　スポーツは，ほんの一部の競技や大会を除いて男女別カテゴリーで行われます。第Ⅷ章の「性別確認検査」の項で示されているとおり，スポーツ界は長い間，男女の区分を明確化し，「違反者」を取り締まるルールづくりをしてきました。しかし，社会で自明視されている男女の区別は，よくみてみると実はそれほど自明ではありません。ここでは，性別確認検査とトランスジェンダー・ポリシーというジェンダーにかかわる２つの規定から，スポーツにおいて男女を分けることの困難さと問題点を検討します。

❶ スポーツにおける性別確認検査の歴史が示すもの

　スポーツに性別確認検査が導入され，厳しい批判にもかかわらず継続されてきた歴史をみると，身体の限界を競うスポーツ，特に国際大会の場において，強い女子選手の身体はしばしば「本当に女か」という疑いの目でみられてきたことがわかります。2000年に全女子選手を対象とした性別確認検査が廃止されて以降も，検査を要求される選手が後を絶ちません。理屈上は，2011年に「性別確認検査」は廃止され，高アンドロゲン症規定に変更されていますが，強すぎると思われた女子選手を競技から排除する点において，性別確認検査は現在も形を変えて存続しているといえます。

　1960年代から続く女子選手のみを対象としたこの検査は，歴史の中で二つの教訓を残しています。一つは，人間の遺伝子類型や生殖器の形状，ホルモン状態は多様で，どのような科学的な方法を使っても明確に男女の線引きをすることはできないことです。もう一つは，その教訓を無視して無理やり線引きを行うと，「競技の平等・公正」を確保するどころか，典型的ではない生殖器の形状やホルモン状態をもつ選手に対して深刻な人権侵害を引き起こすことです。

❷ 性別二元制とその神話

　「性別二元制」とは，単純にいえば性別が非対称的な男女二つのカテゴリーに分けられている社会制度をさします。そのような社会では，多様な身体や性自認のあり方は，男女に単純化され，二分化されます。また，男女の「違い」は，しばしば性別役割分業や男女不平等を正当化する理由となってきました。

　「生物学的男女差」を自明とし，性別二元制を強化，維持する社会制度や文化，学術研究は，ジェンダー学，セクシュアリティ研究の発展とともに，鋭く

▶1　Henne（2015）.

▶2　高アンドロゲン症規定
女子選手の体が生成するアンドロゲン（男性ホルモン）の一種であるテストステロンのレベルの上限を設ける規定で，男子下限値（10nmol/ℓ）を超える場合は女子競技に参加できない。男子選手に対する同様の規定はない。Ⅷ-A-④ Ⅸ-①を参照。

▶3　Fausto-Sterling, A.（2000）. Fausto-Sterling, A.

批判されるようになってきました。その批判は，医学や精神医学，生物学の領域にも広がっています。例えば，インターセックスの子どもの問題に切り込んだアン・ファウスト=スターリングは，生物学的特徴によって性別を決定するのであれば，最低でも5つの性別カテゴリーが必要であると主張しています。[3]

③ 性別二元制とスポーツ：性別確認検査とトランスジェンダー

近代スポーツもまた，性別二元制に基づき構成され，男女の非対称的な関係性を維持・再生産することが指摘されてきました。[4]山口理恵子は以下のように論じています。

> 特に競技スポーツでは，性別二元化体制にもとづきながら，科学の言説やルールという法の介入により「女性種目」に参加可能な「女」を常に前提としている。［性別判定検査の］実施は女性アスリートのみを対象に，科学という手法を用いて女性身体の男性身体からの差異化を図るものであり，結果として性別二元化体制の保持・強化につながっていた。[5]

高アンドロゲン症規定の正当性と倫理性をめぐっては，2014年から2015年にスポーツ仲裁裁判所（CAS）において裁判が行われました。CASは，高アンドロゲン症規定によって女子競技の公正さを担保すると認めるには証拠が不十分だとして，原告側のインド人選手の競技即刻復帰を認め，被告側の国際陸上連盟（IAAF）に対しては，正当性を示す十分な証拠を2年間のあいだに提出するよう求めました。[6]「競技の公正」と「身体の境界」をめぐる争いはまだ続きそうです。

④ トランスジェンダーのスポーツ参加と参加規定

性別二元制とスポーツ参加の問題を如実に示すもう一つの事例は，トランスジェンダーの選手の競技参加をめぐる問題です。現在，いくつかのメジャーな国際スポーツ組織がトランスジェンダーの選手の参加規定を設けています。[7]組織ごとにその規定の内容は異なり，様々な批判を受けて規定の内容も変化してきています。IOCの規定では，FtMトランスジェンダー[8]の男子選手については，手術やホルモン療法などの決まりはありません。一方で，MtFトランスジェンダー[9]の女子選手については，性自認の確認だけでなく，血中のホルモンレベルが厳しく定められています。トランスジェンダーの選手の存在は，性の複雑さと多様性を示すものです。しかし，この規定もまた男女の身体が明確に異なり，「男性の身体」がスポーツ界で常に有利であるという前提にたっているため，MtFトランスジェンダーの女子選手の参加が制限されているのです。

（井谷聡子）

▷3 (1993) "The Five Sexes: Why Male and Female Are Not Enough," *The Science*, 33, pp. 20-25. ファウスト=スターリング, A./池上千寿子・根岸悦子訳 (1990)『ジェンダーの神話──［性差の科学］の偏見とトリック』工作舎。

▷4 ホール, A./飯田貴子・吉川康夫監訳 (2001)『フェミニズム・スポーツ・身体』世界思想社。

▷5 山口 (2008)。

▷6 CAS 2014/A/3759 Dutee Chand v. Athletics Federation of India (AFI) & IAAF.

▷7 井谷聡子・來田享子 (2016)「スポーツとセクシュアリティ」日本スポーツとジェンダー学会編『データでみるスポーツとジェンダー』八千代出版, 150-175頁。

▷8 FtMトランスジェンダー
出生児に女と判断されたが，男性の性自認をもつ個人。

▷9 MtFトランスジェンダー
出生児に男と判断されたが，女性の性自認をもつ個人。

おすすめ文献

†山口理恵子 (2008)「スポーツの近代化における性別二元化体制」『共愛学園前橋国際大学論集』8, 45-62頁。

†A. Fausto-Sterling (2000) *Sexing the Body: Gender Politics and the Construction of Sexuality*, Basic Books.

†K. E. Henne (2015) *Testing for Athlete Citizenship: Regulating Doping and Sex in Sport*, Rutgers University Press.

Ⅸ 性的マイノリティ（LGBT）とスポーツ

ホモフォビアとトランスフォビア

1 ホモフォビアとトランスフォビアとは何か

ホモフォビア（homophobia）は，同性愛に対する恐怖，憎悪，不寛容等の嫌悪を示し，心理的な状態だけでなく，態度，言動も含み，日本では「同性愛嫌悪」と訳されています。一方，トランスフォビア（transphobia）は，伝統的なセックス（身体の性）やジェンダーの規範に従わない個人に対する心理的嫌悪感および態度や言動をさします。トランスジェンダーだけでなく，異性装者，女らしい男性，男らしい女性も反感や不合理な恐怖の対象となります。

ホモフォビアとトランスフォビアには共通性がありますが，ホモフォビアは非規範的な性的指向に対するものであり，トランスフォビアは非規範的なジェンダー役割やジェンダー・アイデンティティ（性自認）にかかわるものです。

2 スポーツ領域におけるホモフォビアとトランスフォビア

近代スポーツは人々の振る舞いや社会の文明化，見方を変えれば女性化に対する「男らしさ」の保持機能として，男性たちによって男性の身体上に構築され，発展してきた制度とみなすことができます。したがって，近代スポーツはその成立過程から，男らしい外観や行動，男性の優位性／女性蔑視，特に男性同性愛者への嫌悪（ホモフォビア）／異性愛規範を奨励してきたのです。そのため，身体接触を要するスポーツ行為，ロッカールーム，遠征，合宿などをとおして，親密な関係を結ぶ機会が多いスポーツの世界では，意識的・無意識的にかかわらずホモソーシャリティ（男性同士の絆）とホモセクシュアリティ（男性同性愛）を明確に分かち，ホモセクシュアリティを異質，異常なものとして排除してきました。サッカーなどでみられるゴール後の抱擁やキスは同性愛的行為ですが，事前に男らしさを十分に証明しているがゆえに嫌悪の対象にはなりません。

一方，レズビアンにおいては，同性愛的行為がむしろチームの結束を高めるという海外の報告があります。しかし，男性的なスポーツをしている女性はレズビアンだというレッテルを貼られ，スポーツ領域における女性蔑視と相まって，レズビアンもまた生きづらさを抱いています。

日本の将来のスポーツ界を担っていく体育・スポーツ関連学部・学科等の学生約3200名を対象にした調査によると，ホモフォビアとトランスフォビアは男

▷1　Ⅰ-⑤を参照。
▷2　岡田桂（2004）「喚起的なキス」『スポーツ社会学研究』12，23-38頁。
▷3　Mennesson, C. and Clément, J. P. (2003) "Homosociability and Homosexuality: The Case of Soccer Played by Women," *International Review for the Sociology of Sport*, 38, pp. 311-330.
▷4　藤山新ほか（2014）「体育・スポーツ関連学部の大学生を対象としたスポーツと性的マイノリティに関する調査結果」『スポーツとジェンダー研究』12，68-79頁。飯田貴子ほか（2016）「体育・スポーツ関連学部の大学生を対象としたスポーツと性的マイノリティに関する調査結果 第2報」『スポーツとジェンダー研究』14，21-32頁。
▷5　中里見博（2015）「『同性愛』と憲法」三成美

172

性に強くみられる傾向があることが示されています。また，女性同性愛よりも男性同性愛に対するフォビアが強い傾向も示されていますが，これは男性同性愛者の存在のほうが，「『男性の優位性の自然性と正統性』を深く揺るがす」と考えられているからです。また，身近に性的マイノリティ（LGBT）がいると回答した人は32.6％で，身近に性的マイノリティがいる人はいない人よりもホモフォビアとトランスフォビアがともに弱いと報告されています。

さらにこの調査において，「すべての人が異性愛者ではない」「身体の性別は男女に二分できない」という性的指向と身体の性に関する正しい知識をもっている人は，ホモフォビアもトランスフォビアも弱いことが明らかになっています。つまり，性別二元論的思考から脱皮し，性の多様性を認知していることが性的マイノリティへの理解につながるのです。

❸ 性的マイノリティがスポーツ領域で抱える困難

これまで，ホモフォビアとトランスフォビアについて説明してきましたが，同性愛にもゲイとレズビアンがあり，さらにバイセクシュアルがあるように，性的マイノリティも多様です。現実は，身体の性・性自認・ジェンダー・性的指向が首尾一貫するものではなく，これらのすべてが男女二分法でもなく，そのほか，決められない，わからないという人もいます。性を多様な視点で捉えることによって，交錯するフォビアの存在を理解することができるようになります。

近年になって，スポーツ領域における性的マイノリティの経験に関する調査が実施されはじめました。ヨーロッパの調査によると，スポーツ・フィットネスクラブではLGBTの10％がこの1年間でLGBTであることを理由に差別を受けたと回答しています。グループ別では，トランスジェンダー，ゲイ，バイセクシュアル男性がより差別を受けている実態が露わになっています。これらの数値は，彼ら／彼女らが性的指向や性自認をオープンにするとさらに増加するだろうと解説されています。オーストラリアの調査によると，LGBTの41.5％がスポーツとかかわった期間のどこかで言語上のホモフォビアを経験したと回答しています。主要スポーツクラブに所属する46.5％がLGBTであることをオープンにしておらず，その理由にセクシュアリティに自信がもてないことや，非難，嫌がらせ，差別，虐待，身体攻撃に対する恐れをあげています。

また，日本の調査では，カミングアウトの実態については，報告されていませんが，学校時代の体育やスポーツ系の部活動において，性的マイノリティの55.9％が同性愛に関して不快な発言を聞き，5.6％が暴力を振るわれていると報告されています。性的マイノリティが，誇りをもって自身のジェンダー・アイデンティやセクシュアリティをオープンにし，スポーツに親しめる環境を整えることが，今求められています。

（飯田貴子）

保編著『同性愛をめぐる歴史と法——尊厳としてのセクシュアリティ』明石書店，77頁。
▷6　飯田貴子ほか（2017）「性的マイノリティについての知識とスポーツに対する価値観および性に対する態度との関連」『日本スポーツ社会学会』第26回大会号，44-45頁。
▷7　European Union Agency for Fundamental Right (2014) "European Union lesbian, gay, bisexual and transgender survey: Main result."（2017年12月25日閲覧）
▷8　Symons, C. et al. (2010) "Come out to play: The sports experiences of lesbian, gay, bisexual and transgender (LGBT) people in Victoria."（2017年12月25日閲覧）
▷9　風間孝ほか（2011）「性的マイノリティのスポーツ参加——学校におけるスポーツ経験についての調査から」『スポーツとジェンダー研究』9，43-52頁。

おすすめ文献
†三成美保編著（2015）『同性愛をめぐる歴史と法——尊厳としてのセクシュアリティ』明石書店。
†P. カリフィアほか／石倉由・吉池祥子ほか訳（2005）『セックス・チェンジズ——トランスジェンダーの政治学』作品社。
†井谷聡子・來田享子（2016）「スポーツとセクシュアリティ」日本スポーツとジェンダー学会編『データでみるスポーツとジェンダー』八千代出版，150-175頁。

IX 性的マイノリティ（LGBT）とスポーツ

4 参加を保障するための指針

1 性的マイノリティ（LGBT）のスポーツ参加に関するガイドライン

スポーツに参加する権利は，1970年代からヨーロッパ・みんなのためのスポーツ憲章（1975年）や体育・スポーツに関する国際憲章（1978年）にて基本的人権と位置づけられてきました。しかし，スポーツ界では，ジェンダーだけでなく，性的マイノリティ（LGBT）に対する人権侵害が公然と行われていました。一方，一般社会ではヨーロッパ人権条約のもと，早くから性転換を合法化している国々があり，性的指向については欧州連合基本権憲章（2000年）において差別の禁止が明示されました。このような社会的背景のもと，国際オリンピック委員会もLGBTのスポーツ参加を拡大する方策を展開してきました。また，欧米のいくつかの国では，政府や非営利組織がLGBTのスポーツ参加のためのガイドラインを制定しています（表1）。

欧米で定められているガイドラインには，次のような共通点があります。(1)施設の利用や競技の参加に際して，当事者の性的指向や性自認，意思，意向を尊重するという基本姿勢がみられる。(2)スポーツを管理・運営する立場にある人々に対して，LGBTについての正確な理解の必要性や，差別をさせないための監督責任があることを明示している。(3)実際に生じた差別や解決へのプロセスなど，具体的な事例を豊富に示している。(4)問題解決に向けた取り組みや方法，相談機関，根拠となる法律などを示している。(5)スポーツの分野以外での法的制度の整備を強く求める方向性がみられる。

これらの共通点からは，スポーツの領域で現実に生じている，LGBTの

▷1 ヨーロッパ・みんなのためのスポーツ憲章はヨーロッパ・スポーツ・フォー・オールとも称され，欧州評議会閣僚委員会にて採択。体育・スポーツに関する国際憲章は，第20回ユネスコ総会にて採択された。

▷2 Ⅶ-③，Ⅷ-A-④およびⅨの各項を参照。

▷3 ベアード, V.／野口哲生訳（2005）『性的マイノリティの基礎知識』作品社，174-184頁には，同性愛，トランスジェンダー，性転換に対する法制度に関する世界調査が掲載されている。

▷4 2000年シドニー大会以降女性に対する一律の性別確認検査は廃止，Ⅷ-A-④を参照。2004年アテネ大会より性転換手術後の選手に対し一定の条件下での出場を承認，Ⅸ-①，Ⅸ-②を参照。2014年「オリンピック憲章」に，性的指向を理由とする差別

表1 性的マイノリティのスポーツ参加に関するガイドライン（抜粋）

国　名	ガイドラインを作成した団体もしくは部局	ガイドラインの名称
オーストラリア	Australian Sports Commission	The Clearinghouse, Sexuality and Gender Perspectives on Sports Ethics (last update, 2016)
カナダ	・Canadian Association for the Advancement of Women and Sport and Physical Activity ・Canadian Olympic Committee	・Seeing the Invisible, Speaking about the Unspoken: A Position Paper on Homophobia in Sport (2012) ・One Team: Creating a Safe School and Sport Environment (2015)
アメリカ	・Women's Sports Foundation, USA ・The National Collegiate Athletic Association	・It Takes a Team! Making Sports Safe for Lesbian, Gay, Bisexual, and Transgender Athletes and Coaches (2002) ・Champions of Respect: Inclusion of LGBTQ Student-Athletes and Staff in NCAA Programs (2012)
イギリス	・Sport England ・European Gay & Lesbian Sport Federation	・Equalities Legislation a Guidance for Governing Bodies of Sport (2007) ・Pride in Sport (2013)
フィンランド	Finnish Sports Federation	Involved and Visible Sexual and Gender Minorities in Sports and Physical Activities (2005)

出所：藤山ほか（2010），井谷・來田（2016）より抜粋。

人々に対する差別を，誰が，どのように行動すれば解消することができるのかという問題意識を見出すことができます。つまり，これらのガイドラインは「努力目標」ではなく，「現実に存在する問題を解決するための具体的な方策」として作られているのです。

2 日本におけるガイドライン作成に向けて

一方で，日本においては，日本体育協会が2013年に『スポーツ指導者のための倫理ガイドライン』を策定し，その中でLGBTに対する差別を許容しない姿勢を明示しています。しかし，日本オリンピック委員会（JOC）など各種の国内スポーツ組織においては，LGBTのスポーツ参加に関するルールやガイドラインなどは，まだ定められていません。

海外での先行事例から，日本においてガイドラインを作成するにあたっては，以下の諸点を踏まえる必要があると考えられます。

まず，すべての人々が性別や性自認，性的指向を理由に排除されることなく，自らのアイデンティティを尊重される形でスポーツや身体活動に参加できる環境を整えるためのガイドラインであることが大前提となります。特に，トランスジェンダーの選手や，身体のありようが男性・女性のどちらにも典型的ではない選手をどの性として認識すべきか，どのロッカールームを使用するかなど，センシティヴな事柄については，当事者の意向を最大限に尊重する必要があることが理解されます。したがって，あらゆる場面で当事者の意思を尊重できるような仕組みを整えなければなりません。

さらに，藤山ら（2014）の研究からは，LGBTに関する知識や，身近な当事者の存在が，偏見やフォビアを軽減する可能性が示唆されています。したがって，スポーツおよび身体活動にかかわる人々，特に，指導的立場にある人々のLGBTに対する認知の向上，理解の促進を図ることが重要だといえます。

こうしたことを実現するためには，スポーツや身体活動に携わるLGBTがガイドラインの作成に参画する必要があるでしょう。当事者の意思を知るために，風間ら（2011）のような，LGBTのスポーツ経験の実態調査も必要となります。また，スポーツを統括する組織の対応を的確に示すためにも，ガイドラインの実行力を高めるためにも，法律についての専門的な知識をもつ者の作成プロセスへの参画が必須といえます。

（藤山　新）

の禁止を明記，オリンピズムの根本原則6および制定にいたる背景についてはⅨコラム1を参照。
▷5　藤山新ほか（2010）「スポーツ領域における性的マイノリティのためのガイドラインに関する考察」『スポーツとジェンダー研究』8，63-70頁。
▷6　井谷聡子・來田享子（2016）「スポーツとセクシュアリティ」日本スポーツとジェンダー学会編『データでみるスポーツとジェンダー』八千代出版，150-175頁。
▷7　藤山ほか（2010）。

▷8　藤山新ほか（2014）「体育・スポーツ関連学部の大学生を対象としたスポーツと性的マイノリティに関する調査結果」『スポーツとジェンダー研究』12，68-79頁。
▷9　風間孝ほか（2011）「性的マイノリティのスポーツ参加――学校におけるスポーツ経験についての調査から」『スポーツとジェンダー研究』9，42-52頁。

おすすめ文献
†風間孝（2016）「性的マイノリティのスポーツサークルにおける戦略的競技指向」『女性学』23，22-35頁。
†日本体育協会HP（2013）「スポーツ指導者のための倫理ガイドライン」。（2017年12月25日閲覧）
†菅原哲朗・森川貞夫・浦川道太郎・望月浩一郎監修（2017）『スポーツの法律相談』青林書院。

Ⅸ 性的マイノリティ（LGBT）とスポーツ

5 〈新〉植民地主義とスポーツ

1 新植民地主義と〈新〉植民地主義

　ガーナのイギリスからの独立運動を指揮し，初代のガーナ大統領となったクワメ・エンクルマ（1909-1972）は，自身の著作の中で「今日，新植民地主義は最終的でおそらく最も危険な帝国主義のステージを表している」という言葉を残しています。エンクルマのいう「新植民地主義」による支配とは，多くの場合，経済的もしくは金融的手段を通じて行われ，「新植民地主義下の国家の統治政策に対する支配は，その国家をまかなう費用を支払うことによって，政策を左右できる地位に文官を置くことによって，また帝国主義国が支配している銀行制度の設置を通じての外国為替に対する金融的支配によって，確保される」ものです。つまり，新植民地主義国家は，国の形としては，独立し統治権を保っているようにみえますが，実際には，その経済システムと政治政策は外部，つまり「帝国」によって統制されたり，支配されたりします。

　かつて植民地化された国々が独立を果たし，「ポストコロニアル」と呼ばれる時代に入ってからも，旧植民地国と旧宗主国，あるいは先進国と発展途上国の間には，巨大な政治権力と経済力の不均衡があります。上述した「新植民地主義」という考え方は，それがかつての帝国主義における植民地支配のうえに維持されているという点で重要です。エンクルマやヨハン・ガルトゥングは，国家間の関係性をさして，領土なき植民地主義支配を新植民地主義として理論化しました。西川長夫はさらに，新植民地主義における「中核―周辺」の支配・搾取関係が，国内においても大きな経済格差問題として現れることを指摘し，「〈新〉植民地主義」として理論化しています。

2 〈新〉植民地主義とスポーツ・メガイベント

　〈新〉植民地主義という概念は，スポーツに関連した開発，特にスポーツ・メガイベントと呼ばれるオリンピックやW杯サッカーの開催に伴う都市や山間部の開発・再開発と，メガイベントの開催に伴って拡大する格差の問題について批判的に考察する時に有用です。平和や友好のスポーツの祭典として知られるスポーツ・メガイベントですが，その開催には膨大な費用がかかり，それが開催都市や開催国住民の大きな経済的負担となっていることが長く指摘されてきました。また，膨大な税金を投入して開催する一方で，開催国家や都市など

▷1　エンクルマ（1971）。

▷2　エンクルマ（1971）。

▷3　ガルトゥング, Y.／高柳先男訳（1991）『構造的暴力と平和』中央大学出版部。

▷4　西川（2006）。

▷5　Zimbalist, A. (2015) *Circus Maximus : The Economic Gamble Behind Hosting the Olympics and the World Cup*, Brookings Institution Press.

176

の「公」とスポンサー企業，開発業者，セキュリティ関連企業などの「私」が共同契約を結んで事業を進めることにより，巨額の資本が公から私へ移譲される「公と私のパートナーシップ」の問題が指摘されています。さらに，先住民の伝統的な領土や貧困家庭が多く暮らす地域が特に開発のターゲットとなることで，植民地主義や民族中心主義，家父長制，異性愛主義などによってすでに社会的に周縁化されてきた人々がよりいっそう周縁化されることも指摘されています。つまり，スポーツ・メガイベントが〈新〉植民地主義を促進する「触媒」として機能していると考えることができます。

③ スポーツと〈新〉植民地主義，ジェンダー・セクシュアリティ

スポーツにおけるジェンダー・セクシュアリティの問題を〈新〉植民地主義の概念を用いて考えるには，スポーツにおけるジェンダー平等や公正とは何かというフェミニズムの原点に立ち戻る必要があります。より多くの女性がスポーツ・メガイベントに参加し，男女の競技数が等しくなっても，性別確認検査という個人の身体やアイデンティティに対する暴力や差別ともいえる制度に晒される女子選手たちがいます。また，レズビアンやバイセクシュアル，トランスジェンダーの女性は，スポーツにおける女性運動から長い間排除されてきました。

今日，グローバル化や新自由主義の影響により，ますます格差が広がる中，特に女性が困難な状況を抱えるという「貧困の女性化」が進んでいます。貧困に陥る人の多くは，女性や性的マイノリティ（LGBT），先住民や移民の人々など，すでにその社会で周縁化されている人々です。これとは対照的に，多国籍企業，グローバルエリートの男性たちに富と権力がさらに集中しています。

スポーツ・メガイベントでは，先に述べたような様々な問題が発生しています。イベント開催後の緊縮財政により，社会保障にかかわる予算が削減されれば，これまで以上に生活に困窮する人々も増えることになります。これらは，ジェンダーと絡み合った重層的な権力と抑圧の構造に着目することで，スポーツとフェミニズムの課題を「既存のスポーツに女性が平等に参加すること」から「平等で公正なスポーツの枠組みを再構築すること」へシフトすることを要請しています。

例えばオリンピックでは女性の競技や種目を増やし，性別確認検査を撤廃し，トランスセクシュアル選手の参加規定が定められる一方で，大会自体が社会の不平等を拡大する装置となっている側面がみられます。であるとすれば，スポーツにおけるフェミニズム，そしてジェンダーとセクシュアリティ研究とは，既存のスポーツ構造を批判，解体し，どうすれば「すべての女性，そして人々」が暴力や抑圧，差別に晒されず，自由に参加できるスポーツ文化を構築することができるのかを問い続けることではないでしょうか。

（井谷聡子）

▷6 ボイコフ，J.／鈴木直文訳（2016）「反オリンピック」『反東京オリンピック宣言』航思社。

▷7 Sykes, H. (2017) *Sexual and Gender Politics of Sport Mega-Events: Roving Colonialism*, Routledge.

▷8 Ⅰ-③を参照。

▷9 Ⅸ-②を参照。

▷10 Connel, R. W. (1998) "Masculinities and Globalization," *Men and Masculinities*, 1(1), pp. 3-23.

おすすめ文献

†K. エンクルマ／家正治・松井芳郎訳（1971）『新植民地主義』理論社。
†西川長夫（2006）『〈新〉植民地主義論──グローバル化時代の植民地主義を問う』平凡社。
†井谷聡子（2016）「スポーツ・メガイベントと植民地主義──クィア・アクティビズムという視点から」『スポーツとジェンダー研究』14, 105-117頁。

Column 1

リオ・オリパラに見る性的マイノリティ（LGBT）

オリンピズムの根本原則とセクシュアリティ

　2016年リオデジャネイロ大会は，国際オリンピック委員会（IOC）が，2014年，オリンピック憲章「オリンピズムの根本原則」の6に「性的指向」による差別禁止を明記して以来，初めてのオリンピックでした。その根本原則には，以下のような一節があります。

　　このオリンピック憲章の定める権利および自由は人種，肌の色，性別，性的指向，言語，宗教，政治的またはその他の意見，国あるいは社会のルーツ，財産，出自やその他の身分などの理由による，いかなる種類の差別も受けることなく，確実に享受されなければならない。

　一見すると，人種や性別などの長いアイデンティティ・カテゴリーのリストの中に「性的指向」という言葉が加えられただけのようにみえるかもしれません。しかし，この言葉がオリンピック憲章に加えられるまでに，「LGBT」と呼ばれる性的マイノリティによる長く厳しい戦いがありました。スポーツの現場において性的指向や性自認を理由にした差別（ホモフォビアやトランスフォビア）の問題が取り上げられるようになったのは，1980年代に入ってからです。LGBTとそのアライの選手たちのためのスポーツ大会であるゲイゲームズは，元五輪代表選手のトム・ワデルによって1982年に初めて開催され，今日までその活動を継続しています。また，積極的にLGBT差別解消に向けた活動やキャンペーンを展開するスポーツ組織も徐々に増えてきました。この流れの中で，IOCもスポーツにおけるLGBT差別問題への取り組みに重い腰をあげますが，それは2014年ソチ冬季大会の終了を待たねばなりませんでした。ソチ大会の直前に開催国のロシアが通称「反同性愛プロパガンダ法」を制定し，国際的な批判が高まり，ボイコット運動も行われましたが，上記の「反差別条項」に性的指向が加えられたのはオリンピックが終了した後でした。

LGBTであることを公表している選手たち

　リオデジャネイロ大会に関する報道の中で，今回の大会に自身がゲイやレズビアンであることを公にしている選手が多く参加したことが取り上げられました。LGBTに関連したスポーツニュースを専門にしているOutsports.comによると，リオデジャネイロ大会に出場した性的マイノリティの選手は，2016年8月時点で判明しているケースだけで56人で史上最多となりました。性別に見てみると，レズビアンまたはバイセクシュアルであることを公表している女子選手が44人と圧倒的に多く，ゲイを公表している男子選手は11人とまだ少数にとどまっています。またトランスジェンダーを公表している選手は1人も出場していません。これらの数字からみると，LGBTの選手を取り巻くスポーツ環境が大きく変化しつつあることがうかがえます。チームスポーツはカムアウトが難しいといわれてきましたが，女子のチームスポーツを中心にその傾向に大きな変化がみられます。その一方で，ゲイの男子選手，特にチームスポーツをプレーする選手たちがカムアウトし辛い状況は依然として変わっていないようです。

　高アンドロゲン症やインターセックスである可能性を報道された選手に対しては，未だに面白半分や差別的な報道がなされることが多く，近代スポーツの根幹にある性別二元制とトランスフォビアがいかに強固であるかを示しています。その一方で，2016年1月にIOCが定めるトランスジェ

ンダーの選手の参加規定が見直され，ホルモン療法や手術の規定が大きく緩和されました。スポーツの性別二元制の強固な壁が少しずつではありますが，取り払われつつあるようにもみえます。

ブラジルにおけるLGBTへの暴力事件

　LGBTの選手にとってのスポーツ環境という目で見てみると，リオデジャネイロ大会はこれまでよりもLGBTフレンドリーな大会になったようにみえます。ブラジルは，世界最大級のプライド・パレードを開催することでも知られ，ラテン・アメリカの国としては初めて同性婚を認めた国でもあります。しかし，いったん競技場の外に目を向けると，LGBTが置かれている状況が依然として厳しいことがわかります。多様性と寛容さを国のアイデンティティとする一方で，ブラジル国内ではLGBTの人々に対する凄惨な暴力と殺人事件が後を絶ちません。

　『ニューヨーク・タイムズ』紙は，2016年にブラジルにおけるLGBTへの暴力に関する記事を掲載しています[47]。その記事によると，過去4年間にブラジルで1600人以上がゲイやトランスジェンダーに対するヘイトクライムにより殺害されています。また，トランスジェンダー・ヨーロッパ[48]は，2008年から2015年の8年間に世界で2016人のトランスジェンダーの人々がヘイトクライムにより殺害されたと報告しています[49]。この数字は，ヘイトクライムとして報告されたものだけで，実際の数字ははるかに大きいだろうとも述べられています。この傾向は，リオデジャネイロ大会が開かれた2016年も変化していません。

　これは，同性婚などの象徴的な法律が可決され，平和と友好の象徴とされるオリパラや，LGBTの人権運動を象徴するプライド・パレードといったイベントが大々的に行われても，それだけでは社会のLGBTに対する態度を変え，暴力を根絶するには不十分であることを示しているといえるでしょう。2年に1度，オリパラが開かれる数週間の間だけLGBTの選手について考えるのではなく，そもそもスポーツ，そして広くは社会がなぜ女性差別的で，ホモフォビックで，トランスフォビックな場であり続けるのを問い続けていくことが必要です。

（井谷聡子）

▷1　Ⅸ総論を参照。　▷2　Ⅸ-③を参照。
▷3　LGBTの当事者ではないが，LGBTを理解し差別解消に向けた運動を支援，支持する人。
▷4　SB Nation Outsports HP（2016）"A record 56 out LGBT athletes compete in Rio Olympics."（2017年12月25日閲覧）
▷5　Ⅸ-③を参照。　▷6　Ⅸ-②を参照。
▷7　Jacobs, A.（2016）"Brazil Is Confronting an Epidemic of Anti-Gay Violence," New York Times HP.（2017年12月25日閲覧）
▷8　トランスジェンダーやトランスセクシュアル，その他の多様なジェンダー・アイデンティティの人々の権利を守り，差別を解消することを目指す複数の団体によるネットワーク。
▷9　Transgender Europe HP（2016）"Over 2,000 trans people killed in the last 8 years."（2017年12月25日閲覧）

X　多様性と体育・スポーツ

総論：価値の多様・多元化を求めて

1　いろいろな思い込み

　周知のように、ジェンダー研究は、先天的、本質的と思われてきた性別が、実際は、社会的、歴史的、文化的に醸成されていたことを示してきました。スポーツにおいても事態は同じで、いろいろな思い込みがあります。

　例えば、「パラリンピックは障がいを持つ人たちが行う競技であって、健常者が行うオリンピックよりも競技レベルが低い。そのために健常者と一緒に競技することはできない」とか、「中学校や高等学校の体育授業や運動部活動は、例外を除き、男女別の実施が原則で、男女一緒にしない」などと考えられています。また、宗教上の制限から、女性はスポーツを行わないこと、戒律を逸脱しないことが当然という国や地域もあります。

　これらでは、スポーツの価値は一元的に理解され、それが年月を経て伝統的、固定的な考え方になっています。一度、固定化した考え方は、一種の思い込みにもなり、それを変えることは至難の業です。

2　多様・多元なスポーツの価値

　「スポーツ」と「勝利」について考えてみましょう。勝利（winning）の反対は敗北（losing）ですが、勝利と敗北（以下、勝敗）の意味はいくつもあります。まず、最初にルールで決められた試合が終結したという意味の「勝敗」があります。試合が途中で中止された場合は終結しません。次に、対戦相手同士が技（課題）を競い合い、どちらかがよりよく遂行した結果の「勝利」とそうでなかった場合の敗北があります。2番目が一般的な意味での勝利です。さらには、自分やチームに特定目標や課題を設定して、それに到達したか否かによる、「勝利」があります。これは達成、成功と同義です。この意味での勝利は対戦する両者ともに勝利することができます。ゼロサムゲームではありません。4番目には、試合の勝敗（外在的価値）に伴った達成可否の意味です。例えば、優勝、名誉、金銭、健康・体力などもこの範疇での勝敗です。最後は、勝敗の結果というより、勝とうと試みた（try to win）という意味の勝利です。つまり、試合に勝つために最善、最大限の努力をしたかどうかの評価です。ここでの勝敗は結果というよりむしろ過程です。このようにスポーツにはいろいろな勝敗の意味があります。

▷1　フレイリー, W./近藤良享・浜口義信・友添秀則・漆原光徳訳（1989）『スポーツモラル』不昧堂出版，67-70頁。

▷2　ゼロサムゲーム（zero sum game）とは、合計すると差し引きゼロになることから、勝者がすべて得をし、敗者はすべてを失うようなゲームをいう。

❸ 固定的なスポーツ観から多様・多元的スポーツ観へ

　石井昌幸の「ハンディキャッパーの思想」を参照すると，近代スポーツは他者に対する勝利追求が中核だった（前項の2番目の勝敗）ので，対戦相手同士はできる限り同じ条件で競技し，結果の差異に価値をおきました。ところが，イギリスのスコットランドのハイランド地方の伝統的競技会では，村の古老が「オフィシャル・ハンディキャッパー」となって参加者のスタート地点を差配し，結果的にゴール前を大混戦として勝者の不確定性を担保したといいます。

　確かに近代スポーツの機会均等は，全員が同じスタートラインから出発して，ゴールにおける差異を絶対視する考え方でした。ところが，ハンディキャッパーは，競走の秩序（差異，確定）を混沌（差異の無化，不確定（運））とさせています。それは，石井が述べるように，特にイギリスの近代における階級の一時的打破（カーニバル）でもあり，さらに，ハンディキャッパー役を村の長老が行うことも，祝祭の娯楽的価値が認められていた証です。

　このように近代スポーツには結果の差異を求める競技型と結果の不確定性を求める祝祭・娯楽型があることがわかります。スポーツの価値は様々に拓かれています。固定的で一元的なスポーツとのかかわりを，多様で多元的な見方をすることによってより豊かさが享受できます。

❹ 豊穣なスポーツの理解へ

　スポーツを通じた人間の可能性を追究した哲学者にポール・ワイスがいます。彼は，その代表作『スポーツとは何か』の中で，シード制やハンディキャップ制を軸に，スポーツの標準化（standardization）を提案します。

　ワイスがスポーツを標準化する意図は，誰もが勝者となれる可能性をもたせ，多くの人のスポーツ参加を促すだけではなく，体重，性，経験といった障壁を超えて，一人ひとりの人間に何が達成できるかを知る機会を提供させるためです。自らの潜在的能力を開花させる機会は標準化という操作があって初めて可能です。標準化のための「ハンディキャップ」によって，個々の参加者の性別，年齢，出自，来歴，価値観などが相違しても，個々の違いを理由に排除せず相違を認め合うことにつながります。スポーツの場面において個々の違いを認め合うことで「人間の素晴らしさ」が実感できるとワイスは考えます。個々の違いを尊重して認め合うことは，スポーツの場面はもちろん，社会においても重要です。一人ひとりを認めることで社会全体が強くなります。スポーツの標準化はジェンダーフリー社会への一つの方法論です。ジェンダーフリーによって社会が強くなります。そのことをスポーツ界から発信することに意味や価値があります。固定的なスポーツより，多様で多元的なスポーツの価値への傾倒が豊穣なスポーツ文化の理解につながります。

（近藤良享）

▷3　石井昌幸（2015）「ハンディキャッパーの思想」中村敏雄・髙橋健夫・寒川恒夫・友添秀則編『21世紀スポーツ大事典』大修館書店，727-728頁。

▷4　お祭りさわぎの催しのこと。

▷5　ワイス，P.／片岡暁夫訳（1985）『スポーツとは何か』不昧堂出版，248-259頁。

▷6　近藤良享（2016）「スポーツ・ルールにおける平等と公正──男女別競技からハンディキャップ競技へ」『スポーツとジェンダー研究』14，121-133頁。

おすすめ文献
†飯田貴子・井谷惠子編著（2004）『スポーツ・ジェンダー学への招待』明石書店。
†友添秀則・近藤良享（2000）『スポーツ倫理を問う』大修館書店。
†R. L. サイモン／近藤良享・友添秀則訳（1994）『スポーツ倫理学入門』不昧堂出版。

X 多様性と体育・スポーツ

アダプテッドスポーツ

1 障害者のスポーツを取り巻く用語

障害者が行うスポーツに対する,様々な呼び方があります。英語にいたっては,Sport for the Disabled, Sport of the Disabled, Adapted Sport, Paralympic Sport, Disability Sport など実に様々です。これらは障害者スポーツ,もしくは障害者のスポーツなどと日本語では示されます。

そもそも,障害者スポーツという種目はありません。2017年現在,障害者は種目を超え,様々なスポーツ種目に挑戦しています。しかし,障害の種別や程度に応じた工夫が必要なこともあります。ここで重要なことは,障害があるから,必ずしも用具やルールなどに工夫が必要ということではありません。例えば知的障害のあるトップアスリートが出場するパラリンピック種目には,スポーツにおける工夫などはなされていません。また2016年2月に開催された精神障害のある代表選手が出場した第1回国際ソーシャルフットボール大会では,国際フットサル規則に従い試合が行われました。

2 工夫するという考え方

とはいえ,ルールや用具などに一部の修正を加え,個人の障害の状況,年齢,体力,身体能力,スポーツ経験などを鑑みスポーツを推進することは,障害者がより安全にスポーツを楽しむ一つの方法です。藤田紀昭は,障害者のスポーツを示す用語の一つにある Adapted Physical Activity の意味を,障害者や高齢者,子どもや女性に合わせて,既存のスポーツのルールや用具,運動やスポーツの技術を修正したスポーツや身体活動としています。そもそも近代のスポーツは,青年期の男性が行うものとして誕生し,発展してきた歴史があります。そのため,青年期の男性以外の人たちがスポーツを行うために何らかのルールや用具などの修正が必要でもありました。藤田は,子どもがスポーツをする際に軽く小さなボールを用意することも Adapted の概念に入るとしています。そして,特に障害者がスポーツを行う場合には,個人の状況に合わせていくことが必要と主張しています。

では,障害者が行うスポーツにおける修正とはどのようなものでしょうか。例えばボールの中に音の鳴る鈴などを入れ,ボールの位置をわかりやすくし,より多くの視覚障害者がボール競技を楽しめるように工夫することは良い例で

▷1　藤田 (2013)。
▷2　藤田 (2006)。
▷3　インクルージョンは,インクルーシブの名詞で,スペクトラムとは,連続性のあるものを示す。この図は,障害者をスポーツにインクルーシブする機会には様々あることを表している。なぜ,様々な機会の形態があるのかといえば,それは,その人の障害レベル(程度),障害の種別,スポーツ参加に対する考え方などによるからである。特にスポーツ参加に対する考え方は,同じ人でも,この種目は遊びとして楽しみ,ある種目ではパラリンピックなどのトップを目指しているなどと違うこともある。年齢によっても,参加形態は異なる。障害者と健常者がともに一つのスポーツをするが,必ずしもルールの変更がなされるとは限らない。障害の程度や種別(知的障害や精神障害など),競技レベルによっては,健常者と全く同じルールでスポー

182

しょう。こうした工夫には用具だけではなく，場所（車椅子使用者にとって動きやすい場所や視覚障害者に周囲の音で邪魔されない場所など），ルールといった工夫もあります（日本障がい者スポーツ協会，2016）。例えば，コートサイズ，ネットの高さや人数等の変更（例えば下肢障害の人がバレーボールをする際にネットの高さを低くする），用具の使用を認める，ルールの開発（ゴールボールなどは視覚障害者のために開発されたスポーツ）などです。身体障害のない知的障害者や精神障害者に対しても，安全に楽しめるようにルールなどを工夫することがあります。

①誰もが参加する機会（既存のルールを用いる）	②一部の修正やアダプテッドされたルールなどを用い，よりスポーツへの参加機会を拡大
障害者のスポーツ	
④障害者と健常者が別々にスポーツをする機会（特定の障害を対象とするなど）	③誰もが参加できるが方法や競技レベルを変えて障害者のスポーツ参加の機会を拡大

図1：インクルージョン・スペクトラム
出所：Stevenson（2009）をもとに筆者作成。

3 これからの考え方

多様性を問う社会から，インクルーシブスポーツといった用語もイギリスなどでは広がりつつあります。インクルーシブ（包摂）は，エクスクルーシブ（排除）に対する用語として用いられています。1970年代のフランスの社会省の役人ルノワールが，「特定の集団の人が排除されている」と指摘し，この特定の集団の一つに，人種，ジェンダーなどとともに障害者が位置づけられました。誰もが排除されず活動に参加できる社会（Inclusive society）では，スポーツも活動の一つとして価値をもちます。

しかしスポーツにおいては，障害者も障害のない人とともにスポーツを楽しむことは理想ではありますが，時に障害の種別や程度により難しいこともあるでしょう。つまりインクルーシブなスポーツ環境を実現するために，そして障害者がスポーツを楽しみ挑戦する過程において，アダプテッドといったルールなどの工夫は重要な柱となりえます。一方で，近年，障害者のために考案・開発されたスポーツ（ゴールボール，ブラインドサッカー，車椅子バスケットボール，ボッチャなど）を，障害のない人と障害者がともに楽しむ機会が拡大しつつあります。特に，2020年東京オリンピック・パラリンピック競技大会の開催決定を受け，学校現場などでもパラリンピック教育の一環としてこうしたスポーツの体験会などが開催されています。障害の有無を超え，多様なスポーツ社会を構築する過程において，健常者が障害者のスポーツを学ぶことは「リバース・インテグレーション（逆の統合）」でもあり，一方通行的ではない新たなインクルージョンの形が形成されるという点において障害者理解の促進にもつながるかもしれません。障害者がスポーツ活動に参加する形は図1（インクルージョン・スペクトラム）が示すとおり様々であり，対象者である障害者とともに，個人の状況や活動目的などに合わせて，どのような参加形態が望ましいかを模索する時代に入ったといえます。

（田中暢子）

ツをすることもある。②は，障害の有無を超えてスポーツの機会を提供するが，障害を考慮し障害者も参加しやすいよう一部のルールを修正するもの。③は②と同じく一部の修正をするが，こちらは競技レベルの違いにより工夫を行う。④は障害者がスポーツをする機会を確保することに重点を置き，特定の障害を対象にすることがある。なお，インクルージョン・スペクトラムについては，図1のものだけに限らず様々な形態が論じられている。

おすすめ文献

†藤田紀昭（2013）『障害者スポーツとの環境と可能性』創文企画。

†日本障がい者スポーツ協会（2016）『新版障がい者スポーツ指導教本』ぎょうせい。

†藤田紀昭（2006）「障害者スポーツというフィールド」菊幸一，清水諭，仲澤眞，松村和則編『現代スポーツのパースペクティブ』大修館書店，154-172頁。

†P. Stevenson (2009) "The Pedagogy of inclusive youth sport: Working towards real solutions," F. Hayley (ed.), *Disability and Youth Sport*, Routlege, pp. 119-131.

X 多様性と体育・スポーツ

2 体育教材の多様性

1 体育教材とは

体育（physical education）はH. スペンサーが唱えた三育思想に基づいています。体育は身体的教育の略語であることから「教育」概念がベースにあります。教育概念であれば，原理的には，まず教育の目的があり，次に，目的達成に向け，教える人（教師）が文化財（教材）を使って教えられる人（生徒）に働きかけをします。この教育の関係性からすると，体育教材は教師と生徒を媒介する機能（手段）と考えられます。

日本の制度教育は明治時代に出発して，現在まで150年ほどを経過しています。この間，教科名称は体術，体操，体錬，保健体育と変わり，体育教材の機能についての解釈も同じく変遷しています。戦後の体育教材について岩田靖は，1980年代までの文化財（教材）に運動文化財の名辞が付与されていることの問題性を指摘し，新たな「体育教材論」を提案します。そこでは，従来の「教材」概念を，素材-教科内容-教材に区分し，教材の「手段性」と「目的性」の意味の相違を明らかにしています。こうした新たな提案によって，教師による「教材研究」は，素材研究，教科内容研究，教材構成（狭義の教材研究），指導過程研究の4つに分類され，より精緻な体育教材論の基礎がつくられました。

2 学習内容・方法の多様性

岩田が提示した「体育の教材づくりの基本的視点」によると，基本的に教材というのは，運動素材を加工・改変してはじめて教材になります。再構成の視点には「学習内容」と「学習方法」があり，前者は，生徒が学ぶべき学習内容を明確にし，後者は，生徒が意欲的に学習に取り組むような仕掛け（方法）となります。さらに具体的に「学習内容」の視点には3つがあり，「わかるレベルの知識・認識」「できるレベルの技術・戦術」「かかわるレベルの社会的行動」があります。一方，「学習方法」の視点は「学習機会の平等性」「能力の発達段階，興味・関心」「プレイ性の確保」があります。

「学習内容」と「学習方法」の両方を満たさないと教材とはいえません。つまり，生徒が夢中に活動し，楽しく活発に遂行しているだけでは何を学習内容にしているかは不明です。意味ある学習内容が豊かに学習されていなければ教材といえないのです。その意味では，上記のそれぞれ3つの学習内容と学習方

▷1 教育概念を理念的に知育，徳育，体育に区分した考え方。イギリスの哲学者・社会学者ハーバート・スペンサー（Herbert Spencer, 1820-1903）の教育論が源といわれている。

▷2 教科体育に限らず，他の教科の国語，音楽でも同様で，文学や音楽作品などの文化財をそのまま「教材」と呼ぶこともある。

▷3 岩田（2012）26頁。

法の視点とを組み合わせると多数が考えられますが，最終的に選択する教材は，目の前の学習者のレディネスに応じて教師が取捨選択，創意工夫を行うことになります。それが教材づくりの核心です。

3 ジェンダー視点の教材づくりの例

ジェンダー視点での多様な教材づくりの例を紹介します。カナダのシェリル・ドゥルーは，学校（教育機関）において，男女別に競技やゲームを行うことが差別なのか，区別なのかを論じます。彼女は男女別に行うことは現段階は妥当という立場ですが，将来的には男女別ではなく競技能力レベル別に移行すべきとしています。現段階では，男女別であってもジェンダーを弱める暫定的措置として，彼女は4つの方式を提示します。(1)片道交差方式（one-way crossover approach）：男女別チームを作っても，女子は男子チームに入れるが男子は女子チームに入れない，(2)割り当て方式（quota approach）：チーム内人数の半数を男女それぞれ同数，割り当てる，(3)組み合わせ方式（ccmponents approach）：男女別々のチームをつくり，両者の合計点で勝敗をきめる，(4)分離-混合方式（separate-and-mixed approach）：3種類のチームをつくって，第一のチームは競技能力別，後の2つは男女それぞれのチームをつくる。

これらの方式について，ドゥルーは，それぞれに長短所があるが，タイトルIXの理念に基づく教育機関（学校）ならば，数多くのチーム，多種多様な競技レベルのチームが準備され，かつ希望すればどのレベルでも競技できる環境を整え，性別とは無関係のチーム編成になると考えています。同じゲームであっても多様に創意工夫・改変を行うことで，固定的ジェンダー観を弱める学習目的に沿った活動につながります。

4 多様な体育教材づくりの重要性

体育授業で行う活動は，社会で行われているスポーツ種目や運動をそのまま行うのではありません。オリンピックのバレーボール競技と体育授業のバレーボールは，その目的が違いますから同じ活動にみえても同じではありません。あくまで体育授業のバレーボールは教材としてのバレーボールです。前述したように，素材そのままでは教材にはなりません。しかし，とかく生徒も先生も，テレビでやっているバレーボールをイメージして，それに同じ，あるいは近づけようとします。素材としての体育教材群は無数にあります。それを加工・改変して再構成することが重要なのです。再構成せず素材のままでは目的達成が難しくなります。また，学習指導要領に示された活動群はあくまで素材ですが，示されたものを固定的に実践しているとルーティン化，マンネリ化していきます。よって，教員にとっては，素材を多様な形で再構成して教材化することがよい体育授業の実践にもっとも重要なのです。

（近藤良享）

▷4 学習が成立する準備状態のこと。

▷5 Drewe, S. B. (2003) *Why Sport ?: An Introduction to the Philosophy of Sport.* Thompton Educational Publishing, pp. 178-179 (=ドゥルー，S. B.／川谷茂樹訳 (2012)『スポーツ哲学の入門——スポーツの本質と倫理的諸問題』ナカニシヤ出版，239-243頁).

▷6 タイトルIXは，1972年のアメリカ教育法修正第9編であり，国の援助を受ける教育機関の男女差別を禁止した。V-A-⑩を参照。

▷7 近藤良享 (2016)「スポーツ・ルールにおける平等と公正——男女別競技からハンディキャップ競技へ」『スポーツとジェンダー研究』14, 125-126頁。

おすすめ文献

†高橋健夫・岡出美則・友添秀則・岩田靖編著 (2010)『体育科教育学入門 新版』大修館書店。
†岩田靖 (2012)『体育の教材を創る』大修館書店。
†岡出美則・友添秀則・松田恵示・近藤智靖編著 (2015)『体育科教育学の現在 新版』創文企画。

Ⅹ 多様性と体育・スポーツ

3 スポーツにおける男性領域・女性領域の崩壊

1 スポーツにおける男性領域・女性領域の存在

　これまでの研究から，いわゆる近代スポーツは，その成立の段階から男性および男らしさイメージとの結びつきが強かったことが明らかになっています。そのため，女性がスポーツに参加するようになってからも，性別を理由とした様々な違いがみられます。例えば，オリンピックにおいては，レスリングのグレコローマンスタイルのように男性だけの種目として行われている競技や，新体操やシンクロナイズドスイミングのように女性だけの種目として行われている競技が存在していますし，陸上競技やカヌーなどにおいては，種目によって男女で距離などに違いがみられます。テレビで放映されるスポーツにしても，地上波では男性のみの競技の中継時間が全体の60%近くを占める一方で，女性のみの競技の中継時間は10%に満たず，スポーツにおける男性優位の構造を読み取ることができます。これらのことは結果として，性別によって競技や種目に向き・不向きがあるとの認識や，特定の競技や種目と男らしさ・女らしさイメージの結びつきを生み出しています。そうした意味で，スポーツには様々な場面で，男性領域・女性領域とでも呼ぶべき差異が存在するといえるでしょう。

2 クロスオーバーするスポーツ

　こうした認識のもと，男女でカテゴリーを分けて競技を行うことは当然のように考えられていますが，話を近代スポーツに限っても，例えば馬術のように，男女で分けられていない競技も古くから存在しますし，テニスや卓球のミックスダブルス，2016年リオデジャネイロ五輪で採用されたヨット（セーリング）のナクラ17級など，男女が混合で争う競技も多く存在しています。日常的な場面においてはいっそう，性別にかかわらず同じスポーツを楽しむ場面がみられます。
　また，性別によって競技・種目に向き・不向きがあるという考え方に対しても，近年ではそうしたイメージを乗り越えるような動きも多くあらわれています。例えば，格闘技は男性的なイメージと強く結びつけられがちですが，すでに柔道では1980年代から女性が活躍していますし，ボクシングや総合格闘技などにおいても，世界の多くの国々で女性の進出が目立っています。近代スポーツが確立される中で，「男らしさ」を養うための競技として教育プログラムに

▷1　來田享子（2004）「近代スポーツの発展とジェンダー」飯田貴子・井谷惠子編著『スポーツ・ジェンダー学への招待』明石書店，33-41頁。岡田桂（2004）「喚起的なキス――サッカーにおける男らしさとホモソーシャリティ」『スポーツ社会学研究』12，37-48頁。

▷2　関めぐみ（2016）「近代オリンピック大会にみる男女差」日本スポーツとジェンダー学会編『データでみるスポーツとジェンダー』八千代出版，18-27頁。

▷3　藤山新・登丸あすか（2016）「スポーツメディアとジェンダー」日本スポーツとジェンダー学会編『データでみるスポーツとジェンダー』八千代出版，115-129頁。

取り入れられていたラグビーやサッカーも，オリンピックやワールドカップなどの世界大会が開催されるほど女性の競技者層が広がり，競技レベルも向上しています。逆に，シンクロナイズドスイミングや新体操など，女性的なイメージと結びつけられがちな競技に取り組む男性も増えています。

　このように，これまでスポーツ界では自明のものとされてきた，男性領域・女性領域を乗り越えるような動きが生じています。こうした動きは，一面ではこれまでの男らしさ・女らしさイメージや，それと結びついたスポーツのイメージを変革する可能性があり，肯定的に受け取ることができます。しかしその一方で，既存の男らしさ・女らしさイメージの強化・再生産につながる可能性も指摘することができるでしょう。例えば，テニスのミックスダブルスでは打球の速度が男女で著しく異なるため，いかに男性が女性をカバーするかが勝敗のポイントの一つとされています。また，女子サッカーの日本代表チームが男子の高校生チームと対戦して大敗を喫した際には，男女の体格差，筋力差がクローズアップされました。したがって，スポーツの男性領域・女性領域を乗り越えるような動きは，場合によってはかえって男女間の差異を浮き彫りにし，スポーツにおける男性の優位性を補強することもあるといえるでしょう。

３　男性領域・女性領域を超えて

　スポーツは「身体」という存在が強くかかわってくることもあり，男性領域・女性領域が明確に分かれていることが自明で，男性・女性の２つにカテゴリーを分けることや，男性向きのスポーツ，女性向きのスポーツが存在するという認識が正しいかのように思われがちです。しかし，すでにジェンダーという概念で明らかにされているように，「男らしさ」「女らしさ」とは固定的，絶対的なものではなく，文化や社会，時代によって変化する，流動的，相対的なものです。しかも，ここまで述べてきたように，スポーツ界ではこれまで自明のものとされてきた男性領域・女性領域を乗り越えるような動きが，現実として生じています。わたしたちも，こうした領域の存在そのものや，それを自然視するような認識を見直す必要があるのではないでしょうか。その過程においては，男性・女性というカテゴリー分けが本当に公正で唯一絶対の正解なのかということも，必然的に問い直されることになるでしょう。

　『リトル・ダンサー』という映画があります。ボクシングを習っていた少年がバレエに魅せられ，プロのバレエ・ダンサーを目指すという内容です。男らしいスポーツとして，少年をボクシング・ジムに通わせていた父親は，「バレエは女のやるもの」と激怒しますが，やがて少年の夢を後押しするようになります[4]。男のスポーツ，女のスポーツという領域を取り払い，本当に自分がやりたいスポーツに取り組む。周囲もそれを応援する。とても理想的な，スポーツのあり方ではないでしょうか。

（藤山　新）

▶4　ダルドリー（2000）。

おすすめ文献

†S. ダルドリー（2000）『リトル・ダンサー』アミューズ・ビデオ。
†矢口史靖（2004）『ウォーターボーイズ』東宝。
†読売新聞運動部（2013）『女性アスリートは何を乗り越えてきたのか』中公新書ラクレ。

Ⅹ　多様性と体育・スポーツ

4 イスラームの女性スポーツ

1　イスラーム女性と国際スポーツ：ヴェール着用をめぐって

　第Ⅴ章「スポーツ政策（イスラーム圏）」で述べたように，イスラーム女性の中にはイランのように国の法律によってヴェールの着用が義務づけられていて，日常生活はもちろんのことスポーツを行う際にも顔と手以外の肌を親族以外の男性に見せることが禁じられている場合があります。また，法律に定められていなくても信仰への個人的な考え方によって常にヴェールを被るというイスラーム女性もいます。彼女たちにとって，国際スポーツ，特にオリンピックへの出場は，ヴェールをめぐって大きな問題となっています。なぜなら，競技によっては服装規定により顔と手以外の自分の肌の露出や軽装である必要があるためです。トップアスリートのイスラーム女性は，イスラームのもつ「被覆される身体の文化性」とヴェールとの間で葛藤を続けています。第Ⅴ章に引き続きイラン女性を事例に考察します。

　2012年に開催されたロンドン大会では，参加した204のすべての国と地域からはじめて男女両方の選手が出場しました。これはヴェール着用の条件をもとにサウジアラビア，カタール，ブルネイの3か国の女性選手の初参加によって実現したものであり，オリンピックがヴェール着用を許容したかのようにみえました。しかし，他方，イラン女子サッカーチームはヴェールを被っていることを理由に予選から出場が認められず，2016年開催のリオデジャネイロ大会予選においても同様でした。競技種目（特性）によっては，あるいはヴェール着用の仕様によっては，未だ女性のオリンピック大会出場には難しい側面があります。そこで，1993年から2005年までの間に4回にわたりイランの首都テヘランにおいて，男性の眼を遮断してイスラーム女性だけで「イスラーム諸国女性スポーツ大会（Islamic Countries Women Sports Games）」が開催されていました。国際大会に出場できる機会を模索していたのです。

▷1　イスラーム諸国女性スポーツ大会実施内容については，イスラーム女性スポーツ連盟（Islamic Federation of Women sport：IFWS）による4大会の報告書を参照した。

2　イスラーム諸国女性スポーツ大会の開催とオリンピック出場への志向性

　第1回大会は，1993年（2月13～19日）にテヘランにあるアザディ・スポーツ・コンプレックスにおいて開催されました。この大会は，当時のラフサンジャーニー大統領の次女であり，イラン・オリンピック委員会の副会長を務めていたファーヘゼ・ハシャミ（Faezeh Hashemi Rafsanjani）が中心となって開催

されたものです。参加国11か国の国際大会として行われましたが，試合が始まれば，スポーツコスチュームに着替えた選手たちに加え，役員・審判・観客・記者など，会場に居ることができるのはすべて女性でした。スローガンは「Friendship & Unity（友情と連帯）」とされ，さらにムスリム女性としてのアイデンティティを守っていくことが掲げられました。その後，第2回大会（1997年），第3回大会（2001年），第4回大会（2005年）と4年ごとに全4回続けられました。第3回大会からは名称を「Moslem Women Games」と変更し非イスラーム圏（イギリス，コンゴ，インド）からのムスリム女性の参加も推奨しました。それぞれの大会報告書には国際オリンピック委員会会長からの激励メッセージも掲載され，オリンピックへの参加に意欲的ですが，現在のイランの国家体制においてはヴェールを外すことは難しいと考えられています。他方，ヴェール着用によっては種目特性や競技性（混合型球技，格闘技，芸術スポーツなど）を歪めることにはならないかという懸念もあります。

3 イラン女性の日常とスポーツ

他方，アスリート以外の女性たちのスポーツ志向も見逃せません。テヘラン市内にはいくつかの女性専用のスポーツセンターがあります。古い建物ですが育児室もあるので子どもをあずけながらバドミントンやバレーボールを楽しむ女性たちが集まっています。レジャー・レクリエーションとしてのスポーツ活動は，女性たちだけの心身の開放的な空間とみることができます。また，男性入園禁止の女性専用公園（「Mother's Paradise」）があり，ここでは家族や親戚の女性たちがチャイ（紅茶）や軽食を持ち寄ってピクニックを楽しんだり，おしゃべりに興じたりする姿を見ることができます。公園内には整えられた植栽の中にスポーツ教室を含むカルチャーセンターもあり，女性たちの憩いの場となっています。

4 ヴェール文化の「心地よさ」と西欧化への憧憬の相克

イスラーム世界は，「男性の世界」と「女性の世界」を分けることが当然の文化となっていて，男女の間に「段差」というものがないという解釈があります。また，西洋の女性が自分を「見せる」ことに重きをおき「見られる自分」を強いられてきたのに対して，特にイランの女性たちは「見られる窮屈さ」から十分解放されている，という見解もあります。「身体を隠していることによって男性と対等に仕事ができる」と彼女たちが言うように，ヴェールによる「自由」もあるかもしれません。しかし，近年，テヘラン市内には，ジーンズ姿に短めのコート（これまでは腰まで隠れるコートが一般的でした），そして様々な色合いのスカーフを身にまとった若い女性も目立ってきています。

（荒井啓子）

▷2　筆者の現地聞き取り調査によるものである（2015〜17年）。

▷3　片倉もとこ（1995）『イスラームの日常世界』岩波書店，85頁。
▷4　桜井啓子（2001）『現代イラン』岩波書店，149頁。

おすすめ文献

†春日春之（2010）『イランはこれからどうなるのか』新潮社。
†塩尻和子，池田美佐子（2004）『イスラームの生活を知る事典』東京堂出版。

Column 1

ワールド・ジムナストラーダ（世界体操祭）

参加者の多様性

　勝敗を争わない一般体操（GYMNASTICS FOR ALL）の祭典，ワールド・ジムナストラーダ（以後，ジムナストラーダと略す）は，国際体操連盟（FIG）が主催する最大規模の大会です。1953年，ロッテルダム（オランダ）で第1回大会が催され，以降，原則として4年に1回開催されています。

　ジムナストラーダの特徴は，多様性です。年齢，性別や性的指向，人種，国や地域，障がい，宗教や文化，体操の能力や社会的地位を問わず参加することができます。トランスジェンダーの人の存在もまったく違和感がありません。性的マイノリティ（LGBT）の大会であるゲイゲームズやアウトゲームズでさえも，自己申告であっても性別の記載が必要です。

　第15回ヘルシンキ大会（2015年）は，スローガン"Make the earth move"のもと，53か国から約2万1000人が参加し，そのうち約80％が少女と女性でした。リオ五輪（2016年）の参加者数が1万1237人ですから，その規模の大きさがうかがえます。参加者はグループ単位にてスタジアム，ホール，国際展示場，シティステージで演技発表やワークショップを行います。地元フィンランドからは4000人の参加，そのほとんどがボランティアとしても活動しました。日本からは，筑波大学，国士舘大学，日体大とインターナショナルオールドボーイズ，体操リーダー連絡協議会，真美健康体操協会，ハローフレンズ イノアなど15グループ，500人が参加しました。

体操は多様な動きの原点

　日本の演技は大変な人気です。その理由の一つは，トップレベルの男子新体操が見られることです。オリンピックの新体操は女子種目のため，ジムナストラーダは男子新体操の国際的発表の場となっているのです。各クラブや地域の伝統的な動きもあります。スウェーデン・マルメの女性のボール体操，リトムグッパナのコミカルな男性の動き，ロンドンからくるダウン症の子どもたち，フィンランドの少女とリーダーたち（50＋）の審美的動き，ドイツの元体操選手のユーモアを交えた体操競技などなど。手具や用具も多様です。関心のある方は，動画をみられることをお薦めします。

　ジムナストラーダへの歓迎の言葉やFIGのHPによると，一般体操の理念は，"Fun（楽しみ），Fitness（健康），Fundamentals（基礎）and Friendship（友愛）"です。"Fundamentals"については，HPを掘り下げて読めば，「すべてのスポーツの基盤」を意味していることがわかります。つまり，オリンピックで金メダルを目指す様々な競技のアスリートたちの動き，言い換えれば，多様な動きの原点は体操にあるということです。

多様な楽しさ

　楽しさも多様です。体操をする・みる・学ぶ・ささえるだけでなく，友愛の輪も広がります。ヘルシンキ大会初めての試みであった「ジムナストラーダ・ワールド・チーム」は，35か国，約2200人のジムナストが期間中1回のリハーサルで，オリンピックスタジアムでのラージパフォーマンス，ミッドナイト・サン・フェスティバルを彩りました。さらに，旅する楽しさ，スポーツツーリズム

も大きなウェイトを占めています。開催都市や近郊の観光地へのツアー，大会後にはオプショナルツアーも可能です。

そして，重要なことは，ジムナストラーダの参加者は単にグループとしての参加ではなく日本代表としての位置づけを得ていることです。初参加者は「開会式は，まさにテレビでしか見たことがないオリンピックそのもの，順番に国の名前がアナウンスされ，私達は国旗を先頭に胸を張って芝生の上を行進する」と感想を述べています。このような感動は，国際大会であるからこそ生まれます。

図1　第15回世界体操祭のシンボルマーク

フィンランドとジムナストラーダ

最後に，フィンランドでのジムナストラーダ開催の背景について記します。まずはフィンランド体操協会（SVOLI）がフィンランド最大のスポーツ連盟の一つであり，国民に体操文化が根づいていること，加えてSVOLIの前身であるフィンランド女子体育連盟（SNLL）の長い歴史（設立1896年）とSVOLIを支えるヘルシンキやユヴァスキラなどの伝統ある体操クラブの活動があげられます。特筆すべきは，フィンランドがロシアの支配下にあったストックホルム五輪（1912年）では，自国の旗を掲げることができないフィンランドチームは，ヘルシンキ女性体操クラブの旗を掲げ，ロシアチームに続き行進したという歴史です。過去から現在へと続く女性スポーツの力が結集した大会であったように思います。

このコラムを書いている2016年10月19日，FIG会長に渡辺守成氏選出のニュースが飛び込んできました。一般体操部門副会長は日体大の荒木達雄先生です。2020年東京大会の次は，ジムナストラーダの日本開催を目指してほしいものです。

(飯田貴子)

▷1　本コラムの理解を深めるには，V-A-⑧および松本迪子「ワールド・ジムナストラーダ」飯田貴子・井谷惠子編著（2004）『スポーツ・ジェンダー学への招待』明石書店，299-307頁を参照。
▷2　これらの情報は「15TH WORLD GYMNAESTRADA (2015) Participant Guide」による。
▷3　「50＋」は，50歳以上を指す。「シニアグループ」などとまとめることも，人々の多様性を損なうという考えから，「50＋」「60＋」と呼んでいる。
▷4　GYMNASTIC FOR ALL（FIG）のHP。一般体操の理念やWORLD GYMNAESTRADA 2015の動画も見ることができる。http://www.fig-gymnastics.com/site/page/view?id=236（2017年12月25日閲覧）
▷5　「15TH WORLD GYMNAESTRADA (2015) Participant Guide」による。
▷6　NPO法人MGLA（Meeting of Gymnastics Leaders for all）(2015)「15TH WORLD GYMNAESTRADA」報告書，20頁。
▷7　歴史については，https://www.voimistelu.fi/fi/Yhteystiedot/Voimisteluliitto/Historiaa（2017年12月25日閲覧）。
▷8　The Finnish Society of Sport Sciences (2007) "Sport in the Shadow of Politics," Motion : Sport in Finland, pp. 16-18. ヘルシンキ女性体操クラブの本来の名称は，Gymnastikföreningen i Helsingfors。歴史については，Aapo Roselius (2016) "Gymnastik och passion : En blerättlese om Gymnastikföreningen i Helsingfors 1876-2016" が興味深い。

Column 2

柔道における実践例：柔道未経験の女子体育教員の取り組み

武道の学習機会

中学校では1989年の学習指導要領改訂から男女ともにダンスか武道を選択できたはずですが，多くは体育の男女別クラス編成が残っている関係から武道は男性教諭の指導で主に男子が学んでいました。大学の保健体育科教員養成課程では当然のように男子学生は武道を学ぶチャンスがありましたが，女子学生にはありませんでした。もちろん筆者も中高大と武道を学ばなかったことに何の疑問も感じずに中学校保健体育教員になりました。このコラムでは，柔道未経験であった筆者が1996～2013年に中学生女子に対する柔道授業作りに取り組んだ過程で学んだことを紹介します。

体育の中で武道を学ぶこと

柔道指導の専門家のアドバイスを受けながら，女子に対する柔道の授業作りに取り組んですぐに気づいたのは，武道とは相手を力で打ち負かしていくということが中心のスポーツではないのだ，ということです。「自他共栄」……戦う相手も自分もともに尊重しあうこと，相手がいてくれるからこその柔道。外からアスリートの試合をぼんやりと見ていただけではわからなかったことです。例えば，相手と組み，思い切り力を出し合うけれど，相手を投げた時に決して投げ捨てはしません。投げた瞬間，相手の袖をぐっと引き，相手が頭を打つことのないようにします。

また，武道のイメージとして，技を型として学び，身体を鍛錬していく男性的な世界であるように思っていたのですが，体育の中で取り扱う場合にはむしろ，技の合理性に気づき自分の個性を生かしながら相手との関係からいろいろな作戦を工夫する楽しみを味わうことのできる種目だったのです。

ダンスの授業で課題解決型の授業を研究していたので，早速柔道でも毎時間の問いを立ててみました。問いは，「3つの条件で相手を押さえ込む技をあみだそう」「大腰で相手をうまくのせるにはどうしたらよいか」など，技に関することが中心となりました。やり方もコツもすべて教えて練習をするのではなく，やり方を教えるがコツはペアやグループで考えさせると，生徒はお互いに見合いながら何度も試し，意欲的に練習をします。教え込む授業以上に上手になることがわかりました。

中学生女子は授業前に「痛いかもしれない，怖い」と思う者が少なからずいましたが，授業が始まるとたちまち「楽しい」と感じるようになったようにみえました。

図1　協働して探究しながら習得していく

柔道指導専門家の指導言語に学ぶ

2008年からの中学校武道男女必修に向けて，高校の女子柔道授業の見学や初心者教員向けの講習を受け，それらの指導者（いずれも国際大会レベルの選手経験をもつ）の言葉から生徒に示すキーワードを模索しました。特に安全に関するキーワードは，単なる安全確保ではなくまさに「自他共栄」の精神，礼につながるものでした。例えば「取りは引

き手を離さない，受けはつり手を離さない」は，お互いの安全をそれぞれで責任もって守っていく姿勢ですが，続けてこの引き手とつり手は「お互いを守る命綱」と続きます。「全力は7割」も思い切り力を出し合って戦う際に，7割を全力として残りの3割は相手の安全や周りの環境に気を配るというものです。「受け身とは負ける練習」も目から鱗でした。上手に負けることは安全の確保につながります。危険だからと初心者には行わない傾向にある乱取り練習も，自分から受け身を取る練習を積むために，取り受けを決めた約束乱取りとして取り入れ，キーワードは「乱取りは負ける練習」としました。

図2　安全のキーワードを常に意識して学習

図3　安全に攻防の楽しさを味わう，約束乱取り

学習内容の厳選

中学校1・2年のみの必修授業であり，もうこの先は柔道を選択しないかもしれない10～12時間でその中心的な楽しさを味わわせるには内容を厳選しなくてはなりません。最初のうちは前回り受け身習得に3時間かけ，そのテストもしていました。しかしある時期から専門家にも相談し前回り受け身をやめ，毎時間音楽をかけて行う準備運動の中で後ろ受け身を徹底し，授業では対人で組み合って行う受け身を中心に扱うこととしました。「2人組の受け身で安全を考えよう！」という授業もしました。ペアやグループで練習しながら安全のポイントを見つけて提案し合う授業です。

内容の選択といえば，同僚の教師は長年の経験から，男子には大外刈りを教えるが女子には危険であろうと考えていました。筆者も柔道専門の大学院生にチームティーチングのサブとして入ってもらい大外刈りを練習したり教員向けの柔道講習会に参加したりするようになるまではそう思っていました。結局，大外刈りを選択する基準は，男子か女子かではなく，対象とするクラスが大腰や体落としでしっかり取り受けができているか，各ペアが前段階の大外落としのような形で行うべきかを判断できるかなどであると気づきました。さらに，授業の目的や雰囲気が，試合で勝つことが一番ではなく，自分の得意技を見つけ連絡技などを工夫して相手との信頼関係の中で投げたり投げられたりする楽しさを味わうことならば，十分大外刈りを扱えるのだと確信しました。

これからの武道授業

女子が，とっくみあいのけんかやプロレスごっこなど思いきり力を出し合って人とぶつかりあう生活体験が男子より少ないならますます柔道は大事な種目だと考えましたが，実際は男女にかかわらずそのような体験の少ない生徒が増えています。武道とはもともと，より強くという男性中心の文化であったかもしれませんが，学校教育にあっては，相手を尊重しながら攻防の駆け引きの中で技を工夫する，創造的な種目です。共通に，技の原理と安全や礼法を学びつつ，体重や身長の差，筋力の違い，積極派か慎重派か，多様な生徒たちが協働してそれぞれ自分の柔道を実現していけるような授業を追求していきたいものです。

（宮本乙女）

XI 研究の視点と方法

研究の視点と枠組み

1 ジェンダーの視点

研究にジェンダーの視点を用いる時には，次の3点をおさえておきましょう。第一は，ジェンダーは社会的・文化的に構築された性別であること，第二は性を区別するだけでなく「ジェンダー秩序」という概念を含めた理解が必要とされること，この理解に基づき，第三に，性にかかわる支配・権力関係を解明することを通じ，不平等の解消を目指すことです。

2 関係論的分析の重要性

アン・ホールは，スポーツとジェンダーに関する3つの分析手法を紹介しています。(1)「カテゴリー的研究」は，体力や競技能力などを性別に数量化するもので，この方法は性別間の差異が強調され生物学的還元主義に陥る危険性がある。(2)「配分的研究」は，メディア，スポンサー，コーチ，競技の機会などの配分を吟味するもので，性別間の不平等を暴くという意味では有用だが，なぜその不平等が生じるのかは明らかにされない。そして，(3)「関係論的分析」は「スポーツというものが，社会内の権力集団の利益と必要に役立つように生み出され，社会的に構築され，文化的に規定されているという仮定から出発する」もので，このような観点から分析することの重要性を説いています。

社会では男女間の差異は明らかで本質的であるため，様々な男女間の不平等やジェンダー秩序は自明で自然なものであるという神話が残っています。スポーツは，このような神話を実話だと思い込ませる役割を果たしてきた側面があります。それは，スポーツが身体と深く結びついた文化であるためです。したがって，スポーツをジェンダー視点で研究をすることには困難さを伴いますが，そこで得られた知見は，ジェンダー神話を崩壊させる可能性を秘めています。

またバトラーは，ジェンダーとセックス（身体の性）の配置を逆転させ，セックスはジェンダーを遂行的に演じることにより生成されると論じ，ジェンダーの二分法によって構築された異性愛規範を攪乱させる理論を展開しています。関係論的分析において，バトラーの主張を取り入れると，社会的・文化的・歴史的に構築されたスポーツを繰り返し再現することによって，人間は男と女に振り分けられ，その中で性的マイノリティの存在は抹殺されてきたといえます。したがって，スポーツにおいて，性的マイノリティの人々がどのよう

▷1 Ⅰ-①を参照。

▷2 ホール／飯田・吉川監訳（2001）23-28頁。

▷3 バトラー, J.／竹村和子（1999）『ジェンダー・トラブル――フェミニストとアイデンティティの攪乱』29頁。「ジェンダーは，それによってセックスそのものが確立されていく生産装置のことである」という。

に不可視化されてきたかを探ることも課題です。

③ 体育学・スポーツ科学のあり方をジェンダー分析する

シービンガーは，学問の世界自体をジェンダー視点で見直す必要性を主張し，「科学のフェミニスト的修正を告げる分析論」を7つ示しています。

(1)研究の優先性と成果のジェンダー分析……研究の優先性，限られた研究資金がどのように配分されているか，その成果は誰のためのものであるか。(2)研究対象の選択に関するジェンダー分析……研究対象者にジェンダーの偏りはないか，一方の性だけを用いた研究結果を人間一般に当てはめていないか。(3)組織の制度のジェンダー分析……研究資金の配分決定，研究の問いや生み出された知識の構築にも影響を及ぼす組織のジェンダー比に偏りはないか。(4)科学と家庭生活の文化のジェンダー分析……前者が無言のうちに後者に寄りかかっていないか。素晴らしいアイデアはくつろいでいる時に閃くことがあり，創造的な仕事には多様で多彩な経験が必要だが，ハードな生活は健康をも阻害する。(5)言語的表現と図像的表現の解読……ジェンダー・ステレオタイプが，導き出される解釈を左右していないか。例えば「能動的な精子」と「受動的な卵子」という表現は，受精に果たす卵子の貢献を過小評価してしまうだけではなく，同性間の交配に関する研究を見過ごすことにつながる。(6)理論的枠組みの刷新……男性中心主義的な見方をしていないか。例えば進化論において雄をモデルとして雌の行動を捉えると，雌の役割を誤解する。(7)科学の定義の再考……「どんな基準で，どんな歴史的文脈の下で，何を科学と見なすのかを誰が決めるのか，それを分析することが重要である」と指摘しています。

性は多様であるという現実も踏まえ，上記の分析理論を体育学・スポーツ科学にも応用してみましょう。

④ 様々なイズムとの交差点を研究

ジェンダー視点の導入は，あらゆる学問分野において可能であり，必須です。ジェンダー視点が欠如している学問や研究は，学術的真価が問われるといっても過言ではありません。さらに今日では，スポーツにも，ジェンダー，セクシュアリティにも影響を与える，ナショナリズム，ミリタリズム，コマーシャリズム，グローバリズム，レイシズム，エイジズム，エイブルイズムおよびホモフォビア，トランスフォビア，クィアフォビアなどを交差させ分析する手法が重要となってきています。例えば，メディアにおける女性アスリートの扱いは，国内大会と国際大会では表象のされ方が異なり，ナショナリズムを喚起する言説の拡大は，女らしさの強調や女性を性的対象化する言説を抑制するという報告や，キャピタリズム，コロニアリズム，クィア理論をとおしてメガイベントの開催を批判するという研究も存在します。

（飯田貴子）

▷4 シービンガー／小川・東川・外山訳（2002）233-239頁。

▷5 ここでは，「近代スポーツには，男性主導型社会である近代産業社会の影響が色濃く存在している」伊藤公雄（1998）「男らしさと近代スポーツ——ジェンダー論の視点から」日本スポーツ社会学会編『変容する現代社会とスポーツ』世界思想社，83-92頁という指摘も有用です。その他，近代スポーツの成立過程については，Ⅱ総論およびⅡ-Aの各項を参照。

▷6 能力主義のこと。

▷7 Ⅳ-B-③を参照。

▷8 キャピタリズムは資本主義，コロニアリズムは植民地主義のことである。Ⅸ-⑤を参照。

おすすめ文献

†M. A. ホール／飯田貴子・吉川康夫監訳（2001）『フェミニズム・スポーツ・身体』世界思想社。
†L. シービンガー／小川眞理子・東川佐枝美・外山浩明訳（2002）『ジェンダーは科学を変える!?——医学・霊長類学から物理学・数学まで』工作舎。
†A. ファウスト＝スターリング／池上千寿子・根岸悦子訳（1990）『ジェンダーの神話——[性差の科学]の偏見とトリック』工作舎。

XI 研究の視点と方法

歴史学的・社会学的アプローチに必要な視点

1 史・資料の取り扱いや分析の視点

　歴史学では，史料を発掘し，従来は史料として扱われてこなかった作品や表現物を通じての社会的・文化的表象にも史料的価値を見出そうとします。そのうえで，史料を用いて「より確からしい」過去の事実を明らかにしたり，ある事実と別の事実の因果関係を探ることにも重点が置かれます。また，社会学では，研究者の問題関心に応じた質的・量的な調査を行い，自分自身で資料を作り出す方法がよく用いられます。

▷1　XI-⑤ および XI-⑥ を参照。

　上述のような歴史学・社会学の方法を用い，ジェンダーやセクシュアリティに関する研究を進める場合，有効な視点があります。それは，過去または現在のデータや史・資料が示す事実の関係性・連続性・変動のプロセスを読み取ろうとする視点です。ジェンダーやセクシュアリティに関する事柄は，長い時間をかけて時代・社会・文化が影響し，現象として目にみえるかたちになっている場合がほとんどです。目に見えなかったり，認識されないままになっている事象の場合もあります。そのため，なぜそのような現象として現在のわたしたちの目に映っているのか，なぜ認識されにくいのか，その背景や理由について，個別的な見方と同時に，長期的で幅広い見方をすることが重要です。

　例えば，1928年アムステルダム五輪では，女性が陸上競技に出場できるようになりました。この出来事は，女性にとって画期的だと受け止められています。一方で，この出来事は，オリンピックに参加する権利を得るためにつくられた女性たちの組織を消滅させる契機にもなりました。つまり，「陸上競技における女性の参加」という一つの権利が与えられた結果，その後長い間，女性の競技が男性目線での管理・運営下に置かれる状況を生み出した出来事という見方もできるのです。こうした見方をするためには，女性には激しいスポーツは無理だと考えられていた当時の時代背景，両性を取り巻く社会の状況，スポーツ界の文化的土壌の理解が不可欠です。

▷2　來田享子（2000）「国際女子スポーツ連盟の消滅と女性陸上競技組織の改編」『体育史研究』17, 45-59頁。

▷3　荻野美穂（2000）「思想としての女性」岩波講座世界歴史28『普遍と多元』岩波書店，231頁。

▷4　多くは男性であり，権力構造の上位にあって，

　このような視点で先行研究や史・資料を発掘したり読み見直すことによって，「歴史の大きな流れ」として理解されてきた考え方を覆すような「流れ」や出来事があったことを発見したり，異なる時代・文化・社会に共通してみられる変化を見出すことができる場合もあります。また，歴史そのものがどのように描かれてきたか，という視点からアプローチすることも可能になります。ただ

196

し、分析や解釈の過程では、歴史学や社会学の成果や歴史的事実を自分の解釈にとって都合よく取捨選択することがないよう注意すべきです。

❷ ジェンダーを分析視点とする歴史学的・社会学的研究の動向

ジェンダーを分析視点に取り入れた歴史学的・社会学的な研究では、何が明らかにされ、今後、何を明らかにしようとしているのでしょうか。

ジェンダーを分析視点とする歴史学的研究の場合、その源流は「女性史」にあります。女性史は、1960年代末から第二波フェミニズムの影響によって盛んになりました。その主な課題は(1)女性運動の先駆者たちの足跡、(2)歴史的に重要だとされてきた出来事に女性の貢献を書き加えること、(3)女性の姿を探る新史料の発掘、(4)女性の視点からの既存の歴史像や時期区分の読み直し、という4つだとされています。

歴史学や社会学が女性に焦点をあてたことは、女性に対置される男性や「男らしさ」に焦点をあてる男性史や男性学という学際的領域を登場させました。長い間、「人間一般」を対象としているかのように研究は進められてきましたが、そこに女性が含まれていなかっただけでなく、男性の特殊性にも注意が払われてこなかったことに、研究者たちは気づいたのです。

このような変化と同時期に、政治的な事件や制度、著名な人物を描いてきた従来の歴史学の傾向に対する批判が高まり、ごく一般の人々の生活や文化に目を向ける必要性を主張する「社会史」が盛んになりました。以前は史料だとみなされなかった事物や表象を分析したり、家族や出産といった私的領域の営みを研究対象とする研究によって、新しい知見が蓄積されつつあります。

近年、社会は中心的な役割を演じた人物によってのみ構成されているのではなく、女性たち、そして名もなき男性たちの集合体であることが強く意識され、研究が進められています。また、過去や現在の社会を理解するには、女性または男性という特定の集団を描くだけでは不十分であり、両性間の関係の歴史や現在を明らかにすることが必要であると考えられるようになりました。例えばスコットは、ジェンダーという概念を「肉体的差異に意味を付与する知」と定義し、ある特定の身体的な差異に特権的な意味を与え、それによって人間を非対称にカテゴライズしてきた過去や、あるカテゴリーが権力構造を生み出したプロセスに目を向けることの重要性を指摘しました。

さらに、新たな傾向として、例えばテボーは、フランスのジェンダー史を俯瞰し、(1)私的領域だけでなく、公的領域および私的・公的領域が錯綜した領域を対象とした分析、(2)文化的差異に着目し、異なる大陸・地域・国の女性たちの経験を比較・交差させること、(3)国境や地域の境界を超えて起きるプロセスや現象への着目、(4)「科学と技術」「セクシュアリティ」等の未開拓なテーマへの取り組み、などがみられるとしています。

(來田享子)

様々な記録を書類や本として残すことが可能であった人々。

▷5 『女性史は可能か』において両性の関係として歴史を捉え直す立場を主張したペローは「男女の役割がはっきり見えない領域、相互に重なりあっている領域、分割されていない領域、逆転している領域の存在を認めると同時に、男女の役割を相互に補完的なものとしてあまりに調和的にとらえるのではなく、相互の葛藤や矛盾をむしろ認めること……男女両性の関わり方の問題を中心軸に据え、歴史を見る眼差しの方向を変えることが、もっとずっと重要なのである」としている (ペロー, M. 編著／杉村和子・志賀亮一監訳 (1992)『女性史は可能か』藤原書店, 31頁)。

▷6 スコット, J. W.／荻野美穂訳 (1992)『ジェンダーと歴史学』平凡社, 16頁。

▷7 テボー, F.／北原零未訳 (2013)「フランスにおける女性史・ジェンダー史——新しいアプローチ, 新しい対象, 新しい問題」『ジェンダー史学』9, 79-91頁。

おすすめ文献

†野上元・小林多寿子 (2015)『歴史と向き合う社会学——資料・表象・経験』ミネルヴァ書房。

†保城広至 (2015)『歴史から理論を創造する方法——社会科学と歴史学を統合する』勁草書房。

†T. スコチポル編著／小田中直樹訳 (1995)『歴史社会学の構想と戦略』木鐸社。

XI 研究の視点と方法

 心理学

1 心理学は生物学的性を重視

　フロイトは，精神分析理論による性的衝動（リビドー）に基づいて発達段階を考えました。そして，男児の場合は，父親との葛藤によりパーソナリティが発達する一方，女児はそれがないために人格的に劣ると考えました。

　心理学の研究は，男性中心的な考え方をする時代や社会の中で発展しました。そのため，近年ではジェンダー研究者たちによって，心理学では性差を過剰に重視してデータなどの結果を解釈し続けることになったことが批判されています。[1]

　心理学における性差の解釈には，二つの傾向がみられます。一つは，実際以上に大きく捉える傾向（アルファ・バイアス），もう一つは実際以上に小さく捉える傾向（ベータ・バイアス）です。前者では，「男と女は違う」という前提で論じてしまうことになるために両性の類似性に気づかない危険性があります。逆に，後者では「男と女は違わない」ことを前提とするために，生物学的な性差によって生じる違いに気づかなくなる場合があります。過去の心理学では，性別を分類の基準として重視したことによりアルファ・バイアスが生じやすく，統計的検定（有意性検定）で示された差を安直に「性差である」と解釈した例が多くみられます。つまり「検定で示された差は，もしかしたら育った環境などによる個人差なのではないか」などの別の視点から考えないままになり，重要な結果を見逃すことにつながります。

2 ジェンダー・ステレオタイプ

　一方の性別にあてはまると思い込まれている特性のことをジェンダー・ステレオタイプといいます。ある人が生まれた社会とそこでどのような経験をしたかが，その人が思い込んでいるジェンダー・ステレオタイプの形成に重要な影響を与えると考えられます。例えば，女性は従順で，男性には行動力があるという思い込みから，男性はリーダー，女性は補助的役割，という性別の分業観が生まれます。

　スポーツ界でのジェンダー・ステレオタイプを解消するために，どちらか一方の性を差別しないことが主張され，オリンピック大会での女性参加者の増加に向けて，主に男性が実施してきた種目に女性の参加を促すなどの動きがみられるようになりました。[2]

▷1　青野・森永・土肥（1999），124-147頁。

▷2　日本スポーツとジェンダー学会編『データでみる　スポーツとジェンダー』八千代出版，18-41頁。

▷3　小出寧（1998）『男と女の心理テスト』ナカニシヤ出版，30-32頁。

▷4　体育系大学の女子学生195名を対象にジェンダー・パーソナリティ類型とスポーツ種目特性によるジェンダー・パーソナリティの違いを明らかにした研究。阿江美恵子（2004）「体育専攻女子大学生のジェンダー・パーソナリティ」『スポーツ心理学研究』31(2)，9-18頁。

▷5　小出は，女性を強調したファッション，美容，

3 「女らしさ」とスポーツウーマン

ジェンダー・パーソナリティとは，男性性（masculinity）と女性性（femininity）を中心的な構成要素としたジェンダーに関する個人のパーソナリティ特性のことを意味します。これを測定するために心理学分野で開発された尺度を用いると，女性競技者では男らしさの得点が高くなると予想されていました。しかし，小出が日本人向きに作成したジェンダー・パーソナリティ尺度を用いた阿江の研究によれば，女性競技者が特に高い男性性を示すわけではないことが明らかになっています。いわゆる男性向きとされる種目を実施している女性競技者と女性向きとされる種目を実施している女性競技者を比べても，男性性得点，女性性得点，セックス・アピール得点には違いがみられず，見た目が男性的でも女性性得点が一番高いという結果が得られました（図1）。

一方，関連する調査では「女性らしくありたい」と思うこととスポーツ参加の間で女性競技者は葛藤し（図2），筋肉が増えると女性らしくないと考える人がたくさんいることも明らかになりました。この研究で用いられた尺度の項目は，行動を記述する形式をとったものが多いことから，女性競技者は「服装や見かけ」は男性的でありながら，気持ちは女性らしくありたいと考えているという結果が示されることになりました。

4 スポーツ心理学では性差の取り扱いに注意が必要

スポーツ心理学では，ほとんどすべての研究が男女の運動能力や体力の違いを性差として扱っています。例えばスポーツモラル（規範など）に対する選手としての判断が男女で異なることを明らかにした研究では，ジェンダーバイアスが避けがたく影響している社会では必然的に個人の経験が性別によって異なってしまうことや社会化の過程にも違いがあることが，結果の解釈に含まれていない場合があります。

一方，男性向きというイメージが強い種目である野球を実施している女子大学生のジェンダー観の揺らぎを検討した研究では，野球に参加する動機の強さは，父親や兄など野球型種目の体験のある男性が「重要な他者」として影響を与えることが明らかにされています。こうした研究からは，スポーツにおけるジェンダーバイアスが個人に影響を与えることに気づかされます。他方，同性愛者や性同一性障害など性的マイノリティに対する差別の解消に向けた研究は，日本ではまだ少数です。

（阿江美恵子）

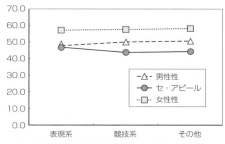

図1 部活特性別のジェンダー尺度得点
出所：阿江（2004）。

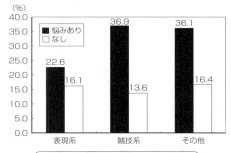

図2 女性らしくありたい悩み
出所：阿江（2004）。

化粧など男性にアピールする14項目からなるセックス・アピール尺度を，行動や感情に基づく男性性尺度，女性性尺度に加えた。この尺度は女性の得点が明らかに高かった。

▷6 阿江美恵子（2006）「女子野球部員の野球継続動機について——ジェンダー観のゆらぎへの質的アプローチ」日本体育学会第57回大会口頭発表。

おすすめ文献

†青野篤子・森永康子・土肥伊都子（1999）『ジェンダーの心理学』ミネルヴァ書房。

†R. K. アンガー／森永康子・青野篤子・福富護監訳，日本心理学会ジェンダー研究会訳（2004）『女性とジェンダーの心理学ハンドブック』北大路書房。

XI 研究の視点と方法

 自然科学

1 スポーツを自然科学的に研究する学問領域

　自然科学とは，自然に属する諸対象を取り扱い，その法則性を明らかにする学問のことをいいます。学校教育では，数学および理科といった理系科目が自然科学に相当するでしょう。しかしながら，スポーツを対象に研究を行う場合，数学，あるいは理科の中でも生物，化学，物理といった科目を超える，あるいは融合した形での視点や方法が存在します。

　スポーツを研究対象とした自然科学系の学問領域には，運動生理学，運動工学（バイオメカニクス），スポーツ医学，スポーツ栄養学などがあげられます。またスポーツの勝敗に大きく影響する要因を，情報学や統計学の手法により数理的に解析する，いわゆるスポーツ情報学といった分野もあります。2001年に開所した国立スポーツ科学センターでは，自然科学的なスポーツ研究の成果をスポーツ競技の現場に応用・還元し，連携する活動を続けています。

2 女性の身体を対象とした自然科学的研究

　自然科学的研究の対象は，スポーツを行う人間の身体です。人間の身体には，生物学的な性差があります。その代表には，女性と男性の生殖機能の違いによる内分泌系機能があげられるでしょう。女性は，思春期の第二次性徴によって性周期が形成され，初潮（初経）が発現します。初潮以降，月経周期は，生理機能に多様に影響することから，運動生理学的実験を行う場合には，女性は基礎体温を計測したうえで，卵胞期および黄体期といった月経周期のどの時期に調査が実施されたかを調整する必要があります。またスポーツを実施するうえで，月経前症候群や月経困難症といった月経周期に伴う身体の不調による影響も，運動のパフォーマンスに影響します。また月経周期とスポーツとの関連では，女性競技者に特有の三主徴と呼ばれる Female Athlete Triad（FAT）も女性特有の話題です。FAT は，利用可能エネルギー不足，運動性無月経，骨粗鬆症の３つをさします。利用可能エネルギー不足とは，運動によるエネルギー消費量に対して，食事等によるエネルギー摂取量が不足した状態のことをいいます。女性がスポーツを専門的に実施するうえで，FAT の予防には，自然科学的研究の成果が貢献しています。

　また女性の一生の中で，妊娠，出産といった大きな変化の後に，必ず訪れる

▷1　『広辞苑』より。

▷2　国立スポーツ科学センター HP。（2017年12月25日閲覧）

▷3　日本スポーツ振興センター・国立スポーツ科学センター（2014）「成長期女性アスリート指導者のためのハンドブック」18-20頁。

のが月経周期の停止（閉経）です。閉経による女性ホルモン（エストロゲン）の分泌量の減少に伴い，骨粗鬆症や動脈硬化といった症状は，女性のほうが男性よりも発症しやすくなります。閉経後の女性にとって，運動やスポーツの実践が身体諸機能に及ぼす影響は，男性とは異なる意味をもつ可能性が考えられます。また運動やスポーツは，更年期障害（閉経に伴う不定愁訴）の改善に効果的であることが，先行研究により報告されています。

　日本人女性は，世界一の長寿で知られていますが，実際には健康寿命と平均寿命との間には約13年の差があります。これは，人生の後半で自立した生活を営むことができない期間が，女性は男性に比べて長いことを意味し，要介護者の数も70歳以上では女性のほうが多くなります。こうした点から，高齢女性が身体諸機能を一定水準以上に保ち，自立した生活を営むことは，女性のQOL（Quality Of Life）向上には欠かせません。高齢女性の運動やスポーツの実践と身体諸機能に関する自然科学的研究は，社会に求められているといっても過言ではないでしょう。

3 女性が行う動作を対象とした自然科学的研究

　女性が実施するスポーツ種目が増えている今日，発育発達も含めた加齢に伴う動作の変容における性差を捉えることは，効果的な運動学習やトレーニング方法を考えるうえで重要な視点であり，自然科学的研究が貢献できる一分野です。

　ヒトの動作には，様々な場面で性差が存在しますが，実際には，身長，筋量といった身体にみられる生物学的性差の影響を大きく受けています。女性は，男性に比べ，高齢期での変形性膝関節症の発症率が高いといわれています。これは，女性が男性に比べて骨盤の横幅が大きく，Qアングルと呼ばれる大腿四頭筋と脛骨とのなす角度が大きいという骨格配列の特徴が，膝屈曲動作に影響することに一因しています。一方，生物学的な性差以外には，投げる動作のように，幼児の時点ですでに性差が存在する動作もあります。これは，幼児の運動遊びにみられる経験差に一因するものです。もちろん，女子の中に男子と同様の動作を行う事例もみられますが，女子を一つの群として捉えた場合には，様々な動作に性差が存在します。

　女性のスポーツ参画が活性化する一方で，自然科学的研究の対象は，未だに男性が多いのが実状です。今後，女性のスポーツでの活躍に呼応して，女性を対象としたスポーツの自然科学的研究が増えることは，女性が安全かつ効果的にスポーツを行ううえで欠かせません。そのためには，身体や動作に影響を与える心理，あるいは長年時間をかけて形成されてきた社会的・文化的要因を理解し，一般的に性差と考えられていることが普遍的法則に基づくものかどうかを再検討することも重要と考えます。

（水村（久埜）真由美）

▷4　VIII-B-③を参照。

おすすめ文献

†D. キムラ／野島久雄・三宅真季子・鈴木眞理子訳（2001）『女の能力，男の能力』新曜社。

†宮下充正監修（1995）『女性のライフステージからみた身体運動と健康』杏林書院。

†C. L. ウェルス／宮下充正訳（1989）『女性のスポーツ生理学』大修館書店。

XI 研究の視点と方法

量的調査

1 ジェンダー学と量的調査

　ジェンダー学は学際的な性質の強い分野であり，それがこの分野の魅力の一つでもあります。こうした特徴をもつジェンダー学の方法論の一つに，社会の動向や人々の考え，あるいは人間の身体反応などを数値を使って量的に把握する量的調査があります。具体的には質問紙を用いた社会調査によって得た調査データ，あるいは諸条件をコントロールした実験室で得られる測定データなどがありますが，政府などが刊行する統計データを活用することもできます。そしてそれらの量的データは多くの場合，統計学の理論を活用して分析し解釈されることになります。

2 ジェンダー学における"性別"変数の扱い

　以上のような量的データを入手し分析する過程において，性別は基本的な属性の一つとしてごくあたりまえのように使われています。現代社会における女性と男性という性別二元制それ自体の存在を問うジェンダー学において，調査項目に性別変数を含めることや，男女別に実験を行ったり統計値をまとめることは，一見矛盾しているようにみえるかもしれません。しかし性別二元制の問題は，量的データの収集やその分析から性別変数を除外すれば解決するというものでもありません。例えば国際大会の賞金に男女で大きな差があるにもかかわらず男女の合計値や平均値しか示さなければ，現実として生じている賞金の男女差はみえなくなり，そのことを指摘し是正する取り組みも取られないことになります。性にかかわる平等や公正の達成という，わたしたちが目指すべき目標に向けた第一歩として，社会の動向や人々の考え，あるいは人間の身体反応などにおける男女差に気づくことは重要です。そのために，量的データの収集において性別という視点を加えることが有効な場合もあるのです。

3 男女差をどう解釈するか

　ただし，性別変数を含めた分析，あるいは男女差を確認した分析結果の解釈においては慎重になるべきです。筆者は以前，体育・スポーツ社会学分野で統計解析を行っている論文のうち性別を分析に含めた94本について検証しました[1]。そしてそれらの論文で性別に関する結果や考察の記述を整理すると，以下のよ

▷1　高峰修（2007）「体育・スポーツ社会学研究の立場から――量的研究における男女差・性差と有意差検定の思想」日本スポーツとジェンダー学会第6回大会シンポジウム『体育学・スポーツ科学における性差認識とジェンダー』配布資料．

202

うな3パターンに分けることができました。

第一は，分析結果として男女差は示したものの，それに関して何ら考察されていないパターンです。

第二に，男女差の導き方に問題があると思われるパターンがあります。例えばサッカーの観戦動機の一つである「レベルの高い試合を観たい」の得点平均値を性別だけで比較して，女子よりも男子が高いという結果が導き出された場合を考えてみましょう。性別以外に観戦動機に影響を及ぼしうる変数（例えばサッカー経験）の影響が考慮されていないと，観戦動機の得点差が男女差なのか，それともサッカーの経験差なのか判然としません。

第三のパターンは，示された男女差を本質論・決定論的にしか捉えていないものです。例えば指導者に対する女子競技者の心理的依存度が男子のそれよりも高いという結果が示されたとしましょう。この結果を，本来女子は他者への依存度が高く，それが競技者にもあらわれたと決定論的に考えるか，あるいは「これまでのスポーツ指導において女子は他者に依存するように育てられてきたのでは」という構築論的な視点をもてるかによって，解釈の幅は異なってきます。

性別という変数を分析に含めて男女差を確認し，けれどもその結果を単に示すだけであったり考察が不十分では，「男と女はこんなにも違う」という表面的な知識を量産しているにほかなりません。確認された男女差を本当に男女差と捉えてよいのか，他の変数の影響を受けた「見せかけの」男女差ではないのかなどについて考える必要があります。そして何よりも，その男女差が社会的・文化的な価値観や慣習の中でつくられた可能性について考察するところに，ジェンダー視点から量的データの男女差を分析する醍醐味があるといえます。

4 「有意差がない」ことの考え方

量的データをジェンダー学の視点から分析する場合，性別において「有意差がない」（＝男女差がない）という分析結果についても慎重に検討する必要があります。平均値や分散における平均値の有意差検定は，そもそも「ある属性間の平均の差は偶然に生じた差である」ことを前提にして組み立てられており，それに基づいて分析結果として確認された差が偶然であるか否かを確率論的に推測します。したがって「男女間に差がある」という仮説を設定して実験や調査を行い，その分析結果において男女差が認められない場合，概してその実験や調査は失敗したことになりがちです。しかしその結果を失敗として捉えるのではなく，「男女間に差がない」という結果の背景にある社会的・文化的な構造について積極的に考えるべきです。すでに説明したように，性別という変数が統計解析において慎重に扱われているとは言い難い現状においては，「有意差」が認められても認められなくても，性別という変数と深く向き合っていくことが肝要です。

（高峰　修）

おすすめ文献

†川西正志（2012）「量的調査法」井上俊・菊幸一編著『よくわかるスポーツ文化論』ミネルヴァ書房，188-189頁。
†日本スポーツとジェンダー学会編（2016）『データでみるスポーツとジェンダー』八千代出版。
†高橋さきの（2013）「性差の科学言説」木村涼子・伊田久美子・熊安貴美江編著『よくわかるジェンダー・スタディーズ』ミネルヴァ書房，150-151頁。

XI 研究の視点と方法

 質的調査

1 質的調査の方法

スポーツの中で生じる様々な問題やことがらについて，ジェンダーの視点で調査を行う時，社会学や文化人類学などで用いられる調査方法が有力な方法となりえます。社会調査は，得られるデータの違いによっておおまかに2つに分けることができます。統計調査（アンケート）など量的なデータを得たり扱ったりするものは「量的調査」と呼ばれ，フィールドワークなどをとおして質的なデータを得るものは「質的調査」と呼ばれています。

量的調査の特徴は，適切なプロセスを経た調査であれば，ある集団のもつ傾向をかなり正確に把握することができるところにあります。数値化された回答は統計処理され，その結果は信頼性が高く価値のあるものとみなされます。これに対して質的調査は，人々の語りや会話，書かれた文章，音楽や踊りなど，ありとあらゆる数量化されないデータを幅広く扱います。方法としてはインタビュー，参与観察，生活史調査，新聞や雑誌等のメディアの資料収集，地域や行政の歴史的・文化的資料探索なども含まれます。量的調査のように，誰がやっても同じ結果を得られるという意味の「科学」的手法に依拠しませんので，信頼性は低いようにみえるかもしれません。しかしこうして得られたデータは，集団の特徴やそこで生きる人たちの人間像を詳細に捉えることができます。また，単に個別のケースとしてとどまるだけでなく，理論的な研究のベースや根拠となることも，また普遍的な理論へと洗練される場合もあります。

実際には，社会調査は，質的調査と量的調査の2つにはっきりと分けられるとは言い切れません。併用することも多々あります。いずれにせよ，調査で何を明らかにできるのかという点について違いがありますので，何を知りたいのかによって，適切な方法を選ぶことが大切になってきます。

2 参与観察

野外で行う調査活動のことをフィールドワークといいます。調査の対象となる地域を訪れ，五感をフルに働かせて観察したり，記録を取ったりすることです。動植物の観察などにも使われる言葉です。社会学や文化人類学では，調査する人が自分のテーマとなる地域や集団に入り，そこでの活動に加わり，観察・記録・解釈を行うことを参与観察と呼んだりもします。

▷1 「フィールドワーク」という語は，参与観察やインタビュー，資料収集なども含めた包括的なデータ収集法をさす言葉である。「インタビュー」も幅の広い概念で，広義では「生活史法」も含む用語である。それぞれの語がさし示す範囲には重なり合う部分があるが，強調点が違う。

▷2 参与観察法を用いた社会調査といえば，シカゴ学派社会学による一連のエスノグラフィーを優れた古典としてあげることができる。当時のアメリカでは猛烈な勢いで大都市が形成されていて，貧困や犯罪など新しい都市の社会問題が山積していた。これらの新しい都市社会を題材に，シカゴ学派の影響を受けた研究者や大学院生たちが，参与観察法を用いて魅力ある作品群を発表していった。

▷3 フェミニスト・エスノグラフィーの方法について論じられたものとして，春日キスヨ（1995）「フェミニスト・エスノグラフの方法」上野千鶴子・井上俊・大澤真幸・見田宗介・吉見俊哉編『ジェンダーの社会学』岩波書店，169-174頁，ほかに教科書として藤田結子・北村文編（2013）『現代エスノグラフィー——新しいフィールドワークの理論と実践』新曜社などを参照。

参加する期間は短ければ数時間，長くて数年に及ぶこともあります。調査対象との距離も様々で，あくまでも外部の人間として距離を保つ場合もありますし，なるべく溶け込んで生活をする場合もあります。参与観察を中心とした調査法はエスノグラフィー（民俗誌）と呼ばれることもあり，中でも女性の調査者が女性の経験に光をあてるという目的で行うものをフェミニスト・エスノグラフィーといいます。

どのようなスタンスを選ぶかは（選べないかは），明らかにしたいことや，経済的な事情によっても変わってきます。いずれにせよ，フィールドの内部に参加するので，内側からこそ見えることを明らかにできるのがこの調査法の一番のポイントでありおもしろさでもあります。

3 インタビュー

インタビューは学術的な研究だけでなく，テレビや新聞，雑誌，インターネットなどのメディアにも頻繁にみられる形式です。では学術的な調査と一般的な社会でよくみられるインタビューの違いは何でしょうか。社会科学におけるインタビューでは，調査の対象になる人を，ある社会問題や社会事象の当事者となる人とみなします。話を聞くことで，その人の背景にある制度や法律，文化や規範などが具体的にどのようにわたしたちの生に影響を及ぼすのかが明らかになりますし，当事者の生活や考えなどを深く掘り下げていくこともできます。

学術研究におけるインタビューは，学問的な裏付けやルールにのっとってまとめなければなりません。集まったインタビューデータを分析する時の切り口や結果は，先行研究の積み重ねの上に位置づけられます。話を聞くという方法は簡単にみえるかもしれませんが，相応の準備や勉強が必要なのです。

4 生活史調査

生活史調査は，個人の人生の物語を聞き取る調査法です。語られた内容に注視するのはもちろんのこと，その人をとりまく人間関係や社会背景などにも気を配り，物語と文脈を接合していくことが求められます。必ずしも時系列的に話されることのない人生の物語を調査者が作品化する時は，問題意識に沿いつつ，トピックごとに整理したり，類型化したりするなどの編纂が必要です。

先にあげたどの調査法においても，調査をさせてもらう相手の生活や心情に入り込んでいくわけですから，調査にあたってのルールや倫理を守り礼儀を尽くす必要があります。また，人間を相手にした調査は，往々にして思い描いていたとおりには進みません。自分の問題意識も，調査の方法も，柔軟に組みかえながら，学術的な理論と現場の実践を行ったり来たりしながら対処していくものだと思っていたほうがよいでしょう。

（水野英莉）

▷4 フィールドワークにおける技法や要点については，鏡味治也・関根康正・橋本和也・森山工編（2011）『フィールドワーカーズ・ハンドブック』世界思想社が参考になる。また，身近な日常について深く掘り下げていく方法を解説したものとして，好井裕明（2014）『違和感から始まる社会学――日常性のフィールドワークへの招待』光文社も参考になるだろう。

▷5 調査に際してのルールやマナー，データのまとめ方など，著者の調査経験がふんだんに盛り込まれて読みやすい教科書となっているものとして，以下の2点をお勧めする。工藤保則・寺岡伸悟・宮垣元編（2010）『質的調査の方法――都市・文化・メディアの感じ方』法律文化社。岸雅彦・石岡丈昇・丸山里美（2016）『質的社会調査の方法――他者の合理性の理解社会学』有斐閣。

おすすめ文献

†合場敬子（2013）『女子プロレスラーの身体とジェンダー――規範的「女らしさ」を超えて』明石書店。
†亀井好恵（2012）『女子相撲民俗誌――越境する芸能』慶友社。
†W. マンツェンライター（2013）「壁を登る――日本のスポーツサブカルチャーにおける覇権的男性性の解体」S. フリューシュトック・A. ウォルソール編著／長野ひろ子監訳『日本人の「男らしさ」――サムライからオタクまで「男性性」の変遷を追う』明石書店，204-227頁。

XI 研究の視点と方法

 尺　度

1 測定と尺度

　人間の行動や意識などの特性について研究する一つの方法として，それらを数値化して理解する方法があります。その際に，その数値を測るための一定の基準となる「物差し」が必要となります。それが「（心理）尺度」というものです。主に，心理学研究の領域で発展してきたもので，現在では社会調査においても使用されており，体育・スポーツ心理学の分野でも開発されています。尺度は，数値の割り振り方に関して4種類があります。測定する性能（尺度水準）の高い方から順に以下のようになります。

(1)　比率尺度……0という数値が何もない＝「絶対的な原点をもつ」ことを意味します。そのうえで，測定された値どうしの関係の「何倍」という計算が可能になります。例えば，体重100kgは体重50kgの2倍重い，100メートルを9秒で走る人は18秒で走る人の2倍速いと表現できます。

(2)　間隔尺度……どこの目盛りの間隔も等しいのが間隔尺度です。例えば，温度計で20℃と18℃，0℃とマイナス2℃の差は同じだけの2℃の温度差という意味で等間隔です。ただし，0は何もないことを意味しないので，倍数で表現することはできません。20℃が10℃の2倍温かいとは表現できません。

(3)　順序尺度……例えば，マラソン競技で1位，2位，3位というように，記録のよい順序になる（順序性）物差しといえます。しかし，間隔尺度のように，等間隔ではありませんので，1位と2位の差，3位と4位の差は同じという意味にはなりません。大小の比較が可能です。

(4)　名義尺度……いくつかのカテゴリーに区別・分類するために数値を割り振ります。順序に意味はありません。例えば，血液型のA型を1，B型を2，O型を3，AB型を4のように割り振ることです。

　(1)(2)は数値で測ることができ，数字の大小に意味をもつ「量的データ」，(3)(4)は分類や区別するためだけのデータで「質的データ」と分類されます。これらの尺度水準を踏まえ，個々の研究内容に適した尺度（項目）を用いた調査によって，人間の行動や意識の心理的傾向を数値化し統計的に解明していくことになります。これらの尺度は自分でも作成可能なのですが，測定したいことがきちんと測れているかという度合いである「妥当性」と，何度測定しても同じ結果になる度合いである「信頼性」を検証する統計的手法が必要なため，初学

▷1　Stevens, S. S. (1946) "On The Theory of Measurement," *Science* 103, pp. 677-680.
▷2　徳永（2004）。
▷3　佐藤徳・安田朝子（2001）「日本語版 PANAS の作成」『性格心理学研究』9，138-139頁。
▷4　岸順治・中込四郎・高見和至（1988）「運動選手のバーンアウト尺度作成の試み」『スポーツ心理学研究』15(1)，54-59頁。
▷5　田中輝海・水落文夫（2013）「男性スポーツ選手におけるバーンアウト傾向の深刻化とポジティブ感情の関係性」『スポーツ心理学研究』40(1)，43-57頁。
▷6　鈴木淳子「平等主義的性役割態度スケール短縮版（SESRA-S）の作成」『心理学研究』65，34-41頁。
▷7　Hudson, W. and Ricketts, W. (1980) A strategy for the measure of homophobia. *Journal of Homosexuality*, 5, pp. 357-372. Hudson and Ricketts (1980) が作成した Index of Homophobia は，日本では以下の諸研究に使用されている。かじよしみ（2005）「性教育をになう助産師育成のためのワークショップ試案──ニューヨーク大学『性の専門家養

者は，既存の尺度を集めた専門書などを利用するとよいでしょう。

2　体育・スポーツに関する尺度

　体育・スポーツや健康面における人間の心の状態を理解するために，様々な尺度が開発されています。体育授業・スポーツ・身体活動に対する態度・意欲・楽しさ，スポーツ競技における不安・ストレス・感情の変化，スポーツ集団における適応性・行動規範・リーダーシップ，スポーツに対するイメージ，スポーツにおける心理的スキル・心理的成熟・メンタルヘルス，運動部選手のライフスキルや燃え尽き症候群など，多岐にわたるテーマの尺度があります。

　これらの尺度を自分の研究関心に基づき，いくつか組み合わせて利用することができます。例えば，「日本語版 PANAS (Japanese version of Positive and Negative Affect Schedule Scales)」と「運動選手のバーンアウト尺度（Athletic Burnout Inventory：ABI）」を用いることで，スポーツ選手の燃え尽き症候群にはどのような感情の変化があるのか，選手個人のもつネガティブな感情とポジティブな感情はどのような関係にあるのか，という研究が可能になります。

3　ジェンダー・セクシュアリティに関する尺度

　ジェンダーやセクシュアリティに関する尺度も多くあります。性役割・性役割態度・平等主義についての意識を測定する「平等主義的性役割態度スケール短縮版」，同性愛に対する嫌悪感を測定する「ホモフォビア尺度」，ジェンダー適性の柔軟性やトランスジェンダーに対する嫌悪感を測定する「トランスフォビア尺度」などを用いることで，例えば，体育・スポーツ指導者，アスリート，団体／個人スポーツ，競技レベルなど，スポーツに親しむ人々や集団において，性の多様性に対する寛容度はどのような状況であるのかということを明らかにする研究も可能となります。

　このように，すでに多くの尺度がありますが，それらを利用する時には，研究の目的，測定したい内容を明確にしたうえで，使用する尺度が妥当であるか，測定対象，時期，方法について，十分に検討することが必要でしょう。これまでに蓄積された研究を有効に活用してください。

（藤原直子）

成プログラム』をもとに」川島広江・大石時子編『助産師のための性教育実践ガイド』医学書院，225-234頁。品川由佳 (2006)「男性同性愛者に対するカウンセラーのクリニカル・バイアスとジェンダー関連要因との関係——実験法によるカウンセラー反応の検討」『広島大学大学院教育学研究科紀要』第三部，55, 297-306頁。藤山新ほか (2014)「体育・スポーツ関連学部の大学生を対象としたスポーツと性的マイノリティに関する調査結果」『スポーツとジェンダー研究』12, 68-79頁。飯田貴子ほか (2016)「体育・スポーツ関連学部の大学生を対象としたスポーツと性的マイノリティに関する調査結果　第2報　性別，LGBTの知人の有無，競技レベルに着目して」『スポーツとジェンダー研究』14, 21-32頁。

▷8　Nagoshi, J. I., Adams, K. A., Terrell, H. K., Hill, E. D., Brzuzy, S., and Nagoshi, C. T. (2008) Gender differences in correlates of homophobia and transphobia, *Sex Roles* 59, pp. 521-531.

▷9　藤山ほか (2014)。飯田ほか (2016)。

おすすめ文献

†山田剛史・村井潤一郎 (2004)『よくわかる心理統計』ミネルヴァ書房。

†村上宣寛 (2006)『心理尺度のつくり方』北大路書房。

†徳永幹雄 (2004)『体育・スポーツの心理尺度』不昧堂出版。

さくいん

あ行

アイデンティティ 135, 153, 178
アウトゲームズ 134, 135, 190
アクティブスポーツ 62, 63
遊び 35, 39, 44, 52-55, 150, 163
アダプテッド 182, 183
アボリジナルピープル（先住民） 104, 105
アマチュア 127, 152
アライ 178
アリス・ミリア 22, 23, 141
安藤大将 169
イギリス 2, 10, 24, 25, 28, 29, 32, 37, 73, 98, 99, 132, 137, 140, 154, 183, 189
育児休暇 95
育児室 188
井口阿くり 149
意思決定 64, 92, 109, 111, 141
　——機関 13, 29, 65, 89, 102, 109, 129, 131, 133
いじめ 42, 107, 125
イスラーム 95, 188
異性愛 2, 3, 5, 11, 15, 74, 77, 166, 167
　——規範 166, 172, 194
　——至上主義 166
　——主義 15, 35, 93, 166, 167, 177
　——男性 11
稲田悦子 26
今井通子 115
インクルージョン 105, 183
インターセクシュアル（セックス） 131, 166, 171, 179
インターセクショナル 5, 33
インタビュー 55, 146, 164, 204, 205
ウーマンリブ（女性解放運動） 112, 114
上野千鶴子 2, 5
運動（スポーツ）能力 6, 33, 38, 39, 44-47, 55, 199
運動部 32, 33, 37, 47, 50, 120, 122, 128, 180

エアロビクス 154, 156
エスノグラフィー 52, 204, 205
江原由美子 2
エンパワーメント（エンパワメント） 8, 9, 53, 79, 59, 108, 157
欧州（ヨーロッパ）連合（EU） 86, 97
欧州連合(EU)基本権憲章 6, 174
おおさかアクションプラン2001 88
オーディエンス 64-67, 73
男らしさ（男性らしさ） 2, 4, 10, 12, 14-16, 32-35, 37, 52, 75, 81, 98, 145, 160, 162-165, 167, 172, 186, 187, 197, 199
オリンピック 2, 3, 7, 15, 18, 22, 26, 39, 66, 67, 77, 99, 109, 126, 127, 130, 132, 134, 136, 140-142, 146, 152, 176, 180, 185, 186, 188, 191, 196, 198
　——1896アテネ大会 78
　——1900パリ大会 130
　——1912ストックホルム大会 29, 191
　——1924パリ大会 140
　——1928アムステルダム大会 29, 140, 141, 196
　——1932ロサンゼルス大会 26
　——1936ベルリン大会 18, 26
　——1960ローマ大会 66, 141
　——1964東京大会 22, 27, 58
　——1968グルノーブル冬季大会 150
　——1984ロサンゼルス大会 27, 66, 83, 131, 141
　——1988ソウル大会 105, 126
　——1992バルセロナ大会 27
　——1996アトランタ大会 22, 82
　——2000シドニー大会 151
　——2004アテネ大会 27, 146
　——2008北京大会 78, 100, 137, 139
　——2012ロンドン大会 2, 27,

66, 75, 95, 99, 131, 136, 142, 146, 188
　——2014ソチ冬季大会 3, 138, 139, 178
　——2016リオデジャネイロ大会 83, 95, 118, 127, 129, 136, 139, 178, 179, 186, 190
　——2020東京大会 89, 191
　——アジェンダ2020 86, 138, 139
　——憲章（IOC） 3, 86, 131, 138, 139, 178, 167
　——・ムーブメント 86, 95, 108, 130, 131, 139, 142
　——ユース・—— 142, 143
オルタナティブ（ヴ） 25, 33, 35, 77, 123, 163
女らしさ（女性らしさ） 2, 4, 12-15, 17, 22, 24, 25, 32, 52, 71, 75, 77, 81, 114, 145, 161-164, 186, 187, 195, 199

か行

改正男女雇用機会均等法 37
ガイドライン（指針） 37, 75, 84, 85, 91, 93, 103, 105, 124, 125, 167, 174, 175
開発 8, 9, 102, 176, 177
格差 135, 176
学習指導要領 32, 34, 38, 48, 88, 185, 192
隠れたカリキュラム 34, 40, 49
カザン行動計画 86
家庭婦人 58
カテゴリー的研究 194
カナダ女性スポーツ振興協会（CAAWS） 105
嘉納治五郎 160
家父長制 177
カミングアウト（カムアウト） 11, 153, 167, 169, 173, 178
カリキュラム 25, 32-35, 38, 48, 55, 73
カルチュラル・スタディーズ 73, 76

さくいん

ガルトゥング, Y. 176
河盛敬子 115
関係論的分析 194
木下東作 27, 30
規範 93, 161, 205, 207
虐待 108, 173
教育 3, 7-9, 13, 14, 25, 33, 60, 63, 98, 100, 102, 106, 128, 153, 186
　学校—— 90, 200
競技 3, 7, 15, 29
　——の公正 171
　——の平等性 3
競技スポーツ（競技的なスポーツ） 6, 13, 19, 32, 104, 106, 107, 116, 155, 171
競技（能力）レベル 185, 187
近代産業社会 3, 14
近代スポーツ 2, 3, 5, 12, 14-16, 28, 32, 34, 35, 37, 71, 98, 130, 171, 172, 179, 181, 186
筋力 123, 155, 169
クィア 195
クエスチョニング 166
クオーター制 103
グットマン, R. 132
グローバル（グローバリズム） 11, 73, 136, 163, 177, 195
ゲイ（オリンピック）ゲームズ 134, 135, 178
経験差 38, 201, 203
月経 83, 157, 200
結婚（婚姻） 13, 23, 61, 67, 76, 99, 114, 118, 167
健康 7-9, 22, 25, 28, 35, 36, 60, 71, 100, 102, 126, 156, 157, 160, 180, 195
　——格差 99
　——寿命 60, 61, 201
　——的なスポーツ 91
憲法 6, 7
権利 4, 10, 12, 13, 17, 86, 91, 93, 96, 101, 128, 134, 169, 174, 196
権力 3, 4, 5, 33, 52, 53, 122, 124, 177, 194, 197
高アンドロゲン症 151, 170, 171, 179
公共性 7, 53

高校野球 3, 51, 74, 153
公正（equity） 6, 7, 15, 75, 105, 126, 141, 150, 170, 171, 177, 187
高等女学校（生徒） 20, 21, 23, 70, 80, 81
公平 132
国際アンチ・ドーピング機構（WADA） 126
国際オリンピック委員会（IOC） 3, 7, 23, 28-30, 66, 108, 110, 123, 125, 126, 129, 131, 132, 134, 138-142, 150, 152, 169, 171, 174, 178, 179
　——委員 108, 131
　——総会 152
国際競技団体（IF） 28, 131
国際柔道連盟（IJF） 146
国際女子競技大会
　——1922パリ大会 22
　——1926ヨーテボリ大会 23, 26
　——1928アムステルダム大会 23, 26
　——1930プラハ大会 23, 26
国際女子スポーツ連盟（FSFI） 22, 29, 30, 131
国際女性スポーツワーキンググループ（IWG） 110
国際水上競技連盟（FINA） 29
国際体操連盟（FIG） 190
国際パラリンピック委員会（IPC） 132, 133
国際陸上競技連盟（IAAF） 28-30, 140, 141, 151, 171
国際レズビアン＆ゲイフットボール協会 135
国際連合（国連、UN） 7-9, 110, 138
　——ウィメン 109
　——開発と平和のためのスポーツ局（UNOSDP） 8, 86
　——国際婦人（女性）年 72, 128
　——持続可能な開発目標（国連SDGs） 7, 86
　——「女子に対するあらゆる形態の差別の撤廃に関する条約」（女性差別撤廃条約） 8,

32, 34, 48, 88, 102, 108, 128
　——婦人（女性）の10年 108, 128
　——世界人権宣言 138
国内（中央）競技団体（NF） 28, 129
国防 16, 19
個人の尊厳 6, 7, 86
国家 14, 16, 17, 86, 91, 100, 139, 154
コマーシャリズム 66, 195

さ行

差異化 2, 171
差別 3, 5, 7, 13, 51, 75, 85, 93, 97, 101, 104-106, 131, 134, 135, 173-175, 177, 178, 198
参加 87
　——の機会 150
　女性の—— 131, 150
参加型（性別不問の戦略） 2, 17
参与観察 52, 159, 204, 205
シービンガー, L. 195
ジェンダー
　——・アイデンティティ（性自認） 76, 77, 151, 172, 273
　——イデオロギー 158
　——イメージ 6, 163
　——影響評価 103
　——化 148, 163
　——規範 6, 13, 15, 71, 81, 123, 130, 137, 143, 153, 165, 172
　——・ギャップ指数（GGI） 102, 128
　——視点 47, 57, 64, 65, 72, 159, 185, 194, 195, 203, 204
　——主流化 13, 87, 103
　——秩序 2, 3, 59, 194
　——・パーソナリティ 199
　——バイアス 17, 28, 38, 49, 55, 64, 78, 147, 199
　——バランス 29, 31, 65, 109, 128, 129
　——表象 72, 137
　——平等（不平等） 8, 9, 13, 86, 87, 96, 97, 102, 103, 108, 109, 142
　——平等と女性のエンパワーメントのための国連機関（UN Women） 8

209

——フリー　17, 133, 181
　　　——分析　79
　　　——変容　164
　　　——役割　79, 81, 172
自己決定権　13
シスジェンダー　135
持続可能な開発のための2030ア
　　ジェンダ宣言　8
質的調査／分析　79, 196, 204
質的データ　33, 206
指導者　2, 31, 93, 120, 122, 123,
　　129, 192, 203
指導的地位（立場）　89, 128, 129,
　　175
資本主義　16, 32, 125, 136, 152
社会学　196, 204
社会調査　202, 204
社会的
　　——格差　62, 63
　　——責任（CSR）　9
社会的・文化的
　　——・心理的影響　159
　　——な価値観・慣習　203
　　——に形成される性差　4
　　——表象　196
　　——不平等　100
　　——要因　201
周縁（辺）化　33, 35, 74, 177
集団　122, 123
出産　13, 60, 82, 99, 118, 146, 157,
　　197, 200
障害（障がい）　6, 35, 47, 65, 99,
　　102, 132, 133, 180, 182, 183,
　　190
　　——者　65, 89, 93, 100, 104,
　　　105, 110, 133, 182, 183
　　——者スポーツ　116, 182
生涯スポーツ　95, 105, 116
商業主義　131, 134, 142
上下関係　121, 123
少女／少年　50, 68, 69, 80, 81,
　　137
商品　76, 153
植民地主義　17, 32, 176, 177
女子高等師範学校（女高師）　20,
　　21
女子体育　20, 21, 148
女子マネージャー　3, 50
女性アスリート（女性／女子選

　　手・競技者）　22, 23, 74, 75,
　　77-79, 83, 112, 115, 118, 123,
　　133, 147, 171, 195, 199, 200,
　　203
女性アスリートの3主徴（FAT）
　　83, 200
女性運動　128, 197
女性確認証明書　150
女性化政策　101
女性活躍推進法　37, 128
女性コーチ　129, 141
女性差別　50, 60, 84, 112, 179
女性史／ジェンダー史　12, 197
女性スポーツ　2, 23-25, 63, 80,
　　93, 95, 101, 108, 109, 113, 115,
　　118, 133, 191
女性性　199
女性同性愛者（レズビアン）　135,
　　166, 172, 173, 177, 178
女性理事　115, 118, 129
女性割合（比率）　13, 36, 37, 65,
　　75, 97, 101, 111, 129, 131, 133
シンクロナイズドスイミング　2,
　　163, 186
人権　7, 8, 53, 72, 84, 85, 91, 98-
　　101, 123-125, 131, 138, 139,
　　150-153, 170, 179, 183
　　——運動　179
　　——感覚　85
　　——侵害　91, 124, 174
　　——被害　123
　　——保護　91, 101
　　——問題　91, 139, 152
人種　83, 86, 99, 133, 178, 190
身体　6, 11, 13, 19, 70, 71, 121,
　　136, 140, 152-157, 160-164,
　　170, 171, 187, 189, 194, 200
　　——接触　169, 172
　　——の階層化　152
　　——の商品化　152
　　——の性　150, 168, 173
　　従順な——　33
新体操　2, 163, 186, 190
身体的暴力　101, 124
身体能力　10, 11, 71, 81, 182
身体美　155, 160
人的資源　18, 19
新ヨーロッパ・スポーツ憲章　87
心理的　125, 203, 207

スコット, J. W.　4, 197
スザンヌ・ランラン　149
ステレオタイプ　6, 7, 37, 52, 75,
　　78, 101, 107, 195, 198
スポーツ
　　——ウーマン　76, 77, 199
　　——基本計画　89
　　——基本法　89, 96, 167
　　——権　125
　　——実施率　56, 57, 62, 63, 99
　　——指導者のための倫理ガイド
　　　ライン（日本体育協会）　175
　　——少年団　47, 128
　　——振興基本計画　89, 117
　　——振興法　89
　　——政策　86, 87, 90-92, 94-96,
　　　98, 100-102, 104, 105, 108
　　——組織　87-89, 95, 101, 105,
　　　109110, 123, 124, 141, 151,
　　　178
　　——における八百長防止条約
　　　87
　　——に関する拡大部分協定
　　　（EPAS）　87
　　——・フォー・オール　102
　　——文化　123, 177
　　——倫理（モラル）　127, 199
性　86, 153
　　——にかかわる支配　194
　　——にまつわる"らしさ"　162
　　——の健康（セクシュアル・ヘ
　　　ルス）　157
　　——の多様性　173
　　——の二重規範（ダブルスタン
　　　ダード）　15
　　——の喜び　157
　　多様な——　3
性差　15, 60, 161, 198, 199, 201
性差別　64, 72, 84, 101, 106, 107,
　　112, 122, 166
性自認　35, 105, 107, 166, 168,
　　170, 171, 173-175, 178
生殖　4, 157, 170, 200
性染色体（XX, XY）　150, 168
性的
　　——虐待　105, 123
　　——指向（セクシュアリティ）
　　　2-5, 10, 11, 13, 15, 23, 33, 35,
　　　86, 87, 99, 102, 105, 131, 134,

135, 138, 152, 157, 162, 166-168, 170, 172-175, 177, 178, 190, 195-197, 207
――暴力　96, 97, 101, 125
――マイノリティ（LGBT）　3, 5, 11, 33, 35, 39, 42, 65, 79, 84, 102, 103, 105, 113, 131, 134, 135, 139, 141, 153, 166-179, 190, 194, 199
性同一障害や性的指向・性自認に係る，児童生徒に対するきめ細かな対応等の実施について（教職員向け）　43
性同一性　35, 131, 166, 199
生物学的
　――還元主義　194
　――決定論　4
　――性　162, 198
　――性差　4, 15, 198, 200
　――性別　151, 166
　――男女差　170
性分化疾患　13, 150, 166
性別確認検査　3, 7, 13, 15, 126, 150, 151, 170, 171, 177, 179
性別適合手術　168, 169
性別（男女）二元制／論　3, 4, 15, 35, 79, 107, 144, 150, 166, 168, 170, 173, 179, 202
性別変更　3, 99, 127
性別役割分業（分担）　2-4, 12, 14-17, 50, 58, 63, 170
性暴力　91, 97, 107, 122, 124, 125
性ホルモン（エストロゲン，テストステロン）　151, 168, 201
性役割　6, 25, 64, 162, 207
世界女性会議　64, 72, 108
世界女性スポーツ会議　75, 88, 103, 108, 110, 111, 116, 117
世界選手権　126, 130, 142
セクシュアル・ハラスメント　3, 5, 37, 89, 93, 103, 107, 113, 122-125
セックス　2, 5, 60, 162, 172, 194
全国家庭婦人バレーボール連盟　114
先住民　65, 93, 145, 177
戦争　12, 13, 18, 25

た行

体育　12, 18, 19, 32, 33, 35, 36, 42, 70, 100, 113, 173, 184, 192, 207
　――カリキュラム　32, 34, 35, 37
　――教員　21, 27, 36, 37, 91, 120, 159
　――教材　184, 185
　――行事　33
　――指導委員　88
　――授業　34, 37, 41, 180, 185, 207
体育・身体活動・スポーツに関する国際憲章　86
体育・スポーツ担当大臣等国際会議（MINEPS）　86
体育・スポーツに関する国際憲章　174
第1回アジア女性スポーツ会議　88, 116
第1回ストークマンデビル大会（1948）　132
第1回全米女性スポーツ会議（1983）　115
第一波フェミニズム　4, 12
タイトルⅨ（Title Ⅸ）　106, 107, 112, 153, 185
第二波フェミニズム　4, 13, 197
大日本体育協会　18, 30
体罰　120, 121, 124
体力　15, 18, 32, 33, 35, 37, 46, 47, 61, 88, 140, 158, 180, 182, 194, 199
体力・運動能力調査（テスト）　33, 35, 46, 159
体力章検定　19
多様性／多様化　5, 83, 86, 87, 97, 105, 109, 119, 123, 132-134, 138, 163, 166, 167, 171, 179, 183, 184, 190, 207
男子新体操　145, 190
男女隔離政策　94
（男女）共習／別習　38, 39, 41, 48, 88
男女共同参画　64, 72, 84, 96, 97, 116
男女共同参画基本計画　64, 89
男女共同参画社会基本法　64, 128
男女雇用機会均等法　128
男女混合競技／種目　142, 186
男女差　34-36, 38, 39, 44-47, 55-57, 146, 147, 159, 202, 203
男女平等／不平等　32, 34, 36, 55, 59, 83, 97, 98, 107, 128, 153, 170
ダンス　17, 20, 21, 25, 34, 36, 40, 41, 48, 49, 88, 154, 192
男性アスリート　74, 75, 78, 79, 133
男性性　123, 199
男性中心　154
　――主義　5, 64, 123, 195
　――性　79
　――的　163, 198
　――文化　162, 193
男性同性愛者（ゲイ）　5, 135, 155, 166, 172, 173, 178, 179
男性の優位性　3, 35, 172, 173, 187
男性優位　11, 37, 123, 186
帝国主義　12, 16, 17, 176
テクスト　64, 65, 77
同性愛（ホモセクシュアル）　93, 166, 172, 207
　――嫌悪（ホモフォビア）　11, 43, 87, 105, 123, 134, 166, 167, 172, 173, 178, 195, 207
　――行為　138
　――者　11, 13, 87, 139, 199
　――主義　93
　――宣伝（ゲイ・プロパガンダ）禁止法　138, 139, 178
　――的行為　172
同性婚　99, 102, 179
東洋の魔女　13, 58
ドーピング　87, 90, 105, 126, 127, 138, 139
特性論　20, 88
トム・ワデル　134, 178
トランスジェンダー　13, 43, 93, 107, 135, 166, 168-171, 173, 175, 177-190, 207
トランスフォビア　172, 173, 178, 179, 195, 207

な行

ナショナリズム　17, 77, 127, 142, 195

成瀬仁蔵　17, 21
日本オリンピック委員会（JOC）
　　88, 111, 115-118, 129, 175
日本柔道連盟（全柔連）　129
日本障がい者スポーツ協会　111, 183
日本女子水上競技連盟（女子水連）　31
日本女子スポーツ連盟（JWSF）　30
日本女子体育連盟（JAPEW）　88, 113
日本スポーツ振興センター　111
日本体育協会　28, 111, 115, 129
日本パラリンピック委員会（JPC）　111, 133
妊娠　9, 19, 60, 67, 82, 99, 146, 157, 200
ノーマライゼイション　135

は行

バトラー, J.　4, 5, 162, 194
パフォーマンス　6, 10, 11, 15, 23, 32-35, 55, 123, 142, 159, 162
パブリックスクール　2, 10, 16
ハラスメント　33, 93, 104, 108, 124, 129
パラリンピック　7, 99, 127, 132, 180, 182
　──1996アトランタ大会　133
　──2012ロンドン大会　95
　──2016リオデジャネイロ大会　95, 133
　──2020東京大会　133, 183
　──・ムーブメント　133
ピエール・ド・クーベルタン　130, 141
人見絹枝　23, 26, 27, 30, 80, 140
美容　156, 160
平等（equality）　6, 7, 13, 75, 86, 97, 99-102, 105, 141, 142, 153, 163, 177, 207
ビリー・ジーン・キング　112, 114
貧困　9, 60, 61, 98, 177
フィットネス（Fitness）　154-156, 160, 173, 190
フィンランド女子体育連盟（SNLL）　191
フィンランド体操協会（SVOLI）　191
フーコー, M.　154
フェア（Fair）　7, 10, 143
フェミニスト　64, 195, 205
フェミニズム　4, 17, 25, 33, 59, 64, 65, 72, 84, 98, 105, 155, 177
武道　34, 48, 88, 192
ブライトン宣言　88, 103, 110, 111, 116, 118, 119
ブライトン＋ヘルシンキ2014宣言　103, 111
フランス　22, 27, 100, 101, 130, 139, 141, 154, 183, 197
ブルーマー, A.　24, 149
ブルマー（ブルーマーズ）　24, 71, 149
分離型（性別隔離の戦略）　2, 17
兵士（兵隊）　17-19, 24, 154
ベイブ・ディドリクソン　22
平和　7, 8, 130, 136, 137, 176, 179
北京行動綱領　8, 64, 72
北京宣言　8
ヘテロセクシズム　166, 167
ヘテロノーマティビティ　166, 167
暴力／暴言　8, 9, 32, 33, 37, 42, 83, 87, 91, 97, 101, 118, 120, 121, 123-125, 129, 173, 177, 179
ホール, A.　194
保健体育　32, 33, 36, 42, 184
保健体育（科）教員　36, 37, 49, 120, 192
ポジティブ・アクション（積極的改善措置）　6, 31, 89, 119
母性　2, 3, 19
母体　15, 17, 19, 23, 24
ボディビル　154, 160, 161
ホモソーシャリティ　10, 33, 172
ホモソーシャル　5, 10, 11, 65, 122, 167
ホモフォビック　43, 179
ホルモン療法　171, 179

ま行

マイノリティ　65, 72, 98
前畑秀子　26, 81
ママさんスポーツ　58, 59
ママさんバレー　13, 59, 58, 114

ミソジニー（女性嫌悪）　167
ミレニアム開発目標（MDGs）　8
ミレニアム宣言　8
無性愛　166
メガ（スポーツ）イベント　130, 195
メディア　3, 13, 14, 23, 50, 64-85, 87, 91, 92, 96, 97, 100, 101, 109, 130, 132, 138, 152, 153, 162, 164, 167, 194, 204
　──イベント　136
　──表象　76
　──・リテラシー　64, 72, 73, 75

や行

役員　29, 89, 101, 115, 118, 129
痩せ　155, 164
ユネスコ　6, 73, 86, 127
ユネスコ「国際アンチ・ドーピング規約」　127
ユネスコ「メディア教育に関するグリュンバルト宣言」　73
ヨーロッパ人権条約　87, 174
ヨーロッパ・スポーツ倫理綱領　87
ヨーロッパ評議会（CE）　87
ヨーロッパ・スポーツ・フォー・オール憲章（ヨーロッパみんなのためのスポーツ憲章）　87, 174
ヨーロッパ連合行動計画（EU Work Plan for Sport）　86
より遠く，より高く，より強く　2, 39, 127

ら・わ行

ライフコース　102
ライフスキル　207
ライフステージ　13
ラスティ・カノコギ　27, 115
リーダー　10, 87, 97, 108-110, 116, 118, 133, 198, 207
リナ・ラトケ　23, 26, 140
リプロダクティブ・ヘルス　60
良妻賢母　16, 17, 20, 81
両性愛（バイセクシュアル）　166, 173, 177, 178
両性具有的　155
量的調査／分析　79, 196, 202, 204

量的データ　33, 202, 206
倫理　12, 101, 105, 124, 127, 205
ルール　144, 153, 182
レイシズム　195
ロールモデル　23, 36, 118
ロッカールーム　172, 175
ワーク・ライフ・バランス　37

欧文

AIAW（The Association for Intercollegiate Athletics for Women：全米大学女子体育協会）　112
"Balance in Sport（BIS）：Tools to implement Gender Equality" プロジェクト立ち上げイベント　87
BMI　164
CM（コマーシャル）　64, 65, 67, 152, 153
European Commision "Gender Equality in Sport：Proposals for Strategic Actions 2014-2020"　97, 103
FIFAワールドカップ　2, 130, 132, 176, 187
IAPESGW（The International Association of Physical Education and Sports for Girls and Women：国際女子体育スポーツ連盟）　111, 112
IOC医事委員会　126
IOC世界女性スポーツ会議　109, 110, 118
IOC統一声明「スポーツにおけるセクシュアル・ハラスメントと性的虐待」　109, 125
NAGWS（The National Association for Girls and Women in Sport：全米女子スポーツ協会）　112
NPO法人ジュース（JWS）　88, 116, 117
QOL（Quality Of Life）　201
SDPIWG報告書「開発と平和に向けたスポーツの活用：各国政府への勧告」　9
SNS　50, 67, 73
SOGI人権決議　166
WHO　86, 102, 157
WSF（Women's Sports Foundation：米国女性スポーツ財団）　9, 112, 114
WSFジャパン（女性スポーツ財団日本支部）　114
WSI（Women Sport International）　111

執筆者紹介（氏名／よみがな／現職）　　　　　　　　　　　　　　＊執筆担当は本文末に明記

合場敬子（あいば・けいこ）
　明治学院大学国際学部教授

阿江美恵子（あえ・みえこ）
　東京女子体育大学体育学部教授

阿部　潔（あべ・きよし）
　関西学院大学社会学部教授

新井喜代加（あらい・きよか）
　松本大学人間健康学部准教授

荒井啓子（あらい・けいこ）
　学習院女子大学国際文化交流学部教授

飯田貴子（いいだ・たかこ）
　奥付編著者紹介参照

池田恵子（いけだ・けいこ）
　北海道大学大学院教育学研究院教授

井谷惠子（いたに・けいこ）
　京都教育大学教育学部教授

井谷聡子（いたに・さとこ）
　関西大学文学部准教授

小笠原悦子（おがさわら・えつこ）
　順天堂大学大学院スポーツ健康科学研究科教授

岡田　桂（おかだ・けい）
　立命館大学産業社会学部教授

押山美知子（おしやま・みちこ）
　専修大学文学部など非常勤講師

掛水通子（かけみず・みちこ）
　東京女子体育大学体育学部教授

片田孫朝日（かただ・そん・あさひ）
　灘中学校・高等学校教諭

河原和枝（かわはら・かずえ）
　甲南女子大学人間科学部教授

木村華織（きむら・かおり）
　東海学園大学スポーツ健康科学部講師

木村みさか（きむら・みさか）
　京都学園大学健康医療学部教授

工藤保子（くどう・やすこ）
　大東文化大学スポーツ・健康科学部准教授

熊安貴美江（くまやす・きみえ）
　奥付編著者紹介参照

小石原美保（こいしはら・みほ）
　国士舘大学体育学部・日本大学文理学部非常勤講師

近藤良享（こんどう・よしたか）
　中京大学スポーツ科学部教授

佐野信子（さの・のぶこ）
　立教大学コミュニティ福祉学部教授

白井久明（しらい・ひさあき）
　弁護士

鈴木楓太（すずき・ふうた）
　早稲田大学スポーツ科学研究センター招聘研究員

芹澤康子（せりざわ・やすこ）
　至学館大学健康科学部教授

高井昌吏（たかい・まさし）
　東洋大学社会学部准教授

髙岡治子（たかおか・はるこ）
　筑波大学大学院人間総合科学研究科後期博士課程
　修了体育科学博士

高峰　修（たかみね・おさむ）
　明治大学政治経済学部教授

執筆者紹介（氏名／よみがな／現職） ＊執筆担当は本文末に明記

武長理栄（たけなが・りえ）
　笹川スポーツ財団スポーツ政策研究所副主任研究員

建石真公子（たていし・ひろこ）
　法政大学法学部教授

田中暢子（たなか・のぶこ）
　桐蔭横浜大学スポーツ健康政策学部教授

田原淳子（たはら・じゅんこ）
　国士舘大学体育学部教授

Toni Bruce（トニ・ブルース）
　The University of Auckland, School of Curriculum and Pedagogy, Professor

登丸あすか（とまる・あすか）
　文京学院大学人間学部准教授

永田浩三（ながた・こうぞう）
　武蔵大学社会学部教授

西山哲郎（にしやま・てつお）
　関西大学人間健康学部教授

波多野圭吾（はたの・けいご）
　国士舘大学体育学部附属体育研究所特別研究員

藤田由美子（ふじた・ゆみこ）
　福岡大学人文学部教授

藤山　新（ふじやま・しん）
　首都大学東京ダイバーシティ推進室特任研究員

藤原直子（ふじわら・なおこ）
　椙山女学園大学人間関係学部教授

前田博子（まえだ・ひろこ）
　鹿屋体育大学教授

松宮智生（まつみや・ともき）
　清和大学法学部准教授

水野英莉（みずの・えり）
　流通科学大学人間社会学部准教授

水村（久埜）真由美（みずむら（くの）・まゆみ）
　お茶の水女子大学基幹研究院教授

三ツ谷洋子（みつや・ようこ）
　WSFジャパン（女性スポーツ財団日本支部）代表

宮嶋泰子（みやじま・やすこ）
　（株）テレビ朝日スポーツコメンテーター

宮本乙女（みやもと・おとめ）
　日本女子体育大学体育学部教授

山口　香（やまぐち・かおり）
　筑波大学体育系教授

山口理恵子（やまぐち・りえこ）
　城西大学経営学部准教授

結城和香子（ゆうき・わかこ）
　読売新聞編集委員

來田享子（らいた・きょうこ）
　奥付編著者紹介参照

《編著者紹介》

飯田貴子（いいだ・たかこ）
帝塚山学院大学名誉教授
『21世紀スポーツ大事典』（共著，大修館書店，2015年）
Sportswomen at the Olympics : A Global Content Analysis of Newspaper Coverage（共著，Sense Publisher, 2010年）
『新編日本のフェミニズム8　教育とジェンダー』（共著，岩波書店，2009年）
『スポーツ・ジェンダー学への招待』（編著，明石書店，2004年）
『フェミニズム・スポーツ・身体』（監訳，世界思想社，2001年）

熊安貴美江（くまやす・きみえ）
大阪府立大学高等教育推進機構准教授
『データでみるスポーツとジェンダー』（共著，八千代出版，2016年）
『21世紀スポーツ大事典』（共著，大修館書店，2015年）
『現代スポーツ評論　女性スポーツの現在』（共著，創文企画，2015年）
『スポーツ・ジェンダー　データブック2010』（共著，日本スポーツとジェンダー学会，2013年）
『よくわかるジェンダー・スタディーズ』（編著，ミネルヴァ書房，2013年）

來田享子（らいた・きょうこ）
中京大学スポーツ科学部教授
『知の饗宴としてのオリンピック』（編著，エイデル研究所，2016年）
『データでみるスポーツとジェンダー』（共著，八千代出版，2016年）
「近代スポーツはジェンダー規範を乗り越える手がかりになり得たか？」（『女性学』23号，2016年）
『ダンスとジェンダー――多様性ある身体性』（共著，一二三書房，2015年）
『身体・性・生――個人の尊重とジェンダー』（編著，尚学社，2012年）

やわらかアカデミズム・〈わかる〉シリーズ
よくわかるスポーツとジェンダー

2018年5月20日　初版第1刷発行　　〈検印省略〉

定価はカバーに表示しています

編著者	飯田貴子 熊安貴美江 來田享子	
発行者	杉田啓三	
印刷者	藤森英夫	

発行所　株式会社　ミネルヴァ書房
607-8494 京都市山科区日ノ岡堤谷町1
電話代表（075）581-5191
振替口座 01020-0-8076

©飯田・熊安・來田ほか, 2018　　亜細亜印刷・新生製本

ISBN978-4-623-08156-1
Printed in Japan

―― やわらかアカデミズム・〈わかる〉シリーズ ――

よくわかるジェンダー・スタディーズ　　木村涼子・伊田久美子・熊安喜美江編著　　本　体　2600円

よくわかるスポーツ文化論　　井上　俊・菊　幸一編著　　本　体　2500円

よくわかるスポーツ倫理学　　友添秀則編著　　本　体　2400円

よくわかるスポーツ人類学　　寒川恒夫編著　　本　体　2500円

よくわかるスポーツ心理学　　中込四郎・伊藤豊彦・山本裕二編著　　本　体　2400円

よくわかるスポーツマーケティング　　仲澤　眞・吉田政幸編著　　本　体　2400円

よくわかるスポーツマネジメント　　柳沢和雄・清水紀宏・中西純司編著　　本　体　2400円

よくわかる社会学［第2版］　　宇都宮京子編　　本　体　2400円

よくわかる現代家族　　神原文子・杉井潤子・竹田美知編著　　本　体　2500円

よくわかる宗教社会学　　櫻井義秀・三本　英編　　本　体　2400円

よくわかる環境社会学　　鳥越皓之・帯谷博明編著　　本　体　2400円

よくわかる国際社会学　　樽本英樹著　　本　体　2800円

よくわかる医療社会学　　中川輝彦・黒田浩一郎編　　本　体　2500円

よくわかる観光社会学　　安村克己ほか編著　　本　体　2600円

よくわかるメディア・スタディーズ　　伊藤　守編著　　本　体　2500円

よくわかる文化人類学　　綾部恒雄・桑山敬己編　　本　体　2400円

――― ミネルヴァ書房 ―――
http://www.minervashobo.co.jp/